KB160882

프랑스의 공무원 파업권

프랑스의 공무원 파업권

이철진 저

경인문화사

국문초록

    본서는 프랑스 공무원을 포함한 공역무에서의 파업권을 서술 대상으로 한다. 프랑스 공무원의 파업권은 1864년 파업에 대한 형사처벌제도가 폐지된 후에도 최고행정재판소인 꽁세유데따의 빈켈(Winkell) 판결에서 국가 유지에 필수적인 공역무의 계속성과 양립할 수 없는 불법행위라고 보는 등 인정되지 않았다. 그런데 1946년 제4공화국 헌법 전문에서 파업권은 법률이 규제하는 범위 내에서 행사될 수 있다고 하면서 파업권을 명시적으로 인정한 후 1950년 꽁세유데따의 드앤느(Dehaene) 판결에서 위 헌법 전문을 근거로 공무원에게도 원칙적으로 파업권을 인정하게 되었다. 그러나 꽁세유데따는 공무원에게 파업권을 인정하면서도 헌법 전문의 문언과 달리 공무원의 파업권을 제한할 수 있는 권한을 정부에도 부여하였다. 한편, 프랑스 헌법재판소는 위 헌법 전문에 따라 공무원에게도 파업권이 인정되나 그 제한은 입법자만이 할 수 있다고 결정하였다. 그런데 꽁세유데따는 위 헌법재판소 결정 후에도 공역무상의 파업권은 정부도 제한할 수 있다고 하면서 드앤느 판결을 유지하였다.

    공무원의 파업권은 공무원이 직업상 요구를 관철하기 위하여 공동의 의사로 공역무를 집단적으로 중단할 수 있는 권리를 말한다. 그런데 프랑스 헌법재판소 결정에서도 인정된 바와 같이 공무원 중에서 국가의 유지에 필수적인 일부 공무원은 법률에 따라 파업권이 금지되는바, 사법관(판사와 검사), 경찰관, 군인, 교정공무원, 내무부 통신공무원 등이 이에 해당한다. 그리고 직업상의 요구가 본인에게 고유한 것이 아닌 연대파업도 인정되나, 직업상의 요구가 없는 이른바 정치파업은 위법하고, 공동의 의사 없이 개인적으로 행사하는 파업은 원칙적으로 적법한 파업이라고 볼 수 없으며, 태업이나 준칙파업 등 공역무의 중단이 없는 경우는 파업에 해당되지 않으나 징계사유에 해당될 수 있고, 공역무의 중단이 있어도 업무중지권이 인정되는 경우는 파업에도 해당되지 않고 징계사유에도 해당되지 않는다.

한편, 파업권은 헌법이 예정한 바와 같이 법률로 제한이 가능하다. 그래서 관련 법률은 일반 근로자의 경우와는 달리 공무원의 파업권 행사에 대하여는 5일 전의 예고와 예고기간 중 단체교섭을 규정하고 있고, 파업 방식에 있어서도 순환파업을 금지하고 있다. 그런데 꽁세유데따는 헌법이 입법자에게 직업이익과 일반이익을 조정하면서 파업권을 규제하도록 하였다고 인정하면서도 이런 규제가 없는 경우에도 그 남용의 방지와 공공질서의 필요성을 위하여 파업권을 규제할 수 있으며 공역무에서 파업권에 대한 규제 입법이 충분하지 아니할 경우에는 정부가 이를 규제할 수 있다고 보았다.

한편, 프랑스 헌법재판소는 공역무상의 파업권도 법률로만 규제될 수 있고, 파업권은 공역무 계속성의 원칙에 의하여 제한될 수 있으나 파업권은 헌법상의 원칙이므로 그 제한에는 일정한 한계가 있다고 보았다. 여기서 파업권과 공역무 계속성의 원칙 사이에는 조정의 필요성이 제기되었다. 그 결과 '최소한의 역무' 개념이 도출되어, 병원, 항공운송, 라디오·텔레비전 방송, 육상정기여객운송 및 유치원·초등학교 분야의 파업에 적용되게 되었다.

공역무상 파업권의 행사가 적법할 경우에는 공무원관계는 유지되나 그로 인한 관계당사자 간의 권리·의무는 일시적으로 정지되어 공무원은 징계책임에서 면책되지만 대신 보수에 대한 권리도 행사하지 못한다. 한편, 파업권의 행사가 위법할 경우에는 보수에 관한 권리를 행사하지 못함은 물론, 징계책임을 지고, 경우에 따라서는 민사책임이나 형사책임까지 부담하게 된다.

우리나라는 헌법에서 근로자의 파업권을 인정하면서도 공무원인 근로자의 파업권은 그 인정 여부를 법률에 위임하였다. 그런데 관련 법률은 대다수 공무원의 파업권을 일률적으로 금지하여 위헌 논란이 있을 뿐 아니라 공무원인 근로자의 파업권 인정 여부를 법률에 위임한 헌법 조항 자체에 대하여도 헌법의 기본원칙에 반한다는 이유로 개정 필요성이 제기되는바, 이에 대하여 프랑스의 헌법이나 법률 등의 관련 규정, 판례 및 학설이 많은 시사점을 제공할 수 있을 것으로 기대한다.

주요어 : 파업권, 공역무, 공무원, 계속성, 공공질서, 권리남용, 일반이익

서문

이 책은 필자가 2021년 8월에 제출한 법학박사학위논문("프랑스의 공무원 파업권에 관한 공법적 연구")의 내용을 수정·보완한 것이다. 그동안 우리나라에서도 프랑스 공무원의 근로기본권에 관한 연구는 있었으나, 노동법적 관점이나 행정학적 관점에서의 연구가 대부분이었다. 이에 필자는 프랑스 공무원의 근로기본권 중 파업권에 한정하여 행정법 등 공법적 관점에서 접근하고자 하였다. 근래 우리나라에서도 대다수 일반 공무원에 대하여는 원칙적으로 단체행동권을 인정할 필요가 있다는 학계의 동향이 있었고 2018년 일반 공무원의 단체행동권을 원칙적으로 인정하는 내용의 대통령의 헌법개정안도 제출되었는바, 앞으로 공무원의 단체행동권 등 근로기본권에 관하여 헌법, 공무원법, 「공무원의 노동조합 설립 및 운영 등에 관한 법률」 등의 개정에 시사점을 얻고자 하였다. 필자의 위 박사학위논문은 서울대학교 법학연구소에서 법학연구총서 출판 대상으로 선정되어 이번에 단행본으로 출판할 수 있게 되었다.

필자는 1991년 사법시험(제33회)에 합격하고 1994년 사법연수원(제23기)을 수료한 후 감사원에서 근무하던 중 1997년 미국 University of Minnesota Law School에 유학을 가서 법학석사학위(LL.M.)를 취득하고 뉴욕주 변호사시험에 합격한 후 감사원에 복귀하였다. 그 후 세월이 흘러 정년이 몇 년 남지 않았을 무렵 더 늦기 전에 법학박사학위에 도전하고 싶은 생각이 들었다. 당시 아내에게 의견을 구하였는데, 아내는 마침 늦둥이 아들이 고등학교에 진학할 시점이 다가옴을 염두에 두고 아들과 같이 공부하면서 모범을 보이는 것도 좋겠다고 하면서 박사과정에 입학하는 것에 동의하였다. 그래서 필자는 사법시험을 준비할 때 행정법 강의를 들으면서 매료되었던 朴正勳 선생님의 추천을 받아 2016년도 서울대학교 대학원 법학과 박사과정에 지원하여 입학하게 되었다. 그래서 행정법전공으로 박사과정을 이수하던 중 '프랑스 행정법 연구' 과목에서 프랑스 공무원법에 대한 원서를 읽으면서 프랑스에서는 공무원도 파업권을 가지고 있다는 사실을 알게 되었고 프랑스 공무원법에 흥미를 갖게 되었다. 그러던 차에 필자의 지도교수가 되신 朴正勳 선생님으로부터 프랑스의 공무원 파업권에 대하여 논문을 써보지 않겠느냐는 권유를 받고, 일말의 망설임도 없이 그러겠다고 대답을 하면서 필자는 프랑스의 공무원 파업권에 관하여 박사학위논문을 쓰게 되는 운명을 마주하게 되었다.

Amor fati ! 이 말은 '운명을 사랑하라'는 뜻의 라틴어로서 朴正勳 선생님께서 박사과정 한 학기 수업을 마치실 때마다 인용하신 니체의 운명관이다. 이는 단순히 운명을 감수하라는 수동적인 운명론이 아니라 운명을 긍정하고 자신의 것으로 받아들여 사랑함으로써 운명을 적극적으로 개척하라는 뜻으로 '運命愛'(Love of fate)를 말한다. 필자가 선생님을 만나서 서울대학교 대학원 법학과 박사과정에서 공부를 하게 된 것도 운명이었던 것 같다. 선생님은 항상 첫 강의에서 대학원에 다니는 목적은 수료하는 데 있는 것이 아니라 학위를 받는 데 있는 것이라면서 연구를 독려하셨다. 그리고 개별 연구과제에 대하여 일대일로 지도를 해주셨으며, 2박3일간의 블록세미나를 통해 오로지 학문의 세계에 몰입할 수 있는 분위기도 만들어 주셨다. 나중에 본격적으로 논문을 작성하는 과정에서는 완성된 논문을 한 자 한 자 각주까지 꼼꼼히 빨간 펜으로 수정해주시면서 어디에서도 찾을 수 없는 귀중한 가르침을 주셨다. 이 자리를 빌려 만학도인 필자를 학문의 길로 이끌어 주신 朴正勳 선생님의 學恩에 깊은 감사의 말씀을 올린다. 그리고 박사과정 수업에서 또는 박사논문 심사과정에서 많은 귀중한 가르침을 주신 서울대학교 李元雨 기획부총장님, 동 대학교 법학전문대학원 金鍾甫 원장님, 동 대학원 崔桂暎 교수님 및 건국대학교 법학전문대학원 李賢修 교수님께도 깊은 감사의 말씀을 드린다. 또한 논문을 완성하는 과정에서 부족한 논문 초안을 읽어주시고 귀중한 고견을 주신 건국대학교 법학전문대학원 趙龍晩 교수님께도 깊은 감사의 말씀을 드린다. 논문 주제를 정하고 준비할 무렵 따뜻한 격려와 응원의 말씀을 주신 연세대학교 법학전문대학원 韓堅愚 교수님께도 깊이 감사드린다. 그리고 항상 자상한 관심을 기울여주시고 배려를 아끼지 않으시는 金永斌 박사님을 비롯한 김·장 법률사무소 구성원 여러분께도 이 자리를 빌려 깊은 감사 인사를 드린다.

　박사논문을 준비하면서 가족의 도움과 희생도 컸다. 누구보다도 아내의 뒷바라지와 희생이 컸다. 본격적으로 논문을 쓰는 데 걸린 1년 반 동안 집에 있을 때는 서재에서 논문 쓰는 일에 몰두하느라 집안일에는 거의 신경을 쓰지 못한 점에 대하여 미안함과 함께 한편으로 한없는 고마움을 느낀다. 아울러 위 기간 동안 아빠 노릇을 제대로 하지 못한 점에 대하여 네 아이들(浩禎, 浩瑛, 浩丞, 浩準)에게도 미안함을 느낀다. 논문을 쓰면서 새삼 가족의 소중함을 느끼게 되었는바, 논문을 쓰기 시작하면서부터 학위논문으로 제출하고 이를 수정·보완하여 책으로 출판할 때까지 마음의 버팀목이 되어준 가족에게 이 책을 헌정한다.

2022년 12월
驛三洞 書齋에서
李 哲 鎭

x

목 차

.

서 론

I. 연구의 목적

노동운동에 우호적이라고 평가되던 노무현 정부 시절인 2004. 11. 15. 전국공무원노동조합은 우리나라 건국 이래 최초의 공무원 총파업에 돌입했다. 당시 공무원 총파업의 이유는 헌법에서 "공무원인 근로자는 법률이 정하는 자에 한하여 단결권·단체교섭권 및 단체행동권을 가진다."(헌법 제33조 제2항)고 규정하여 공무원인 근로자는 법률에서 정하지 않으면 어떤 근로기본권도 가질 수 없게 되어 있는 우리나라 헌법 구조 아래에서 정부에서 「공무원의 노동조합 설립 및 운영 등에 관한 법률」(정부안)을 제정하면서, 6급 이하 공무원의 단결권만 인정하려고 하였기 때문이다. 또한 단체교섭권의 대상에서 임용사항 등 주요 사항은 제외하여 제한적으로 인정하는 한편, 파업 등 쟁의행위는 전면 금지하려고 하였기 때문이었다.[1]

당시 파업에 참여한 공무원 중에는 지방공무원이 많았는데 지방자치제가 실시되면서 행정에 정치논리가 개입되고 지방선거를 반복해서 치르면서 직업공무원제도의 근간이 흔들리는 것을 경험한 공무원들은 부패한 지방자치단체장들에 대항할 수 있는 돌파구 마련이 절실한 실정이었다. 이러한 상황에서 공무원노조법이 만들어진다고 하여 기대에 부풀어 있었는

---

1) 「공무원의 노동조합 설립 및 운영 등에 관한 법률 제정안」 제6조 (가입범위) ① 노동조합에 가입할 수 있는 공무원의 범위는 다음 각 호와 같다.
1. 6급 이하의 일반직공무원 및 이에 상당하는 연구 또는 특수기술직렬의 일반직공무원 (이하 생략)
제8조 (교섭 및 체결권한 등) ① (본문 생략). 다만, 법령 등에 의하여 국가 또는 지방자치단체가 그 권한으로 행하는 정책결정에 관한 사항, 임용권의 행사 등 그 기관의 관리·운영에 관한 사항으로서 근무조건과 직접 관련되지 아니하는 사항은 교섭의 대상이 될 수 없다.
제11조 (쟁의행위의 금지) 노동조합과 그 조합원은 파업·태업 그 밖에 업무의 정상적인 운영을 저해하는 일체의 행위를 하여서는 아니 된다.

데 정작 법안은 위와 같이 만들어졌기 때문에 이에 항의하기 위해 총파업을 계획했던 것이다.

당시 전국공무원노동조합의 총파업 예고에 대하여 언론에서는 "공무원이 파업하게 되면 국가기능이 마비된다."[2]고 하면서 공무원이 파업하면 나라가 망할 것처럼 보도하기도 하는 등 사회적으로 큰 반향을 불러일으켰다. 그리하여 건국 이래 최초의 공무원 총파업이었음에도 15일부터 17일까지 사흘간 총 45,000여명이라는 적지 않은 수의 공무원이 파업에 참여하는 등 공무원 사회에는 돌풍을 일으켰지만, 공무원을 '철밥통'이라고 생각하는 대다수 국민으로부터는 지지를 받지 못한 채 3일 만에 막을 내렸다. 그리고 총파업을 주도한 전국공무원노동조합 간부진과 파업에 적극 참여한 공무원은 무더기로 형사처벌이나 파면 등 중징계를 당하였다.[3] 결국 2005. 1. 27. 제정된 「공무원의 노동조합 설립 및 운영 등에 관한 법률」(이하 '공무원노조법'이라 한다)은 6급 이하까지만 단결권을 인정하고 단체교섭권도 제한적으로 인정하면서 파업권 등 단체행동권은 전면 금지하였고, 이 후 직급에 따른 단결권 제한을 제외하고는 이 기조는 현재까지 유지되고 있다.[4]

위 첫 공무원 총파업으로부터 10년 6개월이 지난 2015. 4. 24. 전국공무원노동조합은 정부의 공무원연금개혁을 저지하려고 민주노총의 총파업에

---

2) 2004. 10. 20.자 한국일보 사설 참조.
3) "공무원노조 해고자 삶 136명 들여다보니: 노조활동 이유로 전과자 평생 낙인, 5명 숨지고 18명 투병 중", 『매일노동뉴스』, 2019. 12. 30. 참조.
4) 「공무원의 노동조합 설립 및 운영 등에 관한 법률」 (약칭: 공무원노조법) [시행 2006. 1. 28.] [법률 제7380호, 2005. 1. 27., 제정] 제11조 (쟁의행위의 금지) 노동조합과 그 조합원은 파업·태업 그 밖에 업무의 정상적인 운영을 저해하는 일체의 행위를 하여서는 아니 된다. 제18조 (벌칙) 제11조의 규정을 위반하여 파업·태업 그 밖에 업무의 정상적인 운영을 저해하는 행위를 한 자는 5년 이하의 징역 또는 5천만 원 이하의 벌금에 처한다; 현행법은 단결권에 있어서 직급 제한 규정을 삭제하였다.

합세하였다. 정부는 하루 전날 담화문을 내고, 공무원의 파업을 전면적으로
금지하면서 이를 위반하는 경우 5년 이하의 징역 등에 처하는 벌칙까지 둔
공무원노조법을 염두에 두고 "공무원들이 법령에서 엄격히 금지하고 있는
파업을 강행한다면, 이는 국가와 국민에 대한 도전으로 결코 용납될 수 없
다."고 하면서 단호하게 징계 및 사법조치 할 것이라고 경고하였다.[5]

　건국 이래 최초의 공무원 총파업으로부터 13년 8개월이 지난 2018. 3.
20. 노무현 정부를 계승하였다고 평가되는 문재인 정부는 9차 개헌을 추
진하였다. 그러면서 지금까지 전면 금지되어 있는 공무원 파업에 대하여
1946년 프랑스 헌법 전문 제7항[6]과 유사하게 현역 군인 등 법률이 정하는
예외적인 경우를 제외하고 원칙적으로 허용하는 내용이 담긴 대통령 발의
개헌안을 발표하였다.[7] 그렇지만 당시 국회에서 개헌안건 표결 과정에서
야당의 표결 불참으로 안건 자체가 성립되지 않으면서 개헌은 수포로 돌
아가고 말았다.

　이와 같이 9차 개헌 추진은 무산되었지만, 앞으로 개헌이 다시 추진된
다면 현행 헌법 제33조 제2항은 공무원도 근로자로서 다른 근로자와 함께

---

5) 정부 "공무원 총파업은 불법... 엄정 대응" 담화 발표, 연합뉴스, 2015. 4. 23. 참조.
6) 파업권은 그것을 규제하는 법률들의 범위 내에서 행사된다(Le droit de grève
　s'exerce dans le cadre des lois qui le réglementent.). 즉, 프랑스 헌법은 파업권을
　기본권으로 인정하여 이 권리를 규제하는 법률이 없는 한 제한 없이 허용된다고
　규정하였다. 이에 대하여 프랑스 최고행정재판소인 꽁세유데따는 위 파업권은 공
　무원에게도 당연히 인정된다고 판시하면서도 위 헌법의 명시된 문언과 달리 공무
　원의 파업권을 규제할 수 있는 근거가 '법률'(la loi)에 한정되지 않는 것으로 해석
　하고 있는 것에 대하여는 본문 제2장 제3절에서 따로 논의한다.
7) 2018. 3. 26. 대통령 제출 대한민국헌법 개정안 제34조 ① 노동자는 자주적인 단결
　권과 단체교섭권을 가진다. ② 노동자는 노동조건의 개선과 그 권익의 보호를 위
　하여 단체행동권을 가진다. ③ 현역 군인 등 법률로 정하는 공무원의 단결권, 단체
　교섭권과 단체행동권은 법률로 정하는 바에 따라 제한하거나 인정하지 않을 수 있
　다. ④ 법률로 정하는 주요 방위산업체에 종사하는 노동자의 단체행동권은 필요한
　경우에만 법률로 정하는 바에 따라 제한하거나 인정하지 않을 수 있다.

단체행동권 등 근로3권을 가지는 것으로 개정하고 다만 그 제한을 법률에
유보함으로써 공무원에 대한 제도 변화와 국민의 인식 변화에 따른 탄력
적인 입법이 가능하도록 2018년의 대통령 제출 헌법 개정안처럼 개정할
필요성이 있고 그렇게 개정될 가능성도 있다.[8] 그렇게 된다면 우리나라
현행 공무원노조법이나 공무원법도 전면개정이 이루어질 수밖에 없을 것
이다. 이에 대한 시사점을 얻기 위하여 공무원의 파업권에 관한 실무와 판
례가 그 어떤 나라보다도 더 많이 축적된 프랑스의 공무원 파업권을 살펴
보는 것은 큰 의미가 있다.

특히 프랑스는 직업공무원제도를 기반으로 공무원의 신분이 어느 정도
보장된 국가이면서도 파업권을 인정하고 있는 점이 특징이다. 또한 프랑
스는 다른 나라처럼 공무원의 파업권을 인정하지 않다가 헌법에서 이를
선언함을 계기로 인정하게 되었다. 그리고 이렇게 공무원의 파업권을 부
정하다가 인정하게 된 변천 과정이 모두 행정판례를 통해 이루어졌다.

이런 배경 하에서 프랑스의 행정재판 등에서 주로 다루어진 공무원 파
업권에 관한 법리는 헌법과 법률 등의 규정의 포괄성, 추상성 및 미진한
부분을 보완하여 공무원 파업권에 관한 풍부한 판례법을 만들어 내고 있
어 더욱 그러하다. 프랑스법상 공무원의 파업권에 대한 연구는 1950. 7. 7.
프랑스의 최고행정재판소인 꽁세유데따 전원회의에서 선고한, 역사적인
드앤느(Dehaene) 판결[9]을 전후하여 그 전과 후에 견해의 대세가 바뀐
다.[10] 그 중심에는 1946. 10. 27. 제정된 프랑스 제4공화국헌법 전문 제7항

---

8) 장영수, "공무원의 노동삼권에 관한 개헌방향의 검토", 고려법학 제91호, 고려대학
   교 법학연구원, 2018, 25면 참조.
9) CE(꽁세유데따), Ass., 7 juill. 1950, Dehaene.
10) 1950년 드앤느(Dehaene) 판결 이후에 공무원의 파업권을 주제로 발행된 단행본으
   로는 파업권과 공역무의 관계를 밝힌 제라르 벨로르지(Gérard Belorgey)의 "Le
   droit de la grève et les services publics"(1964); 공역무에서의 파업에 관하여 저술
   한 에릭 드보(Eric Devaux)의 "La grève dans les services publics, Tome Ⅱ"

이 자리 잡고 있다.

꽁세유데따는 드앤느 판결에서 공무원의 파업권이 위 제4공화국 헌법 전문 제7항에 따라 헌법적으로 인정된다고 선고하였다. 꽁세유데따는 위 판결을 선고하기 전까지는 공무원의 파업권을 인정하지 않았다. 그 대표 적인 판결이 1909. 8. 7. 선고한 빈켈(Winkell) 판결[11]이다. 드앤느 판결 전 까지는 위 빈켈 판결을 좇아서 공무원의 파업권을 부인하는 견해가 대세 를 이루었다.[12]

한편, 프랑스의 공무원 파업권에 관한 국내 연구 동향을 살펴보면, 주로 노동법적 관점[13]에서 논의되고 있고, 일부 행정학적 관점에서 논의되는 경우[14]가 있을 뿐이다. 이를 행정법적 관점에서 이를 정면으로 다룬 연

(1993)와 "La grève dans les services publics, Volume 1"(1995); 지방공무원의 조합권과 파업권에 대하여 연구한 안느 주르다-다르도(Anne Jourda-Dardaud)의 "Le droit syndical et le droit de grève dans la fonction publique territoriale"(2004); 공무원 파업권의 공역무 계속성 원칙과의 조화를 강조한 마리 꾸레쥬(Marie Courrèges)의 "Le principe de continuité du service public confronté au droit de grève"(2015); 플로랑스 크루자티에-뒤랑(Florence Crouzatier-Durand) 외 15인의 "Grève et droit public 70 ans de reconnaissance"(2016) 등이 있고, 논문으로는 공역무에서 파업에 대한 금전적 삭감에 관하여 연구한 파브리스 멜르래(Fabrice Melleray)의 "Les retenues pécuniaires pour faits de grève dans les services publics"(2003) 등이 있다.

11) CE, 7 août 1909, Winkell.

12) 당시 이에 대한 연구로 알프레 가부르데(Alfred Gabourdès)의 몽펠리에대학교 박사학위논문인 "La grève dans les services publics"(1913)가 있다.

13) 조용만, "프랑스 공무원의 노동기본권", 노동법학 제13호, 한국노동법학회, 2001; 조용만, "프랑스 공무원 노사관계의 초기 갈등유형과 법제도의 함의", 일감법학 제 10권, 건국대학교 법학연구소, 2005; 조용만, "프랑스에서 파업권의 보호와 대체근로의 제한", 노동법연구 제45호, 서울대학교 노동법연구회, 2018; 박제성, "공공서비스 파업과 최소업무의 유지에 관한 프랑스 법제", 노동법연구 제16호, 서울대학교 노동법연구회, 2004; 박제성, "공익서비스 파업에서 최소 업무의 유지: 프랑스", 국제노동브리프 제3권 제9호, 한국노동연구원, 2005; 조임영, "프랑스에서의 파업권의 보장과 그 한계", 국제노동브리프 제12권 제4호, 한국노동연구원, 2014 참조.

구15)는 거의 찾아보기 힘든 실정이다. 그러나 공무원법도 엄연히 행정법의 분야에 속하므로 행정법의 기본 원리나 원칙이 바탕을 이루어야 한다.

즉, 공무원법은 국가나 지방자치단체 조직의 인적 구성요소가 되는 공무원에 관한 법률로서, 국가제도론에 포함되는 분야이다. 이 국가제도론은 국가 및 지방자치단체의 구성 원리 등 개괄적인 내용으로 구성되는 분야로서, 행정작용법의 전제가 된다. 다시 말해, 공무원법은 행정작용의 주체에 관한 행정조직법이므로 행정작용법 못지않게 많은 관심과 검토가 필요하다. 또한 행정법 총론과 쟁송법에 치우쳐 있는 행정법학의 외연을 넓힌다는 관점에서도 많은 관심을 기울여야 할 분야라고 본다.16)

그런데 앞에서 본 바와 같이 우리 현행 헌법의 공무원 근로기본권 관련 조항은 개헌이 된다면 개정될 가능성이 크다. 이에 따른 관련 법률의 개정도 필요하다. 그런데 헌법 개정이 이루어지기 전에도, 현행 헌법이 공무원의 근로3권을 광범위한 입법재량에 맡기고 있는 상황에서, 관련 법률은 파업 등 쟁의행위는 전면 금지하고 있어 사실상 이에 대하여는 법률이 없는 것과 마찬가지의 상태에 있다.

이러한 상황은 1961년 5·16 군사정변 이후 현재까지 60년 가까이 계속되고 있다. 한편, 헌법재판소의 2008년 결정17)에 의하면, 헌법 제33조 제2항이 규정되지 아니하였다면 공무원도 헌법 제33조 제1항에 따라 근로3권

---

14) 정재동·정주용, "프랑스 공무원 노조와 분쟁조정기제: 민주성과 합법성을 중심으로", 한국인사행정학회보 제2권 제2호, 2003; 조용만, "프랑스 공무원 노사갈등과 한국적 함의", 서울행정학회 학술대회 발표논문집, 서울행정학회, 2006 참조.

15) 한견우, "프랑스 공무원의 정치적 표현의 자유와 노동기본권", 공법연구 제40집 제3호, 한국공법학회, 2012, 255-288면 참조.

16) 김종보, "행정법학의 개념과 그 외연-제도중심의 공법학방법론을 위한 시론", 행정법연구 제21호, 행정법이론실무학회, 2008, 10-19면 참조.

17) 헌법재판소 2008. 12. 26. 선고 2005헌마971, 1193, 2006헌마198 (병합) 결정 (공무원의 노동조합 및 운영 등에 관한 법률 위헌확인 등); 2007. 8. 30. 선고 2003헌바51, 2005헌가5 (병합) 결정 (국가공무원법 제66조 제1항 등 위헌소원 등).

을 가진다는 것이다. 그래서 그럴 경우에는 공무원의 단체행동권 등을 제한하는 법률에 대해서 헌법 제37조 제2항에 따른 기본권 제한의 한계를 준수하였는가 하는 점에 대한 심사를 할 수 있다는 것이다.

그런데 헌법 제33조 제2항이 직접 '법률이 정하는 자'만이 근로3권을 향유할 수 있다고 규정하고 있어서 '법률이 정하는 자' 이외의 공무원은 근로3권의 주체가 되지 못한다고 한다. 그러므로 근로3권이 인정됨을 전제로 하는 헌법 제37조 제2항의 과잉금지원칙은 적용이 없다는 것이다. 그리고 국회는 헌법 제33조 제2항에 따라 공무원인 근로자에게 근로3권을 인정할 것인가의 여부, 어떤 형태의 행위를 어느 범위에서 인정할 것인가 등에 대하여 광범위한 입법형성의 자유를 가진다는 것이다.

결론적으로 헌법재판소는, 공무원은 국민 전체에 대한 봉사자로서의 지위를 갖는다는 헌법 제7조의 규정 등을 강조하면서 공무원노조법 제11조에서 공무원의 파업을 금지하고 국가공무원법 제66조 제1항에서 공무원의 노동운동을 금지하는 것은 헌법 제33조 제2항에 따른 입법형성권의 범위 내에 있다고 한다. 따라서 위와 같은 금지는 헌법 제33조 제2항이 입법자에게 부여하고 있는 형성적 재량권을 벗어난 것이 아니라는 것이다.

그러나 헌법 제33조 제2항이 공무원의 근로3권에 대하여 무제한의 입법형성권과 재량권을 주었다고 보아서는 안 되고, 헌법 제33조 제1항과 제2항에서 모든 근로자에게 근로3권을 인정하고 공무원도 근로자로 인정한 취지와 헌법 제7조의 취지를 조화시켜야 하는 임무와 한계를 부여하였다고 보는 것이 보다 합리적이고 헌법합치적 해석이라는 강한 반론이 있다.[18] 이에 따르면 헌법 제33조 제2항에 의한 법률은 같은 조 제1항과 제2항 전단의 취지에 따라 공무원도 근로3권을 가지는 것을 원칙으로 하면서

---

18) 헌법재판소 2008. 12. 26. 선고 2005헌마971, 1193, 2006헌마198 (병합) 결정 (공무원의 노동조합 및 운영 등에 관한 법률 위헌확인 등) 중 재판관 조대현의 일부 반대 의견 참조.

헌법 제7조의 요청을 준수하기 위하여 구체적으로 필요한 한도 내에서만 이를 제한할 수 있는 법률이어야 한다는 것이다. 따라서 공무원의 근로3권을 제한하는 법률에 대해서도 헌법 제37조 제2항에 따른 심사가 가능하고 만약 당해 법률이 헌법 제7조가 요청하는 범위를 넘어서 공무원의 근로3권을 제한한다면 헌법 제33조 제2항의 취지에 어긋난다고 한다.

근본적인 해결책은 현행 헌법을 개정하는 것이다. 헌법 개정이 어렵다면 헌법 제33조 제1항의 취지와 공무원을 근로자로 인정한 취지에 따라 입법적으로라도 현행 공무원노조법이나 국가공무원법과 지방공무원법을 개정하여야 할 것이다. 그래서 일률적으로 그리고 절대적으로 금지하고 있는 공무원의 파업권 등 단체행동권에 관한 조항을 수정할 필요가 있다.

이와 관련하여 1946년에 주체를 특정하지 않고 파업권은 법률로 규제하는 범위 내에서 행사된다는 것을 헌법에 명시하고, 1950년에 최고행정재판소가 위 헌법 조항이 공무원의 파업권에도 적용된다는 것을 인정한 이후 지금까지 수많은 행정판례의 축적을 통해서 일반 공무원법과 공역무별 개별 공무원법이 제·개정되어 관련 실무가 형성되고 학설이 정립된 프랑스의 공무원 파업권에 대하여 살펴봄으로써 우리에게 헌법과 법률의 관련 조항의 개정과 관련 행정의 실무 나아가 관련 재판의 실무에 시사점을 제시하고자 한다.

II. 연구의 방법과 범위

1. 연구의 방법

프랑스 공무원의 파업권에 대하여 본격적으로 연구하기 전에 그 기반이 되는 프랑스의 공무원 제도와 일반 파업권에 대하여 살펴본다. 프랑스 공무원 제도와 일반 파업권에 대하여는 제도에 대한 연구에 가장 적합한 연구방법인 문헌적 방법으로 고찰한다.

본론으로 들어가 프랑스 공무원의 파업권에 대하여는 '도그마틱 방법론'에 입각하여 연구를 진행한다. 일반적으로 '도그마틱'이란 법적 문제의 해결을 위한 실정법규가 흠결되어 있거나 아니면 법규의 내용이 추상적이고 불명확할 때 삼단논법으로서의 법적 판단과정에서 대전제로서의 역할을 하는 법명제로서, 헌법과 법률, 판례, 학설을 소재로 하여 정립되는 것을 말한다.[19] 프랑스의 법, 그 중에서도 프랑스 행정법에서의 도그마틱은, '광의의 행정부'에 속하는 행정재판소, 그 중에서도 최고행정재판소인 꽁세유데따에 의한 행정재판에 의하여 형성되고 발전되어 온 특수성으로 말미암아, 주로 판례를 소재로 하여 정립되었다.

따라서 프랑스 행정법은 독일 행정법에 비해 월등한 정도로 재판에 의해 창조된 법이다. 학설상 판례법은 행정법의 승인된, 특히 중요한 법원(法源)으로 인정된다.[20] 그래서 꽁세유데따 판례를 주요 연구 대상으로 삼는다.

또한 프랑스 공무원의 파업권은 프랑스 헌법에서 영향 받은 내용도 적지 않다. 그래서 프랑스 헌법재판소의 판례도 도그마틱 방법론의 연구대상으로 삼는다. 그런데 근래 프랑스에서 많은 행정법 이슈가 입법과 행정입법 등에 의하여 해결되는 경향이 있다. 따라서 일반 공무원법과 각종 공역무별 개별 공무원법의 제·개정 내용과 관련 행정입법 그리고 나아가서 노동법의 관련 조문까지 연구 대상에 포함시킨다.

마지막으로 앞에서 살펴본 프랑스법이 우리나라에 주는 시사점에 대하여는 전체적으로 비교법 방법론으로 분석한다. 비교대상은 우리의 판례 및 학설에 의하여 정립된 도그마틱이다. 프랑스 공무원 파업권의 도그마틱에 비추어 시사점을 분석하는 도그마틱 방법론으로 고찰한다.

---

19) 박정훈, 행정법의 체계와 방법론, 박영사, 2010, 71-72면 참조.
20) 상게서, 465면 참조.

2. 연구의 범위

본 연구는 프랑스 공무원의 파업권을 집중적인 연구대상으로 삼는다. 그런데 프랑스 공무원의 파업권에 대하여 본격적으로 고찰하기 전에, 프랑스 공무원제도와 민간부문의 일반 파업권의 주요 내용에 대하여 공무원법과 꽁세유데따 판례 및 노동법과 파기원 판례 등을 중심으로 살펴보고자 한다. 그 후 본격적으로 민간부문의 파업권과 달리 일정한 제한을 받는 공무원의 파업권에 대하여 연혁부터 시작하여 의의, 요건, 제한 및 행사효과에 대하여 법률과 행정판례를 중심으로, 행정입법, 헌법재판소 결정례 및 파기원 판례 등을 보충하여 살펴본 후 우리나라에 대한 시사점을 제시하고자 한다.

제1장에서는 프랑스 공무원의 파업권에 대한 제도적 배경이 되는 공무원 제도와 민간부문의 파업권에 대하여 그 연혁과 현황 중심으로 살펴본다. 먼저 프랑스 공무원 제도에 대하여는 그 연혁으로서, 대혁명 이후 제5공화국까지 거치면서 공직 개념, 공무원의 역할, 행정사건의 재판관할, 꽁세유데따의 판례법 형성, 공무원법의 탄생 과정 등을 살펴보고, 이어서 최근의 노동법화 경향 등에 대하여 검토한 후, 제도의 현황에 대하여 공무원법의 법원(法源), 공무원단, 공무원 채용, 경력의 변동, 공무원의 권리와 의무 등에 대하여 고찰한다. 다음에 민간 분야의 일반 파업권에 대하여 연혁부터 시작하여 의의, 요건, 효과에 대하여 개략적으로 살펴보고자 한다.

제2장부터 제5장까지는 프랑스 공무원의 파업권에 대하여 본격적으로 고찰한다. 먼저 제2장에서는 파업권의 연혁에 대하여, 1946년의 제4공화국 헌법 전문을 중심으로, 시대적으로 그 전 시대와 후 시대의 꽁세유데따 판례의 변경 과정을 비판적으로 고찰한다. 이 과정에서 헌법 전문의 파업권 규정과 이에 대한 헌법재판소 결정례도 분석한다.

제3장에서는 공무원 파업권의 의의와 인정요건에 대하여 살펴본다. 일

반적의 파업의 개념을 기반으로 공무원 파업권의 의의를 밝힌다. 그리고 이에 따라 파업권이 인정되기 위하여 적극적으로 갖추어야 할 요건을 검토한다.

제4장에서는 파업권 행사의 제한에 대하여 세부적으로 검토한다. 먼저 제한의 이론적 근거에 대하여 꽁세유데따 판례와 헌법재판소 결정례 등 판례 및 학설 등에 따라 고찰한다. 다음에 제한의 내용에 대하여 근로중단의 범위, 절차 및 방법의 세 가지 측면에서 검토한다.

제5장에서는 파업권 행사의 효과에 대하여 살펴본다. 적법한 행사와 위법한 행사로 구분하여 각각의 효과에 대하여 검토한다. 적법한 행사에 대하여는 먼저 일반적 효과에 대하여 개괄적으로 살펴보고, 이어서 구체적으로 보수 삭감과 소속기관 또는 사용자의 권리에 대하여 판례를 중심으로 고찰한다. 그리고 위법한 행사에 대하여는 징계와 민·형사상 책임에 대하여 검토한다.

제6장에서는 앞에서 고찰한 프랑스 공무원 파업권 제도의 우리나라에 대한 시사점에 대하여 살펴본다. 그러기 위해서 먼저, 우리나라 공무원의 파업권 등 단체행동권에 대하여 헌법, 공무원노조법 및 공무원법 등의 규정 현황과 함께 이에 대한 학설과 판례의 태도를 검토한다. 다음, 프랑스 공무원의 파업권에 관한 법규와 판례법의 시사점을 고찰한다. 마지막으로 제7장에서는 이상의 논의를 요약하고 결론을 맺는다.

제1장
예비적 고찰

본서의 주제인 프랑스의 공무원 파업권에 대하여 본격적으로 설명하기 전에 프랑스 공무원 제도와 일반 파업권에 대하여 살펴보고자 한다. 프랑스는 전통적으로 공무원의 역할과 영향력이 커서 프랑스 행정법을 이해하기 위해서도 공무원 제도를 살펴보는 것은 중요하다. 일반적으로 프랑스 공무원은 평생 상당한 사회적 지위를 인정받고 일정한 권한도 가지고 있으며, 보수도 민간부문 근로자보다 나은 대우를 받는 매력적인 직업으로 알려져 다른 나라 공무원의 부러움 대상이 되고 있다.[1] 특히 비록 공역무의 특성에서 나오는 제한이 있지만 민간부문 근로자처럼 파업권도 가지고 있다.

　그러나 정작 공무원 스스로는 그렇게 생각하고 있지 않는 것 같고 문학작품[2]에서도 호평을 받지 못하고 있는 것으로 보인다.[3] 대표적으로 레옹세이(Léon Say)는 "민주주의는 공직은 좋아하지만 공무원은 싫어한다."고 말했다.[4] 그러나 프랑스 공무원은 유럽 내에서 경쟁력이 가장 뛰어나다는 찬사를 받고 있고, 프랑스 국민은 잘 정비된 공무원 제도와 유럽에서 가장

---

1) 홍용웅, "세계의 공무원: 프랑스-보수, 민간분야보다 다소 높아", 대한민국 정책브리핑, 1994, 4. 11.자, 문화체육관광부, https://www.korea.kr/common/searchPrint.do, 검색일 및 최종접속일 2021. 5. 26.; 김영우, "프랑스 공무원제도의 경직성과 유연성 : 주변국과의 비교연구", 한국행정학보 제36권 제1호, 한국행정학회, 2002, 99면 참조.
2) 조르쥬 무아노(Georges Moineau)의 「사무원」(Messieurs les ronds-de-cuir), 오노레 드 발자크(Honoré de Balzac)의 「공무원」(Les Employés)과 「공무원 생리학」(Physiologie de l'employé; 공무원을 '살기 위해 봉급이 필요한 자', '자신의 자리를 떠날 자유가 없는 자', '쓸데없이 서류를 뒤적이는 것 외에 할 줄 아는 게 없는 자'로 묘사한다. 오노레 드 발자크(Honoré de Balzac)(류재화 역), 공무원 생리학, 페이퍼로드, 2020, 12면) 등 참조.
3) Emmanuel Aubin, La fonction publique, 6ᵉ éd., Gualino, 2015, p. 18-19 참조.
4) 제3공화국 하에서 재무부장관 역임; Emmanuel Aubin, op. cit., p. 18 참조.

우수한 관료 조직을 보유하고 있다는 자부심을 가지고 있다.5) 이하에서
프랑스 공무원 제도와 민간부문 일반 파업권에 대하여 살펴보고자 한다.

제1절 프랑스 공무원 제도

Ⅰ. 제도의 연혁

프랑스 공무원 제도는 프랑스 사회에서 특별한 의미를 가지고 있다. 그것
은 프랑스의 근대 사회를 연 프랑스 대혁명의 중요한 원인이 바로 엽관제와
공직세습제였기 때문이다.6) 파리 시민은 1789년 대혁명을 통하여 절대군주
정체인 이른바 '앙시앙레짐'(Ancien Régime, 舊 體制)을 종식시킨 후 「인간
과 시민의 권리 선언」(Déclaration des droits de l'homme et du citoyen)을 하
였다. 여기에서 근대적 공무원 제도가 형성되기 시작하였다. 알렉시 드 토
크빌(Alexis de Tocqueville)은 프랑스의 역사는 자유를 향한 본능적 사랑
과 평등을 향한 열정을 조정하기 위한 노력의 본보기라고 했다.7) 프랑스
공무원 제도의 역사도 이와 다르지 않다.

1. 앙시앙레짐(1789년 이전)

프랑스 공무원 제도의 뿌리는 대혁명 이전인 앙시앙레짐에서 찾을 수

---

5) 김영우, 전게논문, 99면 참조.
6) 전주열 외, 해외 주요국의 국가공무원에 관한 법제분석, 법제연구원, 2015, 171면
   참조.
7) Charles Debbasch et Jean-Marie Pontier, La société française, 2000, p. 83; 샤를
   르 드바쉬·장마리 퐁티에(김지은 외 역), 프랑스 사회와 문화Ⅰ, 서울대학교 출판
   부, 2004, 87면 참조.

있다. 군주정 하에서는 군주를 보좌하는 관료로서 직위를 세습하는 관료 (l'officier)와 권력자가 지명하여 특정 권한을 맡는 관료(le commissaire)가 있었다. 이들에게는 특정 지역에 거주할 의무, 언제든 군주의 부름에 응해 야 할 의무 등 신분상의 안정에 상응하는 의무가 부과되었다.[8]

2. 대혁명과 입헌군주제(1789~1791)

(1) 인간과 시민의 권리 선언

프랑스 대혁명 직후 1789. 8. 26. 국민의회를 구성하는 프랑스 인민의 대표자는 「인간과 시민의 권리 선언」(이하 '인권선언'이라 한다)을 발표하 였다. 인권선언은 일부 조항을 행정에 할애하여 공직에 대한 구상을 표현 하였다. 먼저 제3조는 주권은 본질적으로 국민에게 있다고 선언하여, 어떠 한 단체나 개인도 명백하게 국민으로부터 나오지 않는 권한을 행사할 수 없다는 결론을 이끌어낸다.

다음 제6조는 모든 시민은 "자신의 덕성과 재능에 의한 차별 외에는 어 떠한 차별도 없이 그의 능력에 따라서 평등하게 모든 공적인 고위직(la dignité), 지위 및 직무에 임명될 수 있다."고 확인한다. 그리고 제12조는 공권력(la force publique)[9]은 "모두의 이익을 위해서 존재할 뿐, 그것을 위 임받은 사람의 개별적인 이익을 위해 존재하지 않는다."고 규정하여, 공권 력은 '일반이익'(l'intérêt général)을 위해서만 행사되어야 함을 분명히 하 였다. 1872년 이래 꽁세유데따가 그 정치철학의 출발점으로 삼고 있는 것 은 1789년의 프랑스 대혁명과 인권선언이라고 한다.[10]

---

8) 전주열 외, 전게서, 172면 참조.
9) 프랑스에서 'la force publique'은 경찰, 헌병대(국경의 수비와 치안 담당), 및 군대 를 총칭하기도 하나, 일반적으로는 '경찰'만을 지칭하는바, 여기서는 우리나라에서 도 흔히 쓰는 용어인 '공권력'이라고 번역하기로 한다.

(2) 대혁명에서 등장한 용어 '공무원'

1789. 12월 미라보(Honoré Gabriel Riqueti, Comte de Mirabeau)는 행정은 '제2의 종교'라고 설파하였다. 그리고 대혁명 하에서 '공무원'(le fonctionnaire)은 명망 높은 '프랑스공화국 대표자'이자 '주권자의 대리인'으로 인식되었다. 그래서 당시 「프랑스 아카데미 사전」(Dictionnaire de l'Académie française)은 "인민은 공무원을 존중하고 영광스럽게 해야 한다."[11]라고 적고 있다. 장 튈라르(Jean Tulard)는 대혁명이 정부의 임명에 따라 명령에 의해 직무를 수행하는 급여생활자인 새로운 유형의 공무원을 탄생하게 했다고 언급했다.[12]

그러나 그렇다고 해서 오늘날 프랑스에서 고위 공무원[13]을 제외한 중·하위 공무원을 일반 근로자와 다른 유형의 직업으로 여기고 있지는 않다. 국립통계경제연구소(INSEE)의 직업 분류[14]는 고위 공무원을 제외한 나머지 공무원은 '사무원'[l'(la) employé(e)]으로 분류하고 있다.[15] 여기에서 중·하위 공무원을 일반 근로자와 같은 그룹으로 보는 프랑스 사회의 인식을 엿볼 수 있다.

---

10) Prosper Weil et Dominique Pouyaud, Le droit administratif, Presses Universitaires de France/Humensis, 2017, p. 10 참조.
11) Le peuple doit respecter et honorer les fonctionnaires publics.
12) Emmanuel Aubin, op. cit., p. 25 참조.
13) 보통 A계급 공무원을 고위 공무원이라고 하고, B·C계급 공무원을 중·하위 공무원이라고 한다(임도빈, 프랑스의 정치행정체제, 법문사, 2001, 217면 참조).
14) ① 자영업농가, ② 수공업자, 상인, 중소기업 사장, ③ 간부(les cadres; 고위 공무원은 여기에 포함됨), 고등지식인(정보, 예술, 공연에 관한 직업 포함), ④ 중개업, ⑤ 사무원(역무의 직원 포함), ⑥ 노동자(농업노동자 포함), ⑦ 은퇴자, ⑧ 직업 활동이 없는 사람(14세 이상)
15) Charles Debbasch et Jean-Marie Pontier, op. cit., p. 252; 샤를르 드바쉬·장마리 퐁티에(김지은 외 역), 전게서, 266면 참조.

(3) 일반재판소의 재판관할에서 행정사건 배제

제헌혁명의회(Constituante)의 최초의 조치 중의 하나는 「1790년 8월 16일과 24일의 법률」에 의하여 국가 권한에 대한 일반재판소의 도전 가능성을 완전히 제거하는 것이었다. 위 법률에 의하면, 사법기능과 행정기능은 완전히 분리되어, 일반 판사는 어떠한 방식으로도 행정작용에 간여할 수 없고, 행정관을 그 직무를 이유로 소환할 수 없으며, 이를 지키지 않는 경우에는 독직죄를 구성하였다. 이 원칙은 5년 후 데크레에 의하여 재천명되었는데, 일반 판사는 어떠한 행정행위에 대하여도 재판할 수 없고, 만약 일반 판사가 행정행위에 대하여 재판한 경우에는 법적으로 처벌된다고 규정하였다.[16]

3. 제1공화국 시기의 나폴레옹 통령정부(1792~1804)

(1) 근대적 공무원 제도의 도입

나폴레옹이 기초한 「공화력 8년(1799년) 12월 30일의 헌법」의 성립은 프랑스 공무원 제도의 발전에 있어서 주목할 만한 일이다. 첫째, 공무원은 '행정권의 대리인'이라는 개념이 생겨났다. 공직은 계급화 되었고, 공무원은 규율을 준수하며 일반이익을 위해 헌신하였다.[17] 둘째, 나폴레옹은 군대 조직을 모델로 삼아 공무원단(le corps) 제도를 도입하였는데, 프랑스 공무원 모델의 핵심이 되었다.[18] 셋째, 합의제 대신 단독제 관청의 원칙이 세워졌다. 넷째, 모든 공무원이 선거 대신 장관에 의하여 임명되었다. 다섯

---

16) Prosper Weil et Dominique Pouyaud, op. cit., p. 6 참조.
17) Emmanuel Aubin, op. cit., p. 26 참조.
18) 정재명 외, 주요국의 공무원 인사제도에 관한 연구, 한국행정연구원, 2006, p. 176 참조.

째, 하부조직에 대한 중복적인 감독제도가 나타났다. 여섯째, 대부분의 지방행정관을 중앙에서 임명하였다.19)

(2) 꽁세유데따의 창설

나폴레옹의 등장과 함께 「1799년(공화력 8년) 雨월20) 28일의 법률」로 도참사회(Conseil de préfecture)가 행정기구 내에 행정쟁송 문제를 취급하는 전문기구로서 설치되어, 프레페(le préfet)의 주재 하에 매우 한정적인 행정쟁송에 대한 재판권을 행사하였다.21) 그러다 같은 해 12. 30. 공포된 공화력 8년 헌법(Constitution de l'An VIII) 제52조에 의하여 꽁세유데따(Conseil d'État)가 창설되어 근본적인 개혁이 이루어졌다. 당시 꽁세유데따는 정부의 법률자문기구로 설치된 것이었으나, 제1총통과 국가원수에 의하여 행정권이 당사자인 쟁송에 대하여 판결을 하는 임무가 부여되었다.22) 여기에서 쌓인 판례법이 점차로 통치권력의 증대와 중앙집권의 강화에 중대한 역할을 담당하게 되었다.23) 그래서 당시 프랑스는 행정법이라고 하는 특별한 법 영역으로 규율되는 중앙집권적 행정을 가진 강한 국가가 되었다.24)

---

19) 홍순호, 프랑스의 행정, 탐구당, 1985, 200면 참조.
20) 공화력 5월; 1월 20(21)일~2월 19(20)일.
21) 앙시앙레짐 시대에는 국왕재판소(Conseil du Roi)가 있어 꽁세유데따가 수행하는 기술적 자문기관 및 행정재판소로서의 역할 등 그 일반적인 성격에는 유사점이 있었지만 그 기능과 조직에 있어서는 매우 현저한 차이가 있었다(Charles Freedeman, The Conseil d'Etat in Modern France, Ams Press New York, 1968, p. 2 참조).
22) 이상 꽁세유데따의 창설에 대하여는 Prosper Weil et Dominique Pouyaud, op. cit., p. 7 참조.
23) 홍순호, 전게서, 200면 참조.
24) 이현수, "국가의 법적 개념, 프랑스 공법이론상 국가법인설의 수용과 전개", 행정법연구 제36호, 행정법이론실무학회, 2013, 94면 참조.

4. 제1제국과 제2제국(1804~1870)

이 시기는 프랑스의 행정 및 공무원 제도에 관한 기본적인 문제의 전부가 어떠한 형태로든 나타났다는 의미에서 주목할 만한 시대이다. 공무원제도에 있어서 중요한 것은 엄격한 의미에서의 프랑스의 '관료제'가 확립된 데 있다. 알렉시 드 토크빌이 말한 것처럼 외관 형식만 본다면 앙시앙레짐의 행정기구가 그 모델이 되는 경우가 많았다고 할 수 있으나, 본질적으로 앙시앙레짐의 공무원 제도에는 보이지 않는 특색과 새로운 모순이 있었다.[25] 참고로 당시 꽁세유데따는 '공권력의 이론'(la théorie de la puissance publique)에 따라 공무원에게 복직 거부 등 행정기관의 조치에 대하여 소송을 제기할 수 있는 권리를 인정하지 않았다.[26]

5. 제3공화국 시대(1870~1940)

(1) 공무원과 사무원의 구분

19세기에는 국민의 직접 대리인인 '공무원'(le fonctionnaire)과 집행의 순수한 보조자인 '사무원'[l'(la) employé(e)]을 구별하였다. 레옹 오콕(Léon Aucoc)은 '사무원'을 하급의 일을 맡고 있으면서 국민과 접촉하지 않는 사람 혹은 국민과 지속적인 관계를 맺으면서 상급 공무원이 그에게 명령하는 행위를 하는 사람이라고 정의한다. 에밀-빅토르 푸까르(Émile-Victor Foucart)도 엄격한 의미에서 '공무원'은 '사무보조자'(l'auxiliaire de bureau)와 달리 공권력(la puissance publique)의 일부를 보유한 사람이라고 정의했

---

25) 홍순호, 전게서, 198-199면 참조.
26) CE, 13 mars 1822, De Cousso c/ Ministre de la Guerre; Emmanuel Aubin, op. cit., p. 25-26 참조.

다.[27] 그래서 '공무원'이라는 용어는 당시에 행정권의 상급 직원만 쓸 수 있었다.[28]

(2) 공직의 문민화

공직에 대하여 매우 권위적이고 위계적이라고 이해하는 것은 19세기 말까지 군인이 공무원의 절반 가까이를 점하고 있었다는 사실로 일부 설명이 된다.[29] 그런데 제3공화국 하에서 국가의 경제적 개입주의('공역무의 황금기')에 따라 어린이에게 공화국의 시민정신에 대한 이해를 교육시키고자 하였다. 정부는 이를 위하여 초등학교 교사를 대량으로 채용하였고, 이에 따라 군인 아닌 공무원은 기하급수적으로 증가했다.[30]

(3) 공직 개념의 등장

'공직'(la fonction publique) 개념은 20세기 초에 처음으로 등장했다. 학설은 그것을 공역무의 개념과 결부시켰는데, 가스통 제즈(Gaston Jèze)는 '공역무 없이 공직은 없다'고 했다. 그리고 공역무는 공권력의 작용으로 이해되었다.[31] 꽁세유데따는 1937년 공직계약의 개념을 포기하고[32] 공무

---

27) Mathieu Touzeil-Divina, Le Doyen Foucart(1799-1860), un père du droit administratif moderne, thèse droit, Université de Paris Ⅱ, LGDJ, coll. "Faculté de droit et des sciences sociales de l'Université de Poitiers", 2007 (Emmanuel Aubin, op. cit., p. 26에서 재인용) 참조.

28) Emmanuel Aubin, op. cit., p. 26 참조.

29) 제5공화국의 수상을 역임한 미셸 드브레(Michel Debré)는 공직 내부의 군인의 수적 우세를 거론하면서 공무원에 대하여 '그의 자리에 있는 민간인 병사'(un soldat civil à son poste)라고까지 말했다.

30) Emmanuel Aubin, op. cit., p. 26 참조.

31) Ibid., p. 27 참조.

32) CE sect., 22 octobre 1937, Delle Minaire et autres qui revient sur CE, 7 août

원을 법률과 행정입법 속에서 파악하기 시작했다.[33] 제3공화국 시기에 공직에 관한 권리의 주요 원천은 꽁세유데따의 판례였다. 여기에서 선발 시험에 대한 권리, 승진 규칙과 징계 제도의 기초 법리가 정해졌다.[34]

(4) 총괄적인 규정의 부재

1946년 이전에는 공직에 대한 어떤 총괄적인 법률도 없었다.[35] 그래서 그 당시 공무원법은 일반규정으로 규율되지 않았고, 경찰관, 우체국 직원 및 사법관(판사, 검사) 등에 대하여 각각 특별규정으로 규율하여 특별규정의 과잉상태를 보였다.[36] 제3공화국 하에서 총괄적으로 규정하는 법률안[37]이 많이 제출되었으나, 꽁세유데따는 법률에 의한 공직 체제의 표준화와 총괄적인 법률 제정에 반대하였다.[38] 한편, 입법부는 일부 공무원단에 관하여 '일반질서'(l'ordre général)의 보장에 관하여 입법을 추진하였다.[39]

1909, Winkell.

33) TC(관할재판소), 27 décembre 1879, Le Goff; CE, 9 juin 1889, Bergeon; CE, 11 décembre 1903, Villenave.

34) Bernard Stirn et Yann Aguila, Droit public français et européen, 2ᵉ éd., Presses de Sciences Po et Dalloz, 2018, p. 369 참조.

35) Ibid., p. 369 참조.

36) Emmanuel Aubin, op. cit., p. 39 참조.

37) 1909년 끌레망소(Clemenceau) 정부의 법률안, 1937년 인민전선(Front Populaire)의 법률안, 1939년 바르두(Bardou) 법률안 등이 제출되었다(Emmanuel Aubin, op. cit., p. 40 참조).

38) Emmanuel Aubin, op. cit., p. 40 참조.

39) 이때 제정된 법률이 공무원에게 퇴직연금에 대한 권리를 확대하는 「1853년 6월 9일의 법률」, 사법조직에 관한 「1883년 8월 30일의 법률」, 중등 교사의 징계 제도를 정하는 「1880년 2월 27일의 법률」, 모든 징계 전에 관련 문서를 받아볼 수 있는 권리를 정한 「1905년 4월 22일의 법률」, 국가공무원의 승진표에 관한 「1912년 2월 27일의 법률」 등이다(Emmanuel Aubin, op. cit., p. 39; Bernard Stirn et Yann Aguila, op. cit., p. 369 참조).

(5) 통일된 공무원법의 요구

제3공화국 초기에 있어서는 국가 활동이 급격히 확대된 결과, 공무원의 수가 뚜렷하게 증가했을 뿐 아니라 그 질적 구성도 변화됨으로써, 행정기구의 확대를 비롯하여 하급 공무원과 국가의사결정에 참여하는 상급 공무원의 분화가 그 전보다 한층 더 명료해졌다. 그 후 제국주의 시대로 진입하는 20세기에 상급 공무원과 하급 공무원 사이의 대립은 격화되었고, 내각은 안정되지 못하였다. 이처럼 불안정한 정부 하에서 재정 집행의 강력한 요구를 실행하기 위해서는 정권의 변화에 영향을 받지 않는 강력한 공무원 제도가 요구되었다. 위와 같은 요구는 상급 공무원과 하급 공무원의 대립을 포용할 수 있는 통일된 공무원법의 성립을 원하게 되었지만 결국 실패하였다.[40]

6. 비시체제(1940~1944)

사실상 최초의 공직 일반법은 비시체제(le régime de Vichy) 하에서 「1941년 9월 14일의 제3981호 법률」로 만들어졌다. 그러나 공화주의 적법성을 회복시키기 위하여 위 법률은 「1944년 8월 8일의 오르도낭스(l'ordonnance)」에 의해 폐지되었다. 이 시기에는 공무원의 해임 등을 법적으로 정당화하기 위하여 그의 출신, 사상, 종교 등을 고려하는 등 기본적인 인권 침해도 있었다.[41]

---

40) 홍순호, 전게서, 201-203면 참조.
41) Emmanuel Aubin, op. cit., p. 40 참조.

7. 현행 공무원 제도의 성립

(1) 최초의 공무원 일반법 제정

제4공화국 하에서 제정된 「1946년 10월 19일의 법률」은 모든 국가공무원에게 적용되는 최초의 공화주의 공무원 일반법이다.[42] 이 법률은 노동법과는 전혀 다른, 공직에 관한 규정의 성격을 지녔다. 이 법률에서 공무원의 권리와 의무는 특별한 균형을 이루었다. 직급과 직위의 구별은 공무원 조직을 구성하는 핵심원리가 되었다. 그리고 1948년에 완비된 공무원단과 직급에 따라 급여지수가 정해졌다.[43]

(2) 공직 전체의 일반법 완성

제5공화국 하에서 국가직, 지방직 및 의료직의 공직 전체를 포함하는 '법의 대성당'(la cathédrale statutaire)이 탄생하였는데, 4개의 법률로 구성된 공직 전체의 일반법이 완성된 것이다. 먼저 모든 공무원의 일반적인 권리와 의무를 규정하는 「1983년 7월 13일의 법률」이 완성되었다. 그리고 세 개의 공직 각각에 고유한 법률로서 국가공무원법(1984년 1월 11일의 법률), 지방공무원법(1984년 1월 26일의 법률) 및 의료공무원법(1986년 1월 9일의 법률)이 뒤를 이었다.[44]

---

42) Emmanuel Aubin, op. cit., p. 40 참조[이 법률은 당시 내각의 부수상으로 있던 모리스 토레즈(Maurice Thorez)의 주도 하에 제정된 것이다. 그는 공무원은 더 이상 독단에 빠진 정부의 하인이 되지 않아야 하고, 행정 기구의 톱니가 아닌 인간으로 간주되어야 하며, 국가와 국민의 봉사자가 되어야 한다고 하였다].

43) Ibid., p. 40; Bernard Stirn et Yann Aguila, op. cit., p. 369 참조.

44) Bernard Stirn et Yann Aguila, op. cit., p. 369 참조(한편, 군인일반법은 「1972년 7월 13일의 법률」과 「2005년 3월 24일의 법률」로 별도로 제정되었다).

8. 공무원법 변화의 특징

(1) 법전화(法典化)

본질적으로 판례법인 프랑스 행정법은 '법적 안정성의 원칙'(le principe de sécurité juridique)을 추구하기 위하여, 그리고 쉽게 접근할 수 있도록 하기 위하여, 1990년대 초에 '법전화'(la codification)가 개시되었다. 법전화는 정부에 법률 분야를 선택할 수 있는 권한을 부여하는 「1999년 12월 16일의 제99-1071호 법률」에 따라 9개의 법전 제정과 함께 가속화되었다.[45]

그런데 베르트랑 세이에(Bertrand Seillier) 교수가 강조한 것처럼 법전화는 현재의 법에 관한 것이지 나폴레옹 시대의 법에 관한 것이 아니다. 즉, 법전화는 현재 시행중인 법률을 수정함이 없이 분야별로 정리하는 데 있다.[46] 법의 현 상태(l'état du droit)를 단순화하지 않고 복잡하게 얽혀 있는 내용이 그대로 남아 있는 것은 법전화가 제대로 된 것이라고 볼 수 없다.[47]

(2) 노동(법)화

1946년에 탄생한 공무원법은 오늘날 '인적 자원 관리' 논리의 정착, 공무원에게 적용되는 법의 보편화 등에 직면하게 되었다. 그래서 공직(법)의 '노동(법)화'(la travaillisation)가 공직의 계약직화를 열었고 공무원 구성의 다양화를 위하여 평등원칙에 대한 실용적인 해석이 모색되었다. 2005년부

45) Emmanuel Aubin, op. cit., p. 47 참조[조르쥬 베델(Georges Vedel)이 1979-1980년의 꽁세유데따 연구보고서에서 '행정법이 영원히 판례법에 머무를 수 있는가?'라고 질문을 제기하면서 행정법에 있어서 법전화에 대한 논의가 시작되었다고 한다].
46) Seiller, B., Droit administratif, tome 1 : Les sources et le juge, Flammarion, 2001, p. 81(Emmanuel Aubin, op. cit., p. 47에서 재인용) 참조.
47) Emmanuel Aubin, op. cit., p. 47 참조.

터 공직을 현대화하기 위하여 퇴직과 연금 지급조건의 개혁, 경력의 개별화,[48] 안정되고 확대된 이동성, 대표자에 의한 현대적인 노사교섭, 계약직 경로의 안정화 및 직업윤리의 강화에 관한 법률이 각각 제정되었다.[49]

① 공직에의 경영 요소의 도입

2005년부터 공직에서 '경영'과 '인적 자원 관리'는 더 이상 금기시되지 않았다. 2013년 공무원일반법 제정 30주년에 크리스티앙 비구루(Christian Vigouroux)[50]는 공무원법에서 경영 요소의 도입에 따른 많은 '모순 개념'(l'oxymoron)의 출현을 지적하였다.[51] 또한 '공무원'(le fonctionnaire)과 '비정규직'(l'agent non-titulaire)[52]의 법적 조건을 개별화함으로써 인적 자원 관리에 새로운 여지를 부여한 「2007년 2월 2일과 19일의 법률」 등 2005년 이후 5개의 법률[53]은 일반법에 의하여 부여되는 법적 보장을 희생시켜가면서 경영 요소의 반영에 호의적인 경향을 띠게 되었다. 반면에, 인사처장관 아니세 르포르(Anicet Le Pors)는 공직에 경영과 인적 자원 관리

---

48) 직업교육과 부분적으로 실적에 근거한 급여를 받을 권리를 포함한다.

49) Emmanuel Aubin, op. cit., p. 18 참조.

50) 꽁세유데따 연구·보고부장

51) Emmanuel Aubin, op. cit., p. 45[예를 들면, 근로시간포괄임금계약의 경우 원래 민간부문의 경우 근로시간포괄임금(le forfait)에는 성과상여금(la prime au résultat) 성격의 것도 포함되어 있으므로 공공부문에서 이런 계약을 체결하면서 성과상여금을 별도로 지급하는 것은 모순이라는 의미이다. 위 외에도 직무의 배타성(l'exclusivité de la fonction)과 이중 활동(la double activité), 공무원단(le corps)과 직무분야(le métier), 직급(le grade)과 직위(l'emploi), 졸업증서(le diplôme)와 교육(la formation), 신분규정(le Statut)과 협상(la négociation) 등이 상호 모순된 개념으로 지적된다] 참조.

52) 기존 연구에서 '비정규직'으로 번역한 예에 따른다(임두택 외, 주요 외국의 공무원 인사제도 비교연구, 한국인사행정연구회, 2001, 309-310면).

53) 「2005년 7월 26일의 법률」, 「2007년 2월 2일과 19일의 법률」, 「2009년 8월 3일의 법률」, 「2010년 7월 5일의 법률」, 「2012년 3월 12일의 법률」이 여기에 해당한다.

를 도입하는 것에 대하여 비판적인 태도를 보였다. 그러나 인적 자원 관리 차원에서 지방 분권화와 연금 개혁을 이유로 한 정원 삭감은 국가공직에서 필요한 조치였다고 한다.[54)]

② 노동법에서 영감을 받은 '법의 일반원칙'

장 리베로(Jean Rivero)는 이미 1947년 공무원법과 노동법이 상호 미치는 영향에 대해 지적한 바 있다. 1970년대 초부터 실제로 노동법은 공무원법에 많은 영향을 미쳤는데,[55)] 행정재판소가 노동법의 규정에서 '법의 일반원칙'을 추출하여 이를 공무원에도 적용하여 문제를 해결하려고 한 것이 그것이다.[56)] 이와 같이 행정재판소는 노동법과 비교해서 공무원법에 누락된 부분을 찾아 법의 일반원칙으로서 공무원법을 풍부하게 하는 판례를 형성하였다.[57)]

---

54) Emmanuel Aubin, op. cit., p. 45-46 참조.
55) Ibid., p. 58 참조.
56) 일례로 노동법은 특별히 중대한 과오가 있는 경우를 제외하고 임신 중인 근로자에 대한 해고를 명시적으로 금지하고 있는 반면 공무원법은 이런 규정을 포함하고 있지 않았다. 이에 대하여 행정재판소는 노동법의 위 규정을 법의 일반원칙으로 보아 공무원에게도 적용되어야 한다고 보았다(CE, 8 juin 1973, Mme Peynet).
57) Bernard Stirn et Yann Aguila, op. cit., p. 394[최저임금을 의무화하면서 임금 총액을 고정하고(CE, 23 avril 1982, Ville de Toulouse), 급여 생활자에 대한 금전적 제재를 금지하며(CE, 1ᵉʳ juillet 1988, Billard et Volle c/ SNCF), 노사협약으로 법률이나 규칙보다 근로자에게 더 유리한 사항을 규정할 수 있고(CE, 8 juillet 1994, CGT), 가족 구성의 형태나 성별에 따른 차별을 금지하며(CE, 27 mars 2000, Mme Brodbeck), 업무에 적합하지 않게 된 직원을 해고하기 전에 재취업의 가능성을 조사하도록 의무화(CE, 2 octobre 2002, Chambre de commerce et d'industrie de Meurthe-et-Moselle)하였다]; Emmanuel Aubin, op. cit., p. 58-59[근로계약서의 문구를 수정할 때 사용자와 근로자의 동의를 모두 받아야 한다는 원칙을 구 노동법전 제121-1조 등에서 영감을 받았으며(CE Ass., 29 juin 2001, M. Berton), 외국에 있는 국가경찰관의 급여에 관한 규칙을 제정할 경우 합리적인 기간 내에 공표하도록 의무화하였고(CE, 12 décembre 2002, Synd. nat. des commissaires et hauts

③ 보통법과의 조화

단결권, 파업권 및 참여권의 인정으로 공직의 특수성은 옅어졌다.[58] 주 35시간 근무제는 「2000년 8월 20일의 데크레」에 의해서 공무원에게 확대 적용되었다. 또한 퇴직연금에 관한 「2003년 8월 20일의 법률」과 「2010년 11월 9일의 법률」은 공무원에게 적용되는 원칙과 민간부문 근로자에게 적용되는 원칙의 차이를 좁혔다.[59] 그 밖에도 공직을 민간부문 근로자로 대체할 수 있게 한 이동성과 직업경로에 관한 「2009년 8월 3일의 법률」 등 많은 법률이 공무원의 근로조건을 민간부문 근로자의 근로조건에 맞추었다.[60] 특히 「2010년 7월 5일의 법률」은 노동법 기준을 채택하여 참여권을 확대하고 건강과 고용의 보호를 보장하였다. 위와 같이 '노동(법)화'는 상당부분 근로의 안전을 보장해주는 조항에서도 이루어졌다.[61]

fonctionnaires de la police nationale), 노동법전 제1332-4조에서 영감을 받아 징계 사유에 해당하는 직원의 비위행위를 알게 된 날부터 합리적인 기간이 경과된 후에는 해당 비위행위를 이유로 징계를 할 수 없다는 법의 일반원칙을 만들었으며[TA (행정지방재판소) Montpellier, 8 février 2006, Alain S], 징계 사건에서 관련 공무원을 조사할 수 있는 권한을 가진 기구에 참여하여 의견을 표시할 수 있는 공무원 대표자는 조사 대상이 된 공무원보다 동등 이상의 직급이어야 한다는 원칙을 만들었고(TA, Paris, 13 mars 2003, M. Pascal Brun), 공기업의 파업에 참가한 직원에 대한 금전적 제재와 연공 승진 탈락을 금지시켰다(CE Ass., 1ᵉʳ juillet 1988, Billard et Volle; CE, 12 novembre 1990, Malher).
58) 이에 대하여는 'Ⅱ. 제도의 현황, 3. 공무원의 권리와 의무 및 책임'에서 상세히 살펴본다.
59) Bernard Stirn et Yann Aguila, op. cit., p. 394 참조.
60) Emmanuel Aubin, op. cit., p. 60-61 참조[근로시간의 조정, 축소 및 차별에 대한 반대(「2001년 11월 16일의 제2001-1066호 법률」, 일반법 제1권, 제6조), 근로현장에서의 정신적 및 성적 괴롭힘 금지(사회의 현대화에 관한 「2002년 1월 17일의 제2002-73호 법률」, 일반법 제1권, 제6조 등), 연대의 날(노동법전 제L.3133-7조부터 제L.3133-7조까지), 장애인과 노인의 자치를 위한 연대(「2004년 6월 30일의 제2004-626호 법률」) 등에 관한 법률이 이에 해당한다].
61) Ibid., p. 61 참조[같은 맥락에서 2015년부터 석면 가루에 노출된 경우 배상을 쉽게 받을 수 있도록 사법(私法)에 존재하던 관련 규정이 공무원에게도 적용되었다].

Ⅱ. 제도의 현황

프랑스 공무원제도의 연혁에 대하여 앙시앙레짐부터 시작하여 제5공화국 연혁까지 일별한 후 최근의 제도 변화까지 살펴보았는바, 이제는 제도의 내용에 대하여 먼저 헌법적 근거부터 시작하여 법률적, 판례법적 근거를 살펴본 후 주요 제도를 중심으로 그 구체적인 현황에 대하여 들여다보고자 한다.

1. 법원(法源)

(1) 헌법

① 헌법규정

헌법에는 대통령 권한에 관한 제13조와 수상 임명권에 대한 제21조 등 공직 임명 규정을 제외하고는 공무원에게 직접 적용되는 규정은 없다. 그런데 헌법 제13조 또는 공무원과 군인 임명에 관한 조직법 내용을 담고 있는 「1958년 11월 28일의 오르도낭스」는 대통령에 의해 임명되는 공무원 임명 절차를 각각 다르게 규정하고 있다.[62] 한편, 공무원 개인에 관한 소송 관할권은 꽁세유데따에 있다.[63] 그리고 헌법 제34조는 입법자에게 국가공무원을 위한 기본적 보장에 대한 책임을 부여하고 있다.

한편, 헌법 전문에 포함된 인권선언 제6조는 공직 접근의 평등 원칙[64]과 경력 상 대우의 평등 원칙[65]을 규정하고 있다. 헌법재판소는 2009년

---

62) Emmanuel Aubin, op. cit., p. 30 참조.
63) CE, 23 juin 1999, Mouget.
64) CC(헌법재판소), 14 janvier 1983, Troisième voie de l'ENA.
65) CC, 15 juillet 1976, Décision n° 76-67 DC, Statut général de la fonction publique; CC, 19 février 1998, Recrutement des magistrats; CC, 20 février 2003, Juges de proximité; CC, 24 avril 2003, Assistants d'éducation.

병원 개혁을 규정한 법률에 대한 결정에서 위 법률을 시행하는 행정입법
이 공직 접근의 평등 원칙을 보장하고 능력을 평가하는 방식을 명확하게
규정한다면, 병원장 직위에 비공무원도 임명할 수 있게 하는 것이 위 원칙
을 위반하는 것은 아니라고 판시했다.[66] 특히 '다단계'(la gigogne)[67] 평등
의 원칙은 공직 접근에서 출신, 성별, 인종 또는 정치적, 철학적 또는 종교
적 견해를 근거로 하는 차별을 금지한다. 헌법재판소는 헌법 전문에 명시
된 파업권이 헌법상 원칙임을 확인하면서 공역무 계속성의 원칙도 헌법상
원칙의 성격을 가지고 있음을 인정했고,[68] 대우 평등의 원칙[69]의 헌법적
가치도 인정했다. 또한 방어권 존중의 원칙[70] 또는 대학교수 독립의 원
칙[71] 역시 공직 분야에 적용되는 헌법적 가치를 지닌 원칙이다.[72]

② 판례

오늘날 헌법재판소는 입법부를 견제하면서 기본적 자유를 보호하려는
관심을 극명하게 보여준다.[73] 1970년대 중반부터 시작된 헌법 판례의 발

66) CC, 16 juill. 2009, Décis. n° 2009-584 DC, Loi portant réforme de l'hôpital et
relative aux patients, à la santé et aux territoires; Emmanuel Aubin, op. cit.,
p. 31 참조.
67) '지고뉴 부인[Mère(Dame) Gigogne]'에서 유래된 말로서, '다단식의', '조립식의'
등의 뜻으로 쓰인다(프라임 불한한불사전, 동아출판사, 참조).
68) CC, 25 juillet 1979, Décision n° 79-105 DC, Loi modifiant les dispositions de
la loi n° 74-696 du 7 août 1974 relatives à la continuité du service public de
la radio et de la télévision en cas de cessation concertée du travail.
69) CC, 15 juillet 1976, Décision n° 76-67 DC, Loi modifiant l'ordonnance n°
59-244 du 4 février 1959 relative au statut général des fonctionnaires.
70) CC, 20 juillet 1977, Retenues sur le traitement pour service non fait.
71) CC, 20 janv. 1984, Déc. n° 83-165 DC, Loi relative à l'enseigement supérieur;
CE, 29 mai 1992, Association amicale des professeurs titulaires du Muséum
national d'histoire naturelle; CE, 13 mars 1996, Gohin; CE, 9 juill. 1997, Picard;
CE, 29 décem. 1997, Tranquard; CE, 22 mars 2000, Menard.
72) Emmanuel Aubin, op. cit., p. 31 참조.

전은 입법자에게 합헌적인 개혁을 유도하면서 공무원법의 헌법상 기반 강화와 풍부화를 이끌었다. 공무원법의 '합헌화'(la constitutionalisation)는 공무원 권리와 신분보장의 관점에서 특히 주목할 만하다.[74]

헌법재판소는 2006년 국가경찰공무원의 인사와 관계가 없는 법률인 「국경 감시와 안전 및 대테러전에 관한 법률」에 삽입된, 국가경찰공무원단 행정동수위원회(la commission administrative paritaire)[75] 내부의 노동조합 대표에 대하여 인사관리의 조화와 단순화를 위하여 공무원일반법의 예외를 허용하는 조항에 대하여, 위 법률의 다른 조항과는 달리 위 법률과 전혀 관계가 없는 이른바 '입법의 기수(騎手)'(le cavalier législatif)[76]라는 이유로 위헌이라고 판시했다.[77] 또한 헌법재판소는 2007년 헌법 제64조(사법권의 독립)와 인권선언 제16조(권력분립의 원칙)에 따라 사법관이 소송

---

73) Charles Debbasch et Jean-Marie Pontier, op. cit., p. 157 참조.
74) Emmanuel Aubin, op. cit., p. 30 참조.
75) 프랑스의 공직에서 노사 각자 동수로 합동으로 조직되는 노사 간 교섭 및 노사 각자의 대표 기관이다. 그 역할에 대하여는 이 절 후반부 '공무원의 권리'에서 살펴보기로 한다.
76) 입법절차를 규율하는 헌법 규정이나 조직법 규정에 비추어 어떤 특정 법률에 포함된다고 볼 수 없는데 입법자가 해당 법률에 포함시킨 법률 조항을 말한다. 의회의 법률안 제출권은 의회 토론의 진정성과 입법의 일관성 요구에 따른 제한이 있다. 이런 법률 조항은 프랑스뿐 아니라, 벨기에, 영국 및 미국에서도 금지된다. 프랑스에서 이에 대한 최초 언급은 1935년 의회의 회의규칙에서 나타난다. 이것은 반대 가능성이 있는 법률 조항에 대하여 관심을 불러일으키지 않고 통과시키기 위하여 자주 이용된다(Jean Maïa, "Le contrôle des cavaliers législatifs, entre continuité et innovations", Titre VII [en ligne], n° 4, Le principe d'égalité, avril 2020, URL complète : https://www.conseil-constitutionnel.fr/publications/titre-vii/le-controle-des-cavaliers-legislatifs-entre-continuite-et-innovations, 검색일 및 최종접속일 2021. 5. 28.).
77) CC, 19 janvier 2006, Décision n° 2005-532 DC, Loi relative à la lutte contre le terrorisme et portant dispositions diverses relatives à la sécurité et aux contrôles frontaliers.

당사자 권리의 기본적 보장을 구성하는 절차 규정을 위반했는지는 사전에 확정판결로 확인되어야 한다는 이유로, 「사법관의 책임에 관한 법률」에 규정된 '징계과오'(la faute disciplinaire)의 정의[78])는 헌법에 위반된다고 결정했다.[79])

「2008년 7월 23일의 헌법 개정」으로 헌법 제61-1조로 신설되어 「2009년 12월 10일의 조직법」에 의하여 명확히 제도화된 후 2010년 3월부터 시행된 '합헌성 우선심사 절차'(QPC: la procédure de question prioritaire de constitutionnalité)(이하 '합헌성 심사'라 한다)는 공무원법의 영역에서도 공무원과 노동조합이 행정소송의 선결문제로 위헌적인 법조항을 폐지할 수 있게 하고, 공무원법을 헌법 질서(l'ordre constitutionnel) 규범에 대조시킴으로써 공무원법의 합헌적 기반을 강화하였다.[80]) 또한 헌법재판소는 꽁세유데따의 회부[81])에 따라 행정부 공무원이 특별행정재판소의 일종인 중앙사회복지위원회의 위원으로 임명될 수 있게 하는 「가족·사회복지법」 제

---

78) 사법관이 신분상, 명예, 조심성 또는 품위유지의 의무를 위반한 경우를 '징계과오'로 정의하면서, 소송당사자 권리의 기본적 보장을 구성하는 절차 규정에 대한 고의적이고 중대한 위반은 '신분상 의무 위반'을 구성한다고 규정하였다.

79) CC, 1er mars 2007, décision n° 2007-551 DC du loi relative à la responsabilité des magistrats; Emmanuel Aubin, op. cit., p. 32 참조.

80) Verpeaux M., "Question préjudicielle et renouveau constitutionnel", AJDA 2008, p. 1879 et "La question préjudicielle et constitutionnalté et le projet de loi organique", AJDA 2009, p. 1474(위 두 문헌에 대하여는 Emmanuel Aubin, op. cit., p. 33에서 재인용); Emmanuel Aubin, op. cit., p. 34[이에 따라 식민지 공무원의 연금에 관한 규정(CC, 28 mai 2010, QPC n° 2010-1), 퇴직연금 계산 시 양심상 이유에 의한 병역거부자의 특성을 고려하지 않는 규정(CC, 13 oct. 2011, QPC n° 2011-181), 장해종신연금의 수급 조건에 관한 규정(CC, 13 janv. 2011, QPC n° 2010-83), 징계 대상 행위의 중대성이나 개별성을 고려함이 없이 유죄판결의 경우 자동 강등을 명시한 규정(CC, 3 fév. 2012, QPC n° 2011-218), 군인 신분과 시의원 신분 사이의 양립 불능 규정(CC, 28 nov. 2014, QPC n° 2014-432; CE, 24 sept. 2014, de Lorgeril) 등이 합헌성 심사를 거쳐 폐지되었다] 참조.

81) CE, 13 mars 2012, Christian A.

134-2조에 대하여, 장관에 의하여 임명된 공무원이 자신이 다루었던 업무에 관한 재판의 판사가 되는 것은 재판의 독립성과 공정성을 보장할 수 없다고 보았다.[82]

반면에, 꽁세유데따로부터 합헌성 심사 회부[83]를 받은 헌법재판소는 생존 배우자에게 전환되는 연금 혜택에 관한 규정[84] 등에 대하여는 합헌성을 인정하였다.[85] 한편, 꽁세유데따의 헌법재판소 합헌성 심사 회부 거부는 이의가 제기된 법률 조항에 대하여 꽁세유데따가 합헌성을 인정한 것과 같은 결과를 발생시킨다.[86] 헌법적 질서 규범의 기준에서 문제가 될 수 있는 규정은 꽁세유데따의 효과적인 여과에 따라 줄어들었는바, 이와 같

---

82) CC, 8 juin 2012, QPC n° 2012-250.
83) 합헌성 심사 제기는 소송당사자가 하지만 대상 적격 여부에 대하여 행정소송의 경우 꽁세유데따의 심사를 거쳐 헌법재판소에 회부된다.
84) CC, 29 juill. 2011, QPC n° 2011-155.
85) Emmanuel Aubin, op. cit., p. 34 참조[합헌성을 인정한 사례: 2028년 1월의 폐지 때까지 점진적으로 축소되는 해외 영토 거주 퇴직 공무원의 과잉연금 수정에 관한 규정(CC, 22 juill. 2010, QPC n° 2010-4 et 17), 대학의 범주들 사이에 취급의 차이를 두지 않는 대학 자치에 관한 법률(CC, 6 août 2010, QPC n° 2010-20 et 21), 외국인의 연대소득 수급조건에 관한 규정(CC, 17 juin 2011, QPC n° 2011-137), 정부 재량에 의한 상위직 임명에 관한 규정(CC, 28 janv. 2011, QPC n° 2010-94), 헤지옹보건소의 공법상 직원과 사법상 직원 모두에 대하여 단일 위원회가 노사협상을 할 수 있도록 하는 법률 조항(CC, 28 janv. 2011, QPC n° 2010-91)].
86) CE, 23 déc. 2011, n° 353853, Société DIALOG; Emmanuel Aubin, op. cit., p. 34 참조[꽁세유데따가 합헌이라고 판단하여 합헌성 심사 회부를 거부한 사례: 퇴직연금을 조기에 받을 수 있는 유형의 일부 민간 간호사를 「공무원 및 군인 연금법전」(Code de pension civile et militaire)에서 규정하는 '활동 중인 범주'로 분류하지 않는 노사교섭의 혁신에 관한 「2010년 7월 5일의 법률」 제37-I조(CE, 27 juin 2012, Féd. de la santé et de l'action sociale CGT), 중범죄나 경범죄로 유죄 판결을 받은 사람이 초등 또는 중등 교육시설을 운영하는 것을 금지하는 「국민교육법전」 제911-5조(CE, 4 avr. 2012, M. V, n° 356637), 공적인 소득과 퇴직연금의 중복 수수를 불가능하게 하는 「공무원 및 군인 연금법전」 제84조, 제85조 및 제86-1조(CE, 27 mars 2015, n° 387075)].

은 꽁세유데따의 '터널화(le tunnelisation)'[87] 기능은 꽁세유데따를 세심하고 실용주의적인 '헌법의 수호자'로 변화시켰다고 평가된다.[88]

(2) 법률

① 일반법

현재의 공직에 관한 법체계는 1980년대에 제정된 4개의 일반법으로 구성되어 있다. 먼저, 「1983년 7월 13일의 제83-634호 법률」은 국가공무원, 지방공무원 및 의료공무원에 대한 공통적인 권리와 의무를 규정하는 공무원 일반법이다.[89] 그리고 「1984년 1월 11일의 제84-16호 법률」, 「1984년 1월 26일의 제84-53호 법률」[90] 및 「1986년 1월 9일의 제86-33호 법률」[91]은 각각 국가공무원, 지방공무원 및 의료공무원에 관한 일반법이다.[92]

2004년에 확정된 「공무원법전」의 구체적인 구성은 일반법 구조를 계승하여 4편으로 이루어졌다. 1편(343개 조문)은 모든 공무원에 공통적으로 적용되는 부분으로서, 일반 원칙, 권리와 의무, 채용, 직업적 경로와 경력, 사회법, 계약직 등을 다룬다. 그리고 2편(231개 조문), 3편(567개 조문) 및 4편(296개 조문)은 각각 국가공무원, 지방공무원 및 의료공무원에게 적용

---

87) CE, 20 juin 2012, Simonpieri 사건의 공공보고관(le rapporteur publique) 의견(la conclusion)에서 방상 도마(Vincent Daumas)가 사용한 표현이다(Emmanuel Aubin, op. cit., p. 35 각주 52 참조).

88) Emmanuel Aubin, op. cit., p. 35 참조.

89) Emmanuel Aubin, op. cit., p. 40-41 참조; 「1983년 7월 13일의 제83-634호 법률」에 대하여는 2015-2016년에 직업윤리에 관한 조항을 추가하는 개정이 이루어졌다.

90) 코뮌(기초지방자치단체)의 공무원에 관한 「1952년 4월 28일의 법률」을 기반으로 하여 제정되었다. 위 법률은 지방분권과 공직의 균형 추구가 핵심이다.

91) 「1987년 7월 30일의 법률」, 「1994년 7월 25일의 법률」 및 「1996년 5월 28일의 법률」에 의해 각각 개정되었다. 공공병원시설 소속 직원의 지위를 정하는 「1955년 5월 20일의 제55-683호 데크레」를 초안으로 하여 제정되었다.

92) Emmanuel Aubin, op. cit., p. 41 참조.

되는 조문으로 구성된다. 그래서 「공무원법전」은 약 1,500개의 법률 조문과 그 세 배 이상 되는 행정입법 조문으로 구성되어 있다.[93]

② 독립법

독립법(le statut autonome)[94]은 일반 공무원법의 적용대상에서 제외된 특수공무원단에 관한 일반법을 말한다. 특수공무원단은 삼권분립, 국가주권으로부터 나오는 특수성 등으로 일반 공무원으로부터 독립되어 규율되는 공무원단이다. 이 특수공무원단에는 사법관, 의회공무원, 공공병원 의사, 외교공무원 및 군인이 포함된다.[95]

특수공무원단에 대하여는 관련 공직의 특수한 성격을 강조하는 다섯 개의 독립법이 있다. 먼저, 약 7,000명의 사법관에게 적용되는 「2001년 6월 25일의 조직법」과 「2007년 3월 5일의 조직법」에 의하여 수정된 「1958년 12월 22일의 제58-1270호 오르도낭스」가 있다.[96] 다음으로, 2,500명[97]의 의회공무원에게 적용되는 「1958년 11월 17일의 제58-1100호 오르도낭스」를 수정한 「1963년 2월 23일의 재정법」 제72조와 양원의 규칙이 있다.[98] 위 규칙은 행정소송이나 합헌성 심사의 대상이 될 수 없다.[99] 그리고 국가공무원에 속하는 병원임상의사와 대학의료센터[100] 의사도 독립법[101]을

---

93) Ibid., p. 48-49 참조.
94) 여기서 쓰인 'autonome'은 '자치적인', '독립적인', '독자적인', '자율적인' 등으로 번역되나, 'statut'와 합쳐서 '독립법'이라고 번역하고자 한다.
95) Antony Taillefait, Droit de la fonction publique, 8ᵉ éd., Dalloz, 2019, p. 825 참조.
96) Emmanuel Aubin, op. cit., p. 41 참조.
97) 하원 1,349명, 상원 1,151명
98) Emmanuel Aubin, op. cit., p. 42 참조.
99) CAA(행정항소재판소) Paris, 18 mai 2006, Becq et Szabo; https://www.revuege neraledudroit.eu/blog/decisions, 검색일 및 최종접속일 2021. 5. 5. 참조; CC, 13 mai 2011, déc. n° 2011-129 QPC, Synd. des fonctionnaires du Sénat 참조(헌법재판소는 직접적인 소송 수단의 흠결이 헌법에 합치된다고 결정했다).
100) C. santé publ.(공중보건법전), art. L. 6152-1 참조.

따르고, 영사관의 공무원[102]과 군인[103]에게도 독립법이 적용된다.[104]

③ 특별법

특별법 지배를 받는 공무원은 일반 공무원법에 대한 예외가 적용되는 공무원으로서 전적으로 또는 부분적으로 파업권이 박탈된다. 국가경찰공무원(「1948년 9월 28일의 법률」을 대체하는 「1995년 1월 21일의 제95-73호 법률」)[105], 교정직 공무원(「1958년 8월 6일의 오르도낭스」)[106], 내무부의 통신공무원(「1968년 7월 31일의 재정법률」 제14조)[107] 및 항공안전공무원(항공관제사에 대한 「1989년 12월 31일의 법률」, 항공관제사를 지원하는 조사기사에 대한 「1971년 7월 7일의 법률」, 항공안전시스템의 전자장비기사에 대한 「1990년 7월 2일의 법률」)[108] 등이 여기에 해당한다.[109]

(3) 행정입법

① 개별인사규칙

공무원법은 본질적으로 행정입법권을 가진 정부에 의하여 완성된다. 이

---

101) 「1958년 12월 30일의 오르도낭스」 제8조 참조.
102) 「1952년 10월 10일의 제52-1311호 법률」이 적용된다.
103) 총 320,000명의 삼군(三軍)과 헌병에 적용되는 「1972년 7월 13일의 법률」은 군인 일반법으로서 「1834년 5월 19일의 법률」(직무와 직급의 분리에 관한 법률)로 시작되어 「2005년 3월 24일의 제2005-270호 법률」로 개정되었다(Emmanuel Aubin, op. cit., p. 42-43 참조).
104) Emmanuel Aubin, op. cit., p. 42-43 참조.
105) La loi n° 95-73 du 21 janvier 1995, la loi du 28 septembre 1948 참조.
106) Ord.(오르도낭스) 6 août 1958 참조.
107) La loi de finances du 31 juillet 1968(제14조에 따르면 내무부 통신담당 공무원인 국의 통제관, 전송 검사관, 전송담당직원은 파업권이 금지된다) 참조.
108) La loi du 31 décembre 1989, la loi du 7 juillet 1971 및 la loi du 2 juillet 1990 참조.
109) Emmanuel Aubin, op. cit., p. 44 참조.

과정에서 꽁세유데따는 정부가 제정한 개별인사규칙에 관한 데크레(le décret)를 검토한다. 이렇듯이 공무원일반법을 보충하는 개별인사규칙은 데크레에 의하여 정해진다.[110] 꽁세유데따에서 채택된 데크레는 개별 공무원단에 대하여 일반법(le Statut général)을 보충하는 역할을 한다. 이 개별인사규칙은 공무원단의 채용방법, 경력조직, 징계절차에 관한 일반법 적용 조건을 정하고 있다.[111] 1960년대 초 일반법 일부 조항의 예외에 해당하는 개별인사규칙의 데크레를 제정하였다.[112] 위 일반법 일부 조항은 부처 간 공무원단의 고유한 필요성과 일치하지 않거나 부처 간 공무원단의 임무와 일치하지 않는 것이었다.[113]

공무원단에 대하여 법률은 행정입법권이 개별인사규칙으로 특례를 정할 수 있다고 규정하였다.[114] 꽁세유데따의 의견에 따라 정부부처 간 공무원단의 개별인사규칙, 정부부처의 복수의 부서에 공통적인 공무원단의 개

---

110) Emmanuel Aubin, op. cit., p. 49 참조; CE, 2 fév. 1951, Synd. CGT(노동총연맹)-FO.
111) Emmanuel Aubin, op. cit., p. 49-50 참조; 꽁세유데따는 전국수렵연맹은 환경기술공무원단을 대표하지 않고 위 공무원단에 들어갈 수 있는 자격을 가지고 있지 않으며 위 공무원단의 이익을 방어하지도 않으므로 위 연맹은 위 공무원단의 개별인사규칙을 담고 있는 「2001년 7월 5일의 데크레」에 대하여 권한남용을 이유로 그 취소를 요구할 수 없다고 보았다[CE, 16 mai 2003, Fédération des chasseurs(수렵연맹), n° 237709].
112) Emmanuel Aubin, op. cit., p. 50 참조.
113) CE, 29 janv. 1960, Féd. nat des synd de police(전국경찰노동조합연맹).
114) 국가공무원에서 일반법 규정과 다른 내용의 개별인사규칙은 국립행정학교를 거쳐 채용된 직위의 공무원단(le décret n° 2004-708 du 16 juillet 2004), 교육부 소속이 아니면서 거기에서 근무하는 연구원과 교사(CE, 29 mai 1964, Tisseur; CE, 13 juillet 1968, Baruteau), 그리고 광산기사, 토목기사(CE, 28 juillet 1951, Chary), 국가공사의 기사(CE, 15 avril 1953, Pouillaude), 원거리통신기사, 수질환경기사, 산림기사, 역사적 기념물의 수석건축기사(CE Ass., 11 juillet 1975, De Gabrielli et autres) 등과 같은 기술공무원단에 각각 적용되었다(Emmanuel Aubin, op. cit., p. 50 참조).

별인사규칙 또는 국가 공공시설법인의 개별인사규칙이 정부부처 부서나 공공시설법인의 공무원단 관리에 부합하지 않는 일반법 일부 조항에 대한 예외를 정할 수 있도록 「2009년 8월 3일의 법률」 제19조는 공무원 일반법 제2절 제10조에 새로 두 개 항을 추가하였다.[115)

② 직위규칙

직위규칙은 전문직과 상위직으로 구성되는 개별적인 직위의 범주에 관한 규정이다.[116) 직위규칙은 1955년 국가에서 상위직 간부를 파견의 방법으로 채용하면서 일반법에 대한 예외가 필요하여 제정되었다.[117) 처음 이 방법에 의하여 채용된 직위는 간부직이나 일반감독직이었다.[118) 꽁세유데따는 직위규칙을 적법한 것으로 인정하였다.[119) 공직에서 이동성과 직업경로에 관한 「2009년 8월 3일의 법률」 제36조와 병원 개혁에 관한 「2009년 7월 21일의 제2009-879호 법률」은 지방공무원직에 관리자, 책임자, 위원회 및 전문가 채용을 가능하게 하면서 지방공무원직의 직위규칙을 발전시켰다.[120)

---

115) Emmanuel Aubin, op. cit., p. 51 참조(「2011년 10월 17일의 제2011-1317호 데크레」는 국가 행정담당관의 첫 번째 부처 간 공통의 공무원단을 규정하였다).

116) Antony Taillefait, op. cit., p. 135 참조.

117) Le décret n° 55-1226 du 10 septembre 1955 참조.

118) Emmanuel Aubin, op. cit., p. 54-55 참조[마르셀 포샤르(Marcel Pochard)는 직위규칙이 공무원단이 가지고 있지 않은 유연성을 행정에 가져오고 직급과 직위 사이에 새로운 균형을 만들어냈다고 평가하였다; 주요 직위규칙으로는 기관장과 부(副)국장에 관한 「2012년 1월 9일의 제2012-32호 데크레」, 파리대학구장에 관한 「2014년 12월 23일의 제2014-1580호 데크레」, 전문가 직위와 기획책임자에 관한 「2008년 4월 21일의 제2008-302호 데크레」, 부처 간 공통담당관에 관한 「2011년 10월 17일의 제2011-1317호 데크레」 등을 들 수 있다].

119) CE, 13 fév. 1976, Dubrulles et Casanova, n° 04907, concl. Denoix-de-Saint-Marc.

120) Art. 6-1, titre Ⅲ du Statut général; Emmanuel Aubin, op. cit., p. 55-56 참조.

③ 훈령

여기서 말하는 '훈령'은 대외적 구속력이 없는 행정규칙인 '시르퀼래르'(la circulaire)를 가리키는데, 실무상 '지시'(la instruction) 혹은 '업무지시'(la note de service)라고도 불린다. 훈령은 장관 등 위계상의 권한을 가진 발령권자가 하위기관의 행위를 지시하기 위해 발령한다. 이는 소속 공무원에게는 구속력이 있으나 행정의 상대방에 대하여는 법적 효력이 없으므로, 월권소송을 통해 다툴 수 없는 것이 원칙이다. 그렇지만 일정한 경우 훈령이 행정 상대방에게 법령과 다른 새로운 의무를 추가하는 규정을 두고 있다면 이는 법질서에 추가하는 새로운 경우에 해당한다고 하여 법규성이 인정되어 월권소송을 통해 다툴 수 있다.[121]

그런데 2002년 뒤비네르(Duvignères) 판결[122] 이후 사법심사의 대상이 되지 않는 훈령과, 법령의 내용을 반복하지만 강제적인 성격을 띠는 규정을 포함하여 사법심사의 대상이 되는 훈령으로 구분되었다. 행정기관은 업무를 하면서 위법·부당한 내용의 훈령을 이용하는 경우가 있다. 그러나 법률이나 행정입법에 의하면 어떤 권리가 인정되는데도 훈령으로 그런 권리를 거부하는 것은 위법하다.[123] 한편, 행정재판소는 훈령으로 추가된 내

---

121) 법령용어정비사업팀, 2006 프랑스 법령용어 해설집, 한국법제연구원, 2006, 76면 참조; CE, ass., 29 janvier 1954, Notre-Dame du Kreisker.
122) CE, sect., 18 décembre 2002, Mme. Duvignères(꽁세유데따는 주택보조금을 법률구조 수혜대상 판단을 위한 신청인의 소득에 포함하고 있는 「1997년 3월 26일의 훈령」 폐지 요청에 대한 법무부장관의 거부처분에 대하여, 해당 훈령은 관련 데크레의 규율 내용을 반복하면서 일반적 성격의 강제적인 내용을 담고 있으므로 월권소송의 대상이 된다고 보았다) 참조.
123) CE, 14 oct. 2011, Synd. nat. des enseignants du second degré['희망, 혁신 및 성공을 위한 고등학교 및 대학 프로그램'(CLAIR)을 진행하는 지방공립교육시설(EPLE) 교사의 임용기간을 5년으로 제한함으로써 교사의 법적 지위를 변경하는 훈령을 위법하다고 본 사례]; TA Rennes, 30 déc. 2011, Lamy; Emmanuel Aubin, op. cit., p. 52 참조.

용이 상위법규인 법률과 행정입법에 대한 문리적 해석이나 정보에 해당되는 경우에는 적법성을 인정하였다.[124]

(4) 판례법

프로스페르 웨일(Prosper Weil)이 말한 것처럼 공무원법은 꽁세유데따가 사건을 해결하는 과정에서 만들어내는 판례법에 의하여 만들어졌다.[125] 꽁세유데따는 협의의 공무원(le fonctionnaire)과 광의의 공무원(l'agent public)에 대한 정의를 이끌어냈고[126] 일부 범주의 공무원에게만 적용되던 법률상의 보장을 공무원 전체로 확대시켰다. 그리고 장-베르나르 오비(Jean-Bernard Auby)가 지적한 것처럼, 행정법에 대한 수많은 역사적 난제, 특히 소의 이익, 사법심사 대상, 방어권 보호 등이 소송의 영역에서 공법

---

124) 꽁세유데따는 파견근무자를 파견된 부서 소속으로 통합시킬 수 있는 환경부장관 훈령에 대하여 이는 강제성을 띠지 않았고 프레페와 공공시설법인의 장에게 직원의 신청에 따른 파견 결정의 결과를 명확히 하는 것에 그치는 것이며 선택권 행사 기간의 제한이 없다는 이유로 위법하지 않다고 보았고(CE, 26 mai 2009, Synd. nat. des personnels techniques et de travaux de l'équipement de la CGT), 단체협약 부재의 경우 일요일 휴식의 적용 제외를 요청하는 기관장은 근로자 투표에 의하여 승인을 얻은 보상만을 제공할 수 있다고 한 훈령에 대하여 위 훈령은 행정당국이 위 요청에 대해 허가하기 전에 이 허가를 요청한 기관장의 일방적인 보상 결정이 근로자 투표에 의하여 승인되었는지 여부를 확인할 의무까지 면제하는 효력은 없으므로 적법하다고 보았다(CE, 2 déc. 2011, CFTC).

125) 프로스페르 웨일(Prosper Weil)(김동희 역), 프랑스행정법, 박영사, 1980, 18면 참조

126) 꽁세유데따는 1908년에 공교육미술부의 사서직과 같은 중앙행정기관의 경력직(le emploi permanent)은 중앙행정기관의 정규직원 명부에 있는 직원 즉, 협의의 공무원(le fonctionnaire)이 맡아야 한다고 판시했고(CE, 13 mars 1908, Héligon). 한편, 1996년 판결에서 광의의 공무원(l'agent public)은 공법인(公法人)에 소속되어야 하므로 사법인(私法人) 소속 직원은 공역무를 관리하거나 공역무 집행에 협력하더라도 광의의 공무원에 포함되지 않고 사법인 직원일 뿐이라고 판시했다(CE, 19 juin 1996, Synd. général CGT des personnels des Aff. culturelles).

인과 그 직원의 관계에 관한 판결에 의하여 해결되었다. 그리고 행정재판소는 법률이나 행정입법이 결여된 것을 법의 일반 원칙에 의하여 보충하였다.127)

공무원법은 오늘날 법조문에 의하여 형식화되는 경향이 있지만, 근본적으로 상당한 부분은 판례법으로 남아 있다. 법질서의 유럽화와 지방분권화의 발전에 따라 규범의 인플레이션에 직면한 공무원법은 행정재판소에 의하여 행정입법의 복잡성 및 지나친 평등주의에 대한 조절이 이루어진다.128) 또한 행정재판소는 공직의 세 부문 사이의 균형과 평등을 보장하고, 공권력과 인적 자원 관리의 실용적인 고려 사이에서 조정을 수행한다. 판례는 행정부의 특권에 맞서 법의 일반원칙에 따라 권리를 만들어냄으로써 공무원의 권리를 더욱더 보호하는 방향으로 변화하였다.129)

2. 공무원단과 공무원관계의 성립 및 변동

(1) 공무원단

공무원단(le corps de fonctionnaire) 제도는 독특한 공무원 분류단위로서, 그 기원을 가깝게는 중세의 교회 조직, 멀리는 그리스·로마시대의 군대 조직에서 찾을 수 있다.130) 행정조직에 국한시켜 보면 1747년 루이15세에

---

127) Emmanuel Aubin, op. cit., p. 56 참조.

128) Conseil d'État, Perspectives pour la Fonction Publique, Rapport public, 2003 (Emmanuel Aubin, op. cit., p. 56에서 재인용) 참조.

129) Emmanuel Aubin, op. cit., p. 56-57[꽁세유데따는 푸아티에대학교(Université de Poitiers) 총장이 2012. 4. 27. 소속 생리학 교수에 대하여 4개월 정직처분을 한 후 같은 해 8. 28. 속행절차를 열어 8개월 정직처분을 한 것에 대하여 꽁세유데따는 정직처분 결정 후 합리적인 기간 내에 속행절차가 개시되지 않았다는 이유로 정직처분은 연장될 수 없다고 판시하였다(CE, 10 déc. 2014, Maixent c/ Université de Poitiers, n° 363202)] 참조.

의해 창설된 토목공무원단(Ponts et Chaussées)이 공무원단 시초이다. 나폴레옹은 군대조직을 모델로 삼아 공무원단 제도를 공무원 조직에 전면적으로 도입하였다.[131]

① 정의

국가공무원법 제29조는 공무원단을 '동일한 개별인사규칙의 적용을 받고 같은 직급의 자격을 가지고 있는 공무원 집단'이라고 정의하고 있다.[132] 동일한 공무원단에 속한 공무원은 서로 비슷한 경력을 쌓고, 승진을 위해 상호 경쟁관계에 있으며, 유사한 업무를 수행한다. 공무원단은 채용과 교육훈련의 기준이 되며 전보와 승진의 경로역할을 한다. 공무원법에서 포괄적으로 규정하고 있는 사항을 구체화시키기 위하여 각 공무원단은 독자적인 인사규정을 가지고 있다.[133]

② 배치

공무원단은 채용의 수준과 업무의 난이도에 따라 A, B, C로 구분된 범주(la catégorie) 중 하나에 배치된다. A범주에 배치된 공무원단에 속하는 공무원은 기획, 관리, 법령이나 정책의 기안 업무를 담당한다. B범주에 배

---

130) 우리나라도 2003. 4월 중앙부처 실·국장급 공무원을 부처 칸막이 없이 범정부적 차원에서 적재적소에 활용하고 부처 간, 민·관 간 개방과 경쟁을 확대하기 위하여 고위공무원단 제도를 도입하기로 결정하고, 2005. 12. 8. 국가공무원법을 개정하여 2006. 7. 1.부터 위 제도를 도입하였으나 위와 같이 중앙부처 실·국장급 공무원에 한정된 제도였다. www.mpm.go.kr 고위공무원단 제도 개관 참조.

131) 정재명 외, 전게논문, 176면 참조.

132) L'article 29 de la loi du 11 janvier 1984 portant dispositions statutaires relatives à la fonction publique de l'État 참조.

133) 정재명 외, 전게논문, 176-179면; 지방공무원은 공무원단과 유사한 '공무원직종단'(le cadre d'emploi)으로 조직되어 있다(박천오 외, 비교행정, 법문사, 2018, 402면 참조).

치된 공무원단에 속하는 공무원은 법령이나 정책의 집행업무를 담당한다.
C범주에 배치된 공무원단에 속하는 공무원은 단순한 사무나 기능 업무를
수행한다. 이 범주 간에는 구분이 엄격하여 범주에 따라 사회적 평가와 급
여에 차등이 크며, 채용 시 학력조건134)도 범주마다 다르게 적용한다.135)

③ 고위공무원단

공무원단 중 고위공무원단(le grand corps)은 정부조직 내부뿐 아니라 사
회전반에 걸쳐서 가장 막강한 권력을 행사하는 집단이다. 19개 고위공무
원단136)이 존재하는데, 정원 기준으로 1,000명 이상 5개137), 200명 이상
1,000명 미만 8개138), 200명 미만 6개139)로 이루어져 있다. 그 중 꽁세유데

---

134) A범주는 대학교육 이상의 학력, B범주는 고등학교 졸업 자격, C범주는 중등교육
   수료를 각각 요구한다.
135) 김영우, 전게논문, 101면 참조.
136) 19개 고위공무원단을 소속 공무원 출신학교별로 구분한다면 주로 국립행정학교
   (ENA) 출신이 소속된 12개와 주로 파리이공과대학(École polytechnique) 출신이
   소속된 7개로 구분할 수 있다(정재명 외, 전게논문, 180-181면 참조).
137) 일반행정관(les administrateurs civils), 농림수자원기사(les ingénieurs du génie
   rural et des eaux et forêts), 토목기사(les ingénieurs des ponts et chaussées), 군
   수(軍需)기사(les ingénieurs de l'armement), 통신기사(les ingénieurs des
   télécommunications)(상게논문, 180-181면 참조).
138) 꽁세유데따(le Conseil d'État), 회계감사원(la Cour des comptes), 행정지방재판
   소·행정항소재판소(les tribunaux administratifs et les cours administratives
   d'appel), 외무서기관·참사관(les secrétaires et conseillers des affaires étrangères),
   통계행정관(les administrateurs de l'Insee), 군수(les sous-préfet), 헤지옹회계감사
   부(les chambres régionales des comptes), 광산기사(les ingénieurs des mines)(상
   게논문, 180-181면 참조).
139) 재무감독총국(l'inspection générale des finances), 대외통상국(l'expansion économique
   à l'étranger), 파리시행정관(les administrateurs de la ville de Paris), 사회복지감
   독국(l'inspection générale des affaires sociales), 보험감시국(le contrôle des
   assurances), 행정감독국(l'inspection générale de l'administration)(상게논문, 180-
   181면 참조).

따, 회계감사원(la Cour des comptes) 및 재무감독총국(l'inspection générale des finances)을 '3대 고위공무원단'이라고 부른다.[140]

④ 기능

프랑스 공무원 제도에서 독특한 공무원단 제도는 인력 관리의 유연성을 제고하는 데 커다란 도움이 되는 제도이다.[141] 계급제를 근간으로 하는 프랑스 공무원 제도의 전문성은 다양한 공무원단으로 구성되어 직위분류제와 유사한 효과가 있다.[142] 그러나 너무 다양한 공무원단으로 인하여 인사관리에 경직성이 초래되자[143] 2005년부터 공무원단 축소사업에 착수하여 점차 공무원단수를 줄여 가고 있다.[144]

(2) 공무원의 채용

① 평등의 원칙

평등의 원칙은 세 종류의 공직 일반법에서 공통적으로 확인되는 원칙이다.[145] 헌법 제1조는 "프랑스는 출신, 인종 또는 종교에 의한 차별 없이

---

140) 상게논문, 180-181면 참조.
141) 김영우, 전게논문, 104면 참조.
142) 박천오 외, 전게서, 402면 참조.
143) 2005년까지 국가공무원 조직은 약 1,700개에 달하는 공무원단으로 구성되었다.
144) 박천오 외, 전게서, 402면; 김영우, 전게논문, 104면 참조; 각 공무원단 간 구성원 수의 편차가 커서 30만 명에 이르는 교원공무원단(le corps des instituteurs)이 있는가 하면 사서공무원단과 같이 4명에 불과한 공무원단도 있고, 규모가 큰 공무원단 30여 개에 국가공무원 3분의 2가 소속되어 있다(임도빈, 전게서, 214면; 정재명 외, 전게논문, 178면 참조); 참고로, 프랑스에는 5,449,000명(2016년 말 현재)의 정규직 공무원이 있는데, 국가직은 2,393,000명, 지방직은 1,895,000명, 의료직은 1,161,000명이다. 추가로 군인 320,000명, 사법관 8,200명, 대외안보총국요원 3,500명이 있다. 이와 별도로 계약직 공무원 745,627명(2014년 말 현재)이 있다(Bernard Stirn et Yann Aguila, op. cit., p. 391-392 참조).

모든 시민의 법 앞의 평등을 보장한다."고 규정한다. 이어서 "프랑스는 모든 신조(la croyance)를 존중한다."고 덧붙이고 있다. 그리고 헌법 전문에 포함된 인권선언 제6조에서는 구체적으로 평등한 모든 시민은 덕성과 재능에 의한 차별 이외에는 어떤 차별도 없이 그의 능력에 따라서 공적인 고위직, 지위 및 직장에 동등하게 임명될 수 있다고 규정하고 있다.

공직에 대한 접근의 평등 원칙은 일반적으로 모든 차별의 금지146)를 강제하지만, 특히 의견이나 성별과 관련하여 자주 문제된다.147) 꽁세유데따는 1954년 바렐(Barel) 판결에서 특정 공직 지원자의 접근을 배제하기 위하여 그의 정치적 의견을 고려하는 것은 금지된다는 것을 강하게 상기시켰다.148) 위 바렐 판결은 모든 의견과 신조에 대하여 적용된다. 그러나 그것들의 표현이 세속성의 원칙(le principe de laïcité)에 위배된다면 공직에 대한 접근의 금지사유가 될 수 있다.149) 세속성의 원칙은 공직의 채용에

---

145) Fabrice Melleray, Droit de la fonction publique, 4ᵉ éd., Economica, 2017, p. 269-270 참조; 여기서 말하는 세 종류의 공직 일반법은 국가공무원에 관한 「1984년 1월 11일의 법률」, 지방공무원에 관한 「1984년 1월 16일의 법률」 및 의료공무원에 관한 「1986년 1월 9일의 법률」을 말한다.

146) 시장의 비서 채용 선발시험에서 위 시험을 주재하는 시장이 공개적으로 위 직위는 여성이 맡는 것만을 받아들일 수 있다고 말했다는 이유로 위 선발시험을 위법하다고 본 사례(CE, 9 novembre 1966, Commune de Clohars-Carnoët), 국가경찰관 인턴 선발시험 시험관이 지원자에게 출신과 그와 배우자의 종교에 대해 질문했다는 이유로 위 선발시험을 위법하다고 본 사례(CE, 10 avril 2009, M. E. H.) 등 참조.

147) Bernard Stirn et Yann Aguila, op. cit., p. 370 참조.

148) 위 판결에서 꽁세유데따는 파리공산당 당원이라는 이유로 국립행정학교(ENA) 입학시험 응시를 허가하지 않는 것은 공직과 일자리에 대한 모든 프랑스인 접근의 평등원칙에 위반된다고 판시하였다(CE, assemblée, du 28 mai 1954, M. X., A., Z., Y., B., n° 28238, 28493, 28524, 30237, 30256); Bernard Stirn et Yann Aguila, op. cit., p. 370 참조.

149) CE, 10 mai 1912, Abbé Bouteyre, n° 46027(성직자의 공립고등학교 철학교사 응시 불허는 적법하다. 종교 복장은 그것이 미칠 수 있는 영향 때문에 공립학교의

있어서 적용될 수 있는 원칙으로서, 모든 종교적인 신조의 표현에 적용된다.[150] 하지만 위 원칙은 의견의 자유(la liberté d'opinion)에 위배되어서는 아니 된다.[151]

남성과 여성의 평등한 공직 접근을 향한 첫 번째 단계는 여성도 내각의 중앙행정 직위에 채용될 수 있는 자격을 가지고 있다는 것을 확인한 꽁세유데따의 1936년 드무아젤 보바르(Demoiselle Bobard) 판결로 이루어졌다.[152] 그렇지만 꽁세유데따는 정부가 내각 업무 중 여성의 접근과 승진을 제한할 필요가 있는 업무를 결정할 수 있음을 인정했다.[153] 한편, 「1946년 10월 27일의 헌법」 전문은 "법은 여성에게 모든 영역에서 남성과 동등한 권리를 보장한다."고 하였고, 이를 이어받아 「1946년 10월 19일의 공무원 일반법」 제7조는 "본법의 적용에 있어서 본법이 예정하는 특별조항의 유보 아래 두 성(性) 사이에 어떠한 차별도 없다."라고 확인하였다.[154] 이러한 조항의 근거 위에서 꽁세유데따는 여성의 공직 접근에 대한 제한은 당해 공직의 성격이나 수행 조건이 요구하는 경우에만 가능하다고 판결했다.[155]

교사 직업과 양립할 수 없다).

150) CE, 3 mai 2000, Mlle Marteaux(어떠한 경우에도 교사는 근무 중에 이슬람교의 히잡과 같은 종교적인 소속을 나타내는 표상을 착용할 수 없다).

151) Bernard Stirn et Yann Aguila, op. cit., p. 370-371[꽁세유데따는 1972년 의견서(l'avis: 꽁세유데따가 정부의 행정입법이나 행정재판소의 소송 등과 관련된 자문 요청에 대하여 자문기관의 지위에서 발하는 의견서)에서 교사가 사제가 되었을 경우 반드시 업무에서 배제될 필요는 없고 행정업무나 원격교육과 같은 학생과의 접촉을 초래하지 않고 새로운 신분과 양립할 수 있는 업무를 부여하는 것은 가능하다고 보았다] 참조.

152) CE, 3 juillet 1936, Demoiselle Bobard.

153) Bernard Stirn et Yann Aguila, op. cit., p. 371(꽁세유데따는 육군성에서 문서기안자의 직위를 남자에게 유보한 규칙의 적법성을 인정했다) 참조.

154) Ibid., p. 371; 이에 따라 남성과 여성이 구분되는 선발시험은 교도소 교도관이나 '레지옹 도뇌르 교육의 집'(la maison d'éducation de la Légion d'honneur)의 직원과 같은 아주 특수한 경우로 줄어들었다(Bernard Stirn et Yann Aguila, op. cit., p. 372 참조).

「2001년 5월 9일의 법률」은 행정기관은 여성과 남성 사이에 균형 잡힌 대표성이 보장되도록 선발시험 시험관을 구성하여야 한다고 규정하였다.156) 「2008년 7월 23일의 개정 헌법」에 따라 법률은 선거인과 피선거인의 직무 뿐 아니라 전문적 책임이나 사회적 책임을 갖는 모든 직무에 여성과 남성의 평등한 접근을 장려하여야 한다. 그래서 입법자는 책임자의 직에서 각 성(性)의 수가 적어도 40%가 되는 것을 목표로 정하는 법률을 제정하였다.157)

② 선발 방법

인권선언 제6조에서 선언된 공직에 대한 시민의 평등한 접근의 원칙은 경쟁시험(le concours)에 의한 채용 원칙을 내포한다.158) 「1983년 7월 13일의 법률」 제16조는 '공무원은 법률로 규정된 예외를 제외하고는 경쟁시험을 통해 채용된다.'라고 명시한다. 따라서 공직에 들어가기 위한 원칙적인 방법은 경쟁시험이고 이는 평등한 공직 접근을 위한 기본적인 보장이다.159) 다른 방법은 예외적으로 법률이 정한 경우에만 가능하고 어떤 경우에도 공직에 선발되기 위해 갖추어야 하는 덕성(la vertu), 능력(la capacité) 및 재능(le talent)에 대한 검사를 보장해야 한다.160) 경쟁시험의 시험관 구성과 시험 실시는 공정성을 보장해야 한다.161) 필기시험과 구술시험에 대

---

155) CE, 6 janvier 1956, Syndicat national autonome du cadre d'administration générale des colonies; 꽁세유데따는 육군위원회공무원단에서 여성 채용을 쿼터제로 제한하는 것도 위법하다고 보았다(CE, 11 mai 1998, Mlle Aldige).
156) Bernard Stirn et Yann Aguila, op. cit., p. 372 참조.
157) Fabrice Melleray, op. cit., p. 305 참조; 「2012년 3월 12일의 법률」은 2018년 책임자의 직에서 각 성(性)의 수가 적어도 40%에 이르는 것을 목표로 정했다 (Bernard Stirn et Yann Aguila, op. cit., p. 373 참조).
158) Bernard Stirn et Yann Aguila, op. cit., p. 370 참조.
159) CC, 19 février 1963, Décision n° 63-23 L.
160) CC, 24 oct. 2012, Déc. n° 2012-656 DC, La loi portant création des emplois d'avenir; CE, 8 mars 2013, Syndicat des cadres de la fonction publique.
161) CE, 17 juin 1955, Bernard(지원자와 가까운 친척은 시험관이 될 수 없다); CE,

한 시험관의 평가에 대하여는 어떠한 이의도 제기할 수 없다.[162]

경쟁시험은 응시자격에 따라 세 종류로 구분된다. 첫째, 일부 졸업증서를 가진 사람에게 허용되는 '외부경쟁시험'이 있다. 둘째, 상당한 근무연수를 가진 공무원[163]에게만 응시자격이 부여되는 '내부경쟁시험'이 있다. 셋째, 40세 미만으로서 전문직 또는 지방자치단체 의원 8년 이상 경력을 가진 자에게 응시자격을 부여하는 '제3의 경쟁시험'이라 불리는 '특별경쟁시험'이 있다. 제3의 경쟁시험은 다양한 배경을 가진 고위공무원을 충원하기 위하여 1983년부터 국립행정학교 입학시험에 도입되었고, 2001년부터는 지방행정학교(IRA)와 국립사법관학교(ENM) 입학시험에도 확대 도입되었다.[164] 한편, 법률[165]은 경쟁시험 없이 채용할 수 있는 '할당직'(l'emploi réservé),[166] 'C범주의 직위', '지방직, 병원직 및 국가직에의 선발 코스' (PACTE : le parcours d'accès aux carrières territoriales, hospitalières et de l'État)[167] 및 '외부임용'(le tour extérieur)[168]에 대하여 규정하고 있다.[169]

---

19 octobre 1960, Beaufort(오케스트라 지휘자 선발시험에서 지원자가 시험관 앞에서 지휘해야 하는 오케스트라가 지원자 중 한 명이 지휘한 경험을 가졌던 오케스트라인 경우 지원자 사이에 평등은 파기되었다).

162) CE, 20 mars 1997, Gambus; CE, 21 janvier 1991, Mlle Stickel.

163) 여기의 '공무원'은 계약직 공무원 등 비정규직 공무원까지 포함한 '광의의 공무원'(l'agent public)을 말한다.

164) Bernard Stirn et Yann Aguila, op. cit., p. 376; 정재명 외, 전게논문, 199면 참조.

165) 국가공무원 일반법인 「1984년 1월 11일의 법률」 제22조; 지방공무원 일반법인 「1984년 1월 26일의 법률」 제38조; 의료공무원 일반법인 「1986년 1월 9일의 법률」 제32조; Fabrice Melleray, op. cit., p. 296 각주 2 참조.

166) 국가연대(la solidarité nationale)의 논리에 따라 퇴역군인과 전쟁피해자에게 돌아간다(Fabrice Melleray, op. cit., p. 296 참조).

167) 학교교육에서 실패한 16~25세 청년을 위해 「2005년 8월 2일의 오르도낭스」로 도입된 채용제도로서 지원자는 1년 연수를 받은 후에 C범주 공무원단에 임명될 수 있다(Bernard Stirn et Yann Aguila, op. cit., p. 376 참조).

168) 재량이 큰 채용방법으로서 행정기관에 소속되어 있지 않는 사람에게 꽁세유데따, 회계감사원(Cour des comptes), 재무감독총국(Inspection générale des finances)

(3) 공무원 관계의 변동

① 임용

공무원(le fonctionnaire)[170]은 위계상의 권한에 의해 부여되는 '직위'(l'emploi)로 '임용'(l'affectation)을 받는다. '직급'(le grade)과 직위는 구별된다. 직급을 가지고 있는 공무원은 필요에 따라 그의 직급에 해당하는 모든 직위를 맡을 자격이 있다.[171]

행정기관은 공무원에게 임용을 부여할 의무가 있다. 모든 현직 공무원은 합리적인 기간 내에 직급에 해당하는 임용을 받을 권리를 가진다.[172] 그래서 공무원을 오랜 기간 임용 없이 두는 것은 위법하다.[173]

새로운 임용이 관계공무원의 거주지 변화를 수반하거나 상황 변화를 초래한다면, 그것은 '인사이동'(la mutation)의 성격을 취한다. 인사이동은 원

및 내각 성격의 감독기관과 같은 A범주의 공무원단에 선발될 수 있는 가능성을 열어준다. 임용은 「1994년 6월 28일의 법률」에 따라 해당 공무원단 장의 의견 제시 이후에 이루어진다(Bernard Stirn et Yann Aguila, op. cit., p. 376 참조); CE, 16 décembre 1988, Association générale des administrateurs civils c/ Dupavillon; Bleton et autres c/ Sarazin; CE, 23 décembre 2011 et 3 juillet 2013, Syndicat parisien des administrations centrales économiques et financières(꽁세유-데따는 경제재정감사공무원단에서 외부임용에 의한 임명이 있었을 때 평가에 있어서 명백한 오류가 있었다고 판단하고 1급 경제재정감사관 임명에 관한 「2011년 1월 20일의 데크레」를 무효로 선언하였다).

169) Bernard Stirn et Yann Aguila, op. cit., p. 376 참조.
170) 행정의 위계상 한 직급에 임용되고 상근 직위에 임명된 직원을 말한다(L'article 2 de la loi du 11 janvier 1984 portant dispositions statutaires relatives à la fonction publique de l'Ètat; Fabrice Melleray, op. cit., p. 127 참조).
171) Bernard Stirn et Yann Aguila, op. cit., p. 377 참조(그런데 행정기관은 공무원을 어떤 직위에 임용할 것인지에 관하여 평가의 재량을 갖는다).
172) CE, 6 novembre 2002, Guisset.
173) Bernard Stirn et Yann Aguila, op. cit., p. 377-378 참조(그런데 만약 행정기관이 관계공무원을 그의 직급에 해당하는 모든 직무에 부적격이라고 평가한다면, 그럴 경우 전문성 부족으로 면직 절차에 착수하는 것은 행정기관의 소관이다).

칙적으로 공무원의 동의를 필요로 하고 행정동수위원회(la commission administrative paritaire)[174]의 의견을 따른다. 일반적으로 인사이동은 공무원의 요구에 의해 이루어지나, 공역무의 필요에 따라 직권으로 결정될 수도 있다.[175]

② 승진

승진에는 법률[176]이 규정하고 있는 호봉승진과 직급승진, 그리고 위 두 가지 승진의 효과를 모두 담고 있는 계급승진이 있다.[177] 승진은 일반적으로 근속연수와 실적의 결과에 따라 이루어진다. 호봉승진은 주로 근속연수에 따라 이루어지나, 직급승진은 능력과 실적을 고려하여 발탁으로 결정된다.[178]

계급은 직급을 구분한 것인데, 하나의 직급으로 구성된 공무원단은 계급으로 구분하여야 한다.[179] 계급승진은 직무의 변화가 아닌 급여의 증가로 나타나고, 직위의 변화 없이 더 나은 경력 전망을 제공한다.[180] 승진은 업

---

174) 공무원 참여제도의 일종으로 행정기관의 대표자와 공무원 중 선정된 사람이 동등한 수로 구성되어 공무원의 신분에 관한 결정, 특히 승진, 인사이동, 징계에 대하여 심의한다.
175) Bernard Stirn et Yann Aguila, op. cit., p. 378 참조[공무원의 요구에 의한 경우 배우자와 같이 근무하기를 원하는 공무원과 '루스탕법'(la loi Roustan)이라 불리는 「1921년 12월 30일의 법률」에 따라 시민연대계약(PACS, le pacte civil de solidarité)을 한 공무원은 우선권이 있고, 직권에 의한 경우 행정동수위원회의 협의 외에 관계 공무원은 자신의 인사이동 내용을 문서로 통지받을 권리가 있다].
176) Article 56 de la loi du 11 janvier 1984(FPE); Article 77 de la loi du 26 janvier 1984(FPT) 참조.
177) Fabrice Melleray, op. cit., p. 326 참조.
178) Bernard Stirn et Yann Aguila, op. cit., p. 378 참조(직급승진을 위해서는 연간승진표, 행정동수위원회의 의견 청취, 전문성 조사 또는 경쟁시험 등 여러 절차를 거쳐야 한다).
179) Fabrice Melleray, op. cit., p. 329 참조.
180) Antony Taillefait, op. cit., p. 131-132 참조.

무상의 평가(l'évaluation professionnelle)에 의거하는데,[181] 업무상의 평가에 대해서 군인[182]이나 공무원[183]은 행정재판소에 이의를 제기할 수 있다.

③ 배치

공무원은 대부분의 경우 소속 공무원단의 '현직'(la position d'activité)에서 그의 직급에 해당하는 직위를 맡는다. 하지만 현직이 아닌 다른 위치에 배치될 수 있다. 여기서 말하는 다른 위치에는 '공무원단 내 파견'(la mise à disposition)[184], '공무원단 외 파견'(le détachement)[185] 및 '휴직'(la disponibilité)[186]이 있다.

④ 퇴직

「1983년 7월 13일의 법률」 제24조는 퇴직과 공무원 자격의 상실을 초래하는 공직의 최종적인 중단사유에는 여러 가지 경우가 있을 수 있음을 규정하고 있다. 이런 경우로 퇴직 승인(l'admission à la retraite), 사직 수리(la

---

181) Bernard Stirn et Yann Aguila, op. cit., p. 378 참조.
182) CE, 22 avril 1977, Pierron.
183) CE, 23 novembre 1962, Camara.
184) 다른 행정기관이나 공적·사적 조직체에 파견되는 경우로서 원래의 공무원단에 있으면서 상응하는 급여를 받지만 근무는 파견된 기관을 위하여 수행한다(Bernard Stirn et Yann Aguila, op. cit., p. 379 참조).
185) 원래의 공무원단에서 승진부터 퇴직까지 권리를 행사하나 직위는 파견된 공무원단의 직위를 갖는 경우로서 파견된 공무원단의 직위를 규율하는 규정을 따르고, 파견이 만료된 경우에는 원래의 공무원단으로 복귀하나 경우에 따라서는 파견된 공무원단에 합류하기도 한다(Ibid., p. 379 참조).
186) 승진과 퇴직의 권리를 상실하는 '휴직'은 일반이익을 위하여 학업이나 연구를 하는 경우, 개인적인 사정에 의한 경우 및 병가 기간 만료 후 발령되고, 사기업 근무를 위해서도 가능하나 윤리규칙에 따라 본인이 직전 3년간 감사나 감독을 수행하는 업무를 맡았던 사기업에서 근무하는 것은 금지되며, 「2007년 2월 2일의 법률」에 따라 세 공직의 공동윤리위원회는 규칙의 준수 여부에 대한 의견을 표시한다(Ibid., p. 379 참조).

démission régulièrement acceptée), 면직(le licenciement), 파면(la révocation), 국적 상실, 시민권(le droit civique)[187] 박탈, 법원 결정에 의한 공직수행 금지, 휴직기간 종료 후 미복직 등을 들 수 있다.[188] 이 중 퇴직 승인은 정년(la limite d'âge)과 관련이 있다.[189]

공무원은 정년을 넘어서 공직을 유지하지 못한다.[190] 이 점에 대한 판례의 태도는 확고하여, 정년이 지난 후 공무원 활동의 유지는 위법할 뿐만 아니라 '부존재'(l'inexistence)로 평가된다.[191] 그렇지만 '사실상 공무원'(le fonctionnaire de fait)에 대한 판례에 따르면, 규정에서 벗어나 정년 이후까지 신분이 유지된 공무원은 행정재판소가 그 지위의 위법성을 확인하지 않는 한 법률에 의하여 직무를 부여받은 것으로 간주된다. 따라서 위와 같은 확인 전에 그가 취한 결정은 위법하지 않다.[192]

사직(辭職, la démission)[193]은 관공서나 공역무를 그만두고자 하는 분명

---

187) '시민권'이란 전 세계 인류에 보편적인 인권과 달리 국가가 각 개인의 자유를 보호할 목적으로 시민에게 부여하는 권리로서, 투표권, 피선거권, 선거권 등이 이에 해당한다(https://www.justifit.fr/b/guides/citoyen-francais-3-droits-a-connaitre/, 검색일 및 최종접속일 2021. 5. 10.).

188) Fabrice Melleray, op. cit., p. 334 참조.

189) 일반법상 공무원의 정년은 「2010년 11월 9일의 법률」에서 67세인데, 꽁세유데따, 회계감사원, 재무감독총국(Inspection générale des finances), 대학교 교수, 파기원의 구성원 등 일부 공무원단의 정년은 68세이다(Bernard Stirn et Yann Aguila, op. cit., p. 379-380 참조); 2014년 꽁세유데따는 항공관제사에 대하여 57세 정년은 담당 업무의 특수한 요구사항을 고려할 때 적법하다고 판결하였다(CE, 4 avril 2014, Ministère de l'Écologie, du Développement durable et de l'Énergie; 판결 후 59세로 정년이 연장되었다).

190) Article 68 de la loi du 11 janvier 1984; Article 92 de la loi du 26 janvier 1984; Article 85 de la loi du 9 janvier 1986; Fabrice Melleray, op. cit., p. 334 참조.

191) CE, 8 novembre 2000, Muzi; CE, 3 février 1956, De Fontbonne.

192) CE, 16 mai 2001, Préfet de police c/ Ihsen Mitmet.

193) Articles 58 à 60 du décret du 16 septembre 1985(국가공무원의 경우); Article 96 de la loi du 26 janvier 1984(지방공무원의 경우); Article 87 de la loi du 9 janvier 1986 (의료공무원의 경우) 참조.

한 의사를 표시하는 공무원의 서면요청의 결과로 정의된다. 그래서 사직은 임명권자에 의하여 수리가 되는 경우에만 유효하고 수리된 날짜에 효력이 발생한다. 사직 요청에 대하여 행정기관은 공익을 이유로 거부할 수 있다. 위 거부는 명백한 판단 오류가 있는 경우에만 사법심사의 대상이 된다.194)

사직은 수리되면 취소할 수 없으나 수리되기 전에는 호출전화만으로도 철회할 수 있다.195) 공무원이 의료적인 이유로 신체가 부적격인 것으로 판명되거나 모든 직위에 부적격일 정도로 능력에 결함이 있는 것으로 판명되어 재분류의 가능성도 없을 때에는 면직(le licenciement)될 수 있다. 그리고 파면(la révocation)은 징계처분 중에서 가장 높은 수준의 것으로 중대한 과오가 있을 것을 요건으로 한다.196)

3. 공무원의 권리와 의무 및 책임

(1) 공무원의 권리와 자유

공무원은 근로자로서의 공무원과 시민으로서의 공무원으로 구별할 수 있는바, 이에 따라 공무원은 근로자로서의 권리와 시민으로서의 자유와 권리를 가진다.197) 공무원은 근로자로서, 보수, 퇴직연금, 보호(la protection)

---

194) Bernard Stirn et Yann Aguila, op. cit., p. 380; Fabrice Melleray, op. cit., p. 337-338 참조.
195) CE, 30 avril 2004, Ubifrance.
196) Bernard Stirn et Yann Aguila, op. cit., p. 380 참조.
197) Fabrice Melleray, op. cit., p. 351-400 참조[멜르레 교수는 공무원의 권리를 근로자로서의 권리와 시민으로서의 자유로 구분하면서, 근로자로서의 권리에 장애연금(la rente d'invalidité)에 대한 권리를 포함시키고, 시민으로서의 자유에 피선거권 흠결과 현직과의 양립 불능의 제한 범위 내에서 당선인이 될 수 있는 자유를 포함시켰다]; 라숌(Jean-François Lachaume) 교수와 비로-랑데(Aurélie Virot-Landais) 교수는 공무원의 권리를 근로자로서의 권리와 시민으로서의 권리로 구분하여 근로자로서의 권리에 휴가에 대한 권리(le droit aux congés)와 경력의 개인화에 대

및 참여(la institution représentative)에 관한 권리를 가진다. 그리고 공무원은 시민으로서, 언론의 자유를 가지나 그 표현은 조심 의무(l'obligation de réserve)에 의해 제한을 받고, 단결권, 단체교섭권 및 파업권[198])을 가진다.[199])

① 보수와 퇴직연금을 받을 권리

공무원의 권리와 의무에 관한 「1983년 7월 13일의 법률」 제20조를 개정한 「2016년 4월 20일의 법률」 제20조는 공무원은 역무를 수행한 후에 봉급, 거주지수당, 부양자녀수당 및 법률과 행정입법에 의하여 정해진 수당 등 보수에 대한 권리를 가진다고 규정하고 있다.[200]) 위와 같이 공무원은 '역무가 수행된 후에' 보수를 받을 수 있다.[201]) 이로부터 두 가지 효과가 발생한다.

첫째, 취소의 소급효 원칙에 변화를 가져온 꽁세유데따의 1933년 드베를르(Deberles) 판결에서 성립된 원칙으로서, 위법하게 근무에서 배제된 공무원은 그를 근무에서 배제시킨 처분이 취소된 경우에도 배제된 기간에 상응하는 보수를 받을 권리는 없다.[202]) 따라서 해당 공무원은 실제로 입은 손해를 배상 받을 권리와 근무에서 배제된 기간의 활동으로부터 얻을 수 있었던 소득에 대한 권리만 가진다.[203]) 손해배상액은 위법성의 성격과 과

한 권리(le droit à la personnalisation de la carrière)를 포함시키고, 시민으로서의 권리에는 차별받지 않을 권리(le droit à la non-discrimination)를 포함시켰다 (Jean-François Lachaume·Aurélie Virot-Landais, La fonction publique, 4ᵉ éd., Dalloz, 2017, p. 117-130 참조).

198) 파업권에 대하여는 제2장부터 제4장에서 상세히 살펴보고자 한다.
199) Bernard Stirn et Yann Aguila, op. cit., p. 381-385 참조.
200) L'article 20 de la loi du 13 juillet 1983; l'article 60 de la loi du 20 avril 2016; Fabrice Melleray, op. cit., p. 352 참조.
201) L'article 60 de la loi du 20 avril 2016 참조.
202) CE, Ass., 7 avril 1933, Deberles.

오의 중대성을 고려하여 정해진다. 따라서 중대한 과오를 사유로 한 파면 처분을 단순한 형식상의 하자를 이유로 취소할 경우, 매우 한정된 손해만 발생하거나 아예 손해가 발생하지 않을 수도 있다. 둘째, 파업은 '불가분의 30분의 1 규칙'이라는 정부회계의 규칙에 따라 삭감의 형태로 이루어지는 봉급 정지를 초래하게 된다.204) 아울러, 공무원은 퇴직 후 퇴직연금에 대한 권리를 가진다.205) 퇴직연금은 오랫동안 공직의 유리한 조건으로 간주되었으나, 제도의 변화에 따라 퇴직연금 계산에 상여금과 수당이 반영되지 않게 되고 추가연금제도도 존재하지 않게 되면서 유리한 조건이 많이 줄어들었다.206)

② 보호를 받을 권리

공무원은 직무 수행을 계기로 피해자가 될 수 있는 모든 성격의 공격에 대하여 행정기관의 '보호를 받을 권리'(le droit à protection)가 있다. 이 보호는 행정기관의 의무에 해당한다.207) 행정기관은 관계공무원의 개인적인 과오가 있는 경우에만 이 보호 의무에서 벗어날 수 있다.208) 보호는 공무

---

203) CE, 6 décembre 2013, Commune d'Ajaccio.
204) Bernard Stirn et Yann Aguila, op. cit., p. 381-382 참조; 여기서 '불가분의 30분의 1 규칙'이란 공무원의 월급은 30을 넘는 수로 분할할 수 없다는 규칙으로서 이 규칙에 따르면 하루 미만 시간의 파업에 대해서도 하루의 월급을 삭감하게 된다. 이 규칙의 적용에 대하여는 제5장 제1절에서 상세히 다룬다.
205) 퇴직연금이 행정기관에만 시행되던 때 모리스 오류(Maurice Hauriou)가 '행정법과 공법 개론'에서 "연금제도는 공무원으로 하여금 그의 모든 경력을 행정기관에 전념하도록 결심시키는 큰 동기가 된다"고 표현할 정도로 퇴직연금은 오랫동안 공직의 유리한 조건으로 간주되었다.
206) Bernard Stirn et Yann Aguila, op. cit., p. 382 참조(공무원 퇴직연금의 개혁을 담고 있는 「2003년 8월 21일의 법률」과 「2010년 11월 9일의 법률」은 분담금 납부 기간을 민간부문의 근로자에게 적용되는 연금제도에 접근시켰다).
207) CE, 24 juin 1977, Dame Deleuze; CE, 16 décembre 1977, Vincent.
208) 보호를 부여하는 결정은 공무원의 행위에 위법성이 있는 경우에만 그리고 결정

원에 대한 공격을 중단시키는 조치, 공무원에 대한 지지의 표시, 공무원이 부담하게 될 변호사 비용의 부담 등 다양한 형태를 띤다.[209]

③ 참여권

「1946년 10월 27일의 헌법」 전문 제8항은 모든 근로자는 대표자를 통하여 근로조건의 집단적인 결정과 기업의 경영에 참여할 수 있다고 규정하고 있다.[210] 헌법재판소는 위 규정이 공직 분야에도 적용된다고 판시하였다.[211] 참여제도는 1946년부터 대의제 형태의 위원회가 설립되면서 실현되었다. 이런 참여제도 위원회에는 행정동수위원회(la commission administrative paritaire)[212], 전문위원회(le comité technique)[213], 최고위원회(Conseil supérieur)[214] 및 공동위원회(Conseil commun)[215]가 있다.[216]

후 4개월의 기간 내에만 철회될 수 있다(CE, 22 janv. 2007, Min. aff. étr. c/ Maruani; Bernard Stirn et Yann Aguila, op. cit., p. 382 참조); 보호가 부여된 후에 형사 예심에서 공무원에게 개인적인 과오가 있는 것으로 드러나면 보호결정은 취소될 수 있으나 그 효력은 장래에 대하여 미친다(CE, 14 mars 2008, Portalis).

209) Bernard Stirn et Yann Aguila, op. cit., p. 382 참조.

210) Fabrice Melleray, op. cit., p. 245 참조.

211) CC, 20 juillet 1977, décision dite obligation de service des fonctionnaires.

212) 행정기관의 대표자와 공무원 중 선정된 사람이 동등한 수로 구성되어 공무원의 신분에 관한 결정, 특히 승진, 인사이동, 징계에 대하여 심의한다.

213) 공무원의 대표가 조합에 의해 지명되어 공역무의 조직에 관한 일반적 성격의 조치를 검토하는데, 1983년부터 공무원의 건강과 근로 안전에 관한 권한이 있는 '위생·안전 및 근로조건 위원회'(le comité d'hygiène, de sécurité et des conditions de travail)로부터 전문적인 사항에 대한 지원을 받는다.

214) 세 종류의 공직에 각각 설치되어 법률과 일반적인 성격을 가지는 개혁에 대하여 의견을 제시하고 징계 등 개인적인 문제에 대한 소청심사의 역할도 한다.

215) 사회적 대화의 혁신에 관한 「2010년 7월 5일의 법률」에 의하여 설치되어 두 종류 또는 세 종류의 공직에 공통되는 법률안, 오르도낭스안 및 데크레안 검토 권한이 있는 통합기관으로서 공직의 통일성을 보일 수 있고 세 종류 공직에 각각 존재하는 최고위원회의 불필요한 중복적인 개입을 피할 수 있게 한다(Fabrice Melleray, op. cit., p. 247 참조).

④ 의견의 자유

바렐(Barel) 판결217)이 강조한 바와 같이, 공무원에게 의견의 자유는 완전하게 보장된다. 공무원은 자유롭게 신앙을 가질 수 있고, 모든 사회 운동에 참여할 수 있으며, 모든 단체나 정당에 가입할 수 있고, 모든 선거의 후보자가 될 수 있다. 반면에, 공무원은 직무 수행에 있어서 중립을 지켜야 한다.218) 무엇보다도 공무원의 모든 의견 표현은 행정재판소에 의해 인정되고 정의된 '조심 의무'(l'obligation de réserve)에 의한 한계가 있다.219)

⑤ 단결권

공직에서 단결권의 인정은 「1946년 10월 19일의 법률」에서 일반적으로 인정되면서 시작되었다. 그리고 며칠 지난 후 공포된 「1946년 10월 27일의 헌법」 전문은 어떤 조건도 달지 않고 "모든 인간은 자신의 선택에 따른 조합 가입과 조합 활동을 통해 자신의 권리와 이익을 지킬 수 있다."라고 명시하였다.220) 단결권은 사법관(le magistrat)221)에게도 인정된다.222)

216) Bernard Stirn et Yann Aguila, op. cit., p. 382-383 참조.

217) 위 판결에서 꽁세유데따는 파리공산당 당원이라는 이유로 국립행정학교(ENA) 입학시험 응시를 허가하지 않는 것은 공직과 일자리에 대한 모든 프랑스인 접근의 평등원칙에 위반된다고 판시하였다(CE, assemblée, du 28 mai 1954, n° 28238, 28493, 28524, 30237, 30256).

218) Bernard Stirn et Yann Aguila, op. cit., p. 383 참조.

219) CE, 11 janv. 1935, Bouzanquet; CE, 9 juill. 1965, Pouzenc; CE, 22 sept. 2017, n° 404921, M. K.; CE, sect., 8 juin 1962, Prischmann; CE, 10 mai 1912, Bouteyre; 조심 의무 위반 여부는 수행된 직무, 발언의 내용, 공개성 정도 등을 고려하여 평가되고, 위계상 높은 직위를 맡을수록 조심 의무는 더 엄격해지는데 반해, 공무원노동조합의 대표자에게는 완화되어 적용된다(Bernard Stirn et Yann Aguila, op. cit., p. 383 참조); 꽁세유데따는 국경수비대 헌병장교가 대중매체에서 정부의 안보정책을 비판하는 것은 조심 의무를 위반한 것이라고 보았으나, 해임처분은 발언 내용의 온건성, 관련자의 행실, 징계처분 범위 등에 비추어 비례의 원칙에 위반되었다고 보았다(CE, 12 janvier 2011, Matelly).

220) Bernard Stirn et Yann Aguila, op. cit., p. 383 참조.

그리고 군인의 경우도 「2015년 7월 28일의 법률」에 의하여 직업적 결사를 구성할 수 있는 가능성을 열어 놓았다. 한편, 프레페(le préfet)[223]와 수프레페(le sous-préfet)[224]는 해당 공무원단의 특별한 신분 규정에 의하여 단결권이 인정되지 않는다.[225]

⑥ 단체교섭권

1946년 헌법 전문 제8항은 "모든 근로자는 그의 대표자를 통해서 근로조건의 집단적 결정과 기업경영에 참가한다"고 규정하여 단체교섭권을 보장하고 있다. 위 규정은 공무원에게도 적용된다. 공무원법에서도 공무원노동조합은 임금이나 근로조건에 관한 문제를 정부 또는 행정기관과 교섭할 수 있는 권한이 있다고 규정하고 있다.[226] 그러나 정부와 공무원노동조합 사이에 체결되는 합의서는 정부를 구속하는 법적 효력을 갖고 있지 않다.[227]

(2) 공무원의 의무

공무원은 공무원의 직업윤리 및 권리와 의무에 관한 「2016년 4월 20일

---

221) 프랑스에서 사법관(le magistrat)은 판사(le magistrat du siège)와 검사(le magistrat du parquet)를 통칭하는 개념이다.
222) CE, 1ᵉʳ décembre 1972, Dlle Obrego.
223) 중앙정부를 대표하여 지방기관을 책임지는 공무원으로서, 도지사 또는 지방경찰청장과 같은 지방기관장을 말한다.
224) 프레페(le préfet)의 직접 감독 하에서 프레페가 장으로 있는 기관의 하위 기관(예를 들면, 파리시에 속한 구 등)을 책임지는 공무원을 말한다.
225) Bernard Stirn et Yann Aguila, op. cit., p. 384 참조.
226) L'article 8 de la loi du 13 juillet 1983 참조; 공무원노동조합은 설립 후 행정기관에 신고해야 하며 대표성을 갖는 노동조합으로 인정되어야 단체협약을 체결할 수 있는 권리를 갖는다(정재명 외, 전게논문, 240면 참조).
227) Fabrice Melleray, op. cit., p. 390; 정재명 외, 전게논문, 240-241면 참조(단체교섭에 따른 합의서는 일종의 '신사협정'과 같이 받아들여진다고 한다).

의 법률」에 규정된 의무와 판례에 의하여 인정된 의무를 준수하여야 한
다.228) 학설은 여기에 '공역무의 원칙 준수 의무'를 추가하기도 한다.229)
의무를 준수하지 않으면 경우에 따라 후술할 금전적 배상책임, 징계책임
및 형사책임의 세 책임 중 하나 이상의 책임을 지게 된다.230)

① 중립 의무

「2016년 4월 20일의 법률」이 공무원법전 제25조로 법전화된 내용을 보
면, "공무원은 품위(la dignité), 공정성(la impartialité), 청렴성(la intégrité)
및 성실성(la probité)을 가지고 그의 직무를 수행한다. 공무원은 직무수행
에 있어서 중립 의무가 있다. 공무원은 '세속성 원칙'(le principe de laïcité)
을 준수하여 그의 직무를 수행한다. 이런 지위에서 공무원은 그의 직무수
행에서 특히 그의 종교적 의견을 나타내서는 아니 된다. 공무원은 모든 사
람을 동등하게 대우하고 그들의 양심의 자유와 품위를 존중한다."고 되어
있다.231) 위 법률은 공무원에게 이익 충돌 상황을 즉시 중단하고 이를 알
리도록 의무화하였으며, 이익 신고 제도를 신설하였다. 위 법률에 의하여
새롭게 규정된 직업윤리의 원칙에 대하여는 수상 직속의 공직윤리위원회
가 관할한다. 행정재판소와 재정재판소 구성원에 대하여도 「2016년 10월
13일의 오르도낭스」로 직업윤리에 관한 규정이 마련되었다.232)

---

228) Bernard Stirn et Yann Aguila, op. cit., p. 386 참조.
229) Fabrice Melleray, op. cit., p. 412-414 참조[이 견해에 따르면 공무원은 루이 롤
랑(Louis Rolland)의 세 가지 원칙 등 공역무의 원칙을 준수할 의무가 있다고 한
다. 롤랑의 세 가지 원칙은 변화의 원칙, 계속성의 원칙 및 평등의 원칙을 말한다.
위 견해는 롤랑의 세 가지 원칙 외에 다른 공역무의 원칙으로 투명성의 원칙, 책
임성의 원칙, 간결성의 원칙, 접근성의 원칙, 신뢰성의 원칙 등을 들고 있다].
230) Bernard Stirn et Yann Aguila, op. cit., p. 387 참조.
231) Loi n° 2016-483 du 20 avr. 2016; Art. 25 du code de la fonction publique
참조.
232) Bernard Stirn et Yann Aguila, op. cit., p. 386 참조.

② 직무전념 의무

공무원은 지위 고하를 막론하고 자신에게 부여된 일에 전적으로 헌신해야 한다.[233] 공무원의 겸직은 「1936년 10월 29일의 데크레」에 의해 엄격하게 제한되었으나 「2007년 2월 2일의 법률」과 「2016년 4월 20일의 법률」에 의해 완화되었다. 그러나 원칙적으로 공무원은 자신의 업무 외에 금전적 이익이 돌아오는 사적(私的) 활동은 할 수 없고, 모든 공적(公的) 활동의 겸직은 허가를 받아야 한다. 다만, 학문적, 문학적 또는 예술적 활동은 완전한 자유가 보장된다.[234]

③ 복종 의무

공무원은 복종 의무를 지닌다. 그러나 "명백하게 위법하고 공익을 중대하게 위태롭게 하는 성격의" 명령에 대해서는 예외가 적용된다.[235] 위 판례에 따라 「1983년 7월 13일의 법률」 제28조는 수정되었다. 한편, 공무원도 다른 모든 근로자와 마찬가지로 그의 생명이나 건강이 중대하고 임박한 위험에 처해 있다고 생각할 합리적인 이유가 있는 경우에는 작업중지권(le droit de retrait)[236]을 행사할 수 있다.[237]

④ 직업상 비밀 준수 의무와 직업상 신중 의무

직업상 비밀 준수 의무(l'obligation de secret professionnel)와 직업상 신중 의무(l'obligation de discrétion professionnelle)는 「1983년 7월 13일의 법

---

233) Loi n° 83-634 du 13 juillet 1983(Droits et obligations des fonctionnaires), art. 28(Tout fonctionnaire, quel que soit son rang dans la hiérarchie, est responsable de l'exécution des tâches qui lui sont confiées.) 참조.
234) Bernard Stirn et Yann Aguila, op. cit., p. 386-387 참조.
235) CE, 10 novembre 1944, Sieur Langneur.
236) 작업중지권에 대한 상세한 설명은 제3장 제2절에서 소개한다.
237) Bernard Stirn et Yann Aguila, op. cit., p. 387 참조.

률」제26조에 규정되어 있다. 직업상 신중 의무는 행정에 관한 정보의 누설 방지를 목적으로 하는 반면, 직업상 비밀 준수 의무는 행정의 비밀 보장을 목적으로 한다.[238] 형법전 제226-13조에 따르면, 상황에 의한 것이든 직업에 의한 것이든 또는 평상시의 직무 때문이든 일시적인 임무 때문이든, 비밀에 해당하는 정보를 알게 된 공무원은 이를 누설할 경우 형벌[239]을 받을 수 있다.[240] 직업상 신중 의무는 의견의 자유에 대한 표현의 한계로 언급한 조심 의무(l'obligation de réserve)와 구별하여야 한다. 조심 의무는 공무원의 의사 표현에 있어서의 조심성을 의미하는 반면, 직업상 신중 의무는 공역무에 관한 정보에 한정된, 더 협소하면서 더 엄격한 의무로서, 공무원이 직무 행사의 기회에 알게 된 사실, 정보 또는 문서의 누설을 금지한다.[241]

(3) 공무원의 책임

① 금전적 배상책임

공무원의 금전적 배상책임[242]에 대한 일반적인 규정에 따르면, 공무원이 개인적 과오에 의하여 피해자에게 끼친 손해에 대하여는 해당 공무원이 종국적인 금전적 배상책임을 진다. 따라서 이 경우 피해자에게 손해를 배상한 국가는 그 전액을 해당 공무원에게 구상할 수 있다.[243] 위와 같이 공무원의

---

238) Fabrice Melleray, op. cit., p. 422 참조.
239) 1년의 징역과 15,000유로의 벌금으로 정해져 있다(Fabrice Melleray, op. cit., p. 423 참조).
240) Bernard Stirn et Yann Aguila, op. cit., p. 387; Fabrice Melleray, op. cit., p. 423 참조.
241) Fabrice Melleray, op. cit., p. 423 참조; 꽁세유데따는 공무원노동조합 사무국장 이라고 하여 모든 공무원에게 부과되는 직업상 신중 의무에서 면제되지는 않는다 고 보았다(CE, Sect., 6 mars 1953, Faucheux).
242) 학자에 따라서는 '금전적 배상책임' 대신 '민사책임'(la responsabilité civile)이라 고 부르는 경우도 있다(Fabrice Melleray, op. cit., p. 439 참조).
243) CE, 28 juillet 1951, Laruelle, n° 01074.

개인적 과오에 대한 종국적인 책임은 해당 공무원에게 귀속되지만, 피해자는 해당 공무원뿐 아니라 국가에 대해서도 손해배상을 청구할 수 있다.[244]

한편, 행정기관의 과오와 공무원의 개인적 과오가 합쳐져 제3자에게 손해를 입힌 경우에 피해자는 행정기관을 상대로 행정재판소에 손해 전부의 배상을 요구할 수도 있고 공무원을 상대로 민사재판소에 손해 전부의 배상을 요구할 수도 있다.[245] 이 경우 행정기관과 공무원 사이의 내부 분담액 비율은 행정재판소에서 완전심판소송에 의하여 행정기관과 공무원의 각 과오가 손해에 미친 기여 정도에 따라 결정되어 서로 구상하게 된다.[246]

② 징계책임

공무원은 법령과 판례에서 인정된 의무를 준수하지 않는 경우 모두 징계의 대상이 된다. 징계권은 위계상의 권한으로부터 나오고 원칙적으로 임명권에 포함되어 있는바, 형벌에 준하는 성격을 지니고 있다. 따라서 형벌을

---

244) CE, 26 juillet 1918, Epoux Lemonnier n°s 49595, 55240.

245) 여기에서 '책임의 경합'으로 인정되는 국가책임이 공무원의 배상책임을 대신하여 부담하는 '책임의 대위'인지, 아니면 '국가의 자기책임'으로 파악할 것인지에 관해서는 학설상 견해가 일치되어 있지 않다고 한다[박정훈(朴正勳), "국가배상법의 개혁 – 사법(私法)적 대위책임에서 공법적 자기책임으로 –", 행정법연구 제62호, 행정법이론실무학회, 2020, 50면 참조].

246) CE, 28 juillet 1951, Delville, n° 04032; 박정훈, 전게논문, 50면; 박현정, "프랑스 행정법상 역무과실(la faute de service)에 관한 연구 – 역무과실과 위법성의 관계를 중심으로", 서울대학교 박사학위논문, 2014, 36-38면; Bernard Stirn et Yann Aguila, op. cit., p. 387[금전적 책임에 대한 심리는 회계직은 레지옹회계법정(la chambre régional des comptes)과 회계감사원(Cour des comptes)에서, 지급명령자는 예산재정규율원(Cour de discipline budgétaire et financière)의 재정재판(la juridiction financière)에서 각각 이루어진다. 회계직은 그의 고유한 재산에서 회계감사원에 의해 결정된 대차부족액에 대해 개인적으로 책임을 지는데, 유책판정이 있을 경우 부분적으로나마 보호를 받기 위하여 직업보험계약을 체결한다. 예산재정규율원은 지급명령자가 규칙을 벗어나서 경비를 지급하도록 한 경우에 연봉의 두 배 한도 내에서 벌금을 부과할 수 있다] 참조.

부과하는 법률의 불소급, 더 경한 형벌을 정한 법률의 즉시 적용 및 같은 범죄에 대한 형벌 중복 부과 금지의 원칙은 징계의 분야에서도 필수적으로 지켜져야 한다. 범죄와 형벌은 충분한 명확성을 가진 법률에 의하여 결정되어야 한다는 형법의 기본 원칙인 '죄형법정주의'(le principe de légalité des délits et des peines)도 징계 분야에서 완화된 방식으로 적용된다.247)

국가공무원 징계처분에 대하여 관계 법률은 중대성의 순서에 따라 네 그룹으로 구분하여 한정적으로 규정하고 있다. 첫째 그룹에는 주의(l'avertissement), 견책(le blâme), 둘째 그룹에는 승진 제외(la radiation du tableau d'avancement), 감봉(l'abaissement d'échelon), 15일 이하 정직(la exclusion temporaire de fonctions), 문책전보(le déplacement d'office), 셋째 그룹에는 강등(la rétrogradation), 3개월 이상 2년 이하 정직, 넷째 그룹에는 해임(la mise à la retraite d'office), 파면이 각각 포함되어 있다.248)

징계처분은 「1983년 7월 13일의 법률」 제19조에 따라 징계사유가 있어야 한다. 판례는 기준만으로 충분하지 않다고 보았다. 행정청은 징계사유를 징계처분 자체에서 명확히 함으로써 관련공무원은 징계처분서만 보고도 그것을 알 수 있어야 한다.249)

「1905년 4월 22일의 법률」 제65조에 따라 해당 공무원은 방어권 행사를 위하여 징계처분을 할 예정인 행정기관에 자신에 관한 관계서류 송부를 요구할 수 있다. 행정기관은 공무원에게 징계 가능성을 알려 주어야 하고 관계서류에 완전하게 접근할 수 있도록 해 주어야 하며 방어를 할 수 있는 시간을 주어야 한다. 주의와 견책의 경우를 제외하고 행정동수위원회의 협의도 거쳐야 한다.250)

---

247) Bernard Stirn et Yann Aguila, op. cit., p. 387-388 참조.
248) Fabrice Melleray, op. cit., p. 433-434 참조.
249) Ibid., p. 434 참조; CE, sect., 28 mai 1965, Riffault.
250) Bernard Stirn et Yann Aguila, op. cit., p. 388 참조.

모든 징계처분에 대하여는 절차의 합법성과 징계처분을 정당화시키는 과오의 존재 여부에 대하여 행정재판소에 소송을 제기할 수 있다.251) 행정기관은 해당 공무원에 대하여 신의성실의 의무(la obligation de loyauté)를 준수하는 한, 모든 수단에 의하여 해당 공무원이 행한 과오의 증거를 제시할 수 있다.252) 2013년 꽁세유데따는 징계사유의 중대성 정도에 대한 징계처분의 비례성에 대하여 완전 심사를 하는 방식으로 태도를 변경하였다.253)

일부 공무원단에 대한 징계권의 행사는 행정기관이 아닌 재판절차에 맡겨진다.254) 이러한 징계재판에 의해 내려진 결정은 꽁세유데따의 심사 대상이 된다.255) 꽁세유데따는 재판소에 의하여 선고된 징계가 비례의 원칙을 벗어나지 않았는지 확인하게 된다.256)

③ 형사책임

공무원의 직무행사에서 또는 직무행사를 계기로 형법위반 행위가 있을 때 징계책임에 형사책임이 추가될 수 있다. 형사책임과 징계책임은 상호 독립적이어서 같은 사실에 대하여 중첩적으로 부과될 수 있다.257) 형사재판소는 공무원에게 개인적 과오가 있는 경우에만 사소(私訴, l'action civile)258)

---

251) Ibid., p. 388; Fabrice Melleray, op. cit., p. 435 참조.
252) 따라서 공익에 의하여 정당화되지 않는 한, 신의칙에 반하여 얻은 증거는 징계처분의 근거가 될 수 없다(CE, 16 juillet 2014, M. G.).
253) CE, 13 novembre 2013, Dahan.
254) 교직자는 국가교육최고위원회(Conseil supérieur de l'éducation nationale), 일반사법관은 사법관최고위원회(Conseil supérieur de la magistrature), 행정지방재판소판사는 행정지방재판소최고위원회(Conseil supérieur des tribunaux administratifs), 행정항소재판소판사는 행정항소재판소최고위원회(Conseil supérieur des cours administratives d'appel)에서 각각 징계권을 행사한다(Bernard Stirn et Yann Aguila, op. cit., p. 388-389 참조).
255) CE, 20 juin 1913, Téry; CE, 12 juillet 1969, L'Étang.
256) CE, 30 décembre 2014, Bonnemaison.
257) Bernard Stirn et Yann Aguila, op. cit., p. 389 참조.

에 대한 재판권이 있다.259) 한편, 손해배상을 선고받은 공무원이 행정기관을 상대로 구상하는 소송의 재판관할권은 오직 행정재판소에만 있다.260)

1993년 형법 개정으로 행정행위 관련 형사재판에 변화가 있었다. 첫째, 형법 제111-5조에 의하여 형사재판소는 형사절차의 해결을 위하여 행정입법을 포함하는 모든 행정행위 또는 개인적인 행위를 해석할 수 있고 그 적법성을 판단할 수 있는 완전한 권한을 가지게 되었다. 둘째, 국가를 제외하고 법인에도 형사책임을 물을 수 있게 되었다. 이것은 공법상 법인에도 적용되어 지방자치단체 또는 공공시설법인에 대한 기소의 증가를 가져왔다.261) 셋째, 꽁세유데따와 회계감사원의 구성원, 사법관, 프레페(préfet)262), 수프레페(sous-préfet)263) 및 시의원의 직무 수행과 관련된 사건은 파기원 형사부가 형사재판의 대상으로 결정한 경우에만 형사법이 적용되었던 '재판상 특권'(le privilège de juridiction)이 폐지되었다. 한편, 최선을 다해 공무를 수행한 공무원에 대한 지나친 기소를 방지할 목적으로 「2000년 7월 10일의 법률」로 과실범죄의 범위를 명확히 정하였다.264)

258) 범죄피해자가 형사소송법전 제1조에 따라 형사법원에 제기하는 절차로서 이 절차에서 범죄피해자는 공소에 참여함과 동시에 범죄로 입은 손해배상을 구하게 된다 (https://www.courdecassation.fr/publications_cour_26/rapport...102/civile_dans_5858.html, 검색일 및 최종접속일 2021. 5. 15. 참조).

259) TC, 9 juillet 1953, Delaître c/ Bouquet.

260) CE, 12 avril 2002, Papon(꽁세유데따는 2차 대전 당시 독일 점령군의 요청에 따른 상급자의 명령에 따라 유태인을 체포하고 수용하는 데 적극적으로 도움을 준 공무원이 위 행위에 대하여 중죄재판소에서 선고 받은 피해자에 대한 손해배상액 중 절반은 국가가 부담해야 한다고 판결했다).

261) Bernard Stirn et Yann Aguila, op. cit., p. 389-390 참조.

262) 도(le departement)나 레지옹(la région; 지방분권화의 결과로 생긴 지방단체로 법인격과 행정의 자율성이 부여되는, 도보다 큰 지방행정구역)에서 국가를 대표하는 공무원을 말한다.

263) 도(le departement)의 하위지방단체인 아롱디스망(l'arrondissement; 시의 구, 군)의 책임자를 말한다.

264) Bernard Stirn et Yann Aguila, op. cit., p. 389-390 참조; 「2000년 7월 10일의

제2절 일반 근로자의 파업권

본론인 공공분야 근로자인 공무원의 파업권을 살펴보기 전에, 공무원의 파업권을 특별법이라고 한다면 그에 대한 일반법이라고 할 수 있는 일반 근로자의 파업권에 대하여 살펴보고자 한다. 일반 근로자의 파업권을 살펴봄으로써 공무원 파업권의 특징을 추출하여 공역무의 성격에서 유래하여 공무원의 파업권에 영향을 미치는 요소에 대한 이해를 높이는 데 목적이 있다. 파업권의 연혁에 대하여는 제2장 제1절에서 공무원 파업권의 연혁에서 전체적으로 살펴보고자 한다.

I. 파업의 의의

판례는 파업을 직업상 요구의 관철을 목적으로 하는 공동의 의사에 따른 근로의 집단적인 중단으로 정의한다.[265] 파업은 법제도에 그것을 행사

법률」에 의하여 개정된 형법전 제121-3조 제4항의 과실범죄의 정의에 따르면, 직접 피해를 입히지 않았지만 피해를 입힌 상황을 만들거나 피해 조성에 기여한 사람 또는 피해를 방지하기 위한 조치를 취하지 않은 사람은 법률 또는 행정입법에서 정하는 신중함이나 안전의 특별한 의무를 고의로 위반한 점 또는 무시할 수 없는 특별한 중대성의 위험에 남을 노출시키는 분명한 잘못을 저지른 점이 입증된다면 형사책임이 있다; Cass. crim.(파기원 형사부), 12 décembre 2000, Mme R(학생들의 야외 의사 사고에 대하여 감독교사에 대하여는 과실범죄에 해당함을 인정하여 징역형과 벌금형을 선고한 항소심판결에 대한 상고를 기각하였지만, 해당 지역을 안내한 지방자치단체 공무원에 대하여는 학생 교육·감독은 지방자치단체 공무원의 임무가 아니라는 이유로 무죄를 선고하였다).

265) Agathe Van Lang et al., Dictionnaire de droit administratif, 7ᵉ éd., Sirey, 2015, p. 229; Olivier Dord, Droit de la fonction publique, 3ᵉ éd., PUF, 2017, p. 282; Serge Guinchard et al., Lexique des termes juridiques, 26ᵉ éd., Dalloz, 2018,

할 수 인는 근거가 있고 특히 파업자에게 근로 중단에 대한 면책 효과를
발생시킨다는 점에서 권리이다.[266] 모든 형태의 파업은 원칙적으로 적법
하다.[267]

Ⅱ. 파업권의 요건

파업이란 직업상 요구를 관철하기 위하여 공동 의사로 집단적으로 근로
를 중단하는 것을 말한다.[268] 제3장에서 살펴보는 공무원 파업권의 요건
은, 제4장에서 살펴보는 공무원의 파업권에 대한 제한을 제외하고는, 여기
서 살펴보는 민간부문 파업권의 요건과 크게 다르지 않다.[269] 파업의 요건
을 실체적 요건과 절차적 요건으로 구분한다면, 먼저 실체적 요건 중에서
적극적 요건으로, 근로의 완전한 중단이 있어야 하고, 근로의 중단은 집단
적이어야 하며, 충족되지 않은 직업상 요구가 존재해야 하고, 소극적 요건
으로, 파업권의 남용이 없어야 한다. 그리고 절차적 요건으로는, 근로 중단
시점에 사용자에게 직업상 요구가 통지되어야 한다는 것 외에 다른 요건
은 없다.[270] 다음에 이러한 파업의 요건에 대하여 살펴본다.

---

p. 532; Fabrice Melleray, op. cit., p. 392; Antony Taillefait, op. cit., p. 377,
579 참조; Cass. soc.(파기원 사회부), 23 oct. 2007, Mmes X. et Y.

266) Anne Jourda-Dardaud, Le droit syndical et le droit de grève dans la fonction
publique territoriale, Editions du Papyrus, 2004, p. 34 참조.

267) Gilles Auzero et al., Droit du travail, 32ᵉ éd., Dalloz, 2019, p. 1755 참조.

268) Cass. soc. 23 oct. 2007; Gilles Auzero et al., op. cit., p. 1755 참조.

269) 다만, 재판관할은 파업권 행사의 주체가 공역무를 담당하지 않는 민간기업의 사
원인 경우 '파기원 사회부'이고, 파업권 행사의 주체가 공무원이나 공역무를 담당
하는 기업체 등의 직원인 경우 '꽁세유데따'인 점이 다르다.

270) Elsa Peskine et Cyril Wolmark, Droit du travail 2021, 14ᵉ éd., Dalloz, 2020,
p. 520-528 참조.

1. 적법한 파업

(1) 근로의 집단적인 중단

공공부문의 파업[271]과는 달리 민간부문의 파업에서 파업예고는 필요 없다.[272] 단체협약에 의한 파업예고 약정은 근로자에게 효력이 없다.[273] 그리고 파업은 직업상 요구의 존재를 전제로 하지만, 법률은 제시된 요구를 사용자가 거부할 것을 파업의 사전(事前) 단계로 규정하고 있지 않다.[274] 판례는 사용자가 파업 시점까지 직업상 요구에 대하여 통지를 받을 것만을 요구한다.[275] 근로자의 직업상 요구에 대한 사용자의 사전(事前) 거절은 파업권 행사의 조건이 아니다.[276]

민간부문에서 근로자는 노동조합의 주도 없이 파업을 할 수 있다. 따라서 파업권은 집단적으로 행사되더라도 각 근로자에게 속한다.[277] 짧고 반복적인 근로 중단이 사용자에게 어떤 피해를 입히더라도 원칙적으로 파업권의 적법한 행사로 간주된다.[278] 그렇지만 위와 같은 파업이 기업을 완전히 저해시키는 경우에는 파업권의 남용에 해당한다.[279] 파업은 무기한 또는 직업상 요구가 만족될 때까지처럼 불확정 기간 동안 행사될 수도 있다.[280]

---

271) 공역무에서의 파업 예고에 대하여는 제4장 제3절에서 구체적으로 살펴본다.
272) Cass. soc., 26 févr. 1981.
273) Cass. soc., 7 juin 1995; Cass. soc., 12 mars 1996.
274) Gilles Auzero et al., op. cit., p. 1756 참조.
275) Cass. soc., 7 juin 1975; Cass. soc., 28 févr. 2007; Cass. soc., 22 oct, 2014.
276) Cass. soc., 20 mai 1992; Cass. soc., 24 mars 1988; Cass. soc., 11 juill. 1989; Cass. soc., 13 déc. 1989.
277) Gilles Auzero et al., op. cit., p. 1759 참조.
278) Cass. soc., 25 janv. 2011; Cass. soc., 5 juill. 1995.
279) Cass. soc., 26 févr. 1975; Cass. soc., 30 mai 1989; Cass. soc., 10 juill. 1991; '기업의 저해'에 대한 보다 상세한 사항은 'Ⅲ. 파업권 행사의 효과'에서 살펴본다.
280) Gilles Auzero et al., op. cit., p. 1759 참조.

파업은 모든 공장, 모든 서비스 또는 모든 범주의 사람과 관련이 있을 필
요는 없다.281) 그런데 파업은 집단적으로 근로를 중단하는 행위이므로, 한
사람의 근로 중단은 파업을 구성하지 않는다.282) 그러나 전국적인 총파업에
어떤 회사에서는 한 사람만이 참가한 경우283)나 어떤 회사의 유일한 근로
자가 근로를 중단한 경우에는 한 사람의 근로 중단도 파업을 구성한다.284)

파기원 판례는 민간부문의 파업에서 원칙적으로 순환파업의 적법성을 인
정한다.285) 다만, 순환파업으로 인하여 기업에 완전한 저해가 초래된 경우
에는 예외적으로 위법한 파업이 될 수 있다.286) 그런데 순환파업은 노동법
전 제L.2512-3조에 따라 공역무에서는 법률로 금지되고 있다.287) 한편, 근
로 장소에서도 파업이 이루어질 수 있는바, 공공부문과 달리 민간부문에서
는 이러한 현장파업(la grève sur le tas)을 원칙적으로 적법하다고 본다.288)

(2) 직업상 요구

'충족되지 않은 직업상 요구'만 있으면 된다.289) 적법한 직업상 요구에는
급여 인상, 근로조건 개선, 사용자의 약속 이행,290) 집단적 해고 반대291),
근로자 대표 해고 반대292) 등이 포함될 수 있다.293) 파기원은 사용자가 근

---

281) Cass. soc., 19 juin 1952; Gilles Auzero et al., op. cit., p. 1759 참조.
282) Cass. soc., 29 mars 1995.
283) Cass. soc., 29 mai 1979.
284) Cass. soc., 13 nov. 1996, 94-13.187.
285) Cass. soc., 14 janv. 1960; Cass. soc., 22 janv. 1981.
286) Cass. soc., 30 mai 1989; Cass. soc., 7 avr. 1993.
287) 이에 대하여는 제4장 제3절에서 구체적으로 살펴본다.
288) Gilles Auzero et al., op. cit., p. 1760-1761 참조.
289) Cass. soc., 18 juin 1996; Cass. soc., 19 nov. 1996; Cass. soc., 17 déc. 1996.
290) Cass. soc., 12 mars 1959; Cass. soc., 14 mars 1979.
291) Cass. soc., 22 nov. 1995.
292) Cass. soc., 13 nov. 1954; Cass. soc., 18 janv. 1995.
293) Gilles Auzero et al., op. cit., p. 1761 참조.

로자의 직업상 요구를 충족시킬 수 있는지 여부는 파업의 적법성에 영향
을 미치지 않는다고 본다.294) 직업상 요구에는 경제적 요구와 법적 요구가
다 포함된다. 그런데 파업은 파업근로자의 고유한 이익을 관철하기 위해
서만 할 수 있는 것이 아니라, 다른 근로자의 이익을 관철하기 위해서도
할 수 있고, 파업근로자와 직접적으로 관련이 되지 않는 조치에 대한 항의
를 위해서도 할 수 있다. 이런 파업을 '연대파업'(la grève de solidarité)이
라고 한다.295)

　본인에 관한 요구는 제시하지 않고 오직 동료를 위한 파업은 위법하지
만, 동료 해고가 위법한 증거에 의한 경우에는 위법하지 않다.296) 동료 해
고에 대하여 이의를 제기하면서 자신에 관한 직업상 요구를 제시하는 파
업은 적법하다.297) 경영상 해고를 당한 동료 근로자를 위한 파업도 적법하
다.298) 한편 기업 외부와의 연대파업도 파업권 남용에 해당하지 않는다.
특히, 고용, 구매력 및 단결권 방어를 위한 외부와의 연대파업의 경우 파
업권의 남용이 아니다.299)

　1986년 파기원 전원합의체 판결300)은 가처분 판사에게 민사소송법 제
809조에 근거하여 명백하게 위법한 침해를 가져올 수 있는 파업인지를 판
단할 수 있는 최종 판단권을 인정했고, 파업 근로자의 요구사항을 통해 파
업 성격의 위법성을 심사하여, 사리에 어긋난다고 판단되는 요구를 관철
하려고 하는 파업은 사전에 금지할 수 있다고 보았다. 그런데 1988년 파리
항소재판소는 위 파기원 전원합의체 판결과 반대되는 취지의 판결을 하였

294) Cass. soc., 23 oct. 2007.
295) Gilles Auzero et al., op. cit., p. 1762-1763 참조.
296) Cass. soc., 8 janv. 1965; Cass. soc., 18 mars 1982; Cass. soc., 16 oct. 1985;
　　　Cass. soc., 30 mai 1989; Cass. soc., 16 nov. 1993.
297) Gilles Auzero et al., op. cit., p. 1762-1763 참조.
298) Cass. soc., 27 févr. 1974; Cass. soc., 22 nov. 1995.
299) Cass. crim., 12 janv. 1971.
300) Cass. ass. plén.(파기원 전원합의체), 4 juill. 1986.

다.301) 그 후 1992년 파기원 사회부는 위 파리항소재판소 판결에 근접한 입장을 채택하여, "파업이 직업적 성격의 요구를 전제로 한다고 하더라도, 판사가 위 요구의 적법성 또는 정당성에 대하여 파업근로자의 평가를 자신의 평가로 대체한다면 헌법상 인정된 파업권의 자유로운 행사를 침해하는 결과를 초래하게 될 것이다."라고 판시했다.302)

2. 적법한 파업에 해당되지 않는 경우

(1) 태업

태업(la grève perlée)은 파업권의 보호를 받을 수 없다. 왜냐하면 파업은 근로 중단을 전제로 하는데, 태업은 근로 중단이 없이 고의로 천천히 또는 결함이 있게 근로를 이행하는 것이기 때문이다.303) 태업은 근로계약의 결함 있는 이행으로서 징계 대상이 될 뿐이다. 다만 태업은 근로 중단은 아니므로 보수 삭감 대상은 아니다.304)

(2) 근로의 불완전 이행

근로의 일부 거부, 불완전 이행 또는 근로계약에서 정해진 조건과 다른 조건 하에서의 이행은 근로의 완전한 중단이 아니다. 파기원은 위와 같은 행위를 파업으로 보지 않는다.305) 한편, 보충근무 이행을 거부하거나 근무

---

301) CA Paris(파리항소재판소) 27 janv. 1988; https://books.openedition.org/pusl/148 77?lang=fr, 검색일 및 최종접속일 2021. 5. 16.

302) Cass. soc., 2 juin 1992.

303) Cass. soc., 5 mars 1953; Cass. soc., 16 mai 1989.

304) Gilles Auzero et al., op. cit., p. 1766 참조.

305) Ibid., p. 1766-1767 참조.

시간을 지키지 않는 행위는 근로의 중단에는 해당하지만, '요구의 자기충족' 활동으로서 파업에 해당하지 않는다.[306]

III. 파업권 행사의 효과

1. 적법한 파업권 행사의 경우

(1) 파업과 고용

노동법전 제L.2511-1조에 따르면, 파업권의 행사는 근로자에게 중대한 과오가 없는 한 근로계약을 파기시키지 않는다.[307] 위 규정은 1939년의 고등중재재판소(Cour supérieure d'arbitrage) 결정[308]과 「1946년 10월 27일의 헌법」 전문에 근거한 파기원 판례를 통하여 1950년 규정화되었다. 이 규정은 1946년 헌법 전문에서 파업권 행사를 처음으로 원칙적으로 인정함에 따라 기존에 파기원이 파업은 근로계약을 종료시킨다고 판시한 판례를 정면으로 부인하였다는 점에 의의가 있다고 하겠다.[309] 그래서 파업 동안 계약은 정지되고 그 이행은 파업 종료 후 재개된다.[310] 따라서 파업 근로

---

306) Cass. soc., 16 oct. 1985; Cass. soc., 19 juin 1987(규율위반행위); Cass. soc., 21 juin 1989(근무의 거부와 근무시간표에 대한 항의의 구별); Cass. soc., 12 avr. 1995(정상 근무시간을 넘는 근무의 거부는 적법한 파업이다); Gilles Auzero et al., op. cit., p. 1767 참조.
307) C. trav.(노동법전), art. L.2511-1: L'exercice du droit de grève ne peut justifier la rupture du contrat de travail, sauf faute lourde imputable au salarié.
308) CSA(고등중재재판소) 19 mai 1939.
309) 이승욱·조용만·강현주, 쟁의행위 정당성의 국제비교, 한국노동연구원, 2000, 90면 참조.
310) Cass. soc., 28 juin 1951 et Cass. crim., 28 juin 1951(Pendant la grève, le contrat n'est que suspendu, et son exécution reprend dès la fin du mouvement).

자는 고용이 유지되고 해고는 파업 근로자에게 중대한 과오가 있는 경우
에만 가능하다.[311]

나중에 노동법전 제L.2511-1조 제3항에 "중대한 과오가 없는 경우 모든
해고는 효력이 없다."라는 규정이 추가되었고,[312] 같은 법전 제L.1132-2조
는 근로자는 적법한 파업권 행사를 이유로 징계, 해고 또는 차별적 조치의
대상이 될 수 없다는 내용으로 수정되었다.[313] 파업이 적법한 경우 사용자
의 해고 통지는 근로자의 파업권을 침해하게 된다. 그래서 해고는 무효가
되고 복직이 이루어진다. 파업권 행사에 대한 해고는 민사상 손해배상책
임을 발생시킨다.[314] 파업권 행사로 해고된 근로자는 해고된 기간 동안 급
여 수급 여부나 대체 소득 유무와 상관없이, 원래 받아야 할 보수액과 동
등한 배상을 받을 권리를 가진다.[315]

(2) 파업과 보수

파업 동안 정지된 근로계약의 양 당사자는 계약상 주된 의무 이행이 면
제된다.[316] 사용자 측면에서 근로의 중단은 이에 관련된 보수 지급 의무의
정지를 초래한다.[317] 이 결과는 제재가 아니라 근로계약 정지의 효과이
다.[318] 보수 삭감은 근로 중단 기간에 엄격히 비례한다.[319] 그리고 보수

---

311) Gilles Auzero et al., op. cit., p. 1768 참조.
312) "Tout licenciement prononcé en absence de faute lourde est nul de plein droit."
313) L'art. L.1132-2: "Aucun salarié ne peut être sanctionné, licencié ou faire l'objet
    d'une mesure discriminatoire mentionnée à l'article L.1132-1 en raison de
    l'exercice normal du droit de grève."
314) Gilles Auzero et al., op. cit., p. 1770-1771 참조.
315) Cass. soc., 2 févr. 2006; Cass. soc., 25 nov. 2015.
316) Gilles Auzero et al., op. cit., p. 1772 참조.
317) Cass. soc., 17 nov. 1977.
318) Cass. soc., 16 janv. 2008; Cass. soc., 9 juill. 2008.
319) Cass. soc., 4 févr. 1988; Cass. soc., 16 mai 1989.

삭감은 비정상적인 방법으로 수행된 근로에도 적용된다.[320]

2. 위법한 파업권 행사의 경우

(1) 파업권의 남용

파업권의 행사를 이유로 고의로 기업을 저해할 경우에는 파업권의 남용에 해당한다.[321] 여기서 '기업의 저해'(la désorganisation de l'entreprise)란 기업의 존립을 실제 위태롭게 하는 것으로서,[322] 명백하고 예외적인 경우를 말한다.[323] 그리고 파기원은 헌법기관의 태도를 왜곡하면서 공권력이 담당하고 있는 행위에 대하여 간섭하는 파업인 '정치파업'을 위법하다고 보았다.[324] 그러나 정부의 경제·사회정책에 대하여 항의하기 위하여 착수된 파업이 임금 동결 거부 등 기업 내부 근로자의 관심사와 밀접하게 연관되는 요구를 주장하는 '혼성파업'[325]에 대하여는 적법하다고 판단하였다.[326] 형사 사건에서도 직업상 요구가 정치적 요구에 비하여 부차적인 성격을 지닐지라도 적법한 파업으로 인정하였다.[327] 한편, 순수한 정치파업과 같은 위법한 정치파업에의 참가는 근로계약의 파기를 정당화하는 중대한 과오에 해당한다.[328]

---

320) Cass. soc., 16 juill. 1964; Cass. soc., 7 mai 1987; Cass. soc., 14 mai 1987.
321) Cass. soc., 4 nov. 1992.
322) Cass. soc., 18 janv. 1995; Cass. soc., 25 janv. 2011.
323) Cass. soc., 10 juill. 1991.
324) Cass. soc., 4 mai 1956.
325) 파업의 동기에 정치적 요구와 직업상 요구가 섞여 있는 파업이다.
326) Cass. soc., 29 mai 1979.
327) Cass. crim., 29 oct. 1969.
328) Cass. soc., 20 févr. 1959; Cass. soc., 5 oct. 1960; Cass. soc., 10 mars 1961.

(2) 파업을 계기로 발생한 위법한 행위

파업 중에 발생된 위법한 행위는 징계나 민·형사상 책임의 원인은 될 수 있으나, 그 자체만으로 파업권의 남용이 있다고 보기는 어렵다.[329] 파업을 계기로 위법한 행위가 발생하였다고 하여도 그것은 파업 자체의 적법성과 무관하기 때문이다. 직장점거가 파업의 한 양태라면 그 자체는 앞에서 본 현장파업처럼 적법하다.[330] 그러나 파손, 감금, 폭력 또는 근로의 자유 침해 등을 동반해서는 아니 된다.[331] 직장점거가 비파업근로자의 근로에 대한 자유를 침해한다면 이는 해고를 정당화시키는 중대한 과오에 해당될 수 있다.[332]

Ⅳ. 파업권 행사에 대한 사용자의 권리

1. 징계권

(1) 중대한 과오가 있는 경우

'중대한 과오'(la faute lourde)[333]란 기업과 사용자에 대하여 해를 끼치려는 파업근로자의 의도가 드러나는, 특별한 중대성을 가진 과오이다.[334]

---

329) Gilles Auzero et al., op. cit., p. 1780 참조.
330) Cass. soc., 9 mars 2011.
331) Gilles Auzero et al., op. cit., p. 1781 참조.
332) Cass. soc., 6 déc. 1956; Cass. soc., 6 mai 1971; Cass. soc., 15 févr. 1979; Cass. soc., 19 févr. 1981; Cass. soc., 30 avr. 1987; Cass. soc., 10 févr. 2009; Cass. soc., 8 oct. 2014; Cass. soc., 31 oct. 1989.
333) 여기의 'la faute lourde'에는 과실행위뿐 아니라 고의행위도 포함되므로 '중대한 과오'라고 번역하고자 한다.
334) https://www.service-public.fr/particuliers/vosdroits/F1137, 검색일 및 최종접속일 2021. 4. 19. 참조; 파기원은 사람의 신체에 위해를 가하는 행위(Cass. soc., 16

파업 근로자의 중대한 과오는 그에 대한 해고를 정당화한다.[335] 그러나 중대한 과오가 있다는 이유만으로 근로계약이 파기되는 것은 아니고 계약해지의 사유가 될 뿐이다.[336]

(2) 중대한 과오가 없는 경우

중대한 과오가 없는 파업 근로자에 대하여는 어떠한 징계도 할 수 없다.[337] 파업 근로자에 대해서는 위 중대한 과오까지 이르지 못한 '중요한 과오'(la faute grave)[338]만으로는 징계를 정당화할 수 없다.[339] 이 경우에

---

juin 1965, n° 469; Cass. soc., 26 mai 1981), 안전에 관한 업무를 포기하는 행위 (Cass. soc., 14 juin 1958, n° 549), 왕래의 자유를 침해하는 행위(Cass. soc., 1er avr. 1997, n° 131; Cass. soc., 1er juill. 2014, n° 13-12.562; Cass. crim., 28 févr. 2018, n° 17-81929), 근로의 자유를 침해하는 행위(Cass. soc., 12 janv. 1983; Cass. soc., 31 mars 1998, n° 180; Cass. soc., 15 mai 2001, n° 166; Cass. soc., 17 déc. 2002; Cass. soc., 26 mai 2004, n° 02-40.395; Cass. soc., 15 juin 2005, n° 02-42.177), 회사의 기자재나 상품을 고의로 파손하는 행위(Cass. soc., 27 janv. 1956, n° 103), 근로자가 위법하거나 남용적인 파업에 참여하거나 파업의 적격을 갖추지 못한 활동에 참여한 경우(Gilles Auzero et al., op. cit., p. 1788), 근로조건의 변화나 개선을 목표로 하지 않는 파업에 참가한 경우(Cass. soc., 1er mars 1961; Cass. soc., 5 oct. 1960; Cass. soc., 25 juin 1987) 등에 '중대한 과오'를 인정한다.

335) 노동법전 제L.2511-1조(파업권의 행사는 근로자에게 중대한 과오가 없는 한, 근로계약의 파기를 정당화하지 않는다.) 참조.

336) Gilles Auzero et al., op. cit., p. 1786 참조.

337) Ibid., op. cit., p. 1786 참조.

338) 앞에서 'la faute lourde'를 '중대한 과오'로 번역하였으므로 이보다 과오의 중대성이 낮은 'la faute grave'는 '중요한 과오'로 번역하고자 한다; '중요한 과오'(la faute grave)는 사용자가 그 근로자를 기업 내에 일시적으로라도 유지할 수 없을 정도의 과오를 말하는바, 부당한 결근, 직무의 포기, 규율위반, 불복종(계약에서 정한 일의 수행 거부), 사용자나 근로자를 괴롭히거나 폭행이나 상해를 가하는 행위, 내부 절도, 근무시간의 음주 등이 있을 때 인정된다(https://www.service-public.fr/particuliers/vosdroits/F1137, 검색일 및 최종접속일: 2021. 4. 19. 참조).

는 주의(l'avertissement)조차도 정당화되지 않는다. 파업기간에는 원칙적으로 사용자의 징계권은 정지된다.340)

2. 경영권

(1) 근로조직상의 조치

사용자는 비파업 근로자에게 평상시 소관에 속하지 않던 업무를 '보충업무'로 수행할 것을 요구할 수 있다.341) 파업 근로자가 이에 항의하는 것은 중대한 과오에 해당한다.342) 법률은 사용자가 파업 근로자를 대체하기 위하여343) 기간제 근로계약에 의하여 근로자를 고용하는 것을 금지한다.344) 또한 법률은 파업 근로자의 근로를 대체하기 위하여 민간기업 근로자에게 일시적인 근로를 의뢰하는 것 역시 금지한다.345) 그리고 파업 종료 후 파업 근로자의 보충근무도 금지된다.346) 그런데 판례는 가산된 비율로 수당이 지급되는 초과근무 시간으로 처리하는 것은 가능하다고 보았다.347) 다만, 사용자는 파업 근로자가 통상 이행하던 근로를 하청기업에 의뢰할 수 있다.348)

---

339) Cass. soc., 16 déc. 1992; Cass. soc., 7 juin 1995; Cass. soc., 18 janv. 1995; Cass. soc., 9 mai 2012, n° 11-13.687.
340) Gilles Auzero et al., op. cit., p. 1786, 1789 참조.
341) Ibid., p. 1791 참조.
342) Cass. soc., 12 janv. 1983.
343) 노동법전 제L.1242-6조 참조.
344) 근로기간이 한정된 기간제 근로계약은 노동쟁의의 결과가 아닌 일시적인 결근의 경우에만 체결할 수 있다(Gilles Auzero et al., op. cit., p. 1794, 각주 1 참조).
345) 노동법전 제L.1251-10조 참조.
346) Gilles Auzero et al., op. cit., p. 1795 참조(파업의 종료를 위한 단체협약에서 노동조합이 보충근무조항을 받아들였을지라도 사용자는 보충근무를 편성할 수 없다).
347) Cass. soc., 25 avr. 1979.

(2) 직장폐쇄

'직장폐쇄'(le lock-out)는 노동쟁의 시에 기업의 전부 또는 일부를 폐쇄하는 것을 말한다.[349] 직장폐쇄는 사용자 측의 근로계약 불이행이다.[350] 일부 다른 나라 법체계에서는 이를 파업권에 대한 사용자의 공격수단으로 인정한다.[351] 그러나 파업권은 사용자와의 대립관계에서 힘의 균형을 회복하기 위하여 근로자에게 부여된 것이므로, 근로자의 직장과 급여를 쥐고 있는 사용자는 근로자에 비하여 약자의 위치에 있지 않는바, 사용자의 힘을 강화할 필요는 없다.[352] 이런 이유로 프랑스에서 직장폐쇄는 원칙적으로 금지된다.[353]

그런데 판례는 사용자가 직장폐쇄를 함으로써 일자리 제공 의무(l'obligation de fournir du travail)를 위반하는 것이 예외적으로 정당화될 수 있음을 인정한다. 또한, 판례는 '불가항력'(la force majeure)이 위와 같은 사용자의 계약불이행을 정당화시킬 수 있다고 보았다.[354] 그런데 파기원은 해당 파업으로 인하여 사용자에게 책임을 귀속시킬 수 없고 근로자에게 일

---

348) Cass. soc., 15 févr. 1979.

349) Gilles Auzero et al., op. cit., p. 1795 참조['직장폐쇄'는 경제적인 이유에 따른 '업무축소'(l'activité réduite)와 구별된다(Cass. soc., 26 févr. 1992; Cass. soc., 16 juill. 1987; Cass. soc., 7 févr. 1990)].

350) Gilles Auzero et al., op. cit., p. 1796 참조.

351) 우리나라도 이러한 법체계를 가지고 있는 것으로 보인다. 학설은 직장폐쇄는 사용자가 근로자에게 임금상실이라는 압력을 가하여 근로자의 집단적 투쟁행위에 맞대응하기 위한 쟁의행위라고 보고 있다(김형배, 노동법, 제26판, 박영사, 2018년, 1213면 참조). 또한 법률에서도 직장폐쇄는 근로자들의 쟁의행위에 대항하는 행위로서 업무의 정상적 운영을 저해하는 행위라고 정의하고 있다(「노동조합 및 노동쟁의조정법」 제2조 제6항 참조).

352) Gilles Auzero et al., op. cit., p. 1796 참조.

353) Cass. soc., 24 janv. 1968; Cass. soc., 8 janv. 1965; Cass. soc., 26 janv. 1972.

354) Gilles Auzero et al., op. cit., p. 1796-1797 참조.

자리를 공급할 수 없게 만드는 '불가피한 상황'(la situation contraignante)이 발생했을 때 '불가항성'(l'irrésistibilité)이 있다고 보고 이 경우 위 '불가항력'을 인정한다.355) 위 '불가항성'은 사용자가 손해를 보았다거나 비용을 들여 비파업 근로자의 근로를 유지하려고 하였다는 것만으로는 충분하지 않고,356) 사용자가 파업을 피하거나 종료시키기 위하여 그 권한 범위 내에서 할 수 있는 모든 조치를 취하였어야 한다.357)

3. 민·형사상 책임

(1) 민사책임

헌법상 권리인 파업권의 단순한 행사는 아무리 손해를 입히더라도 민사책임의 근거가 될 수 없다. 그렇지만 파업권의 행사를 계기로 위법한 행위가 행하여질 수 있고, 파업권의 행사 자체가 권리남용에 해당될 수 있다. 이러한 경우 발생된 손해에 대하여는 민법전 제1240조358)에 따른 민사책임을 부담할 수 있다.359)

파업 근로자의 직장점거가 비파업 근로자의 근로의 자유를 침해하고, 그것이 사용자가 비파업 근로자에게 보수를 지급하지 않는 직접적인 원인이라면, 파업 근로자는 비파업 근로자의 보수 손실에 대한 책임을 질 수

---

355) Cass. soc., 4 juill. 2000; Cass. soc., 22 févr. 2005; Cass. soc., 26 mars 2014.
356) Cass. soc., 5 juill. 1995.
357) Cass. soc., 26 janv. 1972; Cass. soc., 1er oct. 1975; Cass. soc., 20 mars 1985.
358) 과오로 인하여 타인에게 손해를 끼친 사람은 그 손해를 배상할 의무가 있다(Tout fait quelconque de l'homme, qui cause à autrui un dommage, oblige celui par la faute duquel il est arrivé à le réparer).
359) Gilles Auzero et al., op. cit., p. 1799 참조(세 가지 요건을 요구한다고 한다. 그것은 파업권 행사 시의 위법한 행위나 파업권의 남용 등 과오, 파업으로 인하여 발생한 손해 및 위 과오와 손해 사이의 인과관계이다).

있다.360) 그리고 사용자는 근로의 자유를 침해한 직장점거자의 퇴거를 구하는 가처분신청이나 서면신청(la requête)361)을 할 수 있다.362) 파업 근로자는 개별적으로 자신의 파업권을 행사하는 것이고 노동조합은 파업 근로자의 위임인이 아니어서 노동조합은 원칙적으로 파업권 행사에 대한 민사책임을 지지 않는다.363) 다만, 노동조합364)이 근로의 자유 침해 등 형사법위반에 해당되는 경우와 파업권의 정상적인 행사가 아니게 된 원인이 노동조합에 있는 경우에는 노동조합의 민사책임이 발생할 수 있다.365)

(2) 형사책임

파업 근로자는 파업 중에 일어나는 직장점거, 감금, 생산 중단, 작업 속도 감축 등에 대하여 감금죄366), 상품이나 자재 또는 작업기구에 대한 손괴죄367), 폭행치상죄, 또는 비파업 근로자에 대한 근로의 자유를 보장하기 위하여 신설된 근로자유침해죄368) 등의 형사책임을 질 수 있다.369) 파업

---

360) Gilles Auzero et al., op. cit., p. 1801 참조.
361) 민사소송절차의 하나로서 긴급한 해결이 필요하고 대심형식으로 처리될 필요성이 없는 경우에 상대방을 참여시키지 않고 판사에게 바로 구하는 서면신청을 말한다(민사소송법전 제494조, 제812조 등; Serge Guinchard, et al., op. cit., p. 936 참조).
362) Gilles Auzero et al., op. cit., p. 1782 참조.
363) Cass. soc., 29 janv. 2003(파업 중에 파업근로자가 행한 파손, 폭력 등 위법한 행위에 대하여는 노동조합이 적극적으로 위법한 행위에 가담하지 않는 한 노동조합의 책임은 결부되지 않는다); Gilles Auzero et al., op. cit., p. 1799 참조.
364) 오늘날 프랑스에서 노동조합은 형사책임을 질 수 있는 법인격을 가지고 있다고 본다(Gilles Auzero et al., op. cit., p. 1800 참조).
365) Ibid., p. 1800 참조.
366) 형법전 제224-1조 등 참조; Cass. crim., 18 mars 1980.
367) 형법전 제322-1조 참조; Cass. crim., 12 déc. 1951.
368) 형법전 제431-1조 제1항(공동하여 협박으로 표현, 근로, 결사, 집회 또는 시위의 각 자유를 침해하는 행위를 처벌대상으로 규정하였다) 참조.

근로자에 대한 근로자유침해죄의 공소 제기는 형사재판에서 손해배상청구를 할 수 있는 비파업 근로자의 신청에 의하여 개시될 수 있다.[370] 사용자도 감금이나 손괴 등 범죄의 피해자로서 파업 근로자에 대하여 형사재판에서 손해배상청구를 할 수 있고, 이에 따른 공소 제기에 의해 파업 근로자는 형사책임을 질 수 있다.[371]

제3절 소결

프랑스 공무원 제도는 대혁명에서 시작하여 이후 공화국의 수립, 혼돈 및 재건의 과정을 거치면서 근대적인 제도가 뿌리내렸다. 대혁명의 결과 인권선언에서 공직의 중요성을 느끼고 공직 취임의 평등원칙[372] 등이 선언되었는데, 이런 원칙이 프랑스 공무원제도의 기저에 흐르는 사상이 되었다. 이후 나폴레옹 시대부터 근대적인 공무원 제도의 초기 모습이 나타나기 시작하였는데, 그 내용은 '공무원단'[373] 제도와 국립행정학교에서의 임용 전 교육제도[374] 등과 더불어 꽁세유데따[375]에 의하여 확립되었다. 나폴레옹 시대 때 확립된 제도는 샤를 드골의 제5공화국에 이르러 더욱 공고화 되어 공직 전체의 일반법으로 완성됨으로써 현행 공무원제도의 틀이 마련되었다.

---

369) Gilles Auzero et al., op. cit., p. 1802 참조.
370) Cass. crim., 23 avr. 2003.
371) Gilles Auzero et al., op. cit., p. 1802-1803 참조.
372) 1789년 8월 26일 인간과 시민의 권리 선언 제6조 참조.
373) 프랑스 국가공무원법 제29조 참조.
374) 정재명 외, 전게논문, 199면 참조.
375) Prosper Weil et Dominique Pouyaud, op. cit., p. 7 참조.

이후 꽁세유데따 판례의 법전화와 더불어 공직법에 노동법 요소가 법의 일반원칙으로 들어오고 인사관리에 경영 요소가 도입되면서 공무원법의 '노동(법)화'가 일어났다. 인권선언으로 주창된 공무원 접근의 평등 원칙은 채용에 있어 공개경쟁시험의 원칙, 사상이나 성별에 따른 차별 금지 등으로 나타났다. 채용된 공무원은 신분보장 하에 보수 등과 보호를 받을 권리, 참여권, 파업권 등 근로자로서의 권리와, 의사의 자유 등 시민으로서의 권리가 보장되는 반면, 중립, 직무전념 및 복종 의무 등이 있어 이런 의무를 준수하지 않을 경우 금전적 배상책임과 함께 징계 및 형사책임을 부담한다.

일반 근로자의 파업권은 공무원의 파업권과는 달리 순전히 개인적인 권리로 노동조합 차원의 파업에고나 사전에 단체교섭을 할 의무가 없다. 파업의 방식에 있어서도 공무원의 파업과 달리 순환파업이나 점거파업도 허용된다. 그리고 연대파업도 폭넓게 허용된다. 그러나 근로의 중단이 있어야 하므로 이에 해당하지 않는 태업 등은 파업에 해당하지 않아 파업권의 보호를 받지 못한다.

파업권 행사는 파업 근로자에게 중대한 과오가 없는 한 근로계약을 파기시키지 않으므로 파업 근로자는 고용이 유지되고 징계책임을 지지 않으며, 따라서 사용자가 해고를 하더라도 효력이 없고 오히려 사용자의 손해배상책임을 발생시킨다. 근로계약이 정지됨에 따라 근로자는 파업기간의 급여에 대한 권리를 주장하지 못한다. 반면에, 기업의 존립을 위태롭게 하는 파업이나 순수한 정치파업은 파업권의 남용에 해당된다.

한편, 파업을 계기로 발생한 위법한 행위는 파업 자체의 적법성과 무관하고 개인책임의 영역에 속한다. 그리고 직장점거는 파업의 일환으로 이루어진 경우 원칙적으로 적법하다. 그러나 직장점거가 비파업 근로자의 근로의 자유를 침해할 경우에는 위법하게 되어 형사책임과 민사책임을 질 수 있다. 근로자의 파업권 행사에 대하여 사용자는 징계권과 경영권을 행사할 수 있다. 먼저, 파업 근로자에게 중대한 과오가 있으면 절차를 거쳐 해고할 수 있다. 그렇지만 파업 근로자에게 중대한 과오가 없는 경우에는 사용자는 어떤 징계도 할 수 없다.

또한 사용자는 파업 시 경영권에 의거하여 비파업 근로자를 활용할 수 있다. 사용자가 대체 근무자를 고용하는 것은 금지되나 하청을 주는 것은 가능하다. 또한 사용자는 파업 종료 후 파업 근로자에게 보충근무를 편성할 수 없다. 한편, 사용자는 원칙적으로 직장폐쇄를 할 수 없다. 다만, 예외적으로 불가피한 사정으로 인하여 책임을 사용자에게 돌릴 수 없는 불가항력적인 상황이 발생한 경우에는 가능하다. 그리고 파업권은 헌법상 보장된 권리이므로 파업으로 인한 단순한 손해는 파업 근로자에게 민사책임을 부담시키지 않는다. 그러나 예외적으로 파업권이 남용된 경우에는 파업 근로자도 민사책임을 지게 될 수 있다. 그리고 파업권은 근로자의 개별적인 권리이므로 노동조합은 원칙적으로 파업권 행사에 따른 책임을 지지 않는다. 또한 파업 근로자는 파업 중 근로자유침해죄 등 형사법 위반 행위를 하였을 경우에는 당연히 형사책임을 진다.

대혁명으로 수립된 공화국에 의하여 만들어진 프랑스 공무원에 관한 법제는 먼저 공무원의 권리와 의무를 정립하였다. 다음 장부터 본격적으로 살펴볼 공무원의 파업권은 공무원의 권리 중 근로에 관한 권리로서 그 내용은 일반 근로자의 파업권을 기반으로 구성된다. 그러나 공무원 파업권의 요건과 효과 등은 공역무의 특성이나 공무원의 의무 등에서 기인하는 예외가 적용된다. 이러한 내용은 공무원의 파업권에 대한 제한으로 나타나게 된다.

제2장

공무원 파업권의 연혁

1791년부터 근로자나 사용자 모두에 대하여 업무를 방해하거나 비용을 상승시키려는 목적의 모든 단체행동을 금지하면서 이를 위반할 경우 형사처벌의 대상으로 규정하였다. 그런데 그 후 1864년 위와 같은 행위가 형사처벌의 대상에서 제외되었다. 그렇지만, 그 후에도 파업은 민간부문에서는 근로계약의 파기사유로 간주되었고, 공공부문에서도 이와 유사하게 공직계약의 파기사유로 보아 파면의 대상이 된다고 봄으로써 파업은 여전히 금지되었다.[1]

그 후 1946년 제4공화국이 수립되면서 공포된 헌법 전문에서 주체에 대한 제한 없이 파업권의 행사가 원칙적으로 인정되었다. 그러면서 민간부문에서는 「1950년 2월 11일의 법률」 제4조에 "파업은 근로자의 책임으로 귀속되는 중대한 과오가 있는 경우를 제외하고는 근로계약을 파기하지 않는다."고 규정하여 파업이 근로계약 파기사유에서 제외되었다.[2] 그리고 공공부문에서도 1950년 꽁세유데따는 위 헌법 전문의 규정을 근거로 공무원에게도 원칙적으로 파업권을 인정하기 시작하였다. 한편, 헌법재판소는 꽁세유데따보다 30년 가까이 지난 1979년에 헌법 전문의 파업권 규정이 공무원에게도 적용된다고 인정하였다. 마침내 1983년 공무원법에서도 위 헌법 전문의 규정을 본떠 파업권을 공무원의 권리로 명시하였다.

---

1) CE, Section, 7 août 1909, Winkell, n° 37317; CE, 22 octobre 1937, Demoiselle Minaire; 한견우, 전게논문, 272면; Antony Taillefait, op. cit., p. 377 참조.
2) 이철수·강성태, 공공부문의 노사관계법, 한국노동연구원, 1997, 228면 참조.

제1절 제4공화국 헌법 이전

Ⅰ. 형사처벌 대상(1864년 이전)

파업은 사용자에 대하여 근로자가 이용하는 압력의 방법으로, 로마, 그리스, 이집트의 파라오시대부터 있었던 아주 오래된 현상이다.[3] 파업은 권리이기 이전에 사회적인 현상이라고 볼 수 있다. 그래서 파업은 분쟁의 근원이고, 압력의 수단이며, 요구의 만족이나 기득권의 유지, 나아가 이익의 방어를 위한 투쟁의 수단으로 나타난다. 프랑스에서 근로자나 근로계약의 개념이 확립되지 않았던 산업사회 초기에 근로자의 단체행동은 '파업'(la grève)으로 불리지 않고 '공모'(la coalition)라는 이름으로 불리었다. 앙시앙레짐 하의 '음모'(la cabale)를 이어받은 '공모'는 노무 제공의 거부로 이해되는 것이 아니라, 근로의 대가에 대하여 집단적으로 영향력을 행사하려는 모든 행위를 아우르는 것이었다. 여기의 단체행동에는 근로자가 하는 경우뿐 아니라 독립사업자 또는 소비자가 하는 경우도 포함되었다.[4]

이에 대한 국가형벌권의 간섭은 먼저 「1791년 6월 14일의 법률」(la loi Le Chapellier, 르샤플리에법)로 근로자와 사용자 모두에 대하여 모든 결사를 금지하고 급여에 영향을 미치기 위한 목적의 집단적 모임과 시도를 처벌하였다. 르샤플리에법이 이렇게 파업 준비를 위한 근로자의 회합을 금지함에 따라 당연히 파업도 금지되었다.[5] 그리고 1810년 형법전은 '업무를 중단시키거나 방해하거나 비용을 상승시키는 것'을 목적으로 하는 단

---

3) Béatrice Thomas-Tual, Droit de la fonction publique, Larcier, 2015, p. 145 참조.
4) Alain Supiot, Le droit du travail, 7ᵉ éd., Presses Universitaires de France/Humensis, 2019, p. 95; 알랭 쉬피오(Alain Supiot)(박제성 역), 프랑스 노동법, 도서출판 오래, 2011, 91면 참조.
5) 조임영, 전게논문, 31면; 정재동·정주용, 전게논문, 113면 참조.

체행동을 '공모죄'(le délit de coalition)로 처벌하였다.[6] 이처럼 파업을 형사처벌의 대상으로 삼았던 제도는 1864년 위 공모죄가 폐지될 때까지 계속 유지되었다.[7]

그런데 산업화와 도시화가 진전되면서 일부 근로자 계층은 비공식적으로 노동조합을 결성하여 계층의 이익을 관철하기 위해 노력하였고, 이러한 과정에서 사용자 단체와 격렬한 충돌이 발생하는 등 사회문제가 발생하였다. 그래서 마침내 위 공모죄는 「1864년 5월 25-27일의 법률」(la loi du Olivier, 올리비에법)로 폐지되었다.[8] 이로써 파업은 형사처벌 대상에서 제외되었다. 위와 같이 파업이 형사처벌 대상에서 제외된 것은 집단적 근로관계의 승인으로 가는 첫 발걸음이었다.[9]

Ⅱ. 파면 대상(1864년 이후)

앞에서 본 바와 같이 「1864년 5월 25-27일의 법률」(la loi du Olivier, 올리비에법)에 의하여 공모죄가 폐지됨으로써 파업은 형사처벌 대상에서 제외되었다.[10] 그러나 프랑스의 경우에도 공무원의 지위와 대우는 법령에

---

6) 형법전 제414조 및 제415조; Alain Supiot, op. cit., p. 95 참조.
7) 정재동·정주용, 전게논문, 113면 참조.
8) 외교부, 알기쉬운 유럽노동법 해설, (주)휴먼컬처아리랑, 2014, 68면 참조.
9) Alain Supiot, op. cit., p. 95; Béatrice Thomas-Tual, op. cit., p. 145; 알랭 쉬피오 (Alain Supiot)(박제성 역), 전게서, 91면 참조.
10) 그런데, 당시 공모죄는 폐지되었지만, 대신에 파업과정에서 폭행, 협박, 위력 또는 위계의 방법으로 다른 근로자에 대하여 근로의 자유를 침해하는 행위를 처벌 대상으로 하는 근로자유침해죄가 신설되어, 파업 자체는 형사처벌 영역으로부터 자유롭게 되었지만 파업과정에서 비파업 근로자가 향유하여야 할 근로의 자유를 침해하는 행위는 금지되었다(이에 대하여는 제5장에서 상세히 살펴본다). 그리고 민사면책까지는 보장되지 않아 파기원은 민간부문에서 파업을 근로계약의 파기사유로 보았다. 이에 대하여는 이승욱·조용만·강현주, 전게서, 88면 참조; 이런 법적 상황

의해 정해지고 계약의 대상이 되지 않으며 공역무는 계속 유지되어야 한
다는 전통적 사고와 원칙 때문에 공무원의 파업권은 오랫동안 인정되지
않았다.[11] 그래서 공무원 파업은 공역무가 추구하는 일반이익의 요구와
양립할 수 없다는 이유로 공역무 계속성의 원칙에 따라 여전히 금지되어
파면 대상이었다.[12] 공역무 계속성의 원칙은 다른 모든 고려보다 우세한
것으로 간주되었던 것이다.[13] 당시 판례는 공무원은 파업을 함으로써 '공
직계약'(le contrat de fonction publique)을 파기했다고 보았다.[14] 위와 같은
상태는 1946년 10월 제4공화국 헌법이 제정되기 전인 제3공화국 때까지
계속되었다. 제4공화국 헌법에 파업권이 기본권으로 규정되기 전에 공무
원의 파업권은 인정되지 않는다는 것을 명확히 한 대표적인 판례가 꽁세
유데따가 1909년 8월 선고한 빈켈(Winkell) 판결이다.[15] 이 판결을 통해서
그 당시 공무원 파업권의 인정 여부에 대한 당시의 시대적 인식을 살펴볼
수 있다.

은 1946년 헌법이 파업권의 행사를 원칙적으로 인정할 때까지 계속되었는데, 그
때까지 파업은 민간부문에서 근로계약의 파기사유가 된 것처럼 공공부문에서는 공
직계약의 파기사유로 보아 해당 공무원은 파면되었다.
11) 조용만, "프랑스 공무원 노사갈등과 한국적 함의", 서울행정학회, 서울행정학회 학술대
회 발표논문집, 2006, 445면 참조.
12) Bernard Stirn et Yann Aguila, op. cit., p. 384; Béatrice Thomas-Tual, op. cit.,
p. 145 참조.
13) Yves Gaudemet, Droit administratif, 21e éd., LGDJ, 2015, p. 422 참조.
14) Antony Taillefait, op. cit., p. 719 참조.
15) CE, Section, 7 août 1909, Winkell, n° 37317 (Rosier n° 37325 병합); 여기서
'Winkell'을 '윙켈' 등 달리 표현할 수도 있으나 관례에 따르면 사람 이름은 그 사
람의 출신 등에 따라 불리므로 여기서는 다른 논문, 번역서 및 저서에서 표현하는
것과 같이 '빈켈'로 표현하고자 한다.

1. 빈켈(Winkell) 판결

(1) 사실관계

1909년 5월 프랑스 최초의 대규모 공무원 파업이 두 차례 있었는데, 두 번째 파업은 첫 번째보다 더 격렬했지만 모두 진압되었다. 이 파업은 모두 체신부 공무원에 의한 것이었다.[16] 당시 체신부 작업장에서 천공기 작업을 담당하던 빈켈(Winkell)과 우편배달 업무에 종사하던 로지에(Rosier) 등을 포함하여 약 6,000명의 체신부 공무원이 파업에 참가하여 그 중 500명 내지 600명이 국무차관에 의해 파면되었다.[17] 그런데 위 파면은 「1905년 4월 22일의 법률」 제65조[18]의 규정과는 다르게 해당 공무원에게 관련 문서상의 사전 통지 없이 이루어졌다. 이에 대하여 빈켈과 로지에는 이 사건 파면처분이 위 법률 제65조를 위반하여 그들에게 관련 문서상의 사전 통지 없이 이루어졌다고 주장하면서 위 파면처분의 취소를 구하는 월권소송을 제기하였다.[19]

(2) 판결의 요지

위 파면처분 취소청구 사건에 대하여 꽁세유데따는 다음과 같이 판시하였다.[20] 첫째, 파업은 법적으로 사법(私法)상의 규정을 따르는 근로계약(le contrat de travail)의 이행 과정에서만 발생할 수 있는 일이므로, 공무원이 공동 의사로 공역무를 거부함으로써 파업에 이르게 된 경우에는 설사 형

---

16) Béatrice Thomas-Tual, op. cit., p. 145; Anne Jourda-Dardaud, op. cit., p. 4 참조.
17) Emmanuel Aubin, op. cit., p. 457; Anne Jourda-Dardaud, op. cit., p. 4 참조.
18) 모든 공무원과 군인, 모든 행정기관의 근로자와 직원은 징계나 전보의 대상이 되었거나 연공승진에서 탈락된 경우에 모든 문서, 인상기록카드와 신상자료를 구성하는 모든 다른 문서에 대하여 개인적이고 사적인 통지를 받을 권리가 있다.
19) Anne Jourda-Dardaud, op. cit., p. 4 참조.
20) CE, Section, 7 août 1909, Winkell, n° 37317 (Rosier n° 37325 병합).

법의 적용에 의하여 처벌될 수 없을지라도 그것은 불법행위이다. 둘째, 공무원은 채용 승낙을 통하여 공역무 필요성에서 유래하는 모든 의무를 받아들였고 국가 유지에 필수적인 계속성과 양립할 수 없는 모든 권리를 포기하였다.

셋째, 공역무에 임명된 공무원이 파업을 하는 것은 개인적인 과오에 해당한다. 넷째, 공무원 파업은 공무원이 행정기관과 체결한 '공법계약'(le contrat de droit public)에 따라 발생된 공무원 권리를 보장하기 위한 법률이나 행정입법 적용을 배제시킨다. 다섯째, 「1905년 4월 22일의 법률」 제65조가 일반성을 지닌 규정이라 하더라도 입법자는 위 규정을 제정한 입법목적에 공역무 파업은 포함시키지 않았다.

(3) 판결에 대한 해석

위 판결은 다음과 같이 해석된다. 첫째, 공무원의 파업은 중대한 규율위반에 해당하고,[21] 공역무의 본질인 계속성에 반한다.[22] 둘째, 파업 공무원은 스스로 법률과 행정입법을 벗어난 것이고, 스스로 계약을 위반한 것이며, 스스로 공역무에서 물러난 것이다.[23] 셋째, 공무원의 파업은 공직의 포기로 간주되고,[24] '공직계약'(le contrat de fonction publique)의 자동적인 파기를 초래한다.[25] 넷째, 파업 공무원은 징계절차에 관한 규정의 적용 없이 파면될 수 있고, 따라서 행정기관은 파업 공무원에게 파면처분 전에 관

---

21) Yves Gaudemet, op. cit., p. 422 참조.
22) Anne Jourda-Dardaud, op. cit., p. 4-5 참조.
23) Antony Taillefait, op. cit., p. 719; Olivier Dord, op. cit., p. 282; Yves Gaudemet, op. cit., p. 422; Bernard Stirn et Yann Aguila, op. cit., p. 384 참조.
24) Bernard Stirn et Yann Aguila, op. cit., p. 384; Béatrice Thomas-Tual, op. cit., p. 145 참조.
25) Anne Jourda-Dardaud, op. cit., p. 4-5 참조; 빈켈(Winkell) 판결에서는 '공법계약'(le contrat de droit public)이라고 표현하였다.

련 문서를 통지할 필요가 없다. 위와 같이 꽁세유데따는 빈켈 판결에서 파업 공무원에 대하여 매우 엄격한 입장을 취하였다.[26]

그런데 위 '공직계약의 파기' 이론은 민간부문의 파업에서 파업 근로자에게 중대한 과오가 있는 경우에는 근로계약(le contrat de travail)의 파기를 초래할 수 있다는 파기원 판례에서 '근로계약'을 '공직계약'으로 치환시킨 것이다. 그러나 공무원 관계를 민간부문의 근로계약처럼 계약관계로 보는 이론은 모든 학설의 지지를 받지 못하였다. 다른 학설에 의하면, 공무원의 지위는 계약에 따라 정해지는 것이 아니라 법령의 규정에 따라 정해지는 것이라고 지적하였다.[27]

(4) 정부위원의 의견

꽁세유데따의 위 빈켈 사건 정부위원(le commissaire du gouvernement)[28]

---

26) Bernard Stirn et Yann Aguila, op. cit., p. 384; Béatrice Thomas-Tual, op. cit., p. 145 참조.

27) Anne Jourda-Dardaud, op. cit., p. 5 참조.

28) 정부위원은 의견의 설명을 위해 합의과정에 참석하되 그 이상의 역할은 하지 않는다. 원래 정부위원 제도는 「1831년 2월 2일과 3월 12일의 오르도낭스」에 의해 꽁세유데따에 도입된 것으로 당시에는 지방행정재판소, 고등행정재판소 등 행정재판의 1심부터 3심까지 모두 적용되었다. 최종변론절차에서 정부위원의 역할은 핵심적이었고 막강하였다. 그런데 꽁세유데따는 1998년 에스끌라띤(Esclatine) 판결에서 정부위원은 재판부가 판단해야 할 쟁점 및 해결책에 대하여 독립적으로 공정하게 의견을 작성하여 제시할 임무를 가지고 있다고 밝히며 최종변론에서의 정부위원의 의견은 당사자의 대심절차에 해당하지 않는다고 보았다. 그런데 유럽인권재판소는 2001년 크레스(Kress) 판결에서 외관이론(la théorie des apparences)에 근거하여 합의과정에 정부위원이 참여하는 것은 유럽인권보호협약 제6.1조에서 규정하는 공정한 재판을 받을 권리에 위반된다는 것이었다. 그 후 정부위원은 「2005년 12월 19일의 데크레」에 의해 합의에 참석하지만 어떠한 역할도 하지 않았다. 그러나 유럽인권재판소는 정부위원이 단지 수동적인 역할만 하는 것에 대하여도 비판적이었다. 그래서 마침내 「2006년 8월 1일의 데크레」에 의해 지방행정재판소와 고

인 자끄 따르디외(Jacques Tardieu)의 의견(la conclusion)²⁹⁾은 다음과 같다. 그는 먼저 끌레망 콜송(Clément Colson)의 논문을 들어, 공역무의 파업은 불가능하다고 주장하였다. 따르디외에 의하면, 경찰관의 파업은 일시적으로 공공의 안전과 질서의 유지가 달성되지 못하게 할 수 있고, 우체국, 철도, 조명 또는 수도의 파업은 관련 공급을 중단시켜 혼란을 야기할 수 있다고 하였다. 그러면서 계속성은 공역무의 본질이라고 말하였다.

그리고 따르디외는, 사법(私法)상 고용계약과는 달리, 국가는 최선의 공역무 작동을 위하여 재량을 가지고 단독으로 공직계약을 수정할 수 있다고 보았다. 그래서 국가는 공무원이 되고자 하는 사람과의 사전(事前) 협의 없이 그에게 부여하는 과제와 의무를 단독으로 결정할 수 있는 것이고, 공무원의 급여, 연금, 승진 기준, 징계 절차, 보호 등을 법령으로 공포한다는 것이다. 그리고 공무원의 책임과 권리는 불가분이어서, 임명을 수락하는 공무원은 계약서에 포함된 모든 의무, 특히 국가 유지에 필수적인 공역무의 계속성을 보장하는 의무를 수락한 것이라고 보았다. 따라서 파업은 공역무의 개념과 모순된다는 것이다.

따르디외는 또한 공직계약에서 국가의 권리는 민간부문 사용자의 권리보다 훨씬 광범위하다고 말한다. 그리고 파업공무원은 파업을 통하여 계

등행정재판소에는 정부위원의 참석이 배제되었고 꽁세유데따에는 원칙적으로 참석하되 당사자의 배제신청이 있으면 참석하지 않는 것으로 정리되었다[CE, 29 juillet 1998, Esclatine; CEDH(유럽인권재판소), 7 juin 2001, Kress c/ France; 권채리, "프랑스 행정절차법의 제정과 그 특징 – 행정과정의 민주화와 투명성의 지향", 행정법학 제18호, 2020, 116-117면 참조].

29) https://www.revuegeneraledudroit.eu/blog/2015/12/23, 검색일 및 최종접속일 2020. 4. 26.; Tardieu, J., "Conclusions du commissaire du gouvernement Tardieu sur L'affaire 《Winkell et Rosier》, Conclusions sous Conseil d'Etat, 7 août 1909, Winkell; 7 août 1909, Rosier, S. 1909.3.145": Revuegénérale du droit on Line, 2015, numéro 16054(https://www.revuegeneraledudroit.eu/?p=16054, 검색일 및 최종접속일 2020. 4. 26.) 참조.

약상 권리의 행사를 보장하는 법령의 규정을 포기한 것으로 간주된다. 즉, 파업은 국가로 하여금 공무원과 체결한 계약에 의하여 발생된 모든 의무에서 벗어나게 한다는 것이다.

그렇지만 파업이 공직계약을 파기하는 것은 아니라고 한다. 그리고 무단결근을 한 경찰관은 결근기간에 따라 다소 무거운 벌을 받을 뿐이고, 무단결근을 한 판사는 6개월까지는 사임의사를 표시한 것으로 간주되지 않는다고 한다. 다른 공무원의 경우 위법한 근무 포기는 감봉부터 파면까지 징계 대상이 되고, 징계는 법적 절차를 거쳐 이루어진다.

그런데 수천 또는 수백 명의 공무원이 공동의 의사로 동시에 근무를 중단하면 공직에 심한 혼란을 야기하고 국가의 존립이나 안전을 중단시키거나 위태롭게 할 수 있다는 것이다. 다만, 파기원이 근로자의 파업이 반드시 고용계약을 파기한다는 것을 인정하지 않듯이, 공무원의 개인적인 과오가 국가와의 법적 관계를 단절시키지는 않으므로 공무원의 신분을 보장해야 하는 국가의 의무를 면하게 해주는 것은 아니라고 한다. 그러면서 따르디외는 최근 정부의 태도는 공무원의 파업에도 불구하고 공무원과의 계약은 존속한다는 것을 보여 주었다고 해석했다.

최종적으로 그는 「1905년 4월 22일의 법률」의 입법자가 제65조가 공역무의 파업에 적용되는 것을 예정하지 않았다는 논리는 위 조항의 적용 배제 이유로 충분하지 않은 것으로 보인다고 하였다. 즉, 입법자는 일반적인 용어로 규정하고, 입법자가 제정하는 규정은 흔히 입법자가 예견하지 못한 경우에도 적용될 수 있다는 것이다. 그렇지만 파업은 형사처벌 대상은 아니더라도 사용이 금지된 혁명적인 수단이어서[30] 공무원을 국가와 연결시키는 모든 관계를 파기시킴으로써 국가로 하여금 파업공무원에 대하여 공무원의 보호를 위하여 제정된 절차를 준수할 의무에서 벗어나게 해 준다는 것이다.

---

30) Anne Jourda-Dardaud, op. cit., p. 5 참조.

(5) 모리스 오류의 평석

위 판결에 대하여 모리스 오류(Maurice Hauriou)는 아래와 같은 평석(la note)[31]을 달았다. 모리스 오류는 꽁세유데따의 판결 주문이 나쁘지는 않지만, 판결 이유는 법적으로 제대로 설명되어 있지 않다고 보았다. 특히 위 법 제65조가 적용되지 않는 이유에 대한 설명이 부족하다는 것이다.

그에 의하면, 위 판결의 논리는 공무원은 그에게 부여된 직무를 받아들임으로써 공무원으로서 요구되는 모든 의무에 복종하고 국가에 필수적인 계속성과 양립할 수 없는 모든 행동을 포기하는 셈이 되므로 파업할 권리도 포기한다는 의미이고 파업을 하면 자신의 직무에서 벗어나게 된다고 하였으나, 위 법률 제65조의 적용을 피하기에는 위 논리만 가지고는 부족하다는 것이다. 즉, 위 법률의 입법자는 분명히 징계나 파면 등의 경우 공무원에게 그의 이익을 위해 자신에 관한 서류를 미리 통지 받을 권리가 존재한다는 데 동의했다고 보았다. 따라서 오히려 파업 자체의 본질에서 위 제65조 적용이 배제되는 이유를 찾아야 한다고 보았다.

그는 파업은 계급투쟁으로서, 국가의 한 부분이 다른 부분에 반대하며 더 이상 법이나 정의를 인정하지 않는 것이라고 보았다. 그에 따르면, 파업이란 프롤레타리아 계급이 부르주아 국가의 정의를 거부하는 것이다. 그는 파업권을 '사적(私的) 전쟁의 권리'(le droit de guerre privée)라고까지 말한다. 이 사적 전쟁은 우발적인 것이 아니라 계급에 의해 벌어지는 체계적인 것이라고 주장한다. 그는 공무원의 파업이 전쟁이라면 정부가 전쟁법을 적용하는 것은 놀랄 일이 아니라고 한다.

---

31) Maurice Hauriou, Notes d'arrêts sur décisions du Conseil d'État et du Tribunal des conflits, 3. Tome, 1929, p. 167-174; https://www.revuegeneraledudroit.eu/blog/2014/04/02, 검색일 및 최종접속일 2020. 4. 4.; Antony Taillefait, op. cit., p. 6 참조.

　모리스 오류는 또한 노동법이 수립되면 파업은 권리 보호를 위해서는 쓸모없는 무기가 될 것이므로 파업을 하는 것보다는 법정에 가는 것이 더 쉽고 안전하다고 말한다. 그는 근로자의 분쟁이 법적으로 해결된다면 단결권과 파업권은 사라져야 한다고 주장하며, 국가가 법적 서비스를 보장하기 시작하는 상황에서는 이런 사적(私的) 전쟁은 멈추어야 한다고 말한다. 나아가 그는 파업권이 존재하는 것을 정상이라고 하는 사람은 잘못 생각하는 것이라고 하면서, 산업계에 파업권이 존재하지만, 거기에서도 파업권은 비정상적이고, 예외적이며, 국가의 평화를 위한 근본적인 조건과 양립할 수 없다고 한다.

　마지막으로 모리스 오류는 파업공무원의 파면에 위 1905년 법률을 적용하는 것은 위헌이어서 꽁세유데따는 파업공무원의 파면에 대하여는 위 법률은 효력이 없는 것으로 판단할 수 있었다고 주장한다. 그 이유로 그는 이 법률과 국가의 존속에 필요한 조건 사이에는 모순이 존재한다고 한다. 그는 국가의 존속에 필요한 조건이 실정헌법의 규정보다 훨씬 더 기본적인 것이라고 말하면서, 국가의 존속을 위한 기본적인 조건은 국민 생활에 필수적인 공역무가 중단되어서는 안 되고, 공무원과 정부는 평온한 관계를 유지해야 한다는 것이다. 즉, 공무원의 파업은 국민 생활에 필수적인 공역무를 중단하는 것이고 공무원과 정부의 평온한 관계를 방해하는 것이어서 국가의 존속을 위한 기본적인 조건에 어긋나므로 실정헌법에 규정되지 않았더라도 위헌이라는 것이다. 그러면서 꽁세유데따는 행정행위에 적용되는 법률의 합헌성을 판단할 수 있는 권한이 있는바, 이 사건 판결은 위 법률 제65조가 파업행위에 적용되는 한 위헌이라는 이론에 의해서만 법적으로 설명이 된다고 하면서 이 사건 판결이 법률의 위헌성을 지지하는 선례로 원용될 것이라고 하였다.

2. 빈켈 판결 이후

(1) 개관

1909년의 빈켈 판결의 판시는 이후 같은 취지의 판결이 반복되면서 확고해졌다. 그래서 위 판시내용은 상공업 성격의 공역무 파업과 공사(公社, le société d'économie mixte)[32] 파업까지 확대 적용되었다.[33] 정부는 공무원 파업이 공역무의 계속성을 훼손하고 공직 관계를 지배하는 '위계의 원칙'을 후퇴시킨다고 보았다.[34]

학설도 공역무 파업에 대하여 위 빈켈 판결 판시와 같이 보는 것이 대세를 이루었다. 모리스 오류는 위 빈켈 판결뿐 아니라 꽁세유데따가 1922년 선고한 판결에 대한 주석에서도 "공무원이 파업을 하는 것은 그 계속성이 국가 존속에 필수적인 공역무를 중단시키므로 인정될 수 없다."고 하였다.[35] 1923년 레옹 뒤기(Léon Duguit)[36]는 "파업은 징계사유에 해당하는 과오 중에서 가장 큰 중대한 과오이다. 그것은 심지어 범죄이다."라고 했다. 1930년 가스통 제즈(Gaston Jèze)는 "파업과 공역무는 서로 모순된 개념이다. 파업은 공역무의 기능인 일반적인 수요의 충족(la satisfaction d'un besoin général)을 공무원의 개인적인 이익(les intéréts particuliers des

---

32) 공사(le société d'économie mixte)는 꼬뮌(市), 데빠르뜨망(道) 및 헤지옹(州)이 개발사업, 건설사업, 상·공업 성격의 사업 기타 공익사업을 하기 위하여 하나 이상의 사법인 또는 다른 공법인과 합자한 회사를 말한다(지방자치단체 일반법전 제 L.1521-1조 등 참조).

33) Anne Jourda-Dardaud, op. cit., p. 5 참조.

34) Béatrice Thomas-Tual, op. cit., p. 145 참조.

35) Note sous CE, 13 janvier 1922, Synd. national des agents des contributions indirectes(Emmanuel Aubin, op. cit., p. 457에서 재인용) 참조.

36) Léon Duguit, Traité de droit constitutionnel, de Broccard, tome Ⅲ, 2e éd. 1923, p. 221(Antony Taillefait, op. cit., p. 5에서 재인용) 참조.

agents)보다 아래에 두는 행위이다."라고 하였다.[37]

비시체제는 형식상 최초의 공무원법인 「1941년 9월 14일의 법률」 제17조에서 "공역무의 정상적인 수행에 필수적인 계속성"을 훼손할 수 있는 모든 행위를 금지함으로써 공직에서 파업의 위법성을 확인했다. 그래서 공역무 파업은 금지되었다.[38] 그러나 위 법률은 비시체제가 막을 내린 후 공화주의의 적법성을 회복하기 위하여 「1944년 8월 8일의 오르도낭스」에 의하여 폐지되었고, 그 후 명실상부한 최초의 공무원법으로서 「1946년 10월 19일의 법률」을 제정하였지만 공무원 파업권 인정 여부에 대하여는 아무런 조항을 두지 않았다.[39] 그래서 위 공무원법 제정 8일 뒤인 「1946년 10월 27일의 제4공화국 헌법」 전문에서 인간의 기본권으로서 파업권에 관한 조항을 두기 전까지 프랑스에서 공무원 파업권은 인정되지 않았다.[40]

(2) 미네르 판결

1934년 4월 우체국 파업 참가를 이유로 징계를 받은 공무원으로부터 24개의 소송을 접수한 꽁세유데따는 1937년 10월 공무원은 파업을 함으로써 법률의 보호를 받지 못하게 되고 법적으로 파면될 수 있게 된다고 하면서 파업행위는 공무원과 행정부의 특별한 관계를 단절시키는 의사표시로 해석된다고 판시했다. 꽁세유데따의 위 입론은 '직무유기 이론'(la théorie de

---

37) Gaston Jèze, Les principes généraux du droit administratif, Giard, 3ᵉ éd. 1930, tome Ⅱ, rééd., Dalloz, 2004. p. 246(Antony Taillefait, op. cit., p. 6에서 재인용) 참조.
38) Anne Jourda-Dardaud, op. cit., p. 6 참조.
39) Fabrice Melleray, op. cit., p. 391 참조.
40) Antony Taillefait, op. cit., p. 377, 719, 807 참조; 어떤 견해는 1950년 7월의 드앤느 판결이 있기 전까지 인정되지 않았다고 하나(Olivier Dord, op. cit., p. 282 참조), 관련 규정에 비추어 보면 1946년의 제4공화국헌법이 공포되기 전까지 인정되지 않았다고 보는 것이 보다 정확한 표현이라고 본다.

l'abandon de poste)[41]을 적용할 때 이용하는 논리와 유사하다.[42]

한편, 빈켈 판결 이후 위 미네르(Minaire) 판결에서 유일하게 주목할 만한 변화가 있었다.[43] 위 판결에서는 그 전의 빈켈 판결에서 판시한 개념으로 학계에서 비판을 받고 논쟁의 대상이 되었던, 공무원관계를 계약에 준거하는 '공법계약'의 개념을 포기하였다.[44] 그렇지만 공무원의 파업권 인정 여부에 대해서는 전술한 바와 같이 빈켈 판결의 나머지 논리를 받아들이면서 공무원 파업권을 인정하지 않았다.[45] 가스통 제즈는 위 미네르 판결에 대한 평석에서 파업행위는 공역무의 개념이나 공무원의 성격과 양립할 수 없는 '징계 대상이 되는 중대한 과오'에 해당된다고 말했다.[46]

---

41) '직무유기'란 공무원이 자신의 법적 지위에서 생기는 보장을 일부러 포기하는 것 (1960년 2월 11일의 수상 훈령)으로 징계의 절차를 거치지 않고 징계 또는 퇴직이 결정된다. 직무복귀의 최고, 직무복귀의 거부 및 직무복귀에 대한 적법한 장애의 부존재의 세 가지 요건이 충족되면, 그 효과로 정규공무원은 퇴직, 비정규공무원은 해고, 수습중인 공무원은 수습중단이 이루어진다. 이 경우 관계공무원에게는 이의를 제기할 수 있는 방법과 기한을 알려주어야 한다(Antony Taillefait, op. cit., p. 315-318 참조).

42) CE, 22 octobre 1937, Demoiselle Minaire; Emmanuel Aubin, op. cit., p. 457 참조.

43) Anne Jourda-Dardaud, op. cit., p. 5 참조.

44) Emmanuel Aubin, op. cit., p. 457; Béatrice Thomas-Tual, op. cit., p. 145; Anne Jourda-Dardaud, op. cit., p. 5 참조; Vassilios Kondylis, "La conception de la fonction publique dans l'oeuvre de Gaston Jèze", Revue d'histoire des facultés de droit et de la science juridique, 1991, p. 49(https://univ-droit.fr>docs> recherche> rhfd>pdf, 검색일 및 최종접속일 2021. 6. 8.); 안느 주르다-다르도 (Anne Jourda- Dardaud)와 바실리오 콩딜리(Vassilios Kondylis)는 미네르 판결에서 '공직계약'(le contrat de fonction publique) 개념을 포기했다고 하고 있으나, 빈켈 판결에서는 '공법계약'(le contrat de droit public)이라고 표현하였다.

45) Béatrice Thomas-Tual, op. cit., p. 145; Emmanuel Aubin, op. cit., p. 457 참조.

46) Vassilios Kondylis, op. cit., p. 51(https://univ-droit.fr>docs>recherche>rhfd>pdf, 검색일 및 최종접속일 2021. 6. 8.; "le fait de grève comme une faute disciplinaire grave, incompatible à l'idée de service public et incompatible à la qualité de fonctionnaire") 참조.

제2절 제4공화국 헌법 이후

Ⅰ. 파업권의 헌법상 인정

1. 의의

1946년 10월 제4공화국이 수립되면서 제4공화국 헌법이 제정되었다. 제4공화국 헌법 전문[47] 제7항은 "파업권은 이를 규제하는 법률의 범위 내에서 행사된다."(Le droit de grève s'exerce dans le cadre des lois qui le réglementent.)라고 규정하였다. 프랑스 헌법의 역사에서 최초로 헌법이 명시적으로 파업권을 인정한 것이다.[48] 헌법 전문의 파업권 규정에 대하여 파업권을 우리 시대에 특히 필요한 수많은 정치적, 경제적 및 사회적 원칙에 포함시켰다고 평한 학자도 있다.[49]

헌법 전문 제7항은 파업권을 '기본권'(le droit fondamental)으로 인정하면서 그 행사는 법률에 의해서 규제가 가능한 것으로 규정하였다. 그래서 위제7항으로부터 두 가지 규범을 이끌어낼 수 있는데, 하나는 파업권을 기본권으로 인정한 것이고 다른 하나는 입법자에게 이 기본권을 규제할 수 있는 권한을 부여한 것이다.[50] 학자에 따라서는 파업권은 모든 근로자를 위

---

47) 제4공화국 헌법 전문은 1958. 10. 4. 제정된 제5공화국 헌법의 내용에 포함되는바, 제5공화국 헌법 전문의 제1문에 따르면 "프랑스 국민은 1789년의 인권선언에 의해 정해지고 1946년 헌법 전문에서 확인하고 보완한 바와 같이 인권과 국민주권의 원칙에 충실할 것을 엄숙하게 선언한다."고 규정하고 있다.

48) 이와 유사한 헌법상 파업권 규정 표현은 이탈리아헌법과 스페인헌법에서도 나타난다(Anne Jourda-Dardaud, op. cit., p. 6 참조).

49) Olivier Dord, op. cit., p. 283 참조.

50) Xavier Magnon, "Le point de vue du constitutionnaliste : quel(s) sens de l'alinéa 7 du préambule de la constitution du 27 octobre 1946 ?", in Florence Crouzatier-Durand et Nicolas Kada, Grève et droit public - 70 ans de

하여 '공적 자유'(la liberté publique)로 인정되는 것이므로 오직 입법자만이 그것을 규제하거나 금지할 수 있는 '기본적 보장'(la garantie fondamentale)으로 간주된다고 한다.[51]

그러나 헌법 전문 제7항의 파업권을 인정하는 간결한 문구는 파업권을 정의하고 있지 않다. 위 제7항은 파업권의 주체도 명시하지 않는다.[52] 즉, 헌법 전문은 파업권의 보유자로서 공무원과 일반 근로자를 구별하지 않는다.[53]

노무를 제공하고 급여를 받는 근로자는 모두 파업권 행사의 주체가 될 수 있다. 그런데 공무원도 공역무라는 노무를 제공하고 급여를 받으므로 파업권 행사의 주체가 될 수 있다.[54] 즉, 헌법상 파업권은 일반적 효력을 가져 민간부문뿐만 아니라 공공부문에서도 행사될 수 있는바,[55] 헌법 전문 제7항에 따라 공무원에게도 파업권이 인정된다고 본다.[56]

2. 파업권 조항의 형성 경위

「1946년 10월 27일의 헌법」 전문 제7항은 초안과 다르게 제정되었는바,

---

reconnaissance, LGDJ, 2017, p. 39 참조.

51) Béatrice Thomas-Tual, op. cit., p. 145 참조; 프랑스 헌법재판소는 기본권은 주관적 권리로만 간주되어서는 안 되고 법적 질서의 객관적 요소로도 인정되어야 한다고 판결하였는바, 프랑스에서는 기본권과 기본적 보장 모두 법률로써만 제한이 가능한 것으로 보는 등 법률에 의한 제한의 점에서는 이 둘의 차이를 구별하지 않는 경향이 있는 것으로 보인다(Louis Favoreu et al., Droit constitutionnel, 21ᵉ éd., Dalloz, 2019, p. 937 참조).

52) Sophie Dion Loye, Bertrand Mathieu, Le droit de grève : l'affirmation elliptique du constituant, le silence du législateur, la parole du juge, Revue française de droit constitutionnel, n° 7, PUF, 1991(Anne Jourda-Dardaud, op. cit., p. 6에서 재인용) 참조.

53) Yves Gaudemet, op. cit., p. 422 참조.

54) Antony Taillefait, op. cit., p. 719 참조.

55) Alain Supiot, op. cit., p. 96 참조.

56) 같은 취지 : Antony Taillefait, op. cit., p. 719 참조.

이하에서 공포된 제7항과 같이 권리의 주체에 대한 언급이 없이 권리의 행사 측면에서 조항이 형성된 경위에 대하여 살펴보고자 한다.[57] 초안은 헌법 전문이 아니라 본문 제30조에 "파업권은 법률이 그것을 규제하는 범위 안에서 모두에게 인정된다."라고 규정했다. 위 초안은 공포된 제7항보다 파업권을 그 주체를 포함하여 더 명백하게 인정하고 있고, 파업권의 인정과 그것을 규제하는 입법 권한을 분명하게 분리한다. 위 초안에 대한 심의에서 르네 코티(René Coty)는 나중에 법률이 파업권을 규제할 수 있을 것이지만, 파업권을 폐지하거나 금지할 수는 없을 것이라고 말했다. 위 초안에서는 파업권의 인정이 입법 권한으로부터 독립되어 있어서 법률로 파업권을 부인할 수는 없다고 본 것이다.[58]

위 초안에 대하여 조세프 드네(Joseph Denais)는 수정안을 제출했다. 이 수정안은 "파업권은 법률이 그것을 규제하는 범위 안에서 공무원을 제외한 모든 근로자에게 인정된다."라고 되어 있었다. 조세프 드네는 위 수정안과 관련하여 "도지사(le préfet)나 사법관(le magistrat)의 파업을 용인할 수는 없을 것이다. 그러나 만약 우리가 초안을 그대로 채택한다면 이들에게도 파업권을 부여하게 될 것이다."라고 제안 이유를 설명하였다. 그러나 위 수정안은 받아들여지지 않았다. 제1독회에서는 초안 원안 그대로 통과되었다.[59]

---

57) Xavier Magnon, op. cit., p. 42-45; Hélène Sinay et Jean-Claude Javillier, La grève, 2ᵉ éd., Traité Dalloz, t. 6, Paris, 1984, 88면 이하[박제성, "공공서비스 파업과 최소업무의 유지에 관한 프랑스의 법제", 노동법연구 제16호, 서울대학교 노동법연구회, 2004, 120면, 각주 4)에서 재인용] 참조.

58) Xavier Magnon, op. cit., p. 42-43; L'article 30: Le droit de grève est reconnu à tous dans le cadre des lois qui le réglementent 참조.

59) Hélène Sinay et Jean-Claude Javillier, op. cit., 88면 이하[박제성, "공공서비스 파업과 최소업무의 유지에 관한 프랑스의 법제", 노동법연구 제16호, 서울대학교 노동법연구회, 2004, 120면 각주 4)에서 재인용]; Xavier Magnon, op. cit., p. 43, 각주 10 참조.

제2독회에 들어가서 이제는 헌법 본문에서 전문 제7항으로 자리를 옮긴 수정안이 제출되었다. 이 수정안은 "파업권은 법률이 그것을 규제하는 범위 안에서 모든 시민에게 인정된다."라고 되어 있었다.[60] 위 수정안 보고 책임자는 위 수정안에 따르면 외국인에게는 파업권이 금지된다고 설명하였다. 그리고 그는 위 수정안에 따르면 파업권이 다양한 근로자 범주 사이에 구별 없이 인정된다고 지적했다. 그래서 결국 위 수정안 제안자는 위 수정안을 철회하였다.

의회의 논의는 헌법적 관점에서 새롭게 인정되는 파업권 주체의 범위에 초점이 맞춰졌다. 파업권의 인정이 모든 범주의 근로자에 대한 것이어야 한다면, 이 일반적인 인정이 초안의 표현을 본떠 이 권리가 모두에게 인정된다는 것을 가리키면서 명시적인 표현을 수반하지 않는 방식이 있다. 이러한 방식은 권리 주체의 범위에 대한 규제를 입법자에게 위임함으로써 문제를 묵시적으로 해결하려는 방식이다. 방상 베르노(Vincent Bernaud)는 법률에 위임하는 방안은 심의의 신속한 성격, 파업권 수혜자에 관한 논쟁을 끝내려는 의지, 일부 발언자가 파업권을 직접적으로 적용되지 않는 권리로 인식하는 것 등에 부합한다고 하면서 위 견해를 지지하였다.

파업권이 모두에게는 인정되지 않는 것으로 하는 파업권 인정 범위의 축소는 이 권리의 인정 범위를 규정하는 것을 오로지 입법자의 권한으로 만들었다. 이에 대하여 로베르 펠루(Robert Pelloux)는 위 축소로 인하여 법률이 일부 범주의 근로자에게 파업권을 인정하지 않는 것에 걸림돌이 없게 된다고 하였다. 즉, 파업권을 '모두에게는' 인정하지 않는다는 것은 입법자로 하여금 특정 범주 근로자의 파업권 행사를 금지할 수 있도록 허용한다는 것이다.

장 리베로(Jean Rivero)와 조르쥬 베델(Georges Vedel)도 파업권이 '모두

---

60) Le droit de grève, dans le cadre des lois qui le réglementent, est reconnu à tous les citoyens.

에게' 인정될 때는 파업권을 규제하는 법률이 일부 계층의 파업을 금지하기 어렵다는 것에 주목하였다. 그래서 리베로와 베델은 제2안을 마련하면서 입법자로 하여금 모두에게는 인정되지 않는 파업권의 인정 범위를 자유롭게 정할 수 있도록 하였다.

제2안은 파업권을 입법자의 재량에 맡기는 것으로 결론을 맺었는바, 위 결론에 따를 경우 입법자는 필요하다고 판단되는 경우 파업권을 부인할 수도 있고, 파업권이 가장 엄격한 조건에서 행사되게 할 수도 있다. 리베로는 1946년 제헌의회의 이어지는 두 헌법안 작성을 구별하지 않았지만 그렇다고 해서 보다 명확한 4월안(초안)을 은폐하지도 않으면서, 파업권은 '인간의 선천적인 권리'(le droit inhérent à la personne)이기 때문에 원칙적으로 법률에 의한 구속을 받지 않는다고 보았다.

Ⅱ. 꽁세유데따의 태도

위 제4공화국 헌법 전문에서 인정한 기본권으로서 파업권을 공무원에도 적용되는 것으로 최초로 인정한 판결이 바로 꽁세유데따가 1950년 7월 선고한 드앤느(Dehaene) 판결[61]이다.[62] 이 판결은 아래와 같이 위 헌법 전문에서 입법자에게 부여한 파업권 규제 권한을 공무원의 파업권 규제에 관하여는, 헌법 전문의 명시적 규정과 달리, 정부에게 인정한 판결이기도 하다.

제4공화국 헌법에서 공무원을 포함한 모든 근로자의 파업권을 원칙적으로 인정하기 전까지는 꽁세유데따는 유명한 빈켈 판결을 비롯하여 많은 판례에서 공역무 계속성의 원칙을 근거로 공무원 파업권은 금지된다는 것을 분명히 하였다. 그런데 그 후 1946년 제4공화국 헌법 전문에서 주체의

---

61) CE, ass., 7 juill. 1950, Dehaene; Antony Taillefait, op. cit., p. 377 참조.
62) Emmanuel Aubin, op. cit., p. 457 참조.

제한 없이 파업권의 행사는 원칙적으로 허용되고 다만 법률에 의한 규제
가 가능한 것으로 규정하게 되자, 그럼에도 불구하고 공무원 파업권은 공
역무 계속성의 원칙에 따라 금지되어야 하는지 다시 검토할 필요성이 제
기되었다. 이에 대한 해답을 내놓기 위하여 꽁세유데따는 같은 문제에 대
하여 1909년 8월 선고한 빈켈 판결 이후 40년 이상 지나서 1950년 7월 선
고한 드앤느 판결에서 새로운 결론을 내놓게 된다.[63]

1. 드앤느 판결

(1) 사실관계

1948. 7. 13. 엥드르-에-루아르(Indre-et-Loire) 데빠르뜨망(道) 소속 공무
원이 파업을 개시하였다. 내무부장관은 같은 날 위 파업에 참가한 과장 이
상은 즉시 직위가 정지된다고 공지하였다. 드앤느(Dehaene) 과장은 다른
과장 5명과 함께 같은 날 위 파업에 참가하였다. 위 데빠르뜨망 도지사(le
préfet)는 같은 날 드앤느 과장 등에 대하여 내무부장관이 금지한 파업에
참가하였다는 이유로 직위를 정지하였다. 드앤느 과장 등은 파업에 계속
참가하다가 일주일 뒤인 같은 달 20. 노동조합의 지시에 따라 업무를 재개
하였다. 같은 달 30. 직위정지는 견책처분으로 대체되었다. 이에 대하여 드
앤느 과장 등 6명은 헌법 전문에 의해 인정된 파업권 행사는 징계처분을
정당화할 수 있는 과오에 해당하지 않는다고 주장하면서 위 견책처분의 취
소를 구하는 월권소송을 제기했고 1949년 3월 꽁세유데따에 항소하였다.[64]

---

63) Anne Jourda-Dardaud, op. cit., p. 7 참조.
64) CE, ass., 7 juillet 1950, Dehaene; Marceau Long et al., Les grands arrêts de la
    jurisprudence administrative, 21e éd., Dalloz, 2017, p. 367; Anne Jourda-
    Dardaud, op. cit., p. 7; 성낙인, 프랑스헌법학, 법문사, 1995, 777-778면 참조.

(2) 판결의 요지

꽁세유데따가 위 드앤느 판결에서 판시한 판결의 요지는 다음과 같다.[65] 먼저 헌법 전문의 파업권 명시조항에 대하여 다음과 같이 판시하였다. 첫째, 헌법 전문은 "파업권은 이를 규제하는 법률의 범위 내에서 행사된다."고 명시하면서, 입법자로 하여금 파업이 그 방법 중 하나를 구성하는 '직업이익의 방어'(la défense des intérêts professionnels)와 파업이 침해할 수 있는 '일반이익의 보호'(la sauvegarde de l'intérêt général) 사이에 필요한 조정을 수행하도록 하였다.

둘째, 헌법이 명시한 파업권 규제 법률과 관련하여 공안기동대(Compagnies républicaines de sécurité)[66]나 경찰관의 파업을 금지하면서 그 위반에 대하여 징계책임을 묻는 「1947년 12월 27일의 법률」[67]과 「1948년 9월 28일의 법률」[68]만으로 공역무상 파업권 규제의 전부를 구성하는 것으로 볼 수 없다. 셋째, 파업권에 대한 규제가 없는 경우, 다른 모든 권리와 마찬가지로 파업권이 남용되거나 공공질서(l'ordre public)의 필요와 반대로 행사되지 않도록 하기 위해서는 위 권리 인정이 위 권리에 있어야 할 제한을 배제하는 결과를 가져와서는 아니 된다. 넷째, 당시 파업권 규제 입법의 상황에서 공역무에 관하여 파업권 제한의 성격과 범위를 결정하는 일은 사법심사의 대상이 됨을 전제로 공역무가 정상적으로 작동되도록 할 책임이 있는 정부에 속한다.

---

65) CE, ass., 7 juillet 1950, Dehaene.
66) 프랑스의 폭동진압경찰을 말한다.
67) 제6조 제3문 : 공안기동대의 지휘관, 장교, 하사관 및 경관은 파업권을 향유하지 않는다; 공동의 의사로 인한 것이든 아니든 근무의 모든 중단은 직무의 포기와 동일시되고 그런 것으로 처벌된다.
68) 제2조 제2문 : 공동의 의사에 따른 모든 근무의 중단, 분명한 규율위반의 집단행위는 징계에 관한 절차 보장에서 제외된다.

이어서 꽁세유데따는 사실관계와 관련하여 데빠르뜨망 과장들의 파업 참가에 대하여 다음과 같이 판단하였다. 첫째, 파업은 그 이유가 무엇이든 본질적인 속성에서 데빠르뜨망의 직무 행사에 대한 평판을 해침으로써 공공질서를 심각하게 훼손할 수 있다. 둘째, 데빠르뜨망 과장들이 1948년 7월 파업에 참가하는 것을 정부가 금지하거나 억제한 것은 적법하다. 셋째, 이런 금지에도 불구하고 드앤느 과장 등이 1948. 7. 13.부터 같은 달 20.까지 파업을 한 것은 직원들 파업에 대한 연대의 정신에서 비롯되었다고 할지라도 위 과장들에 대한 징계처분을 정당화할 수 있는 과오에 해당한다.

(3) 정부위원의 의견

드앤느 판결의 정부위원인 프랑수와 가지에(François Gazier)는 「1947년 12월 27일의 법률」[69]과 「1948년 9월 28일의 법률」[70]만으로 파업권에 대한 규제 입법의 전부를 구성할 수 없다는 것에 대하여 꽁세유데따 재판부를 설득하는 데 어려움이 거의 없었다. 문제는 헌법 전문의 법적 효력에 대한 판단이었다. 학설은 일반적으로 최소한 행정권과 사법권에 대하여는 헌법 전문이 실정법 규정으로서의 효력이 있다고 보았다.[71]

학설은 헌법 전문의 문구가 사건에 적용할 수 있을 정도로 충분히 명확한지 여부에 대하여 의견이 일치하지 않았지만, 헌법 전문이 그 문제를 법률에 유보했다는 점에는 거의 만장일치이었다. 이와 반대로, 가지에에 따르면, 헌법 전문은 '법의 근본원칙'(le principe fondamental du droit)만을

---

69) 제6조 제3문 : 공화국보안기동대의 지휘관, 장교, 하사관 및 경관은 파업권을 향유하지 않는다. 공동의 의사로 인한 것이든 아니든 근무의 모든 중단은 직무의 포기와 동일시되고 그런 것으로 처벌된다.
70) 제2조 제2문 : 공동의 의사에 따른 모든 근무의 중단, 분명한 규율위반의 집단행위는 징계에 관한 절차 보장에서 제외된다.
71) Marceau Long et al., op. cit., p. 368 참조.

표현한 것이고, 파업권의 원칙은 그 만큼 중요한 다른 원칙, 특히 공역무 계속성의 원칙과 조정되어야 한다는 의견을 표시하였다.72)

그리고 가지에는 파업권이 제한 없이는 존재할 수 없다고 보았다. 그는 그 이유에 대하여 공무원의 파업을 제한 없이 받아들이는 것은 "헌법의 생명을 중단시키는 것이 될 것이고, 공식적으로 국가 개념의 소멸을 시인하는 것이 될 것"이라고 말하였다.73) 가지에의 위 국가소멸론은 공무원의 파업권은 공역무 계속성의 원칙과 필수적으로 조정되어야 한다는 것을 강조한 것이라고 볼 수 있다.74) 덧붙여 가지에는 공무원 파업을 제한 없이 받아들이는 것은 우리 공법에서 가장 기본적인 원칙에 완전히 반하는 것이라고 말했다.75)

2. 드앤느 판결에 대한 분석

(1) 드앤느 판결의 해석

꽁세유데따는 공무원에게 파업권을 인정하는 한편, 이 권리 행사에 제한을 부과하고 이 권리를 규제하는 법률이 없을 때 정부에 이 권리를 규제할 수 있는 권한을 부여하였다.76) 구체적으로 말하면, 헌법 전문이 예정한 파업권 규제가 없는 경우 특히 공역무 계속성의 원칙을 보장하기 위하여 파업권에 부과되어야 하는 제한의 성격과 범위를 정하는 것은, 사법심사

---

72) Anne Jourda-Dardaud, op. cit., p. 8; Marceau Long et al., op. cit., p. 368 참조.
73) "admettre sans restriction la grève des fonctionnaires, ce serait ouvrir des parenthèses dans la vie constitutionnelle et, comme on l'a dit, consacrer officiellement la notion d'un État à éclipses"; Bernard Stirn et Yann Aguila, op. cit., p. 385; Marceau Long et al., op. cit., p. 368 참조.
74) Olivier Dord, op. cit., p. 283 참조.
75) Marceau Long et al., op. cit., p. 368 참조.
76) Béatrice Thomas-Tual, op. cit., p. 145-146 참조.

를 전제로, 정부의 소관이라는 것이다.77) 위와 같이 드앤느 판결은 공무원에게 파업권을 인정했으나, 이 권리의 남용이나 공공질서의 필요성에 반하는 행사를 방지하기 위하여 이 권리를 제한하는 법률이 없을 때 정부에 의한 제한의 필요성을 강조하였다.78)

즉, 법률의 부재 시에 파업권에 대한 제한이 공역무의 필수적인 계속성에 비례하는지 여부를 심리하는 행정재판소의 심사를 전제로, 공역무 유지 의무를 행정입법으로 정할 수 있다는 것이다. 이 판례는 공역무를 수행하는 사기업에도 적용된다.79) 이 판례에 따르면 공무원 파업권에 관하여 일반적인 입법이 없는 경우에 행정입법권을 행사하는 정부와 행정기관은 공무원 파업권에 제한을 부과할 수 있게 된다. 그래서 장관, 청장, 대학장 등 행정기관의 장은 파업 동안 필수적인 역무의 계속성이 요구되는 범위 안에서 일부 공무원의 업무복귀를 결정함으로써 파업권을 제한할 수도 있게 되는 것이다.80)

(2) 드앤느 판결의 의의

드앤느 판결의 의의는 1946년 헌법 전문에서 헌법제정권자가 결단을 내린 기본권으로서의 파업권 인정에 대하여, 최고행정재판소인 꽁세유데따가 위 헌법 전문을 근거로 최초로 공무원에 대하여 원칙적으로 파업권을 인정했다는 사실이다. 즉, 그 전까지는 앞에서 빈켈 판결에서 본 것처럼 위법하다고 본 공무원 파업에 대하여 더 이상 위법하지 않다고 본 것이다.81) 이런 측면에서 드앤느 판결은 공무원 파업권 역사에 있어서 한 획을 긋는 역사적인 판결이 되었다. 그리고 드앤느 판결은 헌법 전문의 법적 효력과 사

---

77) Fabrice Melleray, op. cit., p. 391 참조.
78) Olivier Dord, op. cit., p. 283 참조.
79) Bernard Stirn et Yann Aguila, op. cit., p. 385 참조.
80) Antony Taillefait, op. cit., p. 579 참조.
81) Yves Gaudemet, op. cit., p. 422 참조.

안에의 직접적인 적용을 인정하였다는 점에서도 의의가 있는 판결이다.[82]

(3) 드앤느 판결의 문제점

다른 한편으로 드앤느 판결은 헌법이 입법자에게 직업이익의 방어와 일반이익의 보호 사이에 필요한 조정을 수행하도록 위임하였다는 것을 인정하면서도, 입법자의 규제가 충분하지 아니한 경우 공역무 파업의 제한을 정하는 것은 정부의 일이라고 보았다. 즉, 헌법제정권자가 결단으로 파업권을 인정함과 동시에 입법자에게 이를 규제할 수 있는 권한을 부여한 것에 대하여, 정부가 공역무에서의 파업권에 대한 입법자의 규제가 없거나 충분하지 않다고 판단한 경우에는 정부가 이를 규제할 수 있다고 본 것이다.

위 판결의 판시 내용 중 공역무 파업권을 규제하는 법률이 충분하지 않을 경우 공역무에서의 파업권을 규제하는 것은 정부 소관이라고 판시한 것에 대하여 대부분의 학자는 판결 내용을 그대로 소개하는 데 그쳤다.[83] 견해에 따라서는 판결에 대한 의견을 밝히는 경우도 있다. 어떤 견해는 입법자가 공역무 파업에 대한 총괄적인 규제를 회피할 때 꽁세유데따는 드앤느 판결을 통해 적극적인 입장을 피력하였다고 소개하였다.[84] 다른 견해는

---

82) Fabrice Melleray, op. cit., p. 391 참조.
83) Anne Jourda-Dardaud, op. cit., p. 8, 41; Olivier Dord, op. cit., p. 283; Béatrice Thomas-Tual, op. cit., p. 146; Emmanuel Aubin, op. cit., p. 460; Yves Gaudemet, op. cit., p. 422-423 참조; 학설 중에는 파업권을 '규제하는 법률'이 아닌 파업권에 '관한 총괄적인 법률'이 없는 경우에는 정부가 파업권을 규제할 수 있다는 취지로 드앤느 판결을 소개하는 견해도 있다. Antony Taillefait, op. cit., p. 579, 719 참조.
84) Fabrice Melleray, op. cit., p. 391 참조; 이에 대하여 연구한 우리나라 논문 중에도 유사한 입장을 취하고 있는 견해가 있는바, 이 견해는 직업이익과 일반이익을 조화할 수 있는 파업권의 행사에 대해서 입법을 하여야 함에도 입법을 하지 않은 부작위에 대하여 꽁세유데따는 의회가 입법적으로 파업권을 행사할 수 있는 범위를 규율하지 않는 한 파업권을 행사할 수 없다는 입장을 취할 수도 있었고 다른 한편으로 제한 없이 공무원들이 파업권을 행사할 수 있기 때문에 헌법 전문의 내용이 즉

"공역무에서 파업권을 규제하는 것은 원칙적으로 입법권의 소관이다. 그렇지만 관련 법률이 없는 경우에는 행정입법권(le pouvoir réglementaire)이 필요한 조치를 취할 수 있다."고 하였다.85)

그런데 마르셀 왈린느(Marcel Waline)는 드앤느 판결에 대한 평석에서 정부가 공무원 파업권을 제한하는 것은 헌법위반이라고 단언하였다. 공무원 파업권은 의회가 제정한 법률로만 제한할 수 있다는 것이다.86) 또한 헌법은 법률에 의한 파업권의 제한을 예정하고 있고 헌법재판소도 입법자만이 파업권을 제한할 수 있다고 보고 있음에도 불구하고, 행정에 의한 파업권의 제한을 인정하는 꽁세유·데따 판례의 입장은 헌법과 합치되기 어려운 문제점을 안고 있다는 비판도 제기되었다.87) 한편, 헌법 전문에 포함된 「인간과 시민의 권리선언」 제4조와 제5조에 따르면, 자유에 대한 제한은 법률에 의해서만 정해질 수 있고, 법률로써 금지되지 않은 것은 어떠한 방해도 받을 수 없으며, 어느 누구도 법률이 명하지 않은 것을 하도록 강요받을 수 없는 것으로 되어 있는바, 드앤느 판결에 대한 비판들은 위 선언과도 일맥상통한다.

드앤느 판결은 전반부에서 제헌의회가 헌법 전문에서 "파업권은 이를 규제하는 법률의 범위 내에서 행사된다."고 표현하면서 입법자에게 파업

각적으로 행해질 수 있다는 입장을 취할 수도 있어 위 양자의 입장이 견해의 일치를 볼 수 있는 상황은 아니었는데 드앤느 판결은 중간적 입장에서 이 문제의 해법을 제시했다고 평가하였다. 한견우, 전게논문, 273-274면.

85) Bernard Stirn et Yann Aguila, op. cit., p. 385.
86) Charles E. Freedeman, op. cit., p. 192 참조.
87) Gérard Lyon-Caen, Jean Pélissier et Alain Supio, Droit du travail, 19ᵉ éd., Dalloz, 1998, p. 1102; Gérard Couturier, Droit du travail 2 : Les relations collectives de travail, PUF, 1993, p. 392(상기 두 문헌에 대하여 조용만, "프랑스 공무원 노사갈등과 한국적 함의", 서울행정학회 학술대회 발표논문집, 서울행정학회, 2006, 439면 및 조용만, "프랑스 공무원의 노동기본권", 노동법학 제13호, 한국노동법학회, 2001, 147면에서 재인용) 참조.

이 수단인 직업이익의 방어와 파업이 침해할 수 있는 일반이익의 보호 사이에 필요한 조정을 수행하도록 하였다고 한 것은 제헌의회의 뜻을 잘 이해한 것이다. 그런데 위 판결 후반부에서는 법률상 위와 같은 규제가 없는 경우에는 파업권의 남용이나 공공질서의 필요성에 반하는 사용을 방지하기 위하여 정부가 공역무 파업권에 대한 제한의 성격과 범위를 정할 수 있다고 판시하였다. 이는 공무원 파업권을 규제하는 법률이 충분한지 여부를 일단 '정부(le gouvernement)'가 판단하여 당시 법률의 규제가 충분하지 않다고 판단되면 '정부'가 이를 규제할 수 있다는 취지로 해석된다. 여기서 '정부'가 구체적으로 어떤 기관 또는 어떤 직위의 공무원까지 포함하는지 불분명하지만, 헌법에서 파업권은 '법률'(la loi)이 규제하는 범위 내에서 행사된다고 명시한 명문의 규정에 반할 뿐만 아니라,[88] 결국 헌법적 가치가 있는 기본권인 파업권이 정부가 얼마나 제한을 가하느냐에 따라서 얼마든지 형식적인 기본권으로 전락할 가능성이 있다. 특히 공역무 관련 사건에 관한 종국적인 재판권을 가진 최고행정재판소인 꽁세유데따가 위와 같은 입장을 고수하는 한 그럴 개연성은 더욱 커진다.

3. 드앤느 판결 이후 꽁세유데따 판결의 변화

상술한 바와 같이 드앤느 판결에서 꽁세유데따는 공역무 파업권 제한 법률이 충분하지 아니한 경우 공역무 파업을 제한하는 일은 '정부'(le gouvernement)에 속한다고 판시하였는데, 여기에서 '정부'가 구체적으로 어떤 기관이나 직위를 가리키는지 분명치 않았다. 이에 대하여 꽁세유데따

---

88) 이에 대한 우리나라 논문 중에 파업권을 규정하고 있는 프랑스 헌법의 표현에 따르면 파업권의 제한은 의회만이 할 수 있는 것으로 읽혀진다고 하는 견해가 있다(조용만, "프랑스 공무원 노사갈등과 한국적 함의", 서울행정학회 학술대회 발표논문집, 서울행정학회, 2006, 427면 참조).

는 드앤느 판결 이후에 공역무상 파업을 제한할 수 있는 권한은 '모든 인사 감독 권한'(toutes les autorités hiérarchiques)에 속한다고 인정하여 중앙 부처는 물론이고 市長(le maire), 공기업의 장, 국·공립병원의 장 등 모든 기관장(tout chef de service)에게 속한다는 입장을 취함으로써 이 권한 보유자의 범위를 정부 및 행정기관의 하부단위 관리책임자까지 확대하였다.[89]

먼저 꽁세유데따는 1962년 국립천문대소장에게 파업권의 제한 권한을 인정했고,[90] 1965년 판결에서는 파업권의 남용 또는 공공질서와 안전의 필요성에 반대되는 사용을 피하기 위하여 市長에게 파업권 제한의 성격과 범위를 정할 권한을 인정했다.[91] 학설도 지방자치단체 파업의 경우 업무 복귀명령을 발령하기 위해서는 파업에 의하여 피해를 입을 수 있는 부서에 다수 직원의 존재를 요구하는지 그리고 필수 인원의 근무를 보장하기 위하여 업무복귀명령 발령의 필요성이 있는지 판단하는 것은 市長과 지방의회의장의 일이라고 보았다.[92]

꽁세유데따는 1966년 같은 날 선고된 두 개의 판결에서 공역무 파업 제한에 관한 「1963년 7월 31일의 법률」이 「1946년 10월 27일의 헌법」 전문에 규정된 규제 입법 전체를 구성하지 않는다고 보았다. 그러면서 꽁세유데따는 위 법률에서 규제하지 않는 점에 대하여 공역무에서 파업권의 남용이나 공공질서의 필요에 반하는 행사를 방지하기 위하여 정부는 입법자를 대신하여 공역무 파업에 대한 제한의 성격과 범위를 정할 수 있다고 판시하였다.[93] 위와 같이 1963년에 일반적으로 공무원 파업을 제한하는

---

89) Antony Taillefait, op. cit., p. 808; 조용만, "프랑스 공무원 노사갈등과 한국적 함의", 서울행정학회 학술대회 발표논문집, 서울행정학회, 2006, 427면; 이철수·강성태, 전게서, 233면 참조.

90) CE, 19 janv. 1962; 이철수·강성태, 전게서, 233면 참조.

91) CE, 9 juillet 1965, Pouzenc; Anne Jourda-Dardaud, op. cit., p. 42 참조.

92) Anne Jourda-Dardaud, op. cit., p. 42 참조.

93) CE, ass., 4 févr. 1966, Synd. national des fonctionnaires du groupement des contrôles radioélectriques(전국전파관리단체공무원조합); CE, ass., 4 févr. 1966,

법률이 제정되었음에도 불구하고 드앤느 판결은 계속 유지되었다.[94] 특히 꽁세유데따는 드앤느 판결과 자마르(Jamart) 판결에 근거하여 모든 기관장 (tout chef de service)은 법률의 흠결 시에 자신의 권한 아래 있는 직원의 파업권을 규제할 수 있다고 보았다.[95]

다만, 특별법이 있는 경우를 제외하고는, 수상 또는 장관은 국가의 감독을 받는 단체의 파업권 제한에 개입할 권한이 없다. 오로지 당해 시설을 운영하는 경영자에게 당해 시설 직원의 파업을 제한할 수 있는 권한이 있다.[96] 이와 관련하여 꽁세유데따는 앞에서 본 바와 같이 1962년에 국립천문대 소장에게 이 권한을 인정했고,[97] 1976년에는 지방병원센터의 장과 정신병원 장에게 파업권을 제한할 수 있는 권한을 인정했으며,[98] 1977년에는 이 권한을 파리공항이사장에게 인정[99]하였다.[100]

그렇지만 시설을 운영하는 기관이 모든 경우에 파업권을 규제할 '의무'가 있는 것은 아니다.[101] 경우에 따라 장관, 지방 집행기관의 장 또는 공공

Synd. unifié des techniciens de l'ORTF(국영라디오텔레비전방송국기술자연합조합); Olivier Dord, op. cit., p. 285-286 참조.

94) CE, 7 janvier 1976, Centre hospitalier d'Orléans; Béatrice Thomas-Tual, op. cit., p. 147 참조.

95) CE, Sect., 7 feb. 1936, Jamart; CE, Sect., 28 nov. 1958, Lepouse: cas du ministre (장관의 제한권 인정); CE, 25 sept. 1996, Min. du Budget c/ Mme Emard: cas du directeur de la comptabilité publique(정부회계청장의 제한권 인정); Olivier Dord, op. cit., p. 286 참조.

96) Olivier Dord, op. cit., p. 286 참조.

97) CE, 19 janv. 1962.

98) CE, 7 janv. 1976(지방병원센터의 장에게 파업 제한권 인정); CE, 4 fév. 1976(정신병원장에게 파업 제한권 인정).

99) CE, 20 avril 1977.

100) 이철수·강성태, 전게서, 233면 참조.

101) CE, 8 mars 2006, Onesto : refus licite du PDG de la RATP d'adopter une réglementation pour assurer la continuité du service car il existe déjà une procédure d'alarme sociale dans l'entreprise et un pouvoir de réquisition de

시설법인의 장은 소속 직원의 파업권을 제한할 수 있는 '권한'이 있을 뿐이다.[102] 꽁세유데따는 중앙원자력발전소의 발전 업무 계속성을 보장하기 위하여 민간회사가 된 프랑스전력공사(EDF)에 드앤느 판결을 적용하였다. 그리고 사기업의 경우에는 공역무의 책임이 있는 회사만이 직원의 파업을 제한할 수 있다. 그래서 이러한 사기업의 경우에는 반대 규정이 없는 한 그 경영자는 소속 직원 파업권 행사에 대한 제한을 결정할 권한이 있다.[103]

Ⅲ. 헌법재판소의 태도

1958년의 제5공화국 헌법 전문에서 전문의 내용으로 받아들인 1946년의 제4공화국 헌법 전문에 처음 규정된 파업권에 대하여 1979년 7월 헌법재판소는 최초의 헌법재판소 결정으로, 파업권은 헌법적 가치를 갖는 원칙이나 제한이 있고, 이 제한을 제시할 권한은 입법자에게 있으며, 특히 입법자는 파업권처럼 헌법적 가치의 원칙과 같은 성격을 갖는 공역무 계속성의 원칙을 보장하기 위하여 필요한 제한을 제시할 수 있는 권한이 있다고 판시하였다. 이하에서 헌법재판소가 라디오·텔레비전 방송에 있어서 파업권과 방송 계속성의 관계에 관한 개정 법률의 합헌성에 대하여 사전 심사하면서 1946년의 헌법 전문에 규정된 파업권에 대하여 공역무에서의 적용과 관련하여 판시한 사안에 대하여 살펴본다.[104]

---

l'État(이미 기업의 사회적 경보절차와 국가의 징발권이 존재하기 때문에, 역무의 계속성을 보장하기 위한 규제 채택 요구에 대한 파리교통공사 사장의 거부는 적법함); Olivier Dord, op. cit., p. 286 참조.
102) CE, 1er décembre 2004, Onesto; Fabrice Melleray, op. cit., p. 393-394 참조.
103) CE, Ass., 12 avril 2013, Fédération Force Ouvrière Energie et Mines et autres; Fabrice Melleray, op. cit., p. 393-394; Bernard Stirn et Yann Aguila, op. cit., p. 385 참조.

1. 헌법재판소의 결정

1979년 7월 25일의 헌법재판소 결정은 같은 해 6. 28.과 7. 6. 65명의 국민의회의원과 63명의 상원의원이 각각 헌법 제61조 제2항[105])에 따라 파업의 경우 라디오·텔레비전 방송의 공역무 계속성에 관한 「1974년 8월 7일의 제74-696호 법률」에 대하여 사전 합헌성 심사를 청구한 데 따른 것이었다. 이에 대한 헌법재판소 결정의 요지는 다음과 같다.

첫째, 헌법제정권자는 1958년 10월 4일의 헌법 전문에서 받아들인 1946년 헌법 전문에 "파업권은 그것을 규제하는 법률의 범위 내에서 행사된다."라는 조항을 제정함으로써 '파업권'은 '헌법적 가치의 원칙'이라는 것과 이 권리에는 제한이 따른다는 것을 표명하고자 했다. 둘째, 헌법제정권자는 입법자에게 파업에 의한 '직업이익'(l'intérêt professionnel)의 방어와 파업이 침해할 수 있는 '일반이익'(l'intérêt général)의 보호 사이에 필요한 조정을 수행하면서 파업권에 제한을 제시할 수 있는 권한을 부여하였다. 셋째, 공역무에 있어서도 파업권은 인정되지만, 입법자는 파업권처럼 헌법적 가치 원칙의 성격을 가지고 있는 '공역무의 계속성'을 보장하기 위하여 이 권리에 필요한 제한을 제시할 권한이 있다.

넷째, 공역무에서의 파업권 제한은 중단될 경우 국가의 '필수적 수요'(le besoin essentiel)를 훼손시킬 수 있는 공역무의 작동을 보장하기 위하여 이에 필수적인 공무원에 대하여는 파업권의 금지까지 가능하다. 다섯째, 입법자는 「1974년 8월 7일의 제74-696호 법률」제26조 제3항에서 국영 텔레비전 방송사 직원의 수가 정상적인 방송을 제공하기에 부족한 경우 사장

---

104) CC, décision du 25 juillet 1979 relative au droit de grève à la radio et à la télévision.
105) 대통령, 수상, 국민의회의장, 상원의장 또는 60명 이상의 국민의회의원이나 상원의원은 법률의 공포 전에 그 법률의 합헌성에 대하여 헌법재판소에 제소할 수 있다.

이 상황에 따라 위 법률 제1조와 제10조에서 정의된 임무 완수에 필요한 역무의 계속성을 보장하기 위하여 일정 범주의 직원의 근무를 요구할 수 있다고 규정하고 있는데, 이로써 사장은 파업이 정상적인 역무 수행에 지장을 줄 때 이 회사에 부여된 임무의 일반성을 보장한다는 명분 하에서, 헌법적 가치의 원칙인 파업권의 관점에서 정당화될 수 없는 경우에도 파업권 행사를 방해할 수 있게 된다. 따라서 위 법률 제26조 제3항은, 정상적인 역무를 보장하는 데 준거가 되거나, 위 법률 제1조와 제10조에 정의된 임무 완수에 준거가 되는 한, 헌법적 가치의 원칙인 파업권에 부합하지 않는 것이라고 보아야 한다.

2. 헌법재판소 결정의 의의

위 헌법재판소의 결정의 의의는 다음과 같이 설명된다. 첫째, 헌법 전문에서 인정된 파업권은 헌법적 가치가 있는 원칙으로서, 공적 자유에 해당한다. 그래서 이를 제한하는 입법은 일정한 한계가 있다.[106] 둘째, 헌법 전문의 파업권 조항은 공무원에게도 적용된다.[107] 셋째, 파업권은 직업이익의 방어와 일반이익의 보호 사이의 조정을 위하여 제한이 가해질 수 있고, 이 경우 파업권을 제한할 수 있는 권한은 입법자에게 있다.

넷째, 공역무 계속성의 원칙은 파업권처럼 헌법적 가치를 지닌 원칙의 성격을 가지고 있고, 이 원칙을 보장하기 위하여 공역무상 파업권은 제한될 수 있는데, 이 권한은 입법자에게 있다.[108] 그리고 위와 같이 공역무 계속성의 원칙을 보장하기 위하여 공역무상 파업권을 제한하는 과정에서 공역무상 파업권과 공역무 계속성의 원칙은 서로 조정될 필요가 있다.[109]

---

106) Anne Jourda-Dardaud, op. cit., p. 8; Olivier Dord, op. cit., p. 281 참조.
107) Antony Taillefait, op. cit., p. 719 참조.
108) Olivier Dord, op. cit., p. 283; Béatrice Thomas-Tual, op. cit., p. 146 참조.
109) Fabrice Melleray, op. cit., p. 391 참조.

다섯째, 국가의 '필수적 수요'를 위한 공역무의 작용을 보장하기 위하여 필수적인 공무원에 대하여는 파업권의 금지까지 가능하다.[110]

위 결정을 비롯하여 헌법재판소는 최고행정재판소의 드앤느 판결과 다르게 파업권에 대한 제한은 입법자에 의하여서만 수행될 수 있다고 반복해서 결정함으로써[111] 최고행정재판소인 꽁세유데따의 입장과 대립되었다.[112] 그리고 위와 같이 헌법재판소는 파업권을 제한할 수 있는 권한은 유일하게 입법자에게 부여되었다고 재확인하였음에도 불구하고, 여전히 행정당국은 꽁세유데따 판례의 취지에 따라 공역무상 파업권의 제한에 관하여는 관련 법률이 없는 경우 이를 제한할 수 있다고 보고 있다.[113]

Ⅳ. 공무원 파업권의 법률상 인정

「1946년 10월 27일의 헌법」 전문 제7항이 파업권은 그것을 규제하는 법률의 범위 내에서 행사된다고 간결하게 명시한 것[114]과는 달리, 그 직전

---

110) Anne Jourda-Dardaud, op. cit., p. 41; 헌법재판소는 위 '국가의 필수적인 요구'가 무엇을 가리키는지는 정확히 밝히지 않았다(Olivier Dord, op. cit., p. 283; Béatrice Thomas-Tual, op. cit., p. 146 참조).

111) CC, Décision n° 80-117 DC du 22 juillet 1980; CC, Décision n° 82-144 DC du 22 octobre 1982; Yves Gaudemet, op. cit., p. 422-423; Olivier Dord, op. cit., p. 283 참조.

112) Yves Gaudemet, op. cit., p. 422-423 참조; 이에 관하여 연구된 우리나라 논문 중에 헌법재판소와 꽁세유데따가 파업권의 법적 효력과 파업권을 제한하는 범위와 정당성의 판단에 관하여 서로 완전히 일치된 견해를 가지고 있다고 보는 견해(한견우, 전게논문, 274면)도 있으나, 본문에서 살펴보는 바와 같이 공역무 파업에서 직업이익과 일반이익의 조정이 이루어져야 한다는 점에서는 양 기관의 견해가 일치하나, 헌법상 인정된 파업권에 제한을 제시할 수 있는 권한의 주체에 대하여는 서로 완전히 일치된 견해를 가지고 있다고 보기 어려운 측면이 있다고 생각한다.

113) Béatrice Thomas-Tual, op. cit., p. 147 참조.

에 제정된 「1946년 10월 19일의 공무원 일반법」은 공무원의 파업권에 관해서 아무런 규정을 두지 않았다.[115] 그리고 그 이후에도 앞에서 본 바와 같이 꽁세유데따는 위 헌법이 공포된 후 4년이 지난 1950년 위 헌법 전문에 근거하여 원칙적으로 공무원 파업권을 인정하였지만, 공무원의 파업권을 명시적으로 인정하는 법률은 오랫동안 제정되지 않았다. 마침내 1983년 공무원의 권리와 의무에 관한 일반법(le statut général)인 「1983년 7월 13일의 제83-634호 법률」 제1장 제10조에 1946년 헌법 전문의 표현을 거의 그대로 계승하는 규정이 제정되었다.[116]

즉, 위 법률 제10조는 "공무원은 파업권을 그것을 규제하는 법률의 범위 내에서 행사한다."(Les fonctionnaires exercent le droit de grève dans le cadre des lois qui le réglementent.)라고 규정함으로써 1946년 헌법 전문 제7항을 거의 그대로 계승하였으나[117], 헌법 전문과는 달리 파업권 행사의 주체를 '공무원'(les fonctionnaires)으로 명시하였다. 드앤느 판결에서도 인정한 바와 같이 헌법 전문 제7항('파업권은 이를 규제하는 법률의 범위 내에서 행사된다.')은 주어를 '파업권'으로 하여 공무원을 포함한 모든 근로자가 주체가 될 수 있도록 규정하였지만, 위 1983년 법률은 아예 주어를 '공무원'으로 하여 공무원에게도 파업권이 인정됨을 명백히 하였다.[118] 그렇지만 헌법 전문 규정과 같이 '법률이 규제하는 범위 내에서' 파업권을 행사한다고 규정함으로써 법률에 의하여 제한될 수 있음을 예정하였다.[119]

---

114) Fabrice Melleray, op. cit., p. 391 참조.
115) Olivier Dord, op. cit., p. 283; Fabrice Melleray, op. cit., p. 391; Antony Taillefait, op. cit., p. 719, 807 참조.
116) Antony Taillefait, op. cit., p. 719 참조.
117) Anne Jourda-Dardaud, op. cit., p. 34; Olivier Dord, op. cit., p. 283 참조.
118) Emmanuel Aubin, op. cit., p. 458 참조.
119) Béatrice Thomas-Tual, op. cit., p. 146 참조.

제3절 소결

지금까지 공무원 파업권의 연혁에 대하여 살펴보았다. 과거에 '파업권'이 인정되기 전 파업은 '공모죄'라는 죄명으로 처벌되다가 1864년 형사처벌 대상에서 제외되었지만, 파업은 여전히 사실상 금지되었는바, 민간부문에서는 근로계약의 파기사유로 간주되었고, 공공부문에서는 공직계약 또는 공법계약의 파기사유로 간주되어 공공부문의 파업에 참가한 공무원은 파면 대상이 되었다. 당시 파업에 참가한 공무원에 대하여는 징계절차에 관한 규정이 적용되지 않는다고 판시한 대표적인 판결이 1909년 꽁세유데따의 빈켈(Winkell) 판결이다. 이 판결에 따르면, 공무원은 공직의 승낙에 의하여 공역무의 필요성에서 유래하는 모든 의무를 준수하여야 하고 국가 유지에 필수적인 공역무의 계속성과 양립할 수 없는 모든 권리를 포기하였으므로 파업은 금지된다는 것이다.

위 빈켈 판결의 논리는 그 이후에도 37년 동안 지속되었는데, 1946년 제4공화국이 들어서면서 헌법 전문에 '파업권은 법률이 이를 규제하는 범위 내에서 행사된다.'는 규정이 도입되었다. 그에 따라 1950년 꽁세유데따는 드앤느 판결에서 헌법 전문에 따라 공무원에게도 파업권이 인정된다는 전제 하에 제헌의회는 입법자가 직업이익 방어와 일반이익 보호 사이의 조정을 수행하기를 원했다고 보았다. 그렇지만 파업권에 대한 법률에 의한 규제가 없는 경우 그 남용이나 공공질서의 필요성에 반하는 행사를 방지하기 위하여 공역무의 파업권에 대하여는 정부가 파업권 제한의 성격과 범위를 정할 수 있다고 판시하였다.

드앤느 판결 이후 꽁세유데따 판결은 공역무 파업권을 규제할 수 있는 권한을 정부 내 모든 인사감독권자 또는 기관장에게 인정하였다. 공무원 파업권을 최초로 인정한 1950년 꽁세유데따의 드앤느 판결 이후 30년 가까이 지나 1979년 헌법재판소는 파업권은 헌법적 가치의 원칙이고 헌법은 입법자에게 직업이익의 방어와 일반이익의 보호 사이에 조정을 수행하면서 파업권에 제한을 제시할 수 있는 권한을 부여하였다고 판시하였다. 또한 파업권과 마찬가지로 헌법적 가치의 원칙인 공역무 계속성을 보장하기 위하여 입법자는 파업권에 필요한 제한을 제시할 수 있는 권한이 있고, 이러한 제한은 국가의 필수적 수요에 해당하는 공역무의 경우에는 필수적인 공무원에 대하여 파업 금지까지 가능하다고 판시하였다. 그리고 1946년 헌법이 파업권을 명시적으로 인정한 이후 40년 가까이 지난 1983년 공무원의 권리와 의무에 관한 법률에 1946년 헌법 전문의 파업권 조항을 거의 그대로 규정하면서 파업권 주체를 '공무원'으로 명시하여 명실상부하게 공무원 파업권이 인정되었다.

제3장
공무원 파업권의 의의와 요건

앞에서 본 바와 같은 연혁을 가진 공무원 파업권에 대하여 이 장에서는 그 의의와 요건을 살펴보고자 한다. 원래 범죄로 처벌되던 파업은 1864년 형사처벌 대상에서는 제외되었으나, 여전히 근로계약이나 공무원관계의 파기 사유가 되었다. 그런데 공무원을 포함하여 모든 부문의 근로자에게 명실상부하게 파업권이 인정된 것은 1946년 파업권이 헌법 전문에 기본권으로 규정되면서부터이다.

본 논문에서 파업권의 인정과 제한 대상으로 중점적으로 살펴볼 공공부문 근로자는 노동법전에서 파업권 제한 대상으로 규정하고 있는 제 L.2512-1조 소정의 근로자이다. 이에 따른 공공부문 근로자에는 첫째, 국가, 헤지옹(la région)[1], 도(le département) 및 인구 1만 명 이상이 거주하는 꼬뮌(la commune)에 근무하는 직원이 해당된다. 둘째, 공역무를 담당하는 공적 또는 사적 기업, 단체 및 시설법인에 근무하는 직원도 여기에 포함된다.

이상의 공공부문 근로자에 대하여 본 논문에서는 편의상 원칙적으로 '공무원'이라 칭하기로 한다. 공무원 파업권의 의의는 공무원법상 따로 정의된 것이 없으므로, 노동법상의 개념을 차용하나, 주체가 공무원이고 업무가 공역무라는 차이가 존재한다. 그리고 공무원 파업권의 의의에 따라 공무원 파업권의 인정요건을 분석하고자 한다.

---

[1] 몇 개의 도(le département)를 포괄하는 광역지방자치단체를 말한다.

제1절 공무원 파업권의 의의

Ⅰ. 공무원 파업권의 개념

‘공무원 파업권’은 파업을 할 수 있는 공무원의 권리이다. 공무원법에서 ‘파업’의 개념은 노동법에서의 그것과 마찬가지로, 직업상의 요구를 관철시키기 위하여 공동의 의사로 집단적으로 근로를 중단하는 것을 말한다.[2) 따라서 공무원의 파업권은 공무원이 공무원 직업상의 요구를 관철시키기 위하여 공동의 의사로 집단적으로 공역무를 중단할 수 있는 권리라고 말할 수 있다.[3)

Ⅱ. 공무원 파업권의 인정 배경

직업상의 요구를 관철시키기 위하여 공동의 의사로 집단적으로 근로를 중단할 수 있는 권리인 파업권을 공역무를 담당하는 공무원에게도 인정할 것인가에 대해서는 오랫동안 논쟁의 대상이 되어 왔고 제2장에서 본 바와 같이 긴 시간에 걸쳐 시대에 따라 변화가 있었다.[4) 즉 앞에서 본 바와 같이 1864년에 파업에 대한 형사처벌 규정이 폐지되었지만 공무원의 파업은 여전히 금지되었다. 그래서 꽁세유데따는 1909년 파업에 참가한 공무원에 대한 파면처분에 대하여 파업에 참가한 공무원은 징계절차 보장에 관한 법률 적용 대상이 아니라고 하면서 그 취소청구를 받아들이지 않았다.[5)

---

2) Olivier Dord, op. cit., p. 282 참조.
3) Béatrice Thomas-Tual, op. cit., p. 145 참조.
4) Anne Jourda-Dardaud, op. cit., p. 33 참조.
5) CE, 7 août 1909, Winkell.

그런데 1946년 제4공화국이 들어서면서 헌법 전문에서 주체에 대한 제한 없이 파업권의 행사를 원칙적으로 인정하면서 1950년 꽁세유데따도 1946년의 헌법 전문 규정에 의거하여 종전 판례를 변경하여 공무원의 파업권을 원칙적으로 인정하기 시작하였다.[6]

이렇게 제4공화국 헌법 전문에 파업권을 인간의 기본권으로 인정하는 규정이 들어가기까지 공무원 파업권의 인정 여부에 대하여는 이를 반대하는 견해와 지지하는 견해가 팽팽하게 대립되었다.[7] 먼저, 공무원의 파업권 인정을 반대하는 진영은 첫째, 국가는 공무원에 대한 사용자의 자격만을 가지고 있는 것이 아니라 정치권력의 성격도 가지고 있으므로, 파업은 국가에 대한 반역행위에 해당하고 준혁명적인 성격을 나타내는 점, 둘째, 행정의 근로조건은 국가와 공무원 간의 교섭 대상이 아니고 국가의 재량권에 속한다는 점, 셋째, 공무원의 파업은 공역무 계속성의 원칙, 즉 일반이익을 위해 수행되는 공공활동은 중단되어서는 아니 된다는 원칙과 모순되는 점, 넷째, 공무원 파업은 공직을 지배하는 위계상 복종의 정신에 반한다는 점, 다섯째, 공무원은 물질적인 유리한 조건과 법적 특권을 보유하고 있으므로 대신에 그들의 권리와 자유에 대한 제한을 받아들여야 한다는 점 등을 주장하였다.

이와 같은 반대 주장에 대하여 공무원 파업권을 지지하는 진영에서는 첫째, 공무원에게 인정되는 단결권은 파업권이 부수되지 않으면 효력을 발휘할 수 없는 점, 둘째, 공무원의 전통적인 위계상 복종은 공무원 참여제도의 발전에 따라 공무원도 근로조건의 결정과 공역무의 관리에 적극적

---

6) CE, 7 juillet 1950, Dehaene.
7) 이하 찬·반 견해에 대하여는 Anne Jourda-Dardaud, op. cit., p. 33; Jean-Marie Auby et Jean-Bernard Auby, Droit de la fonction publique − État, Collectivités locales, Hôpitaux −, 3e éd., Dalloz, 1997, p. 214-215; 조용만, "프랑스 공무원의 노동기본권", 노동법학 제13호, 한국노동법학회, 2001, 144-145면 각주 41; Marceau Long et al., op. cit., p. 368 참조.

으로 참여하게 되면서 더 이상 존속하지 않게 되어 참여제도 상의 상대역인 행정기관의 간부진과 동등한 지위를 갖게 된 점, 셋째, 민간부문 근로자에 대하여는 오래전부터 파업권이 인정되어 왔는데, 민간부문 근로자의 지위와 상공업 성격을 띠는 공공부문 근로자의 지위가 점점 더 근접해짐에 따라 민간부문과 공공부문 양자 사이에 명백한 차이는 존재하지 않게 된 점, 넷째, 노동법 영역에서 민간부문 근로자의 근로조건 개선으로 인해 일반 근로자와 공무원 간의 근로조건 차이가 상당히 줄어든 점, 다섯째, 박물관 수위 등 일부 공공부문 파업은 제빵사 등 민간부문 파업에 비하여 일반 공중의 이익에 미치는 영향이 훨씬 약하다는 점 등을 주장하였다.

그런데 점차 공무원의 파업권 인정을 지지하는 주장이 증가하면서 앞 장에서 본 바와 같이 이 권리의 인정이 가져올 수 있는 부정적인 측면을 축소하기 위한 이 권리의 제한 필요성에 대한 별다른 논의 없이 공직에의 파업권 도입이 이루어지게 되었다.[8] 그래서 헌법 전문에서 주체에 대한 제한 없이 파업권을 원칙적으로 인정하면서, 한편으로 입법에 의한 제한 가능성을 열어놓았지만 당시 공무원 파업권에 대한 제한이 입법으로 이루어진 경우는 드물었고, 결국 꽁세유데따는 1950년 드앤느(Dehaene) 판결에서 공역무에서의 파업을 제한하는 입법이 없을 경우에는 공역무를 책임지고 있는 정부가 공역무에서의 파업권을 제한할 수 있다고 판시하기에 이르렀다.[9]

제2절 공무원 파업권의 인정요건

앞에서 본 바와 같이 공무원의 파업권이라 함은 공무원이 직업상 요구

---

8) Jean-Marie Auby et Jean-Bernard Auby, op. cit., p. 215 참조.
9) CE, 7 juillet 1950, Dehaene.

를 관철하기 위하여 공동의 의사로 집단적으로 공역무를 중단할 수 있는 권리이다. 이러한 공무원의 파업권이 성립하기 위한 요건은 다음과 같다. 첫째, 일반 근로자의 일반적인 파업권이 아니라 공무원의 파업권이므로 주체요건인 공무원의 범위에 대하여 살펴볼 필요가 있다. 둘째, 노사관계에서 파업이 근로자에게 힘이 되는 이유는 집단적으로 행사하기 때문이다. 즉, 파업은 공동의 의사에 따라 집단적으로 행사하여야 한다. 셋째, 파업은 근로자의 권리이므로 직업상 요구의 영역에 있어야 한다. 넷째, 파업은 본질적으로 근로를 중단하는 것이므로 근로의 완전한 중단이 있어야 한다. 특히 이 요건은 급여의 중단과 상관관계가 있기 때문에 중요한 요건이다. 다음에서 이상의 요건을 차례로 살펴본다.

I. 공무원

공무원의 파업권이므로 공무원이 주체가 되어야 하지만, 공무원에도 직업공무원이 있는가 하면 계약직 공무원도 있고, 국가 유지에 필수불가결한 공무원이 있는가 하면 그렇지 않은 공무원도 있어 파업권 인정 여부에 영향을 미친다.

1. 원칙

먼저 여기서 말하고자 하는 것은 공무원의 파업권이므로 당연히 그 주체는 공무원이다. 헌법에서는 파업권의 주체에 대하여는 언급하지 않은 채 인간의 기본권으로서 인정하는 모습을 띠었다. 인간의 기본권으로 규정한 것이지만 파업권의 성격상 그 인간은 근로자일 것이 전제된다.

그러나 위 헌법 전문의 파업권을 거의 그대로 가져와 제정한 「1983년

7월 13일의 제83-634호 법률」은 근로자 중 '공무원'(le fonctionnaire)의 파업권으로 명시적으로 규정하였다. 위 공무원의 정의는 정규직위에 임용되고 직급이 부여되어 국가, 지방단체 또는 공공의료기관에 소속되어 그로부터 보수를 받는 자인 정규공무원을 말한다. 여기서 엄격한 의미의 공무원에 속하지 않은 '비정규직'(l'agent non-titulaire)은 위 조항의 파업권의 주체가 될 수 없는지가 과거에 문제되었으나, 「1984년 1월 26일의 제84-53호 법률」 제136조는 비정규직에도 공무원과 같은 조건으로 파업권을 행사할 수 있게 하였다.10)

2. 절대적 금지 대상 공무원

원칙적으로 모든 공무원에게 파업권이 보장되나, 예외적으로 일부 공무원은 국가 존속의 계속성이나 일반이익의 보호에 필수적이라는 이유로 파업권이 절대적으로 금지된다.11) 「1947년 12월 27일의 제47-2384호 법률」은 공공질서(l'ordre public) 또는 역무의 계속성(le continuité du service)을 이유로 특정 공무원의 파업권을 박탈한다.12) 공무원 일반법에 의해 예정된 공무원 특별법의 존재는 이런 상황을 예상한다.13) 즉, 공무원 특별법의 중요한 특성은 이 특별법의 적용을 받는 공무원의 파업권을 전적으로 또는 부분적으로 배제하는 점에 있다.14) 파업권의 제한은 무엇보다도 경찰, 사법, 국방 등 그 활동이 기존에 왕권에 속했던 기능과 관련된 직무의 내용

---

10) L'article 136 de la loi 84-53 du 26 janvier 1984 및 L'article 10 de la loi 83-634 참조.
11) Bernard Stirn et Yann Aguila, op. cit., p. 385-386; Fabrice Melleray, op. cit., p. 394-395; Emmanuel Aubin, op. cit., p. 458 참조.
12) Olivier Dord, op. cit., p. 284 참조; 공안기동대의 경우를 말한다.
13) Ibid., p. 88-89 참조.
14) Emmanuel Aubin, op. cit., p. 44; Antony Taillefait, op. cit., p. 86 참조.

과 범위를 대상으로 한다.[15)

그런데 이러한 제한은 헌법 전문에 따라 법률에 의해서만 가능한데, 실제는 법률이 아닌 데크레에 의해서도 파업권을 금지하고 있고, 앞 장에서 본 바와 같이 꽁세유데따도 이를 인정하고 있는 실정이다. 학설 중에도 행정입법에 의한 금지가 가능하다는 견해가 있다.[16) 법률 등에 의하여 파업권이 금지되는 공무원은 사법관, 공안기동대 등 경찰관, 군인, 내무부 통신공무원, 교도행정공무원으로서, 주로 사법 임무의 책임 또는 공적 질서와 안전을 보장할 책임이 있는 공무원이다.[17)

이와 관련하여 르네 샤삐(René Chapus)는 판례와 입법에 의해 파업권이 박탈되는 공무원을 네 범주로 분류하였다. 이는 ① 프레페, 지방사무소장 및 직접 관계자 등 중앙정부 활동에 참여하는 공무원, ② 내무부, 외무부 또는 우체국에서 정부활동의 필수적인 연락을 담당하는 공무원, ③ 국립기상대의 기술직처럼 사람과 재산의 안전을 보장하는 업무를 담당하는 직원, ④ 기타 재판소 서기 등 공공질서의 필요에 따라 파업을 해서는 안 되는 공무원이다.[18)

파업이 금지된 공무원은 파업에 참가할 경우 중징계를 받게 된다.[19) 한편, 위와 같은 파업 금지에도 불구하고, 2002년 헌병경찰의 실제 근무시간 미적용에 대한 보상을 요구하는 파업처럼 일부 범주의 공무원은 재정상 유리한 조건을 얻어낼 목적으로, 또는 외교관과 영사의 2003년 12월 3일과 26일의 파업처럼 행정업무를 방해하는 정치인에 항의할 목적으로 각각 파업을 감행하였다.[20) 한편, 경찰, 사법, 국방 등 일부 공무원에 대하여 파

---

15) Antony Taillefait, op. cit., p. 377-378 참조.
16) Fabrice Melleray, op. cit., p. 394-395 참조.
17) Béatrice Thomas-Tual, op. cit., p. 148 참조.
18) Fabrice Melleray, op. cit., p. 394-395 참조.
19) Antony Taillefait, op. cit., p. 378 참조.
20) Emmanuel Aubin, op. cit., p. 458 참조

업권을 영구적으로 그리고 절대적으로 금지하기보다는 상황에 따라 탄력적으로 운영하는 것이 바람직하다는 견해도 있다.[21)

위와 같이 파업권이 박탈된 공무원들은 자신들의 불만을 표시하기 위하여 병가를 내거나 금지 대상이 아니거나 징계하기 어려운 파업을 실행하는 등 책략을 쓰는 경우가 있다. 그래서 공안기동대원들은 2010년과 2011년에 이어서 2017년 9월에도 '단식파업'(la grève de la faim)이나 '교통위반파업'(la grève des PV)을 감행하였다. 다른 예로, 2011년 2월 전체 195개의 지방재판소와 항소재판소 중 170개 재판소의 판사들이 살인사건 혐의자가 조사에 대한 보장 없이 풀려난 것은 잘못이므로 이에 책임을 져야 할 것이라는 대통령의 발언에 항의하여 일제히 재판기일을 다음 기일까지 연기하였다.[22)

(1) 사법관

프랑스에서 '사법관'(le magistrat)은 판사(le magistrat du siège)와 검사(le magistrat du parquet)를 합쳐서 부르는 말인데, 사법관은 법률의 효력을 가진 오르도낭스에 의하여 다음과 같이 파업권이 금지된다. 즉, 사법관직(la magistrature)의 지위에 관한 조직법을 규정하는 「1958년 12월 22일의 제58-1270호 오르도낭스」 제10조는 "사법기능을 중단하거나 방해하는 성격을 가진 모든 공동의 의사에 따른 활동은 금지된다."고 규정하였다.[23)

위 오르도낭스를 법률이나 입법자에 의한 규제라고 하는 견해도 있으나[24)

---

21) Fabrice Melleray, op. cit., p. 395 참조.
22) Pierre Bourdon, Les enjeux du droit des fonctions publiques, LexisNexis, 2018, p. 52 참조.
23) Ord. n° 58-1270 du 22 déc. 1958 portant loi organique relative au statut de la magistrature, art. 10 (Est également interdite toute action concertée de nature à arrêter ou entraver le fonctionnement des juridictions) 참조.

이를 사법관에게 적용되는 특별법규라고는 할 수 있어도[25] 법률이나 입법자에 의한 규제라고는 할 수 없다. 이는 입법자가 아닌 정부에 의하여 제정되었기 때문이다.[26]

(2) 경찰

먼저 폭동진압경찰인 공안기동대(Compagnies républicaines de sécurité)의 경우, 그것의 조직개편을 규정하는 「1947년 12월 27일의 제47-2384호 법률」 제6조는 "그들은 파업권을 가지고 있지 않다. 공동의 의사에 따른 것이건 아니건 역무의 모든 중단은 직무 포기와 동일시되어 처벌된다."라고 규정한다.[27] 위와 같이 위 법률은 공안기동대가 파업권을 가지지 않는 것은 물론이고, 1909년 꽁세유데따의 빈켈(Winkell) 판결에서 판시한 바와 같이 파업권을 행사하는 것은 직무를 포기한 것과 같다고 보고 있는 점이 특징이다. 폭동진압경찰이라는 특수성이 반영된 결과라고 본다. 참고로, 위 법률은 위 헌법 전문에서 법률에 의하여 파업권이 규제될 수 있음을 규정한 이후 최초로 파업권을 규제한 법률이다.[28]

다음 일반 경찰의 경우에는, 경찰관의 특별한 지위에 관한 「1948년 9월 28일의 제48-1504호 법률」 제2조가 "모든 공동 의사에 따른 역무 중단과 모든 명백한 규율위반의 집단행위는 징계에 관한 절차적 보장 없이 제재

---

24) Bernard Stirn et Yann Aguila, op. cit., p. 385-386; Fabrice Melleray, op. cit., p. 394-395 참조.

25) Emmanuel Aubin, op. cit., p. 458 참조.

26) 프랑스 제5공화국 헌법 제38조, 제92조 등 참조.

27) Loi n° 47-2384 du 27 déc. 1947 portant réorganisation des compagnies républicaines de sécurité, art. 6 (Ils ne jouissent pas du droit de grève; toute cessation, concertée ou non, du service est assimilée à un abandon de poste et punie comme tel) 참조.

28) Olivier Dord, op. cit., p. 284 참조.

를 받을 수 있다."고 규정하여 역시 앞서 언급한 공안기동대의 경우와 같이 파업을 절대적으로 금지한다.[29] 여기에서 특징적인 부분은 앞 장에서 언급한 1946년에 헌법 전문에서 모든 국민의 파업권을 원칙적으로 인정했음에도 그 이전인 1909년의 빈켈 판결에서 판시한 바와 같이 파업을 행사한 경우에는 징계절차에 관한 보장이 적용되지 않을 수 있다고 규정한 점이다. 경찰관은 위와 같이 법률에 의하여 파업이 금지되지만, 행정재판소는 그들이 공로상에서 시위에 참가할 수 있는 권리는 있다고 보았다.[30]

(3) 군인

헌병(le gendarme)을 포함하여 군인에 대하여는 군인일반법 제6조(방위법전 제L.4121-4조)에서 "파업권의 행사는 군인의 지위와 양립하지 않는다."고 비교적 분명하게 규정하고 있다. 꽁세유데따는 2008년 12월 11일의 판결에서 위 규정의 위헌성을 주장하는 군인권리보호협회(l'ADEFDROMIL)의 청구를 기각했다.[31]

(4) 교정직 공무원

교정행정의 지방 역무를 담당하는 공무원의 특별한 지위에 관한 「1958년 8월 6일의 제58-696호 오르도낭스」에 따르면, 교정행정의 외부 역무 직원의 경우 공동의 의사에 따른 역무의 중단과 명백하게 규율에 위반된 모

---

29) Loi n° 48-1504 du 28 septembre 1948 relative au statut spécial des personnels de police (Toute cessation concertée du service, tout acte collectif d'indiscipline caractérisée pourra être sanctionné en dehors des garanties disciplinaires); Yves Gaudemet, op. cit., p. 423; Emmanuel Aubin, op. cit., p. 458 참조.
30) TA Montpellier, 4 juill. 2001, Synd. nat. des policiers.
31) Emmanuel Aubin, op. cit., p. 458; Bernard Stirn et Yann Aguila, op. cit., p. 385-386; Olivier Dord, op. cit., p. 284; Pierre Bourdon, op. cit., p. 52 참조.

든 집단행위는 금지되고 이런 일이 발생할 경우에는 징계위원회의 절차에 회부됨이 없이 징계처분이 내려질 수 있다.[32] 다만, 공로상에서 시위에 참가할 수 있는 권리가 있다는 경찰관에 관한 행정재판소 판례가 교정행정을 담당하는 공무원에게도 적용될 수 있다.[33]

(5) 내무부 통신공무원, 프레페 및 수프레페

「1968년 7월 31일의 제68-695호 수정재정법」 제14조에 따르면, 내무부 통신 담당 공무원의 파업과 모든 명백한 규율위반의 집단행위는 징계절차의 보장 없이 징계처분이 내려질 수 있다. 다만, 파면은 공무원일반법에 규정된 절차에 따라서만 내려질 수 있다.[34] 그리고 프레페(le préfet)[35]와 수프레페(le sous-préfet)[36]는 1964년 각 해당 공무원단의 데크레에 의하여 파업권이 박탈되었다.[37] 구체적으로, 이들은 프레페에게 적용되는 행정입법

---

32) Ord. n° 58-696 du 6 août 1958, art. 3; Antony Taillefait, op. cit., p. 378, 579; Béatrice Thomas-Tual, op. cit., p. 148; Emmanuel Aubin, op. cit., p. 458; Yves Gaudemet, op. cit., p. 423; Fabrice Melleray, op. cit., p. 394-395; Bernard Stirn et Yann Aguila, op. cit., p. 385; Olivier Dord, op. cit., p. 284 참조.

33) Emmanuel Aubin, op. cit., p. 458 참조.

34) L. n° 68-695 du 31 juillet 1968, art. 14; Emmanuel Aubin, op. cit., p. 458; Fabrice Melleray, op. cit., p. 394-395; Bernard Stirn et Yann Aguila, op. cit., p. 385-386; Antony Taillefait, op. cit., p. 579; Béatrice Thomas-Tual, op. cit., p. 148; Olivier Dord, op. cit., p. 284 참조.

35) 프레페(le préfet)는 정부 및 중앙부처 출장기관의 대표이고, 행정안전부의 대표로서 지방의회 및 시장의 후견적 감독의 직접 책임을 지며, 도지사로서 도의회 및 도의 집행부를 통할 관리하며 행정사무의 집행에 책임을 진다[백윤철, 프랑스지방자치법, 한국학술정보(주), 2010, 172-173면 참조].

36) 수프레페(le sous-préfet)는 도의 하부 지방자치단체에 해당하는 아롱디스망(l'arrondissement, 군)의 장으로서 부지사격에 해당하며 아롱디스망에서 프레페의 권한을 대행한다(백윤철, 전게서, 173면 참조).

37) Bernard Stirn et Yann Aguila, op. cit., p. 385; Olivier Dord, op. cit., p. 284;

조문을 정하는 「1964년 7월 29일의 제64-805호 데크레」[38])와 수프레페의 지위에 관한 규정을 담고 있는 「1964년 3월 14일의 제64-260호 데크레」[39])에 의하여 파업이 금지되었다.[40])

Ⅱ. 공동의 의사에 따른 집단적 행위

파업의 정의에서 보듯이, 파업은 '공동의 의사에 따른 집단적 행위'라는 특징이 있다.[41]) 이 조건은 원칙적으로 공동의 의사에 의하지 않은 또는 개별적인 근로 중단은 파업을 구성할 수 없다는 것을 의미한다.[42]) 그래서 민간부문에서 파업은 원칙적으로 직업상의 요구를 관철시키기 위한 공동의 의사에 따른 집단적인 근로의 중단이어서 혼자 파업을 할 수 없지만[43]), 파기원은 1996년 근로자가 한 사람인 기업에서 직업상의 요구를 주장하고 방어하는 사람이 혼자라면 그는 헌법상 인정된 파업권을 행사할 수 있다고 판결하였다.[44]) 또한 전국적인 총파업에 어떤 회사에서는 한 사람만이 참가한 경우 한 사람의 근로 중단도 파업을 구성한다고 보았다.[45])

위와 같은 예외적인 상황을 제외하고, 파업에 참여하는 집단의 규모가

Béatrice Thomas-Tual, op. cit., p. 148 참조.

38) Décret n° 64-805 du 29 juillet 1964, art. 15 참조.

39) Décret n° 64-260 du 14 mars 1964, art. 18 참조.

40) Jean-Christophe Videlin, "L'interdiction du droit de grève pour les forces de l'ordre: Un principe absolu?", in Florence Crouzatier-Durand et Nicolas Kada, op. cit., p. 142, 각주 17 참조.

41) Antony Taillefait, op. cit., p. 719, 807 참조.

42) Olivier Dord, op. cit., p. 282 참조.

43) Cass. soc., 29 mars 1995.

44) Cass. soc., 13 novembre 1996, Mme Direr c/ Bolard.

45) Cass. soc., 29 mai 1979.

문제될 수 있으나, 근로 중단의 범위 또는 규모는 중요하지 않다. 파업이
어떤 기업체나 직업의 모든 공장, 모든 서비스 또는 모든 범주의 사람에
의할 필요는 없다. 소수만이 참여하는 파업도 적법하다.[46] 그래서 다수가
업무에 복귀했더라도 소수가 남아서 계속 파업을 이어가는 경우 여전히
파업의 성격을 유지한다.[47] 요컨대, 파업자 수에 관해서는 여러 근로자가
동시에 노동을 중단하여야 하고, 또한 그것으로 충분하다.[48]

　파업은 한 작업장 또는 한 서비스 부문에 한정될 수 있다. 그런데 한 작
업장이나 한 서비스 부문에 한정된 파업이 다른 작업장이나 다른 서비스
부문까지 혼란에 빠뜨릴 수 있다.[49] 그런데, 다른 작업장이나 다른 서비스
부문의 운영을 절대적으로 불가능하게 하지 않는 한, 한 작업장이나 한 서
비스 부문에 한정된 파업은 허용된다.[50]

　그리고 민간부문에서는 노동조합에 의하여 개시되지 않은 파업도 적법
성을 상실하지 않기 때문에,[51] 비공식파업이 많이 발생한다. 따라서 파업
권은 집단적으로 행사되더라도 각 근로자에게 속한다. 위와 같은 개념의
연장선상에서 근로 중단이 '공동의 의사'로 되어야 한다는 생각은 재검토
되어야 한다는 견해도 제기된다.[52]

　공공부문에서도 파업권에 의한 근로의 중단은 원칙적으로 공동의 의사
로 집단적으로 하는 것이므로, 혼자 근로를 중단하기로 결정하고 실행에
옮긴 공무원은 직무유기로 그의 일자리를 상실할 수 있다. 그렇지만 공동
의 의사에 따른 집단적인 행사의 원칙은 민간부문에서와 같이 예외를 허

---

46) Cass. soc., 3 oct. 1963; Gilles Auzero et al., op. cit., p. 1759 참조.
47) Cass. soc., 19 juin 1952.
48) CA Nancy(낭시항소재판소), 13 mai 2003.
49) 이런 파업을 '마개파업'(la grève bouchon)이라고 한다.
50) Cass. soc., 5 juin 1973; Cass. soc., 11 juin 1981; Gilles Auzero et al., op. cit.,
    p. 1760 참조.
51) Cass. soc., 19 févr. 1981.
52) Gilles Auzero et al., op. cit., p. 1759 참조.

용한다.53) 즉, 위 민간부문 파업에서의 예외를 설시한 판결 이후 공공부문 파업에서도 파업권의 집단적인 행사 원칙에 대한 예외가 1998년 마르세이유 행정항소재판소 판결에서 나타났다. 즉, 헌법에서 인정된 파업권의 행사는 원칙적으로 공동의 의사에 따른 집단적인 근로의 중단으로 행사되어야 하므로, 단독의 공무원은 이를 할 수 없지만, 예외적으로 그 공무원이 직업적 요구사항을 유효하게 주창할 수 있는 권한을 가지고 있는 단 한 사람이라면 개별적으로 행동하는 단 한 명의 공무원에 의하여도 파업권은 적법하게 행사될 수 있다.54) 위와 같이 행정재판소도 공공부문의 파업에서 파업권이 공동의 의사로 집단적으로 행사되어야 한다는 원칙을 철칙으로 삼지는 않았다.55)

Ⅲ. 직업상 요구

1. 일반적인 경우

파업은 합목적성을 지녀야 하는데, 그 목적은 직업의 영역에 있어야 한다.56) 즉, 파업의 정의에서 보듯이 파업은 직업상의 요구를 관철하기 위해서만 개시될 수 있고,57) 따라서 그런 경우에만 적법하다.58) 그래서 직업상

53) Fabrice Melleray, op. cit., p. 392 참조.
54) CAA Marseille, 18 juin 1998, Thomas(관광객이 城을 안전하게 관람할 수 있도록 관리하고 관람 수입을 징수하는, 인구 88명 읍의 유일한 공무원이 근로를 중단한 사건); Fabrice Melleray, op. cit., p. 392-393; Emmanuel Aubin, op. cit., p. 457; Olivier Dord, op. cit., p. 282 참조.
55) Emmanuel Aubin, op. cit., p. 457 참조.
56) Olivier Dord, op. cit., p. 282 참조.
57) Anne Jourda-Dardaud, op. cit., p. 35 참조.
58) Fabrice Melleray, op. cit., p. 392 참조.

의 요구를 관철시키기 위한 것이 아닌 근로 중단은 원칙적으로 적법한 파
업에 해당하지 않는다.59)

요구의 대상(l'objet des revendications)은 중요하지 않다. '충족되지 않은
직업상 요구'만 있으면 된다.60) 여기서 '요구의 자기충족'(l'auto-satisfaction
de la revendication)이 있는 경우가 문제된다. 즉, 보충근무 이행을 거부하
거나 근무시간을 지키지 않는 행위는 근로의 중단에는 해당하지만, 요구
의 자기충족이 있다고 본다. 따라서 위와 같은 경우에는 더 이상 요구가
존재하지 않기 때문에, 파업에 해당되지 않는다고 본다.61)

예를 들면, 토요일 근무를 거부하면서 일방적으로 토요일마다 파업을
하는 행위가 요구의 자기 충족이 있는 경우에 해당한다. 파기원 판례에 따
르면, 위와 같은 행위는 파업권 행사에 해당하지 않는다. 왜냐하면 이 경
우 근로자는 스스로 요구의 충족을 이루어 요구가 더 이상 존재하지 않기
때문이다. 파기원은 사용자가 정한 근무조건과 다르게 근로자가 자신이
요구하는 근무조건 하에 일을 하는 것도 파업에 해당하지 않는다고 본
다.62) 그렇지만 근로자의 요구와 근로의 중단이 부분적으로만 일치한 경
우에는 요구가 완전히 충족된 것이 아니어서 그런 경우에는 적법한 파업
으로 다루어진다.63)

---

59) Anne Jourda-Dardaud, op. cit., p. 36 참조.
60) Cass. soc., 13 nov. 1993; Cass. soc., 18 juin 1996; Cass. soc., 19 nov. 1996; Cass. soc., 17 déc. 1996.
61) Cass. soc., 16 oct. 1985; Cass. soc., 19 juin 1987(규율위반행위); Cass. soc., 21 juin 1989(근무의 거부와 근무시간에 대한 항의의 구별); Cass. soc., 12 avr. 1995 (정상 근무시간을 넘는 근무의 거부는 적법한 파업이다); Gilles Auzero et al., op. cit., p. 1767 참조.
62) Cass. soc., 23 nov. 1978; Cass. soc., 15 juin 1978; Cass. soc., 5 nov. 1984; Cass. soc., 16 janv. 1985; Cass. soc., 3 juill. 1986; Cass. soc., 21 juill. 1986; Cass. soc., 21 juin 1989; Cass. soc., 27 juin 1989; Cass. soc., 12 avr. 1995.
63) Cass. soc., 25 juin 1991; Lyon(리용지방재판소), 17 juin 2005; Gilles Auzero et al., op. cit., p. 1767 참조.

한편, 근로자는 기업이 들어줄 수 있는 요구만을 제시할 필요는 없다. 파기원은 사용자가 근로자의 요구를 충족시킬 수 있는지 여부는 파업의 적법성에 영향을 미치지 않는다고 본다.[64] 그리고 해당 직업상 요구를 소송을 통해 달성할 수 있는지 여부에 구속되지 않는다. 직업상 요구에는 경제적 요구와 법적 요구가 다 포함된다.[65] 따라서 연금에 대한 항의 행사에 참가하는 것도 적법한 파업권의 행사에 해당한다.[66]

민간부문의 파업에서 적법한 직업상 요구에는 급여 인상, 근로조건 개선, 사용자의 약속 이행,[67] 집단적 해고 반대,[68] 근로자 대표 해고 반대[69] 등이 포함될 수 있다.[70] 한편, 공무원의 파업에서 적법한 것으로 인정되는 직업상 요구도 민간부문과 유사한바, 보수, 근로의 조건, 직업 교육, 승진 방법, 퇴직연금, 고용 안정, 노동조합 자유의 수호 등을 들 수 있다.[71] 그런데 파업은 직업상의 목적을 추구하는 것으로 추정된다. 그래서 반대의 증거를 제시할 책임은 행정기관에 있다.[72]

파업은 직업상 요구의 존재를 전제로 하지만, 법률은 이런 요구가 사용자에게 전달되는 방식을 규정하지 않았고,[73] 제시된 요구를 사용자가 거부할 것을 파업의 사전(事前) 단계로 규정하지도 않았다.[74] 이에 대하여 파기원 판례는 사용자가 파업 시점까지 직업상 요구에 대하여 통지를 받을 것만을

---

64) Cass. soc., 23 oct. 2007.

65) Gilles Auzero et al., op. cit., p. 1763 참조.

66) Cass. Crim., 12 janv. 1971; Cass. soc., 30 mars 1971; Cass. crim., 27 nov. 1973; Cass. soc., 29 mai 1979; Cass. soc., 15 févr. 2006.

67) Cass. soc., 12 mars 1959; Cass. soc., 14 mars 1979.

68) Cass. soc., 22 nov. 1995.

69) Cass. soc., 13 nov. 1954; Cass. soc., 18 janv. 1995.

70) Gilles Auzero et al., op. cit., p. 1761 참조.

71) Fabrice Melleray, op. cit., p. 392; Anne Jourda-Dardaud, op. cit., p. 35 참조.

72) Anne Jourda-Dardaud, op. cit., p. 35-36 참조.

73) Cass. soc., 30 nov. 1977.

74) Gilles Auzero et al., op. cit., p. 1756 참조.

요구하고 통지 방식은 중요하지 않다고 보았다.[75] 그리고 파업은 직업상 요구에 대한 사용자의 거절보다 선행할 수 있다. 즉, 근로자의 직업상 요구에 대한 사용자의 사전(事前) 거절은 파업권 행사의 조건이 아니다.[76]

많은 평석을 낳은 1986년의 파기원 전원합의체 판결[77]은 1982년의 파기원 사회부 판결[78]을 폐기하면서 파업에 대한 법적 취급에 있어서 중요한 방향전환을 시도하였다.[79] 첫째, 가처분 판사는 사용자의 파업금지가처분 신청에 대하여 노동재판소 판사와 달리 파업 착수 전에 개입하여 민사소송법 제809조에 근거하여 파업을 금지할 수 있다고 하면서, 가처분 판사에게 최종 판단 권한을 인정했다. 둘째, 가처분 판사는 직업상의 요구를 통해 당해 파업이 위법한 성격의 파업인지를 심리하여, 사리에 어긋난다고 판단되는 요구를 관철하려고 하는 파업은 사전에 금지할 수 있다고 보았다.

위 전원합의체 판결의 사실관계는 더 이상 생산되지 않는 유형의 비행기 정비사 고용 감축에 대한 파업사건으로, 위 고용 감축에 반대하는 요구는 사리에 어긋나는 것이었다. 왜냐하면 재정적인 제약과 기술의 발전은 이러한 고용 감축을 필연적으로 초래하기 때문이다. 위 사건에서 가처분 판사에게 위 고용 감축의 필요성을 판단할 수 있는 권한이 부여되었다. 위 전원합의체 판결의 이론에 따라 사용자는 파업 착수 전에 지방재판소장에게 중재를 신청할 수 있게 되었고, 파업의 동기인 '요구'의 성격이 파업을 정당화시킬 수 있는 요구인지 결정하는 임무가 가처분 판사에게 부여되었다.[80]

그런데 1988년 파리항소재판소는 위 파기원 전원합의체 판결과 반대되

75) Cass. soc., 7 juin 1975; Cass. soc., 28 févr. 2007; Cass. soc., 22 oct, 2014.
76) Cass. soc., 20 mai 1992; Cass. soc., 24 mars 1988; Cass. soc., 11 juill. 1989; Cass. soc., 13 déc. 1989; Gilles Auzero et al., op. cit., p. 1756 참조.
77) Cass. ass. plén., 4 juill. 1986.
78) Cass. soc., 9 nov. 1982(판사는 직업상 요구를 평가할 수 없다).
79) Gilles Auzero et al., op. cit., p. 1764 참조.
80) Ibid., p. 1764 참조.

는 판결을 하였다.[81] 그 후 1992년 파기원 사회부도 위 전원합의체 판결을 따르지 않고 위 파리항소재판소 판결에 근접한 입장을 채택하였다. 파기원 사회부는 직업적 성격의 요구를 전제로 하는 파업에 있어서 위 요구의 적법성 또는 정당성에 대한 파업 근로자의 평가 대신 판사 본인이 이에 대하여 평가한다면 헌법상 인정된 파업권의 자유로운 행사를 침해하는 결과를 가져올 수 있다고 보았다.[82]

2. 연대파업의 경우

파업은 파업 근로자의 고유한 이익을 관철하기 위해서만 할 수 있는 것이 아니라, 다른 근로자의 이익을 관철하기 위해서도 할 수 있고, 파업 근로자와 직접적으로 관련이 되지 않는 조치에 대한 항의를 위해서도 할 수 있다. 이를 '연대파업'(la grève de solidarité)이라 한다.[83] 그런데 민간부문에서는 기업 내부 연대파업과 기업 외부와의 연대파업을 구분할 필요가 있다.[84]

먼저, 기업 내부 연대파업에 대하여 판례는 두 가지 유형으로 구별한다. 첫째 유형은 순수한 연대파업으로, 본인에 관한 요구는 제시하지 않고 오

---

81) CA Paris 27 janv. 1988; https://books.openedition.org/pusl/14877?lang=fr, 검색일 및 최종접속일 2021. 5. 16. 참조.
82) Cass. soc., 2 juin 1992.
83) Gilles Auzero et al., op. cit., p. 1762; 프랑스의 별칭 중에는 '파업의 나라'라는 별칭도 있다. 그만큼 파업이 자주 일어난다는 것인데 이것은 파업에 대한 프랑스 정부와 시민들의 독특한 태도 때문이다. 1995년 11-12월의 공공부문 총파업이나 2016년의 노동법 개정에 대한 파리지하철노동조합의 대대적인 파업 때 국민들이 겪은 불편은 컸지만 당시 파업에 대한 국민의 지지율은 52-65%에 달했다. 이것은 전통적으로 프랑스인들이 질서보다 사회정의를 우선시하여 평등원칙에 대하여 연대의식을 가지고 있기 때문이다. 그래서 프랑스에서는 연대파업이 넓게 인정된다. 서울대학교 불어문화권연구소, 프랑스 하나 그리고 여럿, 개정판, 지성공간, 2020, 37-40면 참조.
84) Gilles Auzero et al., op. cit., p. 1762 참조.

직 동료를 위한 파업으로 이 유형은 위법하다. 특히 동료 해고에 대하여 항의하는 파업은 위법하다. 다만, 동료 해고가 위법한 증거에 의한 경우에는 이에 대하여 항의하는 파업은 위법하지 않다.[85]

둘째 유형은 동료 해고에 대하여 이의를 제기하면서 자신에 관한 직업상 요구를 제시하는 파업이다. 이 유형의 파업은 이의를 제기하는 해고가 규정에 부합한지 여부를 조사할 필요 없이 적법하다. 예를 들면, 동료 근로자 해고 이유가 그가 생산장부 작성을 거부한 것이고 본인도 생산장부 작성을 거부하면서 사용자의 위 조치에 대하여 항의하는 파업은 적법하다.[86]

경영상 해고의 경우 해고를 당한 근로자와의 연대파업도 적법하다. 일반적으로 고용을 방어하기 위한 파업은 적법하다.[87] 파기원은 어떤 회사에 파견된 근로자에게 본래의 직업 조건에 관한 요구를 관철하기 위한 파업권을 인정했다.[88]

한편, 기업 외부와의 연대파업도 파업권 남용에 해당하지 않는다. 특히 고용, 구매력 및 단결권 방어를 위한 일반적인 파업의 경우 남용이 아니다. 그 이유는 파업이 관철하려고 하는 사회질서상 요구와 직업상 요구는 많은 근로자에게 일반적이고 공통적인 것으로 적지 않은 관련이 있다고 보기 때문이다.[89] 외부와의 연대파업에서 파업 근로자는 파업의 이유가 되는 일반적인 요구에 의하여 직접적으로 관련되어 있어 타인의 이익이 아니라 자신의 고유한 이익을 방어하는 것이다.[90] 그래서 연대에 의하여

---

85) Cass. soc., 8 janv. 1965; Cass. soc., 18 mars 1982; Cass. soc., 16 oct. 1985; Cass. soc., 30 mai 1989; Cass. soc., 16 nov. 1993; Gilles Auzero et al., op. cit., p. 1762 참조.

86) Cass. soc., 30 nov. 1977; Cass. soc., 5 janv. 2011; Gilles Auzero et al., op. cit., p. 1762-1763 참조.

87) Cass. soc., 27 févr. 1974; Cass. soc., 22 nov. 1995.

88) Cass. soc., 17 déc. 2003.

89) Cass. crim., 12 janv. 1971.

90) Cass. crim., 23 oct. 1969.

전국적인 파업을 지지하기 위하여 기업에서 파업권을 행사하기를 원하는 근로자가 있다면, 기업은 그가 보충근무를 거부하여도 그에 대하여 어떤 제재도 할 수 없다.[91]

공공부문에서도 연대파업에 대하여 법률상 제한이 없고 판례상으로도 특별히 이런 유형의 파업이 제한됨을 지적하는 판결은 소개되지 않는다. 따라서 앞에서 서술한 민간부문의 사례와 이론은 특별한 사정이 없는 한 공공부문에서도 유사하게 적용되는 것으로 보인다. 학설도 직업상 요구가 파업 공무원에게 고유한 것이 아닌 연대파업의 적법성이 인정된다고 보고 있다. 그래서 동료 공무원의 해임에 대하여 항의하는 파업은 적법하다. 따라서 이에 대한 제재는 명백하게 위법하게 된다.[92]

3. 정치파업의 경우

정치파업(la grève dite politique)이란 직업적인 요구를 목적으로 갖지 않고 정치에 영향을 미치기 위한 파업을 말한다.[93] 먼저, 민간 부문에서 정부 정책에 대하여 항의하는 파업[94]이나 헌법기관의 태도를 왜곡하면서 공권력이 담당하고 있는 행위에 대하여 간섭하는 파업[95] 등 순수한 정치파업은 위법하다. 그런데 파업 목적에 직업적 동기와 정치적 동기가 혼재된 '혼성파업'(la grève mixte)[96]에 대하여는 파기원 사회부는 정치적 동기가 우세할 경우에는 위법하다고 보기도 하였지만,[97] 정부의 경제·사회정책에 대하여 항의하기 위하여 착수된 파업이 임금 동결 거부, 고용 보장, 근로시

---

91) Gilles Auzero et al., op. cit., p. 1763 참조.
92) Anne Jourda-Dardaud, op. cit., p. 36 참조.
93) Ibid., p. 36 참조.
94) Gilles Auzero et al., op. cit., p. 1777 참조.
95) Cass. soc., 4 mai 1956.
96) Gilles Auzero et al., op. cit., p. 1777 참조.
97) Cass. soc., 10 mars 1961.

간 감축 등 기업 내부 근로자의 관심사와 밀접하게 연관되는 요구를 주장
하는 경우에는 이를 직업적이라고 보아 적법하다고 판단하였다.[98]

그런데 형사사건에 있어서 파기원 형사부는 혼성파업의 적법성을 상당
히 넓게 인정하면서[99] 직업적 동기가 정치적 동기에 비하여 부차적인 성
격을 지닐지라도 적법한 파업으로 인정하였다.[100] 한편, 순수한 정치파업
과 같은 형태의 위법한 정치파업에의 참가는 근로계약의 파기를 정당화하
는 중대한 과오에 해당한다.[101] 따라서 위법한 정치파업을 지시한 노동조
합은 책임을 부담하게 된다.[102]

공공부문에서도 민간부문에서와 같이 정치파업이나 정치적 요구사항을
근거로 하는 파업 또는 정치적 동기를 가진 파업은 위법하다.[103] 그래서
정부의 일반적인 정책에 반대하는 항의는 파업을 위한 적법한 이유가 될
수 없다.[104] 꽁세유데따도 직업상의 요구가 개재되지 않은 근로 중단은 적
법한 파업이 아니라고 본다.[105]

그렇지만 급여와 퇴직연금 정책에 대한 항의시위에 참여하기 위한 근로
중단은 정당한 이유가 있는 파업으로서 유효한 것으로 인정된다. 한편, 정
부를 지지하기 위한 파업도 적법한 파업으로 인정된다. 일반적으로 정부
정책에 반대하기 위한 목적의 파업에 있어서 위법하다고 선언되는 것과
적법하다고 선언되는 것 사이의 경계는 매우 얇다.[106] 그래서 정치적 또는

---

98) Cass. soc., 29 mai 1979.
99) Gilles Auzero et al., op. cit., p. 1778 참조.
100) Cass. crim., 29 oct. 1969.
101) Cass. soc., 20 févr. 1959; Cass. soc., 5 oct. 1960; Cass. soc., 10 mars 1961.
102) Cass. soc., 8 janv. 1959.
103) Olivier Dord, op. cit., p. 282; Fabrice Melleray, op. cit., p. 392; Béatrice Thomas-Tual, op. cit., p. 147 참조.
104) Anne Jourda-Dardaud, op. cit., p. 36 참조.
105) CE, 1ᵉʳ février 1963, Audibert.
106) Philippe Terneyre, Le déclenchement de la grève dans les services publics, RFDA, 1988, p. 815(Anne Jourda-Dardaud, op. cit., p. 36에서 재인용) 참조.

사회적 요구사항과 직업적 요구사항 사이의 구별은 어렵다.[107) 앞에서 민간부문에서의 혼성파업에 대한 판례는 공공부문에서도 일응의 기준을 제시한다고 생각한다.

Ⅳ. 근로의 완전한 중단

1. 일반적인 경우

파업의 구성요건에 해당하려면 우선 근로의 실제 완전한 중단이 있어야 한다. 그래서 다음에 설명하는 '태업'(la grève perlée)은 법적인 의미에서 근로의 완전한 중단이 없으므로 공무원의 의무 위반에 해당할 뿐이다. 여기서 근로 중단의 지속시간은 중요하지 않다. 파업의 존재 여부는 실제로 근로의 중단이 있었는지 여부에 의하여 결정된다.[108)

민간 부문에서 근로의 일부 거부, 불완전 이행 또는 계약에서 정해진 조건과 다른 조건에서의 이행은 근로의 완전한 중단이 아니어서 파업에 해당하지 않는다. 예를 들면, 근로자들이 근로의 중단 없이 정보시스템 접근을 봉쇄하거나 기자재를 은닉하는 행위는 파업권의 정상적인 행사에 해당하지 않고 위법한 노동운동일 뿐이다.[109)

공공부문에서 꽁세유데따는 1977년 깡또(Quinteau) 판결에서 중학교와 고등학교 교사 7명이 노동조합의 지시에 따라 한 학급에 25명이 넘는 학생의 배정을 거부한 행위는, 위 교사들이 자신들에게 부여된 전체 시간 동

---

107) Fabrice Melleray, op. cit., p. 392 참조.
108) Fabrice Melleray, op. cit., p. 392; Béatrice Thomas-Tual, op. cit., p. 146-147; Antony Taillefait, op. cit., p. 719, 807; Jean-Marie Auby et Jean-Bernard Auby, op. cit., p. 217; Olivier Dord, op. cit., p. 282 참조.
109) Gilles Auzero et al., op. cit., p. 1766 참조.

안 교사로서의 업무를 수행한 이상, 근로의 중단으로 볼 수 없다고 판시하여, 파업에 해당하지 않는다고 보았다. 따라서 여기에 공적 회계 상 역무 부재에 따른 보수 삭감 규정인 「1961년 7월 29일의 법률」 제4조는 적용될 수 없으므로 위 교사들의 보수를 삭감한 조치는 위법하게 된다. 이와 관련하여 꽁세유데따는 「1959년 2월 4일의 오르도낭스」[110]에 따른 공무원 보수에 대한 권리를 제한하는 다른 법률 규정이 없는 한, 공무원의 행위가 징계사유가 될 수 있는 직업상 과오에 해당될지라도 그 사실만으로 보수 전체를 받을 권리가 박탈된다고 볼 수 없다고 판시하였다.[111]

2. 태업의 경우

파업은 '태업'(la grève perlée)과 구별된다. 태업은 업무의 완전한 정지 없이 업무처리 속도만 늦추는 노동운동을 말한다. 그래서 이를 '부분파업'이라고 부르기도 한다.[112] 파기원의 표현에 따르면, 태업이란 근로를 천천히, 또는 고의로 결함이 있게 이행하는 것을 말한다.[113]

그러나 이는 근로의 중단이 아니고 따라서 법적 의미에서 파업이 아니므로 파업권의 보호 대상이 아니다. 태업은 결함이 있는 이행으로서, 공무원의 직업상 의무 위반에 해당되는 위법한 행위이다. 따라서 태업은 징계사유에 해당하여 참가공무원과 관련 노동조합은 제재를 받을 수 있다.[114]

민간부문에서도 태업은 근로의 중단이 없어 법적으로 파업에 해당하지

---

110) 모든 공무원은 역무를 수행한 후 급여에 해당하는 보수에 대한 권리를 갖는다.
111) CE, Ass., 20 mai 1977, Min. de l'Éducation c/ Quinteau; Olivier Dord, op. cit., p. 282 참조.
112) Serge Guinchard et al., op. cit., p. 532-533 참조.
113) Cass. soc., 5 mars 1953; Fabrice Melleray, op. cit., p. 392 참조.
114) Fabrice Melleray, op. cit., p. 392; Béatrice Thomas-Tual, op. cit., p. 146-147 참조.

않으므로 파업권의 보호를 받을 수 없다. 근로계약의 결함 있는 이행, 비정상적인 근로, 의도적으로 생산량을 감축하는 것 등이 민간부문에서 태업에 해당한다. 이것은 징계 대상은 되나, 업무의 중단이 없으므로 보수 삭감 대상은 아니다.115) 실적급의 경우 태업 여부 판단은 실적급이 지급되기 시작하는 최저기준의 실적이 아닌 통상 수행되는 실적과 비교하여 이루어진다.116)

3. 작업중지권과의 구별

작업중지권(le droit de retrait)은 파업권과 명확하게 구별될 필요가 있다.117) 작업중지권은 현저하게 위험한 근로 환경으로 인하여 생명의 위협을 받는 근로자를 보호하기 위하여 정당화된다. 이 권리는 「1982년 5월 28일의 제82-453호 데크레」118)에 규정되어 있다. 위 데크레에 따르면, 근로 환경이 공무원의 생명과 건강에 중하고 임박한 위험을 나타냈다고 생각할 만한 합리적인 이유가 있는 경우에는 당해 근로 현장으로부터 철수하는 공무원 또는 공무원 단체에 대하여는 어떠한 징계나 보수 삭감도 할 수 없다.119)

작업중지권은 공무원이 공동으로 행사할 수 있는 개인적 권리이지만, 만약 그것이 당국에 압력을 행사하기 위한 근로의 집단적인 중단으로 나타난다면 그것은 불법적인 파업행위를 구성하게 된다. 예를 들면, 실업계

---

115) Gilles Auzero et al., op. cit., p. 1766 참조.
116) Cass. soc., 5 janv. 1979; Cass. soc., 22 avr. 1964.
117) Antony Taillefait, op. cit., p. 124 참조.
118) Le décret n° 82-453 du 28 mai 1982 modifié relatif à l'hygiène et à la sécurité du travail ainsi qu'à la prévention médicale dans la fonction publique(공직에서의 근로 위생·안전 및 예방 의료에 관한 데크레) 참조.
119) Emmanuel Aubin, op. cit., p. 494 참조.

고등학교 내 작업장에서 교사가 학생 등의 안전을 문제 삼아 교장에게 철수하겠다고 예고를 한 후 공동으로 작업장에서 철수한 것은 불법적인 파업이다. 세르지 퐁투아즈(Cergy - Pontoise) 판결120)에 따르면, 이런 방법으로 근로를 중단하는 직원은 파업 참가자에 해당한다. 근로 환경이 근로자의 삶이나 건강에 중하고 임박한 위험을 나타낸다고 볼 합리적인 이유를 가졌는가는 법적 판단의 문제이다. 그런데 경우에 따라서 도덕적 괴롭힘에 해당될 뿐인 행위는 중하고 임박한 위험의 성격은 가지고 있지 않다고 본다.121)

제3절 소결

이상에서 파업의 연혁을 되짚어 보고 이에 기초하여 파업의 개념을 살펴본 다음, 이를 바탕으로 파업권, 특히 공무원 파업권의 의의를 검토해 보았고, 이어 이에 기초하여 공무원 파업권이 인정되기 위한 요건을 분석하였다. 공무원의 파업권이란 파업권의 주체가 공무원인 파업권이다. 위 설명은 파업권의 주체가 근로자이어야 하므로 공무원의 근로자성을 전제로 하는 것이다.

파업은 직업적인 요구의 만족을 관철시키기 위하여 공동의 의사에 따른 집단적인 근로의 중단이므로, 공무원의 파업권이란 공무원이 공직상의 요

---

120) TA Cergy-Pontoise(세르지-퐁투아즈 행정재판소), 16 juin 2005, Moreau c/Recteur de l'académie de Versailles; TA Cergy-Pontoise, 28 sept. 2006, n° 0509448, X, professeur de lycée; CE, 2 juin 2010, Min. l'Éducation nationale c/ Fuentes.
121) CE, 16 déc. 2009, Touati c/ min. de la Défence; Antony Taillefait, op. cit., p. 124 참조.

구의 만족을 관철시키기 위하여 공동의 의사에 따라 집단적으로 공역무를 중단할 수 있는 권리를 말한다. 여기서 공무원은 광의의 공무원이지만, 국가의 필수적인 공역무를 수행하는 일부 공무원은 법률이나 오르도낭스에 의하여 파업권이 절대적으로 금지된다. 직업상의 요구를 관철하기 위한 것이어야 하므로, 정치파업은 원칙적으로 위법하고, 공동의 의사에 따라 집단적으로 해야 하므로, 원칙적으로 한 명의 근로 중단은 적법한 파업을 구성하지 아니하나, 예외적으로 혼자 근무하는 곳에서는 한 명의 공무원도 적법하게 파업권을 행사할 수 있다. 공역무의 중단이 있어야 하므로, 태업은 적법한 파업권의 행사에 해당하지 않는다. 그리고 공역무의 중단은 직업상 요구의 만족을 관철시키기 위한 것이므로 작업중지권과는 구별하여야 한다.

지금까지 살펴본 것에서 알 수 있는 것처럼 공무원의 파업권은 기본적으로 일반 근로자의 파업권에서 출발한다. 따라서 우선적으로, 주체를 제외하고는 그 의의와 요건도 일반 근로자의 파업권에 대한 이해가 중요하다고 볼 수 있다. 그러나 보다 중요한 것은 공무원이나 공역무의 특성이 공무원 파업권의 내용에 미치는 영향이 될 것이다.

제4장

공무원 파업권에 대한 제한

파업권은 1946년 제4공화국 헌법 전문에 의하여 기본권으로 인정되었으나, 위 헌법 전문은 파업권은 법률이 이를 규제하는 범위 내에서 행사된다고 규정하여 입법자에 의한 제한을 예정하였다. 그 후 1950년 꽁세유데따는 제헌의회가 입법자에게 파업이 수단인 직업이익의 방어와 파업이 침해할 수 있는 일반이익의 보호 사이에 조정을 수행하도록 위임하였는데, 공역무상 파업권에 대하여 법률에 의한 제한이 충분치 못할 경우에는 파업권의 남용이나 공공질서의 필요성에 반하는 사용을 배제하기 위하여 공역무상 파업권은 정부가 제한할 수 있다고 판시하여, 헌법 전문의 규정과 다르게 공역무상 파업권을 제한할 수 있는 권한이 정부에 있음을 인정하였다. 그런데 1979년 헌법재판소는 파업권이 헌법적 가치가 있는 원칙임을 인정하면서 헌법은 입법자에게 파업권이 수단이 되는 직업이익과 파업권이 침해할 수 있는 일반이익을 조정하기 위하여 파업권을 제한할 수 있는 권한을 부여하였다고 확인하는 한편, 역시 헌법적 가치가 있는 원칙의 성격을 가지고 있는 공역무 계속성의 원칙을 보장하기 위하여 입법자는 공역무상 파업권을 제한할 수 있고 국가의 필수적인 공역무에 대하여는 파업권의 금지까지 가능하다고 판시하였다.

　이 장에서 제한의 대상으로서 살펴보고자 하는 파업권은 공역무상 파업권이다. 그런데 '공역무'(le service public)의 개념은 보통 조직적인 의미와 기능적인 의미를 가지는 이중적인 개념이다. 이렇듯이 공역무는 프랑스 행정법 영역에서 친숙한 용어이기 하지만 상대적인 개념으로서 복잡하고 오랜 진화를 거쳐 발전되어 오면서 역사적인 모호성까지 띠고 있는 개념인바,[1] 이 책에서 파업권의 인정과 제한을 다루고자 하는 대상이 되는 공

---

1) 전훈·Jean-Marie Pontier, 공공서비스법 - 프랑스 행정법 연구, 한국학술정보(주),

역무는 공역무상 파업권을 제한하고 있는 법령에 따라 국가, 지방자치단체 및 공공의료시설에 소속된 공무원의 역무에 더하여 공공시설법인 직원의 역무 그리고 법령의 규정이나 국가나 지방자치단체와의 계약에 의하여 공공성이 인정되는 역무를 담당하는 기업, 단체 또는 사적시설의 직원의 역무로 그 범위를 정하고자 한다.[2]

제1절 제한의 이론적 근거

헌법에서 파업권은 법률이 이를 규제하는 범위 내에서 행사된다고 선언함으로써 파업권은 입법자에 의하여 제한되는 것이 예정되어 있다. 여기서는 제한되는 법 형식을 떠나서 공역무에서의 파업권에 대한 제한은 어떤 이론적 근거에서 제한되어야 하는지를 살펴보고자 하는 것이다. 공역무상의 파업권에 대한 제한 이론으로 가장 주된 것으로, 헌법상 가치를 지닌 원칙인 공역무 계속성의 원칙을 비롯하여, 판례에서 확립된 이론으로서 일반이익의 보호, 공공질서의 필요성, 권리남용 등이 있다.

2008, 17-57면; Jean-François Lachaume, Hélène Pauliat et Clotilde Deffigier, Droit des services publics, 3e éd., LexisNexis, 2018, p. 5-50 참조.

2) Art. L.2512-1, Code du Travail; 박제성, "공공서비스 파업과 최소업무의 유지에 관한 프랑스의 법제", 노동법연구 제16호, 서울대학교 노동법연구회, 2004, 121-123면 참조.

I. 공역무 계속성의 원칙

1. 공역무상 일반 원칙

'공역무 계속성의 원칙'(le principe de continuité du service public)이란 공역무는 법규에서 달리 규정하고 있지 않는 한 중단되지 않고 지속적으로 운영되어야 한다는 원칙을 말한다.[3) 이 공역무 계속성의 원칙은 1930년대에 레옹 뒤기(Léon Duguit)의 공역무 개념에 의하여 영향을 받은 루이 롤랑(Louis Rolland)에 의하여 체계화된 공역무의 기본 원칙 세 가지 중 하나로 알려져 있다.[4) 롤랑은 이 원칙을 '공역무의 법칙'이라고 하면서 "공역무는 필수적으로 계속되어야 한다. 그렇지 않으면 더 이상 공역무가 아니다"라고 말했다.[5)

또한 빈켈(Winkell) 판결의 정부위원이었던 자끄 따르디외(Jacques Tardieu)는 '계속성은 공역무의 본질'이라고 하였다. 나아가 모리스 오류(Maurice Hauriou)는 이 원칙을 헌법적 규범의 반열에까지 올려놓았는데, 이 견해는 이 원칙에 법률적 가치만을 인정한 레옹 뒤기(Léon Duguit)에 의하여 비판을 받았다. 그리고 비교적 최근 견해 중에는 이 원칙을 '행정

---

3) 여기서의 '계속성'(la continuité)은 '공역무의 어김없고 일정한 작동'(le fonctionnement ponctuel et régulier des services publics)으로 정의된다(Jean-François Lachaume et al., op. cit., p. 471 참조).

4) René Chapus, Droit Administratif général, Tome I, 15° éd., Montchrestien, 2001, p. 607(박우경, "프랑스 행정법상 공역무 수행방식에 관한 연구 – 우리나라 행정사무 수행방식과의 비교를 중심으로", 이화여자대학교 박사학위논문, 2017, 28면에서 재인용) 참조; 롤랑의 공역무 세 가지 기본원칙에는 계속성의 원칙 외에도 평등성의 원칙과 적응성의 원칙이 있다.; 장윤영, "레옹 뒤기의 공법 이론에 관한 연구, 서울대학교 박사학위논문, 2020, 185-186면 참조.

5) Agathe Van Lang et al., op. cit., p. 119; Marie Courrèges, Le principe de continuité du service public confronté au droit de grève, Anne Rideau Éditions, 2015, p. 86 참조.

법의 기본 원칙'이라고 설명하는 견해도 있다.[6] 한편, 이 원칙을 법규범으로 보지 않는 견해도 있는바, 장 리베로(Jean Rivero)는 '사물의 본성', 레이몽 오덩(Raymon Odent)은 정치철학에 연결시켰다.[7]

공역무 계속성의 원칙은 헌법 전문이나 본문 어디에도 명시적으로 기재되어 있지 않다.[8] 그런데 루이 롤랑은 명시적인 법률 규정이 없더라도 공역무는 관리 형태나 성격에 따라 계속성이 적용된다고 보았다. 그러면서 롤랑은 이 원칙을 공역무의 제1원칙으로 언급하였다. 그에 따르면 계속성이 없다면 공역무도 없고 극단적으로 국가도 존재할 수 없다는 것이다.[9]

그런데 공역무 계속성의 원칙은 모든 공역무에 같게 적용되는 것은 아니고, 그 정도에 대한 인식도 시대에 따라 다르다. 즉, 이 원칙은 모든 공역무가 항상 작동해야 한다는 것을 의미하지는 않는다. 전기·물·가스의 공급, 전화, 병원 응급실, 화재 진압, 경찰, 국방, 항공 관제 등 일부 공역무는 항상 작동해야 하므로 연속성이 엄격히 지켜져야 한다. 하지만 다른 공역무는 주기적으로 작동하면 되고, 행정입법에 의하여 정해진 운영스케줄에 따라 일반 대중이나 원하는 사람에게 해당 공역무를 제공하면 된다. 그래서 박물관, 학교, 주민센터, 수영장, 도서관 등은 항상 개방되어 있을 필요는 없다. 20세기 초반에는 도시에서는 평일 3회와 주말 1회의 우편배달이 있어야만 우편배달이라는 공역무의 계속성이 있는 것으로 보았지만, 지금은 주말은 제외하고 평일에 1회의 우편배달만 있어도 공역무의 계속성이 있다고 본다.[10]

---

6) Marie Courrèges, op. cit., p. 35 참조.
7) Ibid., p. 86 참조.
8) Bernard Stirn et Yann Aguila, op. cit., p. 509; 이에 대하여 헌법재판소는 제5공화국 헌법 제5조와 제16조를 이 원칙의 법적 근거로 보고 있지 않지만 위 제5조와 제16조는 국가의 존속과 국가 활동의 계속적인 기능을 전제하는 공기관의 정상적인 기능에 대한 헌법적 요구를 표현하고 있다고 보는 견해도 있다(Jean-François Lachaume et al., op. cit., p. 480 참조).
9) 전훈·Jean-Marie Pontier, 전게서, 90-91면 참조.

공역무 계속성의 원칙은 전쟁과 같은 '특수한 상황'의 경우에 행정청이 평소 권한을 초과하는 행정입법 또는 개별적인 조치를 제정할 수 있는 근거로 기능한다. 적법성 원칙의 요청을 충족해야 하는 행정행위의 형식과 내용에 관한 규정들이 비상시에는 일시적으로 배제될 수도 있다. 에리에 (Heyriès) 판결[11]은 특수한 상황에 속하는 기간 동안에 공역무 계속성의 원칙에 의거하여 행정청의 권한이 공역무를 계속적으로 관리하고 수행하기 위해 상당하게 확대될 수 있다는 것을 인정한다. 왜냐하면 공역무의 행사가 국가의 존속에 필수적인 조건을 존중하는 것이고 계속성은 공역무의 본질적인 특성이기 때문이다.[12]

한편 공역무가 법률상 의무로 규정된 경우에 계속성의 결여는 손해배상책임의 근거가 된다. 유효한 법령규정에 의해 정해지고 정기적으로 규정된 교육과정에 등록된 모든 의무사항의 교육을 보장하는 것이 법률에 규정되어 있다면, 한 아동이 이러한 법적 의무의 해태로 인해 적절한 기간 동안 교육을 받지 못하는 경우 국가배상책임이 발생한다. 공역무상 법적 제도로서의 계속성은 행정상 손해배상에 관련된 불예견이론을 설명하는 근거로도 기능한다.[13]

---

10) Jean-François Lachaume et al., op. cit., p. 471-472; Agathe Van Lang et al., op. cit., p. 119; Bernard Stirn et Yann Aguila, op. cit., p. 509; 전훈·Jean-Marie Pontier, 전게서, 91-92면 참조.
11) CE, 28 juin 1918, Heyriès.
12) 강지은, "프랑스 행정법상 공역무 개념의 의의와 기능", 행정법연구 제23호, 행정법이론실무학회, 2009, 219면 참조.
13) 전훈·Jean-Marie Pontier, 전게서, 92-93면(여기서 '불예견이론'이란 예견불가능한 당사자 이외에 외부의 사실이 계약의 이행을 특히 어렵게 하는 중요한 결함을 야기하는 경우 행정청의 상대방은 행정청에게 이른바 예측불가능에 대한 손해전보를 요구할 수 있다는 이론을 말한다); 불예견이론에 대한 상세한 논의는 박은진, "프랑스 행정계약법상 '不豫見'(l'imprévision)이론에 관한 연구 – 공법상 독자적 사정변경이론의 정립을 위하여", 행정법연구, 제35호, 행정법이론실무학회, 2013, 147-169면 참조.

공역무 계속성의 원칙은 불예견이론을 설명하는 법의 일반원칙으로 행정판례에서 법원(法源)으로써 인용되었다. 이 경우 위 원칙은 입법자를 구속하지 않으나 행정부는 구속한다.[14) 꽁세유데따는 예견불가능한 계약당사자 외부의 사정이 발생한 경우에 그 어려움을 해결하기 위해서는 공역무의 계속적인 제공을 요구하는 일반이익과 통상적으로 계약을 받아들이기 어려운 특별한 요건을 동시에 고려하여 해결책을 찾는 것이 중요하다고 판시하였다.[15)

또한 꽁세유데따는 "실각한 정부는 더 이상 국가를 위한 중요한 결정을 내릴 수 없지만 공역무의 임무를 신속하게 계속하여 처리하여야 한다."고 밝혔다.[16) 또 정무차관의 보르도대학에 대한 보조금 지급 결정과 관련해 "보르도대학은 공역무의 중단 없는 실행이 적합하게 보장되는 경우에만 보조금 지급을 요구할 수 있는 권리를 가진다."고 판시했다.[17) 1980년의 판례에서도 특별한 설명 없이 공역무 계속성의 원칙은 기본원칙이라고 판결했다.[18)

2. 파업권 제한원칙으로서의 공역무 계속성의 원칙

(1) 개념

공역무 계속성의 원칙이 법률적 가치는 물론 헌법적 가치로 인정받게 된 것은 이 원칙이 공역무에서 파업권을 제한하는 원칙으로 적용되면서부

---

14) Jean-François Lachaume et al., op. cit., p. 478; 전훈·Jean-Marie Pontier, 전게서, 94면 참조.
15) CE, 30 mars 1916, Cie générale d'éclarage de Bordeaux.
16) CE, 4 avril 1952, Syndicat régional des quotidiens d'Algérie.
17) CE, sect., 30 mars 1979, Secrétaire d'État aux Universités de Bordeaux Ⅱ.
18) CE, 13 juillet 1980, Bonjean.

터이다. 먼저 이 원칙이 공역무에서 파업권을 제한하는 법의 일반 원칙으로 적용된 판례는 앞에서 살펴본 1909년의 빈켈(Winkell) 판결이다. 이 판결에서 꽁세유데따는 파업 참가를 이유로 파면처분을 당한 공무원이 「1905년 4월 22일의 법률」 제65조에 따른 징계절차의 보장을 받지 못하였다는 이유로 행정소송을 제기한 사건에서, 해당 공무원의 파업에 대하여 위 1905년 법률에서 정한 징계절차 보장 규정의 적용을 거부하기 위하여 공역무 계속성의 원칙을 직접적이면서 명시적으로 원용하였다. 꽁세유데따는 위 판결에서 공무원은 공직 채용을 승낙하면서 '국가 존속에 필수적인 계속성'(la continuité essentielle à la vie nationale)과 양립할 수 없는 권리는 모두 포기하였다고 보았다.[19]

그 후에도 꽁세유데따는 1913년 식민지철도노동조합 판결에서 파업에 참가한 철도기관사의 군대 징집을 명하는 부령(l'arrêté)을 법적으로 유효하다고 판단하면서 공역무 계속성의 원칙을 그 이유로 들었다.[20] 그리고 꽁세유데따는 1918년에도 국가의 존속에 필수적인 행정 작용이 중단되지 않도록 하기 위하여 1905년의 징계절차에 관한 법률에 규정된 권리를 정지시키는 데크레를 공역무 계속성의 원칙에 의거하여 유효하다고 인정하였다.[21] 위 두 사건에서 위법한 행정입법이라 하더라도 공역무의 계속성을 보장하려고 하는 경우에는 적법성 심사에도 불구하고 존속하게 되었다.[22]

그런데 1946년 제4공화국헌법 전문이 "파업권은 이를 규제하는 법률의 범위 내에서 행사된다."라고 규정하여 헌법이 파업권을 명시적으로 인정하면서 분위기가 바뀌었다. 그래서 앞에서 본 1913년의 식민지철도노동조합 판결처럼 공역무 계속성의 원칙만으로는 더 이상 공역무상 파업권의

19) CE, 7 août 1909, Winkell; Marie Courrèges, op. cit., p. 87 참조.
20) CE, 18 juillet 1913, Syndicat National des chemins de fer de France et des colonies.
21) CE, 28 juin 1918, Heyriès.
22) Marie Courrèges, op. cit., p. 87 참조.

금지를 정당화할 수 없게 되었다. 점진적으로 파업권이 인정되는 경우가 늘어나면서 행정재판소는 공역무 계속성의 원칙이 파업권에 정면 대치되지 않도록 보호했다. 그래서 위 원칙은 행정역무의 규범으로서 '행정작용의 원칙'(le principe d'action administratif)으로 남았다.[23]

　　결국 공역무 계속성의 원칙의 생성에 깊은 영향을 미친 빈켈 판결은 더 이상 유지될 수 없게 되었다. 먼저 민간부문에서 「1950년 2월 11일의 법률」은 "근로자에게 중대한 과오가 없다면 파업은 근로계약을 파기하지 않는다."라고 규정하였다. 이 규정은 공기업에도 적용되었다.[24]

　　위와 같이 헌법 전문에서 파업권을 명시적으로 인정한 이후, 꽁세유데따는 1950년 7월 선고된 역사적인 드앤느(Dehaene) 판결에서 헌법은 입법자에게 직업이익과 일반이익 사이의 조정을 위하여 파업권을 규제할 수 있는 권한을 부여하였는데, 입법자의 규제가 충분하지 않는 경우에는 파업권의 남용과 공공질서의 필요성에 반하는 사용을 방지하기 위하여 공역무에서의 파업권은 정부가 이를 규제할 수 있다고 판시하였다.[25] 위와 같이 위 판결에서는 공역무에서 파업권 제한의 근거로 공역무 계속성의 원칙을 제시하지 않았고 대신에 일반이익, 권리남용 및 공공질서의 필요성을 들었다. 그래서 위 판결 이후 많은 학자는 공역무 계속성의 원칙은 더 이상 공역무에서 파업권 제한의 논거가 될 수 없다고 보았다.[26]

　　그러나 드앤느 판결의 정부위원인 가지에(Gazier)는 여전히 파업권의 원칙은 공역무 계속성의 원칙과 조정되어야 한다고 말했다.[27] 한편, 위 판결은 공역무 파업의 경우 공역무의 계속성을 공공질서 유지의 조건이라고 봄으로써 공공질서의 개념과 공역무 계속성의 개념을 긴밀하게 연관시켰

---

23) Ibid., p. 91-92 참조.
24) Ibid., p. 104 참조.
25) CE, 7 juillet 1950, Dehaene.
26) Marie Courrèges, op. cit., p. 104 참조.
27) Marceau Long et al., op. cit., p. 368 참조.

다고 해석한 견해도 있다.28) 동 견해는 위 판결로 인하여 공역무 계속성의
원칙은 공공질서의 개념과 불가분하게 연결됨으로써 이제부터 공역무 계
속성의 원칙은 공공질서 유지의 원칙으로만 공역무상 파업권을 제한할 수
있다고 보았다. 이와 관련하여 조르쥬 베델(Georges Vedel)은 파업으로 인
하여 공공질서가 훼손되는 경우에만 공역무 계속성의 원칙에 따라 파업권
을 제한할 수 있다고 말했다.29)

한편, 헌법재판소는 1979년 7월 25일의 결정에서 파업권은 헌법상 원칙
으로서, 제한될 수 있는데, 제헌의회는 입법자에게 직업이익과 일반이익을
조정하면서 파업권을 제한할 수 있는 권한을 부여하였고, 입법자는 헌법
상 원칙과 같은 성격을 가지고 있는30) 공역무 계속성의 원칙을 보장하기
위하여 파업권을 제한할 수 있다고 판시하였다.31) 위 헌법재판소 결정에
의하여 공역무 계속성의 원칙은 공공질서를 통하지 않고 공역무상 파업권
을 제한할 수 있는 논거로 다시 등장했다. 위와 같이 공역무에서는 헌법상
원칙인 파업권과 헌법상 원칙과 같은 성격을 가지고 있는 공역무 계속성
의 원칙의 양립이 요구되었다. 1946년 헌법 전문이 시대적으로 특별히 필
요한 원칙 중의 하나로 언급하면서 헌법상 권리로서의 자격을 부여한 파
업권은 헌법상 원칙과 같은 성격을 가지고 있는 공역무 계속성의 원칙을
요구하는 모든 영역에서 제한을 받을 수 있다.32) 이와 같이 헌법은 직업이

---

28) Marie Courrèges, op. cit., p. 104 참조.
29) Georges Vedel, "Les bases constitutionnelles du droit administratif", EDCE, 1954,
   p. 41(Marie Courrèges, op. cit., p. 104에서 재인용) 참조.
30) 그런데 헌법재판소는 2004년 전기·가스의 공역무와 기업에 관한 법률에 대한 결정
   에서 공역무 계속성의 원칙은 '공역무에 내재된' 원칙이라고 판시하기도 하였다
   (CC, Décision 2004-501 DC, 05 août 2004, Loi relative au service public de
   l'électricité et du gaz et aux entreprises électriques et gazières; Bernard Stirn et
   Yann Aguila, op. cit., p. 509 참조).
31) CC, décision du 25 juillet 1979 relative au droit de grève à la radio et à la
   télévision.

익과 일반이익 사이의 조정 및 공역무 계속성의 원칙에 따른 파업권의 제한을 입법자에게 맡겼지만, 실제 사건에서 공역무 계속성의 원칙과 파업권의 경계 획정은 행정재판소의 몫이 되었다.[33]

(2) 파업권 제한 적용 사례

전쟁시기의 국가조직에 관한 「1938년 7월 11일의 법률」 이래로 행정기관은 사회의 안전 영역에서 공역무 계속성을 보장하기 위하여 파업참가자에 대하여 업무복귀명령을 발령할 수 있다. 그렇지만 계속성의 유지가 충분히 중요하여야 한다. 행정재판소는 공역무 계속성의 요구와 관련하여 업무복귀명령이 비례성을 갖추어야 한다고 보았다. 그래서 파업이 필수인력의 수요 또는 공역무의 계속성에 충분히 중요한 침해를 가져올 때만 업무복귀명령의 적법성을 인정한다. 즉, 업무복귀명령을 정당화하기 위해서는 파업이 공역무의 계속성 또는 필수인력의 수요에 대한 중요한 침해가 있어야 한다.[34]

행정재판소는 그때그때 파업권에 대한 중요한 침해와 공역무 계속성 요구의 비례성을 심사한다.[35] 업무복귀명령은 병원 진료 등 공역무의 영속성을 유지할 목적에서 도시의 긴급한 공역무의 파업에 대하여 발령될 수 있다.[36] 그렇지만 꽁세유데따는 해당 공역무가 파업에 참가하지 않은 공무원에 의하여도 수행될 수 있었다는 이유로 파업에 참가중인 공무원에 대한 업무복귀명령이 위법하다고 판단했다. 위 판결은 공역무의 계속성과 지방공직에서의 파업권 사이의 조정을 잘 설명한다.[37]

---

32) Bernard Stirn et Yann Aguila, op. cit., p. 509 참조.
33) Anne Jourda-Dardaud, op. cit., p. 34 참조.
34) CE, 24 févr. 1961, Isnardon; Emmanuel Aubin, op. cit., p. 460; Béatrice Thomas-Tual, op. cit., p. 147 참조.
35) Olivier Dord, op. cit., p. 291 참조.
36) Béatrice Thomas-Tual, op. cit., p. 147 참조.
37) CE, 9 juillet 1965, Pouzenc; Anne Jourda-Dardaud, op. cit., p. 42 참조.

법률 규정에 근거한 업무복귀명령과 최소한의 역무 측면에서 기관장은 의료 공역무에서 치료의 계속성을 보장하기 위해 요구되는 조치를 할 수 있다.[38] 공역무 계속성의 원칙은 의료 공역무에 대하여 본래의 성격을 발휘한다. 여기서의 원칙은 단순한 주기적인 작동이 아니고 영속성의 원칙이다. 이 원칙에는 환자에 관하여 수용부터 입원까지 관련 업무의 계속성 그리고 입원 중에는 치료의 계속성이 포함된다. 이 원칙은 임무의 수행에 있어 직원에게 일의 속도와 시간의 폭에서 강한 제한을 요구한다. 이러한 상황에서 파업권의 행사는 공직의 다른 분야보다 제약이 더 많다.[39] 공공보건시설의 장은 파업 기간에도 치료의 계속성을 보장할 의무가 있다.[40] 그래서 공공보건시설의 장은 파업기간에 환자입원시설의 제공 및 시설과 물자의 보관을 보장할 필요가 있고,[41] 이 업무에 필수적인 공무원을 배치시키기 위하여 치료의 계속성[42] 차원을 넘어 지명권(le pouvoir d'assignation)과 업무복귀요구권(le pouvoir de requièrement)을 가진다.[43]

한편, 공역무 계속성의 원칙에 반하는 파업 형태를 예견하기 위하여 파업예고 제도가 마련되어 있다. 그리고 판례는 몇몇 파업의 형태는 공역무 계속성의 원칙을 중대하게 침해한다고 보았다. 이에 해당하는 파업 형태에는 기습파업, 정치파업, 순환파업, 점거파업 및 준칙파업[44]이 있다.[45]

---

38) TA Pau ord., 31 mai 2003, Adenis; TA Versailles, 18 juin 2004, M. K.; Antony Taillefait, op. cit., p. 378 참조.
39) Antony Taillefait, op. cit., p. 807 참조.
40) CE, 14 oct. 1977, Synd. général CGT des personnels des affaires sociales; Antony Taillefait, op. cit., p. 808 참조.
41) CE, 7 janv. 1976, CHR Orléans; Antony Taillefait, op. cit., p. 808 참조.
42) CE, 30 nov. 1998, Rosenblatt.
43) Antony Taillefait, op. cit., p. 808 참조.
44) 준칙파업(la grève du zèle)이란 극단적으로 세심하게 또는 규칙을 과도하게 적용하여 법령이나 계약으로부터 생기는 의무를 이행하는 것으로 '준법투쟁'이라고도 한다. 위 준칙파업은 고의로 해당 역무에서 추구된 목적에 반대로 가는 것이다. 명령을 너무 세심하게 적용하여 집행하는 데서 발생되는 형태이다. 지시나 규칙을 어

3. 파업권과 공역무 계속성 원칙의 조정

앞에서 본 바와 같이 1946년 헌법이 파업권은 이를 규제하는 법률의 범위 내에서 행사된다고 명시함에 따라, 1950년의 드앤느 판결과 1979년의 헌법재판소 결정은 입법자는 직업이익의 방어와 일반이익의 보호 사이의 조정을 위하여 파업권을 제한할 수 있다고 판시하였고, 위 헌법재판소 결정은 특히 파업권과 공역무 계속성의 원칙은 똑같이 헌법적 가치가 있는 원칙으로서, 입법자는 공역무 계속성의 원칙을 보장하기 위하여 공역무에서의 파업권을 제한할 수 있다고 판시하였다. 따라서 공역무에서의 파업권에 관한 행정재판소의 결정은 위 두 원칙 사이의 조정의 산물이다.46) 여기서 조정은 두 원칙 사이의 합의 가능성, 수렴 가능성 또는 동시적인 만족을 위한 조화의 가능성을 찾아 상반되는 원칙 사이에 일치점을 실현시키는 것이다.47) 파업권과 공역무의 계속성은 본질적으로 모순된다. 위 두 원칙은 완전히 대립된 것이어서, 계속성이 관철되는 경우 필연적으로 파업권이 제한되고, 파업권이 인정되는 경우 계속성에 흠결이 발생한다.48)

꽁세유데따는 파업으로 공공질서가 위협받을 때마다 해당 공역무의 본질이나 운영방식이 어떻든 간에 직업이익과 일반이익을 조정했다. 그런데 계속성이 보장되어야 하는 공역무의 목록이 터무니없이 확장되자 꽁세유데따는 파업권을 과도하게 제한하는 조치를 위법하다고 보았다.49) 이런

김없이 지킴으로써 작업의 진행을 마비시키는 파업방식이다(Gérard Belorgey, Le droit de la grève et les services publics, Éditions Berger-Levrault, 1964, p. 114; Anne Jourda-Dardaud, op. cit., p. 37-38 참조).

45) Anne Jourda-Dardaud, op. cit., p. 36-37 참조.

46) Marie Courrèges, op. cit., p. 106 참조.

47) Léo Hamon, "Grève et continuité du service public : mirage de la conciliation ou modalité de l'arbitrage", D., 1980, chron. p. 333(Marie Courrèges, op. cit., p. 104에서 재인용) 참조.

48) Marie Courrèges, op. cit., p. 107 참조.

연장선상에서 꽁세유데따는 파업이 교통 공역무의 계속성에 초래하는 결과가 중요한 침해에는 이르지 않는다는 이유로 마르세이유 교통공단 근로자에 대한 도지사의 업무복귀명령을 위법하다고 판결했다.[50] 꽁세유데따는 같은 맥락에서 공역무의 계속성을 위한 필수적인 공무원만 파업이 금지된다고 보았다. 그래서 해당 공역무의 작용을 보장하기 위해서는 해당 공무원 전체의 활동이 필요하고 해당 공역무의 계속성이 정부 활동과 공공질서에 필수적인 경우에만 해당 공무원 전체의 파업이 금지되며, 그렇지 않은 경우 해당 공무원 전체의 파업 금지는 위법하다고 판시하였다.[51]

한편, 드앤느 판결 이후 꽁세유데따는 공역무 계속성의 원칙과 공역무상의 파업권을 상호 조정하면서 '최소한의 역무'(le service minimum)라는 새로운 개념을 제시하였다. 꽁세유데따는 공역무의 수행이 일부 직원만으로 계속성의 요구에 맞추어 유지될 수 있는지 또는 전체 직원의 협력을 필요로 하는지를 적법성 통제 강화의 일환으로 확인하였다. 그렇게 함으로써 꽁세유데따는 공공질서 유지를 보장하기 위하여 공역무 작용에 필요한 공무원 수를 판단하였다. 이로부터 파업권과 계속성 원칙 사이에 '최소한의 역무'에 상응하는 '필요성의 한계'(le seuil de nécessité)를 정립하기에 이르렀다.[52] 이 최소한의 역무는 방송, 항공운항, 정기여객운송, 유치원과 초등학교 및 공공의료 분야에서 각각의 법률에 의하여 인정되었다.[53]

---

49) Ibid., p. 110 참조.
50) CE, 24 février 1961, Isnardon.
51) Marie Courrèges, op. cit., p. 110 참조.
52) Ibid., p. 118 참조.
53) 최소한의 역무의 구체적인 내용에 대하여는 후술하는 파업권 제한의 내용에서 그 유지 방법과 함께 상세히 살펴보고자 한다.

II. 일반이익

1950년 꽁세유데따는 헌법이 그 전문에 "파업권은 이를 규제하는 법률의 범위 내에서 행사된다."고 규정함으로써 입법자로 하여금 직업이익의 방어와 '일반이익'(l'intérêt général)의 보호 사이에 필요한 조정을 수행하기를 기대했다고 판시했다.[54] 위 법리를 공무원의 파업에 적용하면, 헌법은 그 전문 규정에 의하여 입법자로 하여금 공무원의 직업이익의 방어와 공무원의 파업이 침해할 수 있는 일반이익의 보호 사이에 필요한 조정을 수행하기를 의도하였다는 의미가 된다. 즉, 일반이익을 보호하기 위하여 입법에 의하여 공무원의 파업권은 제한될 수 있다는 것이다.

꽁세유데따는 드앤느(Dehaene) 판결 이후 기관장이 최소한의 역무를 수립할 수 있음을 인정하면서, 직업이익의 방어수단으로서의 파업과 파업으로부터 일반이익을 보호하는 것을 조정하는 다수의 판례를 만들어 냈다.[55] 여기서 공역무상의 파업이 침해할 수 있는 일반이익이 무엇인가가 문제된다. '일반이익'이라는 개념은 18세기에 형성되었는데, 사회생활의 궁극목적이었던 공동선(共同善, le bien commun)이라는 개념을 대체한 것이었다.[56]

공동선은 집단을 이루는 개인 전체의 선(善)이다. 위 공동선을 대체한 개념인 일반이익은 공리주의적 관념[57]과 의지주의적 관념이 있다. 그런데

---

54) CE, 7 juillet 1950, Dehaene.
55) CE, 13 novembre 1992, Union synd. de l'aviation civile; CE, 17 mars 1997, Hotz; CE, 30 novembre 1998, Rosenblatt(어떤 중앙대학병원의 장이 마취과 간호사 업무에 대하여 정한 최소한의 역무에 대하여 간호사의 파업권을 과도하게 침해하지 않았다고 보았다); CE, 8 mars 2006, Onesto(파업의 효과를 제한하는 절차의 존재를 이유로 파리교통공사 사장의 최소한의 역무설정 거부를 적법하다고 보았다); Emmanuel Aubin, op. cit., p. 460 참조.
56) CE, L'intérêt général, Rapport public, 1999. p. 245(박균성, "프랑스 행정법상 공익개념", 서울대학교 법학 제47권 제3호, 서울대학교 법학연구소, 28면에서 재인용) 참조.

프랑스 행정법에서는 전통적으로 의지주의적 관념이 채택된다. 의지주의적 관념에서 일반이익이란 국민의 이익으로서, 개인의 이익을 초월하는 이익이다.58)

앞에서 본바와 같이 프랑스 행정법상 '일반이익'은 매우 모호하고 복잡한 개념이며, 학계에서는 일반이익에 대한 정의를 내리지 않고 그 내용 및 기능 등을 논하는 경우가 많다.59) 학자에 따라서는 일반이익은 "공역무의 목적" 또는 "충족되어야 할 국민의 집단적 수요"(les besoins collectifs de la population à satisfaire)라고 한다.60)

전통적 관념에 의하면, 일반이익은 국가에 의해 결정된다고 본다. 국가는 모든 사람의 이익을 위해 활동한다고 보기 때문이다. 행정은 일반이익을 달성하는 것을 목적으로 한다. 일반이익은 개인의 기본권 등 권익의 제한 근거가 된다. 그래서 일반이익은 기본적으로 입법자에 의해 정해지며, 행정재판소에 의해 판단되어야 한다. 한편, 공역무는 일반이익의 목적을 갖는 활동이다. 그래서 일반이익을 충족하기 위하여 공역무가 발전하였다. 따라서 일반이익은 공역무의 한 개념요소라고 할 수 있다.61)

한편, 프랑스에서 일반이익은 '공익'(l'intérêt public)과 동일한 개념으로 보는 것이 일반적인 견해인데, 양자를 구별하는 견해는 일반이익은 국가적 차원에서의 이익이고 공익은 지방적 공익도 포함하는 것이라고 한다.62) 일반이익 개념 대신 공익 개념을 사용하는 견해는 공익을 여러 사익

---

57) 공리주의적 관념에서의 일반이익이란 개인 이익의 산술적 총합, 달리 말하면 '최대 다수의 최대 행복'으로 본다(상계논문, 30면 이하 참조).

58) 상계논문, 28-31면 참조.

59) Pierre-Laurent Frier, Précis de droit administratif, Montchrestien, 2004, p. 174(상 게논문, 31면에서 재인용) 참조.

60) Jean-François Lachaume et., op. cit., p. 13, 47 참조.

61) 박균성, 전게논문, 32-41면 참조.

62) 상계논문, 27-28면(프랑스에서 일반이익보다는 공익이라는 개념을 사용하는 문헌으로 'Georges Vedel et Pierre Delvolve, Droit administratif, Presses universitaires

사이의 조정의 결과[63]) 또는 행정의 목적으로서 '인간이 필요로 하는 것 전체'(un ensemble de nécessités humaines)[64])라고 본다.

공익 개념은 학설뿐 아니라 입법과 판례 등에 의해 받아들여져, 법률의 집행은 물론 입법과정에서 특정 개인 또는 집단의 사적 이익 추구를 제한하고 국가작용을 일정한 방향으로 유도하는 기능을 수행하고 있다. 일반적으로 공익은 기본권 제한의 근거로 인식되고 제도화되어 있으며, 기본권에 의해 보호되는 개인의 자유라는 이익과 공익, 즉 국가에 의한 기본권 제한을 정당화시키는 이익은 서로 충돌되는 것으로 나타난다. 방어권으로서의 기본권은 개인의 이익 보호를 위해 공익과 충돌하는 모습을 전제하며, 공익은 기본권 제한을 정당화시키기 위한 목적으로서, 사익과 충돌하게 된다.[65])

그런데 공무원이 파업권 행사를 통해서 달성하려고 하는 직업이익은 사익이라고 할 것이고, 공무원의 공역무 수행을 통해서 달성되는 일반이익은 공익이라고 할 것이어서, 파업권을 행사하는 공무원의 상황은 공익과 사익이 충돌하는 상황이라고 볼 수 있다. 이런 상황에서 공무원의 사익인 직업이익을 방어하기 위한 공무원의 파업권은 공무원이 공역무를 수행함으로써 달성되는 공익, 즉 일반이익에 의하여 제한을 받을 수 있다.

---

de france, 1997, p. 516 et s.'와 'Jean Rivéro et Jean Waline, Droit administratif, Dalloz, 2004, p. 2 et s.'를 소개한다.) 참조.

63) Georges Vedel et Pierre Delvolve, op. cit., p. 516 et s(박균성, 전게논문, 32면에서 재인용) 참조.

64) Jean Rivéro et Jean Waline, op. cit., p. 2 et s(박균성, 전게논문, 32면에서 재인용) 참조.

65) 이원우, "경제규제와 공익", 서울대학교 법학 제47권 제3호, 서울대학교 법학연구소, 2006, 6-97면 참조.

Ⅲ. 공공질서

1. 공공질서의 개념

원래 '공공질서'(l'ordre public)의 유지는 행정경찰에 의하여 추구되는 목적이다. 그래서 전통적인 공공질서의 개념은 선량한 질서, 안전, 치안 및 공중위생을 말한다.[66] 따라서 행정경찰은 사고의 위험 및 사람과 재산에 대한 손해의 위험을 교통규제 등을 통하여 예방하여야 하고, 야간소란을 진압하여야 하며, 공중위생과 공중보건이 지켜지도록 하여야 한다.

공공질서는 일반적으로 '국가나 사회를 유지하기 위해 준수해야 할 기본규범'으로 정의되고, 법적으로는 '개인이 임의적으로는 물론 계약에 의해서도 벗어날 수 없는 강제규범'으로 정의되기도 한다.[67] 그런데 오늘날 공공질서의 개념은 시간과 장소에 따라 변화되는 경향으로 인하여 우연성을 띠게 되었다. 그러나 공공질서는 그 개념의 성격상, 그 의미가 구체적이어야 하고 밖으로 드러나 있어야 한다.

한편, 판례에 따라서는 미의 보호가 선량한 질서의 유지와 관련되는 것으로 인정함으로써[68] 공공질서의 개념을 벗어났다고 비판되는 경우도 있다. 그런데 영화의 부도덕성이 공공질서 유지를 위해 상영금지의 이유가 될 수 있고,[69] 인간의 존엄성을 존중하는 것도 공공질서 유지의 한 형태가 될 수 있다.[70] 꽁세유데따는 이 논리를 확장하여 인간의 존엄성을 중대하게 훼손하고 인종적 증오와 차별을 유발하는 것으로 판단되는 공연의 금

---

66) Le loi du 22 déc. 1789, le loi du 8 janv. 1790, le loi du 5 avr. 1884; 지방자치단체일반법전 제2212-2조 참조.
67) 2006 프랑스 법령용어 해설집, op. cit., p. 324 참조.
68) CE, 3 juin 1938, $S^{té}$ des usines Renault.
69) CE, 18 déc. 1959, $S^{té}$ les Films Lutétia.
70) CE, Ass. 27 oct. 1995, $C^{=}$ de Morsang-sur-Orge.

172 프랑스의 공무원 파업권

지 가처분을 유효한 것으로 인정하기도 하였다.[71]

2. 파업권 제한 근거로서의 공공질서

1946년 헌법 전문 제7항에서 파업권은 법률이 이를 규제하는 범위 안에서 행사되는 것으로 규정하고 있다. 그리고 헌법 전문에 포함된 인권선언 제10조는 누구든지 그의 의사표시로 법률에 의하여 정해진 공공질서가 파괴되지 않는다면 그의 견해 때문에 불이익을 받지 않아야 한다고 규정하고 있다.[72]

오늘날 공공질서는 국가의 유지에 필수불가결한 요소를 통칭하는 개념으로 사용된다. 그리고 이것은 사회의 치안 등 질서 유지에 필요한 기관의 기능을 보장한다. 1950년 드앤느 판결은 최초로 공무원의 파업권을 인정하면서도 특히 도(道) 관리자 파업의 본질적인 속성에서 지방행정조직인 도(道) 기능의 작동을 위태롭게 하여 공공질서를 중대하게 훼손한다고 판시하였다.[73]

위 판결에서 꽁세유데따는 도 과장들의 파업 참가는 지방행정 기능의 수행을 위태롭게 만드는 결과를 낳기 때문에 정부는 합법적으로 이를 금지하고 진압할 수 있다고 보았다. 위 판결로 인하여 공공질서는 공무원 파업권 제한의 주요한 근거가 되었다. 위 재판에서 정부위원 프랑수아 가지에는 의견(la conclusion)에서 행정당국은 입법자의 파업권 규제를 기다리는 가운데 공공질서 유지의 필요성에 의거하여 행정재판소의 사법심사를 전제로 공역무상 파업권 행사를 제한할 권한을 갖는다고 밝혔다.[74]

그리고 마르셀 왈린느(Marcel Waline)는 위 판결에 대한 평석에서, 여기

---

71) CE, 9-10-11 janv. 2014, aff. Dieudonné; Agathe Van Lang et al., op. cit., p. 317-318 참조.
72) 1789년 8월 26일의 인간과 시민의 권리선언 제10조 참조.
73) Marie Courrèges, op. cit., p. 102 참조.
74) CE, 7 juillet 1950, Dehaene; Marie Courrèges, op. cit., p. 102 참조.

서 문제되는 공공질서는 국가 안전(la sureté)의 요구와 유사하다고 보았다. 드앤느 판결에서는 나타나지 않았지만 바로 이러한 필요성 때문에 공역무 계속성의 원칙이 지켜져야 한다는 것이다. 나아가 이 원칙은 공역무의 실질적인 수행을 보장하기 위한 방편이므로 공공질서를 유지하기 위한 기본원칙이 된다는 것이다.[75] 앞에서 언급한 파업으로 인하여 공공질서가 훼손되는 경우 공역무 계속성의 원칙에 따라 파업권을 제한할 수 있다는 조르쥬 베델(Georges Vedel)의 견해는 같은 맥락으로 파악된다. 그렇다면 위 판결에서 파업권을 제한하는 공공질서의 본질은 무엇인지 문제된다. 이와 관련하여 마르셀 플라니올(Marcel Planiol)은 어느 규정이 일반이익(l'intérêt général)을 그 내용으로 하고 있다면 '공공질서'라 할 수 있다고 보았는데,[76] 음미할 가치가 있는 견해라고 본다.

꽁세유데따는 업무복귀명령에 의한, 파업권 행사의 제한은 공공질서의 보호에 필수적이어야 한다고 보았다.[77] 그래서 업무복귀명령의 절차는 도지사에 의해 확인되는, 위생에 대한 중대한 침해나 공공질서의 훼손이 있는 경우 개시될 수 있다.[78] 여기서 꽁세유데따는 파업 제한의 이유가 공역무 및 공공질서의 요구에 연결되는지를 심리하게 된다.[79] 한편 거주자 1만 명 미만의 혜지옹, 도 및 코뮌의 공무원 파업에 대하여는 법률에서 특별한 제한 규정을 두고있지 않는데, 이에 대하여 공공질서를 보호할 의무는 각 기관장에게 있다.[80]

그리고 꽁세유데따는 당해 직무가 정부의 업무 수행에 필수불가결하여 직무의 중단이 공공질서에 중대한 침해를 야기할 수 있는 직무를 담당하

75) Marie Courrèges, op. cit., p. 102 참조.
76) 2006 프랑스 법령용어 해설집, op. cit., p. 324 참조.
77) Anne Jourda-Dardaud, op. cit., p. 44 참조.
78) Antony Taillefait, op. cit., p. 579 참조.
79) Yves Gaudemet, op. cit., p. 423 참조.
80) Anne Jourda-Dardaud, op. cit., p. 35 참조.

는 현업 공무원은 파업 제한 대상에 포함될 수 있다고 보았다. 꽁세유데따는 체신부 공무원[81], 프랑스국철의 건널목 직원[82], 법원서기[83] 등에 대한 파업권 제한을 적법하다고 판시하였다.[84]

IV. 권리남용

꽁세유데따는 1950년 드앤느(Dehaene) 판결에서 공역무에서 파업권 제한의 이론적 근거 중의 하나로 권리남용을 들었다. 즉, 다른 모든 권리와 마찬가지로, 파업권의 남용을 방지하기 위하여 이 권리를 제한하여야 한다는 것이다.[85] 그런데 권리남용은 일반법에서 민사적 배상을 야기할 수 있는 과오에 해당하는 것으로, 어떤 권리의 소유자가 합목적성을 벗어나서 비정상적인 방법으로 또는 오로지 남을 해칠 목적으로 그 권리를 사용하는 것을 말한다.[86]

대개의 경우 어떤 권리행사의 남용 등 여부에 대한 판단은 다른 권리나 헌법적 가치를 지닌 다른 원칙에 대한 존중의 필요성과 연결된다. 일반재판소 판례와 행정재판소 판례는 민간부문과 공공부문 모두에서 파업권도 다른 모든 권리와 마찬가지로 남용될 수 있는 권리라고 보았다. 그래서 공

---

81) CE, 28 novembre 1958, Lepouse(업무복귀명령에 의한 파업 제한 사례).

82) CE, 23 octobre 1964.

83) CE, 21 décembre 1977(법무부장관의 명령에 의한 제한).

84) 이철수·강성태, 전게서, 233면 참조[항공 안전업무에 필수적인 직원(CE, 26 octobre 1960)과 전파전신의 관제담당자(CE, 4 février 1966)에 대한 파업 제한은 나중에 각각 최소한의 역무(「1984년 12월 31일의 제84-1286호 법률」과 「1987년 12월 18일의 법률」) 또는 파업 금지 분야(「1968년 7월 31일의 제68-695호 수정재정법」)로 법제화 되었다].

85) CE, ass., 7 juillet 1950, Dehaene.

86) Serge Guinchard, et al., op. cit., p. 5 참조.

공부문에서도 파업권의 행사가 공역무의 계속성을 과도하게 침해할 때는
파업권의 남용이 있다고 보고 있다.[87]

드앤느 판결 이후 파업권의 남용 개념은 행정판례보다 일반 근로자의
파업과 관련하여 민사판례[88]에서 빈번히 원용되었다. 판례와 노동법전 제
L.1132-2조에 나타나는 '비정상적인 행사'(l'exercice anormal)라는 표현은 실
무상 '권리남용'과 동의어로 해석된다. 위 조항은 공역무에서는 물론 민간부
문[89]에서도 적용된다. 앞에서 본 바와 같이 '기업의 저해'(la désorganisation
de l'entreprise)와 정치파업은 민간부문에서 파업권의 남용 사례로 소개된다.[90]

파업권의 행사는 근로의 중단이므로 성질상 그것의 당연한 결과로서
'생산의 저해'(la désorganisation de la production)가 일어날 수밖에 없어,
생산의 저해가 발생하더라도 일반적인 경우 파업권의 행사는 정당하다.[91]
그래서 짧고 반복적인 파업이 근로현장에 미치는 영향은 중요하지 않
다.[92] 그렇지만 파업권의 행사를 이유로 '고의로' '기업'을 저해할 경우에
는 파업권의 남용에 해당하게 된다.[93]

---

87) Gilles Auzero, et al., op. cit., p. 1776 참조.
88) Cass. soc., 27 janvier 1956; Cass. soc., 11 octobre 1957.
89) Cass. soc., 13 avr. 1955; Cass. soc., 4 juin 1959.
90) Gilles Auzero et al., op. cit., p. 1776-1778 참조.
91) 조임영, 전게논문, 35면 참조.
92) Gilles Auzero et al., op. cit., p. 1759 참조; 이에 관한 파기원 판례를 살펴보면,
    20일의 파업기간 중 10일간 매 시간 15분씩 파업이 반복된 사례에 대하여는 일반
    적으로 파업권의 범위 내에서 용인되는 정도의 짧고 반복적인 파업으로서 남용이
    아니라고 보았다(Cass. soc., 10 juillet 1991, n° 89-43147). 그러나 약 2개월간 짧
    게는 15분에서 길게는 1시간 정도의 파업이 101회에 달하고 그 중 일부는 같은 날
    에 12회 반복되었던 사안에서는 이와 같이 짧고 예측이 불가능할 정도로 지나치게
    반복적인 파업은 파업권의 남용에 해당하는 것으로 보았다(Cass. soc., 26 février
    1975, n° 73-40841): 조용만, "프랑스에서 파업권의 보호와 대체근로의 제한", 노
    동법연구 제45호, 서울대학교 노동법연구회, 2018, 197면 참조.
93) Cass. soc., 4 nov. 1992; Cass. soc., 26 févr. 1975; Cass. soc., 30 mai 1989; Cass.
    soc., 10 juill. 1991.

여기서 '기업의 저해'란 기업의 존립을 실제 위태롭게 하는 것을 말한 다.94) 기업의 저해에 해당하기 위해서는 그 저해가 명백하고 예외적인 것 이어야 한다.95) 그래서 근로자의 파업이 사용자의 자유와 권리에 대하여 과도한 침해를 야기하는 경우 기업의 저해가 있고 파업권이 남용되었다고 본다. 그렇지만 '생산의 저해'와 '기업의 저해'의 차이가 명백하지 않아 이 둘을 구별하기란 쉽지 않다.96)

한편, 공공부문에서는 공역무의 특성상 위와 같은 차이를 상정하기 어 렵다. 대신에 공공부문에서는 필수업무의 저해가 발생된 경우 파업권의 남용이 있다고 본다. 여기서 필수업무란 국민생활에 필수적인 공역무에 대하여 공역무 계속성의 원칙에 따라 일반이익을 보호하기 위해 최소한의 역무로 지정된 업무로서 이 업무를 수행하기 위하여 필요한 필수 인원은 파업이 금지된다. 그런데 이러한 최소한의 역무 유지를 침해할 경우 파업 권 행사의 남용이 있다고 보게 된다.97)

한편, 파업권의 남용 방지와 관련하여 재판소가 파업권을 제한함으로써 입법의 누락을 보충할 필요가 있다는 견해도 제기되었다. 재판소는 파업 권의 남용 여부를 판단할 권한이 재판소에 있음을 인정하였다. 한편, 재판 소는 어떤 권리의 대상이 분명히 정의되지 않았거나 그 권리 행사가 규제 되지 않았을지라도 그 권리 행사에 있어서의 과오를 제재할 수 있다.98) 1988년 파리항소재판소는 당해 사건의 개별적인 상황을 고려하여 파업권 의 행사가 보호받을 수 없는 남용으로 변질되지 않았는지 확인해야 한다

---

94) Cass. soc., 18 janv. 1995; Cass. soc., 25 janv. 2011.
95) Cass. soc., 10 juill. 1991; 조임영, 전게논문, 35면 참조.
96) Gilles Auzero et al., op. cit., p. 1777 참조.
97) 이승욱·조용만·강현주, 전게서, 97면; 조용만, "프랑스에서 파업권의 보호와 대체 근로의 제한", 노동법연구 제45호, 서울대학교 노동법연구회, 2018, 198면; Gilles Auzero et al., op. cit., p. 1778-1779 참조.
98) Marie Courrèges, op. cit., p. 101 참조.

고 판시하였다.[99]

　드앤느 판결에서 말하는 파업권의 남용은 정치파업[100]과 같이 위법한 것은 아니라고 한다. 파업권의 남용은 원칙적으로 적법한 행위에 해당하지만 예외적으로 이롭지 못한 상황이 동반된 경우라는 것이다. 따라서 어떤 상황이 사용자에게 단순히 손해를 끼치려는 의도만 있다면, 즉 파업으로 평가될 수 없다면, 그 상황은 사용자의 활동을 중대하게 저해하려는 '의도'에 기인한 것으로 보아, 그 점에서 남용에 해당한다고 본다.[101]

　행정재판소는 공무원 파업의 상황을 심리할 때 주관적인 요소를 고려한다. 이런 점에서 드앤느 판결에서 언급된 남용의 개념은 「1950년 2월 11일의 법률」 조문인 "근로자에게 중대한 과오가 없다면, 파업은 근로계약을 파기하지 않는다."와 연결될 수 있다. 행정재판소는 이와 같은 맥락에서 파업에 있어서 권리남용을 구성하는 중대성의 요소를 판단하게 된다.[102]

제2절 제한의 법적 형식

　공역무에 있어서 파업권의 제한에 대한 형식에 대하여는, 앞에서 본 바와 같이, 헌법은 법률로 규제될 것을 예정하였고, 헌법재판소도 헌법은 입법자에게 파업권을 규제할 수 있는 권한을 부여하였다고 인정하였으나, 최고행정재판소인 꽁세유데따는 원칙적으로는 입법자에게 규제권한이 있으나 법률에 의한 규제가 충분치 못할 경우에는 파업권의 남용이나 공공

---

99) CA Paris, 27 janvier 1988, Snomac c/ Air Inter.
100) CE, 18 février 1955, Bernot; '정치파업'에 대한 상세한 논의는 제3장 제2절 참조.
101) Marie Courrèges, op. cit., p. 101 참조.
102) Ibid., p. 101 참조.

질서에 반하는 사용을 피하기 위하여 정부가 규제할 수 있다고 판결함으로써 행정입법, 특히 많은 경우에 기관장의 명령에 의하여 파업권에 대한 제한이 이루어지고 있다.

I. 법률에 의한 제한

1. 파업권의 절대적 금지

공역무에서의 파업권은 곧 공무원에게 인정되는 파업권이라 할 것이다. 그런데 헌법재판소의 판례에 따르면, 공역무 계속성의 원칙에 따라 국가의 필수불가결한 공역무의 작동을 보장하기 위하여서 그 공역무의 작동에 필수적인 공무원에 대하여는 파업권의 금지까지 가능하다. 그래서 국가의 필수불가결한 공역무를 담당하는 일부 공무원단에 대하여는 법률로써 파업권을 금지하고 있다.

그래서 「1947년 12월 27일의 제47-2384호 법률」 제6조는 폭동진압경찰인 공안기동대의 파업권을 절대적으로 금지하였다. 또한 경찰관의 특별한 지위에 관한 「1948년 9월 28일의 제48-1504호 법률」 제2조도 일반경찰관의 파업권을 절대적으로 금지하였다. 군인에 대하여도 군인일반법 제6조(방위법전 제4121-4조)는 파업권의 행사는 군인의 지위와 양립하지 않는다고 명시하였다. 한편, 수정재정에 관한 「1968년 7월 31일의 제68-695호 법률」 제14조는 내무부 통신공무원의 공동의 의사에 따른 역무의 모든 중단과 모든 명백한 규율위반의 집단행위는 징계절차의 보장 없이 징계처분이 내려질 수 있고, 다만, 파면은 공무원일반법에 규정된 절차에서만 내려질 수 있다고 규정하여 내무부 통신공무원의 파업권을 박탈하였다.

2. 파업권의 제한적 적용

(1) 형식상 제한

일반이익을 보호할 목적에서 또는 공역무의 계속성을 보장할 목적에서, 공역무에서 몇몇 방식에 관한 「1963년 7월 31일의 제63-777호 법률」 제3조(노동법전 제L.2512-2조)는 파업개시 만 5일전 파업예고 의무를 규정하여 기습파업을 금지하고, 위 예고기간 동안 교섭의무를 부과하며, 같은 법률 제4조(노동법전 제L.2512-3조)는 순환파업을 금지하였다.

(2) 내용상 제한

공역무의 계속성을 위한 파업권 제한의 일환인 '최소한의 역무'를 설정하는 법률에는 다음과 같은 법률들이 있다. 먼저, 일부 민간항공직원에 관한 「1971년 6월 17일의 제71-458호 법률」과 일부 항공운항직원에 관한 「1964년 7월 2일의 제64-650호 법률」의 일부 규정을 폐지하는 법률로서, 항공운항 역무에서의 파업권 행사에 관한 「1984년 12월 31일의 제84-1286호 법률」 제2조와 제3조는 항공운항에 있어서 최소한의 역무 유지 제도와 이를 위한 지정 제도를 규정하였다. 그리고 공영 라디오·텔레비전 방송에 관한 「1986년 9월 30일의 법률」, 특히 교통의 '예측가능성의 계획' 제도를 담고 있는 사회적 대화와 육상정기여객운송에서의 공역무의 계속성에 대한 「2007년 8월 21일의 법률」, 학령기 유치원생과 초등학생의 수용권을 규정하는 「2008년 8월 20일의 법률」 등이 있다. 징발이 전쟁 시기의 국가조직에 관한 「1938년 7월 11일의 법률」로 도입되었고,[103] 「1950년 2월 28

---

103) 박제성, "공공서비스 파업과 최소업무의 유지에 관한 프랑스의 법제", 노동법 연구 제16호, 서울대학교 노동법연구회, 2004, 124면; Béatrice Thomas-Tual, op. cit.,

일의 법률」에 의하여 그 효력이 무기한 연장되었으며, 「1959년 1월 9일의 법률」에 의하여 민간인에게도 확장되었다.[104]

II. 오르도낭스에 의한 제한

첫째, 사법관직의 지위에 관한 조직법을 규정하는 「1958년 12월 22일의 제58-1270호 오르도낭스」 제10조는 사법기능을 중단하거나 방해하는 성격의 공동의 의사에 따른 모든 활동은 금지된다고 규정하였다. 둘째, 교정행정의 지방분산된 역무를 담당하는 공무원의 특별한 지위에 관한 「1958년 8월 6일의 제58-696호 오르도낭스」는 교정행정의 외부 역무 직원의 경우 공동의 의사에 따른 역무의 모든 중단과 모든 명백한 규율위반의 집단행위는 금지되고 이런 일이 발생할 경우에는 징계절차에 회부됨이 없이 징계처분이 내려질 수 있다고 규정하였다. 셋째, 국방에 관한 「1959년 1월 7일의 제59-147호 오르도낭스」는 징발에 관하여 규정하였다.[105]

III. 행정입법에 의한 제한

앞에서 본 바와 같이 드앤느 판결과 이를 잇는 꽁세유데따 판결은 공역무에서의 파업권 제한에 대한 입법이 충분하지 않은 경우 공역무 파업권 제한은 공역무의 정상적인 운영을 책임지고 있는 정부 소관이라고 판시하

---

p. 147 참조.

104) Anne Jourda-Dardaud, op. cit., p. 43; 박제성, "공공서비스 파업과 최소업무의 유지에 관한 프랑스의 법제", 노동법 연구 제16호, 서울대학교 노동법연구회, 2004, 124면 참조.

105) Béatrice Thomas-Tual, op. cit., p. 147 참조.

였다. 그래서 공공질서에 반하는 파업권 행사나 파업권의 남용적 행사를
방지하기 위한 제한조치나 신체와 생명의 안전, 시설과 재산의 보호, 핵심
적 행정기능 관련 업무 등 중단될 수 없는 필수업무에 관한 사항은 행정입
법으로 정할 수 있고, 이는 행정재판소의 심사 대상이 된다고 한다.[106]

　행정입법에 의하여 파업권이 제한된 대표적인 사례를 들면 다음과 같
다. 첫째, 징발은 「1962년 3월 26일의 데크레」에 의하여 민간인에 대하여
확대되었다.[107] 둘째, 도지사(le préfet)[108]와 군수(le sous-préfet)[109]는 1964
년 각각 해당 공무원단 데크레에 의하여 파업권이 박탈되었다.[110] 셋째,
대외안보총국 요원은 「2015년 4월 3일의 제2015-386호 데크레」에 의하여
파업권이 박탈되었다.

　그러나 헌법은 법률에 의한 파업권 제한을 예정하였다. 그리고 헌법재
판소는 입법자만이 파업권을 제한할 수 있다고 보았다. 그러나 꽁세유데
따는 드앤느 판결 이후 계속해서 행정기관에 의한 파업권 제한을 인정하
였다. 이러한 행정판례의 태도는 헌법과 합치되기 어려운 문제점을 안고

---

106) Gérard Couturier, Droit du travail 2 : Les relations collectives de travail, PUF,
　　 1993, p. 391-392(조용만, "프랑스 공무원 노사갈등과 한국적 함의", 서울행정학
　　 회 학술대회 발표논문집, 서울행정학회, 2006, 439면에서 재인용) 참조.
107) 박제성, "공공서비스 파업과 최소업무의 유지에 관한 프랑스의 법제", 노동법 연
　　 구 제16호, 서울대학교 노동법연구회, 2004, 124면; Anne Jourda-Dardaud, op. cit.,
　　 p. 43 참조.
108) 프레페(le préfet)는 정부 및 중앙부처 출장기관의 대표이고, 행정안전부의 대표로
　　 서 지방의회 및 시장의 후견적 감독의 직접 책임을 지며, 도지사로서 도의회 및
　　 도의 집행부를 통할 관리하며 행정사무의 집행에 책임을 지는바, '도지사'로 번역
　　 한다[백윤철, 전게서, 172-173면 참조].
109) 수프레페(le sous-préfet)는 도의 하부 지방자치단체에 해당하는 아롱디스망
　　 (l'arrondissement, 군)의 장으로서 부지사격에 해당하며 아롱디스망에서 프레페
　　 의 권한을 대행하는바, '군수'로 번역한다(상게서, 173면 참조).
110) Bernard Stirn et Yann Aguila, op. cit., p. 385-386; Olivier Dord, op. cit.,
　　 p. 284; Béatrice Thomas-Tual, op. cit., p. 148 참조.

있다는 비판이 제기되었다.111)

제3절 제한의 내용

모든 공무원의 파업권에 대하여 5일전 파업예고의 조건과 일정한 파업 방식들의 금지에 관하여 노동법전 제L.2512-1조부터 제L.2512-5조까지에 법전화된 「1963년 7월 31일의 제63-777호 법률」의 규정을 준수하지 않고 파업을 한다면 징계책임을 진다.112) 위 법률은 공직에서 파업권을 일반적 으로 규제한 최초의 법률이다. 위 법률은 「1982년 10월 19일의 제82-889 호 법률」에 계승되었다.113) 그리고 위 제한의 내용은 공역무에 특유한 제 한이다.

그러나 위 법률은 그 분야에서 유일한 규제로 간주될 수 없었다.114) 그 래서 위 입법자의 개입에도 불구하고 공역무에서 법률에 의한 파업권 규 제가 충분치 않을 때는 그 규제 권한은 정부에 속한다고 판시한 드앤느 판결의 태도는 유지되었고,115) 행정기관은 여전히 파업권을 규제할 수 있

---

111) Gérard Lyon-Caen, Jean Pélissier et Alain Supio, Droit du travail, 19ᵉ éd., Dalloz, p. 1102; Gérard Couturier, op. cit., p. 392(상기 두 문헌은 조용만, "프랑 스 공무원 노사갈등과 한국적 함의", 서울행정학회 학술대회 발표논문집, 서울행 정학회, 2006, 439면에서 재인용) 참조.

112) C. trav., art. L. 2512-1 à L. 2512-5, issus à l'origine de la L. n° 63-777 du 31 juill. 1963; Antony Taillefait, op. cit., p. 379, 410, 580, 720, 808; Fabrice Melleray, op. cit., p. 396; Olivier Dord, op. cit., p. 285; Emmanuel Aubin, op. cit., p. 459; Bernard Stirn et Yann Aguila, op. cit., p. 385-386; Anne Jourda-Dardaud, op. cit., p. 36 참조.

113) Béatrice Thomas-Tual, op. cit., p. 145 참조.

114) Anne Jourda-Dardaud, op. cit., p. 8; Yves Gaudemet, op. cit., p. 423 참조.

었다. 이는 앞에서 본 바와 같이 헌법재판소가 파업권 제한은 입법자의 권한이라고 판시한 것과는 다른 내용이다.

지방자치단체의 경우도 위 노동법전 적용 대상은 제L.2512-1조에 열거되어 있는 바와 같이 헤지옹, 도 및 거주자 1만 명 이상 코뮌(la commune)의 공무원, 그리고 공역무의 관리를 담당하는 공적 또는 사적 기업체, 단체 및 시설법인의 직원이다.[116] 그런데 거주자 1만 명 미만의 코뮌 공무원의 파업권에 대하여는 특별히 이를 제한하는 규정이 없다. 그렇지만 거주자 1만 명 미만의 코뮌에서도 공공질서가 보호될 필요성은 있다고 보아야 한다.[117]

이하에서는 앞에서 서술한 파업권 제한의 이론적 근거에 따라 실제 공역무상의 파업권을 제한하는 법률에서 규정하고 있는 공역무상의 파업에 대한 제한에 관하여 해당 공역무상의 파업이 제한됨으로써 반대로 해당 공역무가 수행되어야 하는 내용, 파업에 착수하기 전에 거쳐야 할 절차적인 측면에서의 제약, 파업 행사 방법에 관한 제한 등에 대하여 차례로 '근로중단 범위의 제한', '절차적 제한', '방법적 제한'으로 구분하여 살펴보고자 한다.

I. 근로중단 범위의 제한

여기서 살펴보고자 하는 파업권 제한은 파업권 행사의 대상으로서 근로중단이 이루어지는, 공역무의 범위에 대한 제한이다. 해당 공역무에 대한 파업권 제한이 없다면 해당 공역무는 전부 중단될 것이나, 육상정기여객

---

115) CE, 7 janvier 1976, Centre hospitalier régional d'Orléans(헤지옹·병원장이 일부 직원의 파업을 금지시킨 데 대하여 필수인력을 초과한다는 이유로 위법하다고 본 판결); Béatrice Thomas-Tual, op. cit., p. 147 참조.
116) Antony Taillefait, op. cit., p. 379 참조.
117) Anne Jourda-Dardaud, op. cit., p. 34-35 참조.

운송 등 국민생활에 필수적인 일부 공역무에 대하여는 공역무 계속성의
원칙에 따라 최소한의 역무는 계속 제공될 수 있도록 법률로써 해당 공역
무의 근로중단 범위를 제한하게 된다. 이하에서 '최소한의 역무' 설정에
관하여 살펴보고 그 유지 방법에 대하여 서술하고자 한다.

1. 최소한의 역무

(1) 개관

앞에서 본바와 같이 드앤느 판결 직후 꽁세유데따는 공역무 계속성의
원칙과 공역무상의 파업권을 조정하면서 새로운 개념으로 '최소한의 역
무'를 제시하였다.118) 꽁세유데따는 공공질서 유지를 보장하기에 적절하
고 공역무가 기능하는 데 필요한 공무원의 수를 구체적으로 관리하기 시
작하였다. 그로부터 파업권과 계속성의 원칙 간 미묘한 타협의 결실인 '최
소한의 역무'에 이르렀다.119)

최소한의 역무는 모든 공무원이 파업을 할 수 있다는 것을 배제한다. 그
중 오직 몇몇만이 파업을 할 수 있다. 일부 공무원이 파업 중일 때, 다른
공무원에 의하여 공역무의 계속성을 보장할 수 있도록 최소한의 작동이
이루어져야 하기 때문이다. 파업권의 이 한계는 반드시 법률로 제정되어
야 하는데, 국민의 생활에 필수적인 것으로 간주되는 몇몇 공역무 활동을
대상으로 최소한의 역무 수행 의무 설정에 따라 해당 공역무 파업권의 한
계가 지워진다.120)

행정기관은 법률이 규정한 경우에만 최소한의 역무 의무를 정할 수 있다.

---

118) CE, 14 mars 1956, dame Vve Casanova.
119) Marie Courrèges, op. cit., p. 118 참조.
120) Antony Taillefait, op. cit., p. 378; Fabrice Melleray, op. cit., p. 395 참조.

공역무에서의 최소한의 역무 설정은 계속 반복되는 문제로 나타났다.[121] 그래서 최소한의 역무가 요구되는 일반이익의 활동 목록을 확장하는 논의가 계속 이어졌다.[122]

행정기관은 최소한의 역무를 유지하기 위하여 업무복귀명령 발령권을 보유하고, 제한된 기간의 보충근무를 위하여 사람을 고용할 수도 있다.[123] 최소한의 역무를 침해하는 행위는 파업권의 남용에 해당한다. 그러나 직원에게 부과된 최소한의 역무가 실질적으로 계속적으로 제공되어야 하는 필수업무에 해당하지 아니하거나 해당하더라도 최소한의 역무 비율이 과도한 경우에는 파업권에 대한 부당한 제한이 된다.[124]

꽁세유데따는 최소한의 역무 설정에 대하여 심사를 한다.[125] 공무원은 최소한의 역무에 관한 결정에 대하여 소송을 제기할 수 있다.[126] 꽁세유데따는 기관장이 해당 공역무에 대하여 최소한의 역무 기준을 수립할 수 있음을 인정하면서 직업이익의 방어와 일반이익의 보호를 상호 조정한다.[127]

---

121) Olivier Dord, op. cit., p. 285 참조.
122) Céline Marquis, La prévention des conflits collectifs à la RATP(파리교통공사에서의 집단적 분쟁의 예방), Droit Social, 2003, p. 583-590(Fabrice Melleray, op. cit., p. 395에서 재인용) 참조.
123) CE, Ass., 18 janvier 1980, Syndicat CFDT des P et T du Haut-Rhin; Fabrice Melleray, op. cit., p. 395 참조.
124) Gilles Auzero et Emmanuel Dockès, Droit du Travail, 29ᵉ éd., Dalloz, 2014, p. 1482-1495(조용만, "프랑스에서 파업권의 보호와 대체근로의 제한", 노동법연구 제45호, 서울대학교 노동법연구회, 2018, 198면에서 재인용) 참조.
125) Olivier Dord, op. cit., p. 285 참조.
126) CE, 26 juin 1996, Commune de Grand Bourg Marie Galante; Anne Jourda-Dardaud, op. cit., p. 44 참조.
127) CE, 13 novembre 1992, Union synd. de l'aviation civile; CE, 17 mars 1997, Hotz; CE, 30 novembre 1998, Rosenblatt; CE, 8 mars 2006, Onesto; Emmanuel Aubin, op. cit., p. 460 참고.

(2) 구체적 적용

앞에서 본 바와 같이 입법자는 공역무에서 파업의 경우 최소한의 유지가 필요한 분야를 결정할 수 있는바,[128] 최소한의 유지가 필요한 공역무의 계속성을 가능하게 하기 위하여 몇몇 공역무에서 최소한의 역무를 정하였다. 오늘날 다섯 분야의 공역무가 여기에 관련된다고 설명된다. 그것은 공영 라디오·텔레비전 방송, 항공 안전, 육상정기여객운송, 학령기 유치원생과 초등학생의 취학 및 공공병원[129]이다.[130]

이런 최소한의 역무 설정을 위하여 제정된 법률에는 공영 라디오·텔레비전 방송에 관한 「1982년 7월 29일의 법률」과 「1986년 9월 30일의 제86-1067호 법률」 제57-Ⅱ조[131], 항공 안전에 관한 「1984년 12월 31일의 제84-1286호 법률」 제2조[132]와 「1987년 12월 18일의 법률」, 육상정기여객운송에 관한 「2007년 8월 21일의 제2007-1224호 법률」[133], 학령기 유치원생과 초등학생의 취학에 관한 「2008년 8월 20일의 제2008-790호 법률」(교육법 제133-2조부터 제133-10조까지)[134]이 있다.[135]

먼저 최초로 최소한의 역무가 설정된 공영 라디오·텔레비전 방송에 대하여 구체적으로 살펴본다. 꽁세유데따는 1956년 위블랭(Hublin) 판결에서

---

128) Olivier Dord, op. cit., p. 284 참조.
129) CE, 9 décembre 2003, Aguillon; Fabrice Melleray, op. cit., p. 395 참조.
130) Bernard Stirn et Yann Aguila, op. cit., p. 385 참조.
131) L. n° 86-1067 du 30 sept. 1986, art. 57-Ⅱ 참조.
132) L. n° 84-1286 du 31 déc. 1984, art. 2 참조.
133) L. n° 2007-1224 du 21 août 2007 sur le dialogue social et la continuité du service public dans les transports terrestres réguliers de voyageurs 참조.
134) C. éduc.(교육법전), art. L. 133-2 à L. 133-10 issus de la L. n° 2008-790 du 20 août 2008 instituant un droit d'accueil pour les élèves des écoles maternelles et élémentaires pendant le temps scolaire 참조.
135) Emmanuel Aubin, op. cit., p. 459; Bernard Stirn et Yann Aguila, op. cit., p. 385-386 참조.

대도시, 해외 영토 및 외국에 대한 뉴스 방영을 보장하는 데 필요한 직원의 파업 금지를 적법하다고 보았다.[136] 그 후 1966년 꽁세유데따는 국영 라디오·텔레비전방송국 기술자노동조합 판결에서, 정보통신부장관이 텔레비전 방송에 대하여 정한 최소한의 역무를 인정하면서도 텔레비전에서 20시 30분부터 22시 30분까지 영화를 송출하는 업무는 최소한의 역무에 해당하지 않는다고 보았다.[137] 한편, 입법자도 최소한의 역무에 개입하기 시작하였는데, 「1972년 7월 3일의 법률」과 「1974년 8월 7일의 법률」은 임무를 달성하는 데 '본질적인' 역무 요소의 계속성과 임무를 달성하는 데 '필수적인' 역무 요소의 계속성을 각각 규정하였다.[138] 꽁세유데따도 이 새로운 계속성의 개념을 인정했다.[139] 「1982년 7월 29일의 법률」 제74조는 파업의 경우 국가 및 지역 뉴스 방영을 포함하는 최소한의 역무를 규정했다.[140] 그 후 「1986년 9월 30일의 법률」에서도 이 분야에서 최소한의 역무를 규정했다. 한편, 헌법재판소는 공영 라디오·텔레비전 방송에서의 파업에 있어 일부 직원에게 48시간 전에 파업 참가 의사를 표명하도록 하게 하는 의무는 파업권의 개인적 성격을 고려한 것으로 파업을 과도하게 침해하지는 않는다고 판시하였다.[141]

최소한의 역무 창설 논의와 관련하여 가장 이론이 분분했던 분야는 육상정기여객운송 분야였다. 이른바 만델케른(Mandelkern) 위원회[142]는

---

136) Marie Courrèges, op. cit., p. 118 참조.
137) CE, Ass., 4 fevrier 1966, Syndicat unifié des techniciens de l'ORTF.
138) Marie Courrèges, op. cit., p. 119 참조.
139) CE, 20 janvier 1975, Syndicat national de radiodiffusion et de télévision et autres; CE, 12 novembre 1976, Syndicat unifié de radio et télévision CFDT.
140) Marie Courrèges, op. cit., p. 122 참조.
141) CC, 16 août 2007, Décis. n° 2007-556 DC; CC, 7 août 2008, Décis. n° 2008-569 DC.
142) Commission pour la continuité des services publics dans les transports terrestres de voyageurs(육상여객운송의 공역무 계속성 위원회), Rapport au ministre de

2004년 7월 육상정기여객운송 분야에서 '보장되는 역무'(le service garanti)
의 설정을 제안했다.[143] 한편, 꽁세유데따는 2006년 파리교통공사(RATP)
의 파업에 대한 판결에서, 해당 공역무의 기능이 파업에 의해 중대하게 훼
손되었을 때 해당 공역무의 계속성이 국가의 징발에 의해 보장될 수 있는
범위 내에서는 공기업의 경영진은 최소한의 역무에 관한 조항을 도입할
의무가 없다고 보았다.[144]

파리교통공사에 이어 프랑스국유철도회사(SNCF)의 역무에 대하여도 국
가의 징발제도가 마련되었는바, 이 제도가 오히려 최소한의 역무라는 권
위적인 조치보다 사회적 현실과 더 조화된다는 견해도 제기되었다.[145] 한
편, 육상정기여객운송에서 노사교섭과 공역무 계속성에 관한 「2007년 8월
21일의 법률」은 사용자가 파업의 효과를 예상하여 파업에 참가하지 않는
직원을 재 할당할 수 있도록, 직원으로 하여금 48시간 전에 사용자에게 파
업에 참가할지 여부를 알리도록 의무화함으로써 업무 장애의 정도를 줄이
고, 손해 발생을 정확하게 예상할 수 있게 하였다.[146] 이 법률에 대하여는

l'Équipement(시설부장관 보고서), juillet 2004, p. 117(Fabrice Melleray, op. cit.,
p. 395에서 재인용) 참조.

143) Céline Marquis, op. cit., p. 583-590(Fabrice Melleray, op. cit., p. 395에서 재인
용); 만델케른보고서에 대한 상세한 내용은 박제성, "프랑스 철도여객운송사업의
공공서비스 유지에 관한 만델케른 보고서", 국제노동브리프 제2권 제4호, 한국노
동연구원, 2004, 39면 이하 참조.

144) CE, 8 mars 2006, Onesto, n° 278999, concl. Keller; Emmanuel Aubin, op. cit.,
p. 459 참조

145) Fabrice Melleray, op. cit., p. 395-396 참조.

146) Charles Fortier, La garantie de continuité du service public dans les transports
terrestres de voyageurs: fin de l'exception française ?, RDP, 2007, p. 1635-
1662; Fabrice Melleray, La loi du 21 août 2007 sur le dialogue social ou
l'introuvable service minimum, AJDA, 2007, p. 1752-1755; Philippe Terneyre,
La loi n° 2007-1224 du 21 août 2007 sur le dialogue social et la continuité du
service public dans les transports terrestres réguliers de voyageurs, art. 5-Ⅱ(48
시간 전 개별적 예고): laboratoire d'une ambition plus vaste ou expérience

위와 같은 이유로 진정한 최소한의 역무를 설정한 것이 아니라고 평가하는 견해도 있다.[147] 헌법재판소는 위 법률에 대하여 육상정기여객운송 업무에 대하여 파업의 결과를 더 잘 예측하고 고려하기 위하여 적어도 48시간 전에 파업에 참여할 의사를 통지할 의무는 파업권을 과도하게 침해하지는 않는다고 결정하였다.[148]

한편, 학령기 유치원과 초등학교 학생의 입학 수용권을 설정하는 「2008년 8월 20일의 제2008-790호 법률」제5조는 유치원과 초등학교의 교사로 하여금 파업 개시 48시간 전에 파업에 참가할 의사를 지방자치단체에 통지하여야 한다고 규정하고 있다.[149] 이는 지방자치단체에서 학생교육 역무를 관리하기 위한 것이다. 이에 대하여 헌법재판소는 2008년에 1946년의 헌법 전문 제6항[150]에 따라 파업 참가 여부를 개인적으로 결정할 수 있는 각 교사의 자유를 제한할 우려가 있다고 하면서 다음과 같은 유보하에 헌법에 위반되지 않는다고 결정하였다.[151] 즉, 헌법재판소는 위 법률에서 교사에게 적어도 파업개시 48시간 전에 파업에 참가할 의사를 알리도록 하는 규정에 대하여 의문을 표시하면서, 국가와 노동조합 사이의 합의가 각 교사가 파업 참여 여부를 결정할 자유를 구속할 수는 없다는 것을 분명히 하였다.[152]

국가의 교육은 자주 개혁의 대상이 되다보니 교사들의 파업이 자주 발생하였다. 그래서 위 「2008년 8월 20일의 제2008-790호 법률」은 유치원과

---

isolée?, RJEP, 2007, p. 391-398(상기 세 문헌에 대하여는 Fabrice Melleray, op. cit., p. 396에서 재인용) 참조.

147) Fabrice Melleray, op. cit., p. 396 참조.

148) CC, 16 août 2007, Décis. n° 2007-556; Olivier Dord, op. cit., p. 284 참조.

149) Emmanuel Aubin, op. cit., p. 460 참조.

150) 모든 사람은 노조 활동을 통해 자신의 권리와 이익을 보호하고 자신이 선택한 노조에 가입할 수 있다.

151) CC, 7 août 2008, Décis. n° 2008-569; Olivier Dord, op. cit., p. 284 참조.

152) Emmanuel Aubin, op. cit., p. 458 참조.

초등학교에서 교사노동조합이 기습파업을 하기 위하여 매일 파업예고를 제출하는 것을 금지하였다.[153] 위와 같은 파업예고 매일 제출 금지는 기초 지방자치단체로 하여금 교사의 부족을 예측할 수 있게 하고, '최소한의 수용 역무'(SMA: Service Minimum d'Accueil)가 유치원과 초등학교에 용이하게 적용되도록 하는 것을 목적으로 한 것이다.[154]

유치원과 초등학교 취학 어린이가 있는 가족은 위 법률에 따라 학령기 동안 국가에 대하여 수용 요구의 권리를 갖는다.[155] 그런데 유치원과 초등학교에 대한 학생 수용 요구권의 창설은 엄밀한 의미에서 교사의 파업권을 제한하는 '최소한의 역무'를 설정한 것은 아니라는 견해도 있다.[156] 한편, 꽁세유데따는 위 법률에 대한 첫 번째 판결에서, 학교 교사 중 파업참가자가 25%에 도달하는 일은 일어나지 않을 것으로 예상하여 최소한의 수용 역무를 시행하지 않기로 한 기초지방자치단체 의회 의결의 집행정지를 명하는 베르사이유 행정항소재판소(CAA)의 가처분결정을 인정하였다.[157]

그리고 '최소한의 역무' 요구는 치료의 계속성을 위하여 대학병원과 공립 보건시설의 공역무에 대해서도 적용된다.[158] 공공병원 시설의 최소한의 역무 요구에 대하여 규율하는 것은 꽁세유데따의 드앤느 판결에 좇아

---

153) Art. L. 133-2-Ⅲ, C. trav.(유치원과 초등학교 교사의 파업 예고가 제출되었을 때, 같은 노동조합에 의한 같은 이유의 새로운 파업 예고는 절차가 실행되기 전에 그리고 절차 실행 중에 앞의 파업 예고 기간이 끝난 후에만 제출될 수 있다.); Emmanuel Aubin, op. cit., p. 459-460 참조.

154) Emmanuel Aubin, op. cit., p.460; Béatrice Thomas-Tual, op. cit., p. 147; Bernard Stirn et Yann Aguila, op. cit., p. 509 참조.

155) Antony Taillefait, op. cit., p. 579 참조.

156) Philippe Raimbault, Un droit d'accueil pour la rentrée, AJDA, 2008, p. 1949-1954(Fabrice Melleray, op. cit., p. 396에서 재인용) 참조.

157) CE, 7 oct. 2009, C⁼ de Plessis-Pàté, n° 325829; Emmanuel Aubin, op. cit., p. 460 참조.

158) CE, 9 décembre 2003, Aguillon; CE, 30 nov. 1998, Rosenblatt, Dr. adm. 1998, n° 169; Fabrice Melleray, op. cit., p. 395 참조.

보건부장관이 제정한 「1981년 8월 4일의 훈령」이다. 이 훈령은 각 병원의 책임자는 파업 시 환자의 안전과 필수적인 치료를 확보하기 위한 모든 조치를 취하여야 한다고 규정하면서, 최소한의 역무 범위는 일요일이나 공휴일에 유지되는 업무를 기준으로 정하도록 규정하고 있다. 병원 파업의 경우 유지되어야 할 최소한의 역무 범위와 그에 충당되는 인원수를 정하는 것은 각 병원 책임자의 권한이다.[159]

2. 최소한의 역무 유지 방법

(1) 업무복귀명령

'레끼지숑'(la réquisition)의 의미는 상황에 따라 다르다. 위 단어의 첫 번째 의미는 '징발'이다.[160] 징발은 제2차 세계대전 중에 물자의 징발을 위하여 전쟁 시기의 국가 조직에 관한 「1938년 7월 11일의 법률」로 도입되었다.[161] 위 법률은 「1950년 2월 28일의 법률」에 의하여 그 효력이 무기한 연장되었다. 그리고 국방에 관한 「1959년 1월 7일의 제59-147호 오르도낭스」는 위 「1938년 7월 11일의 법률」을 계승하였다.[162]

---

159) 박제성, "공공서비스 파업과 최소업무의 유지에 관한 프랑스의 법제", 노동법연구 제16호, 서울대학교 노동법연구회, 2004, 128-129면; 박제성, "공익서비스 파업에서 최소 업무의 유지: 프랑스", 국제노동브리프, 제3권 제9호, 한국노동연구원, 2005, 19-20면 참조(예컨대 산부인과 병원의 경우, 일요일에는 초음파 검사나 행정업무 등은 하지 않고, 분만실 등 업무만 하므로 파업 때 유지되어야 할 최소한의 역무도 이러한 분만실 업무 등으로 한정된다. 대학병원의 경우 최소한의 역무 범위와 인원수를 정하는 권한이 있는 자는 총장이나, 총장은 보통 병원장에게 이 권한을 위임한다).

160) Anne Jourda-Dardaud, op. cit., p. 43 참조.

161) 박제성, "공공서비스 파업과 최소업무의 유지에 관한 프랑스의 법제", 노동법 연구 제16호, 서울대학교 노동법연구회, 2004, 124면 참조.

162) Béatrice Thomas-Tual, op. cit., p. 147 참조.

징발은 군당국이나 행정당국에 의하여 결정된다. 군인 징발은 영토, 국가 또는 국민에 위협이 가해질 때 등 중대한 위기의 경우에 결정될 수 있다. 징발은 「1959년 1월 9일의 법률」과 「1962년 3월 26일의 데크레」에 의하여 민간인에게도 확장되었다.[163] 그 후에 아레떼(arrêté; 부령)에 의하여도 민간인의 징발이 가능하게 되었다.[164] 징발은 극도로 중대한 위기의 상황의 경우에 이루어지는 절차이다. 민간인 징발은 국가에 필수적이라고 간주되는 역무를 담당하는 사람에 대하여 이루어진다.[165] 한편, 프레페는 국내 안전에 대한 「2003년 3월 18일의 제2003-239호 법률」[166] 제3조를 법전화한 「지방자치단체 일반법전」 제2215-1조에 따라 공공질서, 보건, 안녕 및 안전에 대한 침해로 인하여 평소의 경찰권 행사로는 이를 해결할 수 없는 긴급한 상황이 발생한 경우 해당 침해가 끝날 때까지 필요한 물자, 인원 및 용역을 징발할 수 있다.[167]

'레끼지숑'의 두 번째 의미는 '업무복귀명령'이다. 파업권에 대한 제한으로서의 레끼지숑은 위 두 번째 의미이다.[168] 정부 또는 프레페는 필요한

---

163) 박제성, "공공서비스 파업과 최소업무의 유지에 관한 프랑스의 법제", 노동법 연구 제16호, 서울대학교 노동법연구회, 2004, 124면; Anne Jourda-Dardaud, op. cit., p. 43 참조.

164) Olivier Dord, op. cit., p. 291 참조.

165) Anne Jourda-Dardaud, op. cit., p. 43 참조.

166) 이 법률은 제출자인 당시 프랑스 내무장관 니콜라 사르코지(Nicolas Sarkozy)의 이름을 따서 일명 '사르코지법'이라고도 한다(박제성, "공공서비스 파업과 최소업무의 유지에 관한 프랑스의 법제", 노동법연구 제16호, 서울대학교 노동법연구회, 2004, 125면 각주 10 참조).

167) CE, 9 déc. 2003, Mme Aguillon; Olivier Dord, op. cit., p. 291; 박제성, "공공서비스 파업과 최소업무의 유지에 관한 프랑스의 법제", 노동법연구 제16호, 서울대학교 노동법연구회, 2004, 125면 참조.

168) Anne Jourda-Dardaud, op. cit., p. 43 참조(저자는 'réquisition'은 심각한 상황에서의 무거운 절차를 연상시키기 때문에 위 용어보다는 'requérir'라는 용어를 더 많이 사용한다고 한다. 그리고 위 용어들 간의 다른 중요한 차이는 'réquisition'은 많은 수의 공무원이 관련될 때 사용하는 반면, 'requérir'는 적은 수의 공무원이

경우 파업 중인 공무원으로 하여금 근무에 복귀하도록 법적으로 강제할 수 있다. 위와 같은 업무복귀명령은 상술한 징발의 근거 법률이기도 한 「1938년 7월 11일의 법률」을 법전화한 「방위법전」 제L.2211-1조 이하는 국무회의 데크레와 그 후 아레떼에 의한 업무복귀명령을 정하고 있다.169) 그래서 행정당국은 위 법률에 따라 필수적인 공역무의 계속성을 보장하기 위하여 일부 파업공무원에 대하여 업무복귀명령을 발령할 수 있다.170)

　업무복귀명령은 공공질서가 침해될 때 행정당국에 의하여 파업 중인 공무원에게 발령되는 명령이다.171) 꽁세유데따는 1958년 업무복귀명령은 필수 인력의 근무를 유지하기 위하여 발령될 수 있다고 판결했다.172) 위 판례는 국가공무원에 관한 판례지만, 지방공무원에게도 적용될 수 있는 것으로 보인다. 위 판례에 따르면, 중단되어서는 안 되는 직무의 목록을 수립할 때는 해당 공무원의 '직급'이 아니라 '직무'를 고려하여야 한다. 특히 사람의 안전이나 시설과 기자재의 보전에 필수적인 사람은 그의 권한 수준에 관계없이 고려되어야 한다. 업무복귀명령 대상 직원의 목록은 노사 동수의 대표로 구성된 기술위원회에서 논의되어야 한다. 업무복귀명령은 개인별로 이루어져야 하고 정당한 이유가 있어야 한다. 업무복귀명령은 공권력의 대리인 등에 의하여 당사자에게 직접적으로 통지되어야 한다. 기관장의 전화 또는 업무지시(la note de service)에 의한 업무복귀명령은 무효이다. 해당 기관의 전체 공무원이 아니고 일부 공무원만이 업무복귀

　　관련될 때 사용한다고 첨언한다).

169) Olivier Dord, op. cit., p. 290-291; Béatrice Thomas-Tual, op. cit., p. 147 참조.

170) CE, Ass., 18 janvier 1980, Syndicat CFDT des P et T du Haut-Rhin; Fabrice Melleray, op. cit., p. 395; Béatrice Thomas-Tual, op. cit., p. 147; Antony Taillefait, op. cit., p. 378; Weclawiak (R), "Sécurité civile et réquisition", RDP 2003, p. 1023(Emmanuel Aubin, op. cit., p. 460에서 재인용); Yves Gaudemet, op. cit., p. 423 참조.

171) Anne Jourda-Dardaud, op. cit., p. 43 참조.

172) CE, 28 novembre 1958, Lepouse.

명령의 대상이 될 수 있다.173)

꽁세유데따는 1965년 업무복귀명령의 대상이 된 공역무가 파업에 참가하지 않은 공무원에 의하여 수행될 수 있었다는 이유로, 파업에 참가 중인 공무원에 대한 업무복귀명령이 위법하다고 보았다.174) 지방자치단체에서 파업에 의하여 정지될 수 있는 공역무가 유지되려면 몇 명의 공무원이 필요하는지 판단하는 것은 시장, 도의회의장 또는 헤지옹의회 의장의 일이다. 그 결과, 필수 인원의 근무 유지를 위하여 업무복귀명령이 결정될 수 있다.175) 업부복귀명령에 복종하지 않는 공무원은 형사 범죄로 처벌 받을 수 있다. 그러나 1963년 드골대통령이 파업 중인 20만 명의 광부에 대하여 '콜롱베'(Colombey)라고 불린 데크레에 의하여 업무복귀명령을 발령한 것이 실패로 끝난 사례에서 보듯이, 업무복귀명령의 집행에는 현실적인 힘의 관계가 반영되기도 한다.176)

행정재판소는 파업권의 실질이 유지될 수 있도록 하기 위하여 파업공무원에 대한 업무복귀명령의 요건을 엄격하게 심사한다. 업무복귀명령을 정당화하기 위해서는, 해당 파업이 공역무의 계속성이나 국민의 필수적인 수요 충족을 중대하게 침해해야 한다. 행정재판소는 공역무 계속성의 요구와 파업권에 대한 침해의 중대성 또는 업무복귀명령 조치의 비례성을 심사한다. 파업이 국민의 필수적인 수요나 공역무의 계속성에 중대한 침해를 가져올 때만 업무복귀명령의 적법성이 인정된다.177) 행정재판소는 누메아(Nouméa)시 시장이 야간햇불행렬의 안전을 위하여, 파업 참가 소방

---

173) Anne Jourda-Dardaud, op. cit., p. 44; Olivier Dord, op. cit., p. 291 참조.
174) CE, 9 juillet 1965, Pouzenc.
175) Anne Jourda-Dardaud, op. cit., p. 42-43 참조.
176) Olivier Dord, op. cit., p. 291 참조.
177) CE 24 févr. 1961, Isnardon; Antony Taillefait, op. cit., p. 378; Béatrice Thomas-Tual, op. cit., p. 147; Emmanuel Aubin, op. cit., p. 460-461; Olivier Dord, op. cit., p. 291 참조.

관 14명에 대하여 발령한 업무복귀명령은 적법하다고 보았다. 위 사건에
서 행정재판소는 위 업무복귀명령이 시민의 안전을 보장하기 위한 필요성
에 의해 정당화되는 한, 위 업무복귀명령은 파업권에 비례의 원칙에서 벗
어난 과도한 침해를 가져오지 않는다고 판단했다.[178] 마찬가지로 공역무
를 담당하는 프랑스전력공사(EDF)의 사장이 중앙원자력발전소의 가동 유
지를 위하여 파업참가직원의 업무복귀를 강제한 조치는 파업권의 기본적
자유를 침해하지 않는다고 보았다.[179] 그런데 만약 파업에 참가하지 않는
공무원이 수적으로 충분하다면 당국은 업무복귀명령을 받은 직원에게도
파업에 참가할 수 있는 권리가 있음을 알려야 한다.[180]

한편, 상술한 국내 안전에 대한 「2003년 3월 18일의 제2003-239호 법률」
제3조(지방자치단체 일반법전 제2215-1조)에 따라 프레페는 보건 등 일부
공역무의 정상적인 운영이 긴급하게 필요한 경우 업무복귀명령권을 행사
할 수 있다.[181] 위 법률 규정에 따라 도시 지역 응급실 파업의 경우에 치
료의 영속성을 위하여 업무복귀명령이 발령될 수 있다.[182] 그런데 2003년
꽁세유데따는 프레페가 위 법률 규정에 따라 지방에 있는 어떤 시에서 파
업 중인 모든 산부인과 조산원에 대하여 업무복귀명령을 발령한 사례에서,
조산원의 파업권을 구성하는 기본적 자유에 중대한 침해를 가져온다고 판
단했다.[183] 한편, 행정재판소는 1985년 항공관제사의 파업 사례에서, 국가
가 업무복귀명령권을 행사하지 않는 것은 항공 이용자에 대한 국가의 과

---

178) TA de Nouvelle-Calédonie, 2 mars 2000, Fédér. des syndicats des
fonctionnaires agents et ouvriers de la fonction publique.
179) CE, ord. réf., 15 juill. 2009, Sté. EDF(Electricité de France); Emmanuel Aubin,
op. cit., p. 461 참조.
180) Anne Jourda-Dardaud, op. cit., p. 44 참조.
181) Emmanuel Aubin, op. cit., p. 461; Olivier Dord, op. cit., p. 291 참조.
182) Béatrice Thomas-Tual, op. cit., p. 147 참조.
183) CE, 9 décembre 2003, Mme Aguillon et al., n° 262186; Emmanuel Aubin, op.
cit., p. 461; Olivier Dord, op. cit., p. 291 참조.

오에 해당한다고 판시하기도 하였다.184)

파업 참가자에 대한 업무복귀명령은 공역무에 대하여만 인정되고 민간부문에서는 인정되지 않는다.185) 따라서 민간병원 파업의 경우에 사용자의 업무복귀명령은 허용되지 않는다.186) 한편, 민간부문 파업에서 사용자의 요청 또는 노사합의에 의하여 최소한의 업무를 이행한 근로자는 실행된 근로에 대하여는 그에 해당하는 완전한 보수를 받을 권리가 있다.187)

(2) 지정과 지명

드앤느(Dehaene) 판결의 취지에 따라 정부는 공역무에서 파업권을 제한하기 위하여 최소한의 역무를 유지하는 조치로서 '지정'(la désignation)과 '지명'(l'assignation)을 할 수 있다. 여기서 '지정'은 최소한의 역무가 유지되어야 하는 직무를 정하는 절차이고, '지명'은 최소한의 역무를 유지하기 위하여 파업을 하지 못하고 근무를 해야 하는 사람을 정하는 절차이다. 그런데 일반적으로 위 절차는 불확정적인 절차로 평가된다.188)

파업권을 규제하기 위한 행정의 권한은 국가의 존속에 필수적인 공역무189)와 공무원 없이는 최소한의 역무가 보장될 수 없는 핵심적인 공역무에

184) CE, 6 novembre 1985, Sté Condor-Flugdienst; Emmanuel Aubin, op. cit., p. 461 참조.
185) Cass. soc., 25 févr. 2003, n° 00-42.031.
186) 박제성, "공공서비스 파업과 최소업무의 유지에 관한 프랑스의 법제", 노동법연구 제16호, 서울대학교 노동법연구회, 2004, 125면 참조.
187) Cass. soc., 16 nov. 1993, 91-45688.
188) Olivier Dord, op. cit., p. 291; 박제성, "공공서비스 파업과 최소업무의 유지에 관한 프랑스의 법제", 노동법연구 제16호, 서울대학교 노동법연구회, 2004, 128-130면 참조.
189) CE, Sect., 17 mars 1997, Hotz et autres, n° 160684, production d'électricité par EDF(프랑스전력공사에 의한 전력 생산).

한정된다. 판례에 따르면, 공무원 범주 중 두 범주에 대하여 '지정'이 이루어
질 수 있는바, 이 두 범주는 파업기간 동안 근무를 유지하여야 한다. 여기에
는 국가공무원 중 상위직이나 지방청장 등 중앙정부의 행위에 참가할 수 있
는 권한이 있는 지방공무원과 사람의 안전, 시설과 물자의 보전 또는 중앙정
부에 필수적인 공역무의 수행을 보장하기 위하여 필요한 공무원이 포함된다.
또한 행정기관은 최소한의 역무를 창설할 수 있다. 그러나 행정기관은 관련
공무원의 수에 의해 파업권의 효과성을 무시해서는 아니 된다.[190]

행정당국은 안전과 관련되는 공역무의 분야에서 파업을 하지 못하고 자
리를 지켜야 할 의무를 부과하는 '지명'(l'assignation)을 할 수 있다.[191] 지
명이란 기관장이 파업의 범위와 기간을 고려하여 최소한의 역무로 지정된
업무에 종사할 인원수를 정하는 것을 말한다.[192] 이를 위하여 행정당국은
파업권이 일시적으로 금지되는 공무원의 기명 목록을 만들게 된다. 그런
데 지명인원이 필수인력을 초과할 경우에는 위법한 지명이 될 수 있다.[193]
파업예고 기간 동안 진행되는 노사교섭으로 최소한의 역무 범위와 인원에
대하여 합의를 보게 되면 지명은 이루어지지 않을 수 있다. 공역무에서 지
명은 노사교섭이 실패로 끝난 경우에 이루어진다.[194]

지명의 절차는 등기우편 우송, 사업장 내 게시판 게시, 문서 통보 후 서

---

190) Olivier Dord, op. cit., p. 286 참조; CE, 30 nov. 1998, Mme Rosenblatt(종합수
    술센터 업무 중 회복실 업무를 최소한의 역무로 지정).
191) Béatrice Thomas-Tual, op. cit., p. 147 참조.
192) 박제성, "공공서비스 파업과 최소업무의 유지에 관한 프랑스의 법제", 노동법연구
    제16호, 서울대학교 노동법연구회, 2004, 129면 참조.
193) CE, 7 janvier 1976, Centre hospitalier régional d'Orléans; Béatrice Thomas-Tual,
    op. cit., p. 147 참조.
194) 박제성, "공공서비스 파업과 최소업무의 유지에 관한 프랑스의 법제", 노동법연구
    제16호, 서울대학교 노동법연구회, 2004, 129면; 박제성, "공익서비스 파업에서
    최소 업무의 유지: 프랑스", 국제노동브리프, 제3권 제9호, 한국노동연구원, 2005,
    20면; 노동법전 제L.2512-2조 참조.

명이나 수령증을 받는 방법 등으로 이루어지고, 이렇게 지명된 직원은 파업 참가가 금지된다. 지명에 이의가 있으면 지명권 행사의 남용을 이유로 지명의 집행정지를 구하는 가처분을 신청할 수 있다. 한편, 지명된 근로자는 일단 파업에 참가하지 않고 최소한의 역무에 종사한 후, 사후적으로 해당 지명권의 행사가 남용되었다고 주장하면서 손해배상을 청구할 수도 있다.195) 공공의료시설의 장은 공공의료의 역무에 있어서 최소한의 역무 유지를 위하여 파업의 기간과 범위를 고려하여 구체적인 업무 범위와 인원을 지명할 수 있다.196)

Ⅱ. 절차적 제한

1. 파업 예고

공역무에서의 모든 파업은 예고의 대상이다. 이 예고는 파업의 이유, 장소, 시작 날짜와 시간 및 예정기간을 미리 알려 파업권의 행사가 공역무 계속성의 원칙에 어긋나는 몇몇 형태의 파업에 해당되는지 여부를 알게 하는 데 목적이 있다.197) 공역무를 수행하는 사기업에서 예고는 공역무의 활동을 담당하는 직원에게만 적용된다.198)

반면에, 공역무를 수행하지 않는 민간부문에서는 공역무에서와 달리 파업예고는 필요 없다.199) 따라서 투표 등으로 근로자의 의견을 물어볼 필요

---

195) 박제성, "공공서비스 파업과 최소업무의 유지에 관한 프랑스의 법제", 노동법연구 제16호, 서울대학교 노동법연구회, 2004, 128-130면 참조.
196) Antony Taillefait, op. cit., p. 808 참조.
197) C. trav., art. L. 2512-3, al 1er; Olivier Dord, op. cit., p. 285; Anne Jourda-Dardaud, op. cit., p. 36 참조.
198) Cass. soc., 8 oct. 2014; Gilles Auzero et al., op. cit., p. 1757 참조.

도 없다.200) 단체협약의 파업예고 약정도 근로자에게는 효력이 없다.201)
따라서 민간부문의 파업에서 파업예고 여부는 근로자가 파업을 하거나 하
지 않을 가능성만을 나타낼 뿐이다.202)

그러나 공역무에서의 파업은 예고가 선행되어야 하므로 기습파업은 금지된
다. 따라서 예고 없는 파업은 위법한 파업이 된다. 예고는 전국 차원에서,203)
직업의 범주에서 혹은 기업, 단체 또는 관련 역무 분야에서 가장 대표적인 조
합에서 해야 한다.204) 이는 비공식파업의 회피를 목적으로 한다.205)

이러한 노동조합 대표성은 조합원수, 독립성, 조합기금, 조합의 경험과 역
사 및 피점령하에서의 애국적 태도의 다섯 가지 기준에 따라 판단된다.206)
전국적인 차원에서는 노동총연맹(CGT), 노동총연맹-노동자의힘(CGT-FO),
프랑스민주노동연맹(CFDT), 프랑스기독교노동연맹(CFTC) 및 관리직총연
맹(CGC)의 5개의 연맹이 대표성을 갖는 노동조합이다. 따라서 공무원노동
조합 중 이러한 연맹에 가입한 노동조합만이 전국적인 차원에서 대표성이
인정되는 공무원노동조합이다.207)

그러나 공기업은 전국적인 차원에서 대표성을 인정받은 노동조합이 아
니더라도 그 파업이 관계된 당해 공기업에서 대표성이 인정되면 대표적인
조합이 될 수 있다. 예를 들면 파리교통공사직원자주조합은 기업 차원에서

---

199) Cass. soc., 26 févr. 1981.
200) Gilles Auzero et al., op. cit., p. 1756 참조.
201) Cass. soc., 7 juin 1995; Cass. soc., 12 mars 1996.
202) Cass. soc., 11 févr. 2015.
203) 대표성이 인정되는 총연맹에 가입한 조합의 경우가 여기에 해당된다(Gilles Auzero
    et al., op. cit., p. 1757 참조).
204) Ibid., p. 1757 참조.
205) 이철수·강성태, 전게서, 231면 참조; 여기서 '비공식파업'이란 흔히 '살쾡이파업'
    이라고도 하는데, 노동조합의 조합원들이 노동조합의 의사에 반하여 하는 파업을
    말한다(임종률, 노동법, 제18판, 박영사, 2020, 242면 참조).
206) 노동법전 제L.2121-1조; Gilles Auzero et al., op. cit., p. 1274 참조.
207) 이철수·강성태, 전게서, 222-224면 참조.

대표성이 있기 때문에 총연맹에 가입하지 않더라도 대표적인 조합으로 인정된다.208) 꽁세유데따는 의료직노동조합의 파업예고에 대하여 전국적인 예고만으로 충분하기 때문에 의료직노동조합이 각 시설의 장에게 파업예고를 할 필요는 없다고 보았다.209) 이와 같이 공역무에서는 대표성이 있는 노동조합이 파업예고를 함으로써 비로소 파업을 개시할 수 있으므로 파업의 착수는 노동조합의 주도에 의해 이루어진다.

그러나 민간부문에서는 노동조합에 의한 파업예고가 필요 없기 때문에 근로자는 노동조합이 주도하지 않는 비공식파업을 할 수 있다.210) 이와 같이 민간부문에서는 노동조합에 의하여 개시되지 않은 파업도 적법성을 상실하지 않기 때문에211) 비공식파업이 많이 발생한다. 따라서 파업권은 집단적으로 행사되더라도 각 근로자에게 속한다.212)

공공부문에서 파업예고는 노동조합의 의무이지 노동조합원의 의무가 아니다. 노동조합원이 하는 예고는 효력이 없다.213) 이와 같이 파업예고는 노동조합이 하지만, 파업권의 보유자는 개별 공무원이므로 개별 공무원은 파업에 처음부터 합류할 수도 있고, 나중에 합류할 수도 있으며, 처음에 합류하였다가 중간에 벗어날 수 있고, 중간에 벗어났다가 다시 합류할 수도 있다.214)

그리고 파업예고는 고위 당국자, 공역무를 수행하는 당해 시설법인, 기업체 또는 단체의 책임자에게 파업 개시 정확히 5일 전에 도달하여야 한다.215) 따라서 예고 접수 후 5일 전에 개시된 파업은 위법하고, 예고 의무

---

208) 상게서, 231면 참조.
209) CE, 16 janv. 1970, Hôpital rural de Grandvilliers; Emmanuel Aubin, op. cit., p. 460; Antony Taillefait, op. cit., p. 410 참조.
210) Gilles Auzero et al., op. cit., p. 1759 참조.
211) Cass. soc., 19 févr. 1981.
212) Gilles Auzero et al., op. cit., p. 1759 참조.
213) Emmanuel Aubin, op. cit., p. 460; Antony Taillefait, op. cit., p. 410 참조.
214) Gilles Auzero et al., op. cit., p. 1757 참조.

에 관한 고위 당국자 등의 통지에도 불구하고 위 파업에 참여하는 직원은
설령 접수 후 5일이 지나서 파업에 참여하더라도 징계 대상이 된다.216) 국
가공무원 파업에서는 예고 수신인이 국가로서 유일하나, 지방공무원 파업
은 전국적인 규모일지라도 각 지방공무원노동조합지부는 각 지방당국에
예고를 하여야 한다.217)

　또한 이 예고는 예정된 파업의 이유, 지리적 장소, 기간 및 시작 시간을
적시하여야 하고, 위 기간이 한정된 기간인지 무기한인지도 밝혀야 한다.218)
파업은 예정 기간이 있을 수 있지만 근로중단 기간의 확정 여부는 중요하지
않고219), 무기한 또는 '직업상 요구가 만족될 때까지'처럼 불확정 기간 동안
행사될 수도 있다.220) 예고는 서면으로 제출되어야 하고, 노동조합에 책임을
지울 수 있는 자격이 부여된 사람의 서명을 포함하여야 한다.221)

　한편, 파업예고의 반복은 법률에서 예고 제도를 둔 효과를 약화시킬 수
있다.222) 파기원은 복수의 조합조직을 위하여 파업 날짜를 각각 달리하여
예고를 하는 행위를 적법하다고 보았다.223) 또한 계속 이어지는 파업에 대
한 복수의 파업예고도 금지되지 않는다.224) 그리고 여러 날을 일정한 기간

---

215) CE, 21 juill. 1972, Féd. syndicale chrétienne des travailleurs PTT(우편전신전화
　　기독교노조연맹); Cass. com.(파기원 상사부), 3 février 1998, CGFTE c/ Synd.
　　CGT et synd. autonome de la CGFTE; Emmanuel Aubin, op. cit., p. 459; Cass.
　　soc., 4 février 2004; Béatrice Thomas-Tual, op. cit., p. 146 참조.

216) Cass. soc., 11 janv. 2007; Gilles Auzero et al., op. cit., p. 1758 참조.

217) Anne Jourda-Dardaud, op. cit., p. 38-39 참조.

218) Fabrice Melleray, op. cit., p. 396-397; Olivier Dord, op. cit., p. 285; Antony
　　Taillefait, op. cit., p. 580; Gilles Auzero et al., op. cit., p. 1757 참조; CA Paris,
　　13 sept. 2000.

219) Cass. soc., 6 nov. 1958; Cass. soc., 13 juin 1957.

220) Gilles Auzero et al., op. cit., p. 1759 참조.

221) Anne Jourda-Dardaud, op. cit., p. 39, 47 참조.

222) Béatrice Thomas-Tual, op. cit., p. 146 참조.

223) Cass. soc., 4 février 2004; Emmanuel Aubin, op. cit., p. 459 참조.

224) Cass. soc., 30 janv. 2008; Cass. soc., 25 janv. 2012.

으로 분할한 파업에 대한 예고도 금지되지 않는다.[225] 짧은 기간 파업이 반복되더라도 적법하다.[226] 짧고 반복적인 근로중단이 사용자에게 손해를 끼치더라도 원칙적으로 파업권의 적법한 행사로 간주된다.[227]

행정당국은 어떤 경우에도 예고에 대답할 의무는 없다. 꽁세유데따는 파업예고를 규정한 「1963년 7월 31일의 법률」이나 관련 행정입법은 파업예고를 수령한 행정기관에 대하여 이에 응답할 어떤 의무도 규정하고 있지 않다고 하면서, 노동조합연맹의 파업예고에 대하여 수신인인 행정기관[228]은 어떤 응답의무도 없고 심지어 예고의 수리 가능성에 대한 의사를 표명할 의무조차 없다고 보았다. 위 판결에서 꽁세유데따는 파업예고의 제출 후에 행정기관이 응답을 거부하면서 침묵을 지키는 것은 행정기관이 어떤 결정도 한 것이 아니라고 하면서 그 취소를 구하는 청구를 각하하였다.[229] 한편, 예고가 필요한 공공부문의 파업에 대하여는 민간부문의 파업과 달리 예방적 차원의 재판상 통제가 가능한바, 파업예고를 수령한 행정기관이나 공역무를 수행하는 기업의 책임자는 해당 파업이 요건을 갖추지 못하였을 경우 가처분 신청 등을 통하여 해당 파업의 착수를 저지할 수 있다.[230]

그리고 예고기간의 불이행은 공무원의 파업에서 금지된 행위이다. 그리고 예고를 제출했지만 기간을 지키지 않은 공무원의 행위는 중대한 과오에 해당한다.[231] 파업참가 공무원이 파업예고 절차를 준수하지 않은 경우

---

225) Cass. soc., 7 juin 2006 n° 04-17.116; Gilles Auzero et al., op. cit., p. 1758 참조.
226) Cass. soc., 18 avr. 1963; Cass. soc., 25 févr. 1988; Cass. soc., 1ᵉʳ mars 1989; Cass. soc., 30 mai 1989; Cass. soc., 16 oct. 2001.
227) Cass. soc., 25 janv. 2011; Cass. soc., 5 juill. 1995.
228) 이 사건에서는 체신부장관이었다.
229) CE, 2/6 SSR, du 31 octobre 1986, n° 53872, Fédération nationale des syndicats libres PTT; Anne Jourda-Dardaud, op. cit., p. 39 참조.
230) Gilles Auzero et al., op. cit., p. 1798 참조.
231) Anne Jourda-Dardaud, op. cit., p. 39, 47 참조.

에는 그에 대한 관계서류의 송부와 같은 절차 없이 징계가 이루어진다. 그렇지만 적법한 예고 없이 파업에 착수한 공무원에 대한 해임이나 강등은 관계서류의 송부 등 징계에 관한 모든 절차적 보장이 준수된 후 징계위원회를 거친 경우에만 가능하다.[232]

한편, 「2008년 8월 20일의 제2008-790호 법률」은 초등학교 교사 노동조합이 기습파업을 할 목적으로 파업예고를 매일 제출하는 것을 금지하였다.[233] 이에 따라 지방자치단체는 파업에 따른 교사의 부족을 예측할 수 있게 되었다. '최소한의 수용 역무'(Service Minimum d'Accueil)의 법률로 알려진 이 법률은 초등학교에 최소한의 역무 원칙을 적용하는 것을 목적으로 한다.[234]

2. 단체교섭

노동법전 제L.2512-2조는 예고된 파업의 당사자는 예고기간 동안 단체교섭에 임해야 한다고 규정한다.[235] 그런데 노동조합 또는 행정기관이 단체교섭에 임하지 않더라도 이들을 제재하기는 매우 어려워 보인다. 따라서 위 단체교섭에 임할 의무는 불확실한 효과를 지닌 의무라 할 것이다.[236]

단체교섭은 최초이자 최후의 보루가 되어야 한다. 단체교섭 의무는 파업의 개시를 방해할 목적으로 규정된 것이다. 단체교섭의 의지는 노동관

---

232) CE 7 juill. 1999, Mme Persanie; Antony Taillefait, op. cit., p. 410 참조.
233) Art. L. 133-2-Ⅲ, C. trav.(유치원과 초등학교 교사의 파업 예고가 제출되었을 때, 같은 노동조합에 의한 같은 이유의 새로운 예고는 절차가 실행되기 전에 그리고 절차 실행 중에 예고기간이 끝난 후에만 제출될 수 있다.).
234) Emmanuel Aubin, op. cit., p. 459-460 참조.
235) '예고 기간 동안, 이해관계 당사자는 교섭할 의무가 있다.'(Pendant la période de préavis, les parties intéressées sont tenues de négocier.); Gilles Auzero et al., op. cit., p. 1758; Olivier Dord, op. cit., p. 285; Béatrice Thomas-Tual, op. cit., p. 146; Bernard Stirn et Yann Aguila, op. cit., p. 386 참조.
236) Fabrice Melleray, op. cit., p. 396-397 참조.

계의 양 당사자에게 있어야 한다. 즉, 노동관계의 양 측 모두에 타협에 대한 공통의 의지가 있어야 한다. 그러나 실제 국면에서는 조합 측은 타협에 대한 의지보다는 동원과 실력행사로써 행정기관 측을 압박하려고 한다. 또한 행정당국은 단체교섭을 효과적으로 주도하기 위한 활동의 수단을 거의 사용하지 않는다. 중앙행정당국은 전국적으로 규제의 조정을 목적으로 하는 단체교섭만을 한다.[237] 꽁세유데따는 행정기관에서 단체교섭 제안을 하지 않았다고 하여 이런 이유가 노동조합이 행정기관을 상대로 소송을 제기할 근거는 되지 못한다고 판결했다.[238]

Ⅲ. 방법적 제한

1. 순환파업

순환파업(la grève tournante)은 연쇄파업 또는 파상파업이라고도 하는데, 각 부서가 돌아가면서 행하는 파업 형태로서, 일반적으로 다양한 역무나 다양한 범주의 공무원들이 공동의 의사로 연속적으로 근로를 중단하는 것을 말한다. 즉, 한 범주에서 다른 범주로 또는 한 부서에서 다른 부서로 번갈아가며 행사되는 파업이다. 순환파업은 근로의 완전한 중단 없이 업무처리 속도의 감속과 관계되는 '태업'과 구별된다. 순환파업은 예컨대, 직급별로 순차적으로 파업을 하는 것과 같이 인적 범위에 의한 수평적 유형과, 행정안전국 다음에 재정경제국이 파업을 하는 식으로 업무활동을 단위로 행하는 수직적 유형으로 나뉜다.[239]

---

237) Anne Jourda-Dardaud, op. cit., p. 39-40 참조.
238) CE, 3 juillet 1987, Fédération nationale des syndicats libres des PTT.
239) Anne Jourda-Dardaud, op. cit., p. 37; Hélène Sinay, Traité de Droit du Travail,

파기원 판례는 민간부문에서 원칙적으로 순환파업의 적법성을 인정한다.240) 다만, 순환파업으로 인하여 기업에 완전한 저해가 초래된 경우에는 예외적으로 위법한 파업이 될 수 있다.241) 그러나 「1963년 7월 31일의 법률」(노동법전 제L.2512-3조)은 공공부문에서 순환파업을 금지한다. 노동법전 제L.2512-3조 제1항은 여러 다른 범주 간에 근로의 중단 시간과 재개 시간이 동일할 것을 요구한다.242) 즉, 다양한 직원 간에 근로의 중단 시간과 재개 시간이 달라서는 안 된다는 것이다. 교대근무제가 시행되는 시설에서도 순환파업은 금지된다.243)

그리고 노동법전 제L.2512-3조 제2항은 같은 시설이나 역무의 다양한 분야나 범주에서 또는 같은 기업이나 단체의 다양한 시설이나 역무에서, 공동의 의사로 일정한 간격을 두고 이어지는 형태로 또는 교대로 벌이는 근무의 중단을 금지한다.244) 그러나 다른 기관 직원과 교대로 벌이는 순환파업은 적법하다. 또한 같은 직원에 의한 짧고 반복적인 파업은 금지되지 않는다.245)

순환파업은 파업기간을 연장하고 보수삭감을 축소시키므로 이를 금지한다.246) 즉, 공무원이 소액의 보수삭감의 대가로 장기간 동안 공역무에 혼란을 야기하거나 공역무를 완전히 마비시키는 것을 피하기 위하여 순환

La grève, tome 6, Dalloz, 1984, p. 200; Gérard Cornu, Vocabulaire Juridique, Presses universitaires de france, 1990, p. 386(상기 Hélène Sinay와 Gérard Cornu의 문헌에 대하여는 김기우·권혁, 필수유지업무 범위에 관한 연구, 한국노총 중앙연구원, 2007, p. 108에서 재인용) 참조.

240) Cass. soc., 14 janv. 1960; Cass. soc., 22 janv. 1981.
241) Cass. soc., 30 mai 1989; Cass. soc., 7 avr. 1993.
242) Anne Jourda-Dardaud, op. cit., p. 8, 37; Antony Taillefait, op. cit., p. 720 참조.
243) Cass. soc., 3 févr. 1998; Gilles Auzero et al., op. cit., p. 1760 참조.
244) C. trav., art. L. 2512-3, al 2 참조.
245) Gilles Auzero et al., op. cit., p. 1760 참조.
246) CE Ass., 23 octobre 1964, Féd. des syndicats chrétiens des cheminots(기독교도 철도종사원노동조합연맹); Emmanuel Aubin, op. cit., p. 459 참조.

파업을 금지한다.247) 그리고 사용자의 입장에서 볼 때 순환파업은 전형적인 파업과 달리 급여비용을 부담하면서 업무의 상당한 혼란을 수인하여야하므로 특히 공공부문에서 유해하고 불공평하다는 점이 위와 같은 형태의파업을 금지한 입법취지였다.248)

위와 같은 공공부문의 순환파업 금지는 앞에서 든 꽁세유데따 판례에서보는 바와 같이 공무원뿐만 아니라 프랑스국유철도회사 등 공역무를 담당하는 기업에도 적용된다.249) 이에 대하여 노동법전 제L.2512-1조는 순환파업을 금지하는 제L.2512-3조가 공역무를 담당하는 기업 등에도 적용됨을 규정하고 있다. 위와 같이 공무원 등에 대하여는 순환파업이 금지됨에도 공공부문에서도 간혹 집단행위의 효율성을 제고할 목적으로 위 규정을위반하여 순환파업을 하곤 한다. 예를 들면, 2000년 11월 파리의 34개 수영장 수영교사의 파업 또는 2003년 봄 교사의 파업이 이에 해당한다.250)이러한 순환파업 금지 규정 위반은 당연히 징계책임을 발생시킨다.251)

2. 현장파업

민간부문에서는 현장파업(la grève sur le tas)도 원칙적으로 적법하나,252) 공역무에서 현장파업은 위법하다.253) 꽁세유데따는 1966년 판결에

---

247) 노동법전 제L.2512-3조; Fabrice Melleray, op. cit., p. 397; Olivier Dord, op. cit., p. 285 참조.

248) Hélène Sinay et Jean-Claude Javillier, op. cit., p. 412(조용만, "프랑스 공무원노사갈등과 한국적 함의", 서울행정학회 학술대회 발표논문집, 서울행정학회, 2006, p. 438면에서 재인용) 참조.

249) CE, Ass., 23 octobre 1964, Féd. des syndicats chrétiens des cheminots.

250) Emmanuel Aubin, op. cit., p. 459, 각주 87 참조.

251) Olivier Dord, op. cit., p. 285 참조.

252) Gilles Auzero et al., op. cit., p. 1760-1761 참조.

253) Béatrice Thomas-Tual, op. cit., p. 146-147; Fabrice Melleray, op. cit., p. 397 참조.

서 파업에 착수하는 즉시 행정건물에서 퇴거할 것을 명하는 장관의 훈령을 따르지 않은 것을 이유로 견책의 징계를 당한 공무원이 위 훈령이 파업권을 침해한다고 주장한 데 대하여, 관할 장관의 승인 없이는 행정건물은 지정된 공역무에 필요한 목적 이외의 목적으로 사용될 수 없으므로, 관계 장관은 자신의 책임 하에 있는 공역무의 적절한 작용을 위해 공무원이 파업을 하면서 행정건물을 점유하는 것을 법적으로 금지할 수 있다고 하면서, 파업 착수 즉시 행정건물에서 퇴거할 것을 명하는 훈령은 그 자체만으로는 공무원의 파업권을 침해하지 않는다고 판시했다.254)

위 1966년의 꽁세유데따 판결에 따라 행정건물에서 행하는 현장파업은 금지된다. 이 경우 행정기관은 퇴거를 명하는 가처분을 신청할 수 있다. 위 판결에 논리에 따라, 순회하는 우편마차에서 근무하는 공무원은 파업을 할 경우 우편마차에서 즉시 하차해야 한다. 행정건물은 해당 공역무에 필요한 목적으로만 이용될 수 있다. 현장파업의 금지를 위반한 공무원은 징계 대상이 된다.255) 한편, 꽁세유데따는, 파리시 총무국장의 통첩이 시의 스포츠 시설에 고용된 직원으로 하여금 업무 개시 이전에 파업할 것을 요구함으로써 업무시간 중에 파업권을 행사하는 경우 이미 스포츠 시설에 들어와 있는 시민을 내보내야 하는 상황에서 발생하는 무질서의 위험을 예방하고자 한 것은 타당하지만, 위 스포츠 시설에 고용된 직원으로 하여금 개인적으로 파업에 참여하려는 시점으로부터 48시간 전이 아니라 파업 예고에서 정해진 파업의 개시 48시간 전에 파업 참여 여부를 선언하도록 강제하는 것은 파업권 남용의 방지 또는 공공질서의 필요성이나 국가의 필수적인 요구에 의해서도 정당화되지 않는다고 판단하였다.256)

---

254) CE, 11 février 1966, Legrand.
255) Fabrice Melleray, op. cit., p. 397; Anne Jourda-Dardaud, op. cit., p. 37 참조.
256) CE, 6 juillet 2016, Syndicat CGT des cadres et techniciens parisiens des services publics territoriaux et autres; Fabrice Melleray, op. cit., p. 397 참조.

그러나 민간부문의 파업에서는 파업이 이루어지는 장소는 중요하지 않다. 파업 근로자는 자택에서 파업을 할 수도 있으나, 토론을 하기 위하여 근로 장소에 그대로 남아 있는 경우가 많다. 이런 경우 근로 장소에서 파업이 이루어지게 되는데, 원칙적으로 적법하다.257)

민간부문의 현장파업은 원칙적으로 적법하지만, 근무시간 중의 단순한 회의는 파업시간에 포함되지 않는다.258) 다만, 그 회의가 직업상 요구를 논의하는 회의일 경우에는 파업시간에 포함된다.259) 그런데 유급 휴식시간을 이용하여 현장에서 사용자에게 근로자 측의 요구사항을 제시하는 것은 근로 중단이 없으므로 파업이 아니다.260)

3. 준칙파업

준칙파업(la grève du zèle)이란 극단적으로 세심하게 또는 규칙을 과도하게 적용하여 법령이나 계약상의 의무를 이행하는 것으로 '준법투쟁'이라고도 한다. 위 준칙파업은 고의로 해당 역무에서 추구된 목적과 반대로 가는 것이다.261) 명령을 너무 세심하게 적용하여 집행하는 데서 발생되는 형태이다.262) 즉, 지시나 규칙을 어김없이 지킴으로써 작업의 진행을 마비시키는 파업방식이다.263)

공역무는 이러한 방식의 파업에 의해 피해를 입을 수 있다. 이러한 방식의 파업을 적법한 파업으로 볼 수 있는지 의문이 있을 수 있다. 그런데 일

---

257) Gilles Auzero et al., op. cit., p. 1760-1761 참조.
258) Cass. soc., 16 mars 1973; Cass. soc., 30 nov. 1977; Cass. soc., 26 mars 1980.
259) Cass. soc., 4 juill. 1972; Cass. soc., 11 janv. 1979; Cass. soc., 19 févr. 1981; Cass. soc., 8 nov. 1988.
260) Cass. soc., 18 déc. 2001; Gilles Auzero et al., op. cit., p. 1761 참조.
261) Gérard Belorgey, op. cit., p. 114 참조.
262) Anne Jourda-Dardaud, op. cit., p. 37-38 참조.
263) Gérard Belorgey, op. cit., p. 114 참조.

반재판소에서도 행정재판소에서도 이에 대한 분명한 판시는 나타나지 않는다. 게다가 이에 대한 호칭도 통일되어 있지 않다. 이러한 문제는 이 경우에는 근로의 중단이 없기 때문이다. 그렇기 때문에 다른 파업에 필연적인 보수 삭감이 일어나지 않는다.264)

꽁세유데따는 준칙파업을 하라는 노동조합의 지시에 따라 산림청 기술직 공무원이 일부러 벌목 대상이 아닌 나무에 망치로 표시하는 작업에 참여하여 공역무의 이행을 불가능하게 하고 작업책임자에게 그 작업을 중단하게 하는 결과를 초래한 것에 대하여, 위 행위가 징계사유는 될 수 있지만 보수 삭감의 원인은 될 수 없다고 판시하였다.265) 준칙파업은 위와 같이 보수 삭감을 야기하지 않으나 징계사유에는 해당한다.266)

제4절 소결

파업권은 본래 헌법에 의하여 인정될 때부터 헌법에서 명문으로 '법률이 규제하는 범위 내에서 행사된다'고 규정하여 제한은 원래부터 예정된 것이었다. 꽁세유데따와 헌법재판소는 위 헌법 전문의 선언에 따라 공무원에게도 원칙적으로 파업권이 인정된다고 하면서 다만, 법률에 의한 제한을 받는 권리라고 판시하였다. 그런데 꽁세유데따는 공역무에서의 파업권에 대하여 법률에 의한 규제가 충분하지 않을 경우에는 정부, 구체적으로 각 기관장이 이를 규제할 수 있다고 판결한 반면, 헌법재판소는 헌법은 입법자에게만 그 권한을 부여한 것이라고 결정하였다.

---

264) Anne Jourda-Dardaud, op. cit., p. 37-38 참조.
265) CE, 21 septembre 1992, Office national des forêts.
266) Anne Jourda-Dardaud, op. cit., p. 47 참조.

공역무에서의 파업권 제한에 대하여 위와 같은 형식문제를 떠나 꽁세유데따와 헌법재판소는 위 제한의 이론적 근거를 제시하였다. 먼저 공역무계속성의 원칙을 제시한다. 이 원칙은 원래 공역무에 내재하는 원칙으로 인정되어 왔으나, 헌법재판소는 이를 헌법적 가치를 지닌 원칙으로 인정하면서, 이 원칙을 보장하기 위하여 입법자는 역시 헌법적 가치를 지닌 원칙인 파업권에 제한을 가할 수 있고, 국가의 필수불가결한 역무에 대하여는 파업권의 금지까지 가능하다고 판시했다.

그러나 꽁세유데따는 헌법에 파업권이 명시되기 전의 판결에서는 공역무 계속성의 원칙을 이유로 공역무에서 파업권은 인정될 수 없다고 하였다. 헌법에 파업권이 명시된 이후의 판결에서는 공역무에서도 파업권은 인정되나 입법자에 의하여 규제될 수 있고 입법자의 규제가 충분하지 않다고 판단될 경우에는 정부 스스로 이를 규제할 수 있다고 하면서도, 공역무 계속성의 원칙에 대하여는 언급하지 않고 그 대신 파기원의 노동법 판례에서 인정되는 민간부문의 파업권 제한의 논리인 권리남용이나 공공질서 위반을 방지하기 위하여 공역무에서의 파업권은 제한되어야 한다고 판시하였다. 한편, 꽁세유데따가 헌법이 입법자에게 파업권의 규제를 위하여 직업이익의 방어와 일반이익의 조정을 맡겼다고 판시한 것에 대하여는 헌법재판소에서도 이를 확인하였다.

위와 같은 꽁세유데따 판결에 따라 공역무에서의 파업권에 대한 제한은 파업권의 절대적 금지, 파업권 행사의 절차, 금지되는 파업방식, 최소한의 역무 유지 등만 법률에 의하여 규제되고, 나머지 대부분의 제한은 기관장에 의하여 행정입법 등으로 이루어지며 꽁세유데따에 의한 심사대상이 된다. 공역무에서의 파업권에 대한 제한 내용을 살펴보면, 먼저 파업권과 공역무 계속성의 원칙 조정과 관련하여 국민생활에 필수적인 일정 분야에 대하여는 최소한의 역무 유지가 법률에 규정되어 징발, 업무복귀명령, 지정이나 지명의 방식으로 집행이 이루어진다. 공역무에서 파업권에 대한

절차적 제한으로는 대표적인 노동조합에 의한 5일전의 파업예고가 의무적
이어서 기습파업이 금지되고, 파업예고기간에는 교섭의무가 있다.

  그리고 파업방식에 있어서도 순환파업, 현장파업 내지 점거파업 등이
금지된다. 이와 같은 공역무상 파업권에 대한 제한은 공역무의 특성에 따
른 제한과 파업이 공역무에 미치는 영향을 최소화하기 위한 제한으로 구
성되어 있다. 그런데 꽁세유데따는 1966년 위 제한만으로는 헌법 전문에
따른 공역무상의 파업권에 대한 제한으로 충분하지 않은 것으로 보고, 드
앤느(Dehaene) 판결을 따라서 법률에 근거하지 않은 기관장의 파업권 제
한 조치를 적법하다고 인정하였다.[267] 이러한 꽁세유데따 판결의 태도는
헌법 전문의 명문 규정에 반한다는 비판이 제기되었고, 헌법재판소의 결
정과도 배치되는바, 헌법상 기본권인 공무원 파업권의 보장을 위태롭게
할 수 있으므로 이에 대하여는 향후 꽁세유데따의 태도 변화가 요구된다
고 하겠다.

---

267) CE, Ass., 4 févr. 1966, Synd. national des fonctionnaires du groupement des
    contrôles radioélectriques(전국전파관리단체공무원조합); CE, Ass., 4 févr. 1966,
    Synd. unifié des techniciens de l'ORTF(국영라디오텔레비전방송국기술자연합조
    합); Olivier Dord, op. cit., p. 285-286 참조.

제5장

공무원 파업권 행사의 효과

여기서는 제3장에서 살펴본 공무원 파업권의 인정 요건을 모두 갖추고 제4장에서 말한 제한 범위 내에서 공무원 파업권을 적법하게 행사한 경우의 효과와 더불어, 위 인정요건을 하나라도 갖추지 못하거나 제한 범위를 벗어나서 공무원 파업권을 위법하게 행사한 경우의 효과까지 살펴보고자 한다. 이하 공무원 파업권을 적법하게 행사한 경우의 효과 중 먼저 일반적인 효과를 개관해보고, 구체적인 검토가 필요한 개별적인 효과에 대하여 따로 자세히 살펴본 후, 위와 같은 요건이나 제한을 벗어난 위법한 공무원 파업권 행사의 효과를 설명하고자 한다. 파업권 행사의 효과로서 징계처분과 보수삭감 조치는 구별할 필요가 있다. 왜냐하면 적법한 파업권 행사의 경우 징계를 받지 않지만, 수행되지 않은 역무에 대한 공무원 보수는 원칙적으로 삭감 대상이기 때문이다.[1] 그래서 파업권 행사의 효과는 기본적으로 보수 삭감에 관한 문제라고 보기도 한다.[2] 즉, '역무 先수행 원칙'(la règle du service fait)[3]에 따라 파업권 행사는 그 적법 여부와 상관없이 보수 삭감을 야기한다.[4]

---

1) Fabrice Melleray, op. cit., p. 397; Béatrice Thomas-Tual, op. cit., p. 148 참조.
2) Anne Jourda-Dardaud, op. cit., p. 46 참조.
3) 공적 회계에서의 유일한 원칙으로서, 위 원칙에 따라 반대급부인 재화나 용역이 제공되기 전에는 공적 비용의 지급이 금지된다(Guylain Clamour et Philippe Terney, Financement & Contrats Publics, Éditions du Cream, 2014, p. 132 참조). 「1983년 7월 13일의 법률」은 공무원은 역무를 수행한 후에 보수에 관한 권리를 갖는다고 규정하고 있다.
4) CC, 28 juillet 1987, déc. n° 87-230, Loi portant diverses mesures d'ordre social; Fabrice Melleray, op. cit., p. 397 참조; 파업 참가 시의 보수 삭감에 대하여는 이 절 "Ⅱ. 보수 삭감"에서 구체적으로 살펴본다.

제1절 적법한 파업권 행사의 효과

여기서 살펴보고자 하는 것은 파업권 행사의 효과 중에서 파업권을 적법하게 행사한 경우의 효과이다. 여기서 파업권을 적법하게 행사한 경우란 파업권의 제한을 받지 않는 공무원이나 공역무를 담당하는 기업체 등의 직원이 전술한 제3장의 요건을 갖춘 파업권을 전술한 제4장의 제한 범위 내에서 행사한 경우를 말한다. 이러한 경우에는 민간부문에서 근로계약이 정지되는 것처럼 공무원관계도 정지되는 것으로부터 여러 가지 법률효과가 발생한다.

Ⅰ. 일반적 효과

1. 파업 참가자에 대한 효과

1946년 헌법 전문에 명시된 인간의 기본권으로서의 파업권 인정 규정은 공무원 파업에도 적용되고 이에 근거하여 1983년의 「공무원의 권리와 의무에 관한 법률」도 공무원의 권리로 파업권을 인정하였다. 다만, 위 헌법 전문과 법률은 파업권이 법률에 의해 제한될 수 있다고 명시하고 있고, 이에 더 나아가 꽁세유데따는 정부에 의한 제한도 가능하다고 보고 있는바, 위와 같은 제한 범위 내에서 파업권을 행사하는 한, 파업에 참가한 공무원은 파업 중이더라도 공역무 활동을 하고 있는 상황과 유사한 법적 지위에 있는 것으로 간주된다. 그래서 공무원에게도 파업은 징계사유가 되지 않으므로 공무원도 적법한 파업에 참가하는 한, 징계를 받지 않는다.5) 따라서 파업권을 합법적인 방법으로 행사하는 공무원에 대하여 파업권 행사를

이유로 한 징계처분은 당연히 위법하게 된다.[6]

한편, 민간부문에서도 파업은 징계사유가 되지 않으며 파업 근로자의 신분은 유지된다. 이하 먼저, 민간부문의 경우에 대하여 구체적으로 살펴본다. 우선, 제1장 제2절에서 본 바와 같이 파업 근로자의 고용은 보호된다. 노동법전 제L.2511-1조에 따르면, 파업권의 행사는 근로자에게 중대한 과오가 없는 한 근로계약을 파기시키지 않는다.[7] 위 규정은 1939년의 고등중재재판소(Cour supérieure d'arbitrage) 결정[8]과 「1946년 10월 27일의 헌법」 전문에 근거한 파기원 판결을 통하여 규정화되었고, 2008년 경미하게 수정되었다.

그래서 파업 근로자는 고용을 유지한다. 그리고 해고는 파업 근로자에게 중대한 과오가 있는 경우에만 가능하다. 근로계약은 파업 동안 정지되고, 파업이 종료되면 그 이행이 재개된다. 파기원은 1951년 사회부와 형사부에서 같은 날 선고된 두 개의 판결을 통해서, 1946년 헌법 전문의 파업권 인정과 근로계약 파기를 원하지 않는 파업 근로자의 의사로부터 위 결론을 이끌어냈다.[9] 파업은 근로계약의 정지만을 가져오므로 사용자는 파업 근로자의 고용을 변경하거나 그를 강등시킬 수 없고[10], 간부를 포함하여[11] 파업근로자의 고용과 근속연수(l'ancienneté)[12]를 유지하여야 한다.[13]

---

5) Béatrice Thomas-Tual, op. cit., p. 148; Anne Jourda-Dardaud, op. cit., p. 46 참조.

6) CE, 20 janv. 1967, Chambre des métiers des Deux-Sèvres; Olivier Dord, op. cit., p. 287 참조.

7) C. trav., art. L.2511-1: L'exercice du droit de grève ne peut justifier la rupture du contrat de travail, sauf faute lourde imputable au salarié.

8) CSA(고등중재재판소) 19 mai 1939.

9) Cass. soc., 28 juin 1951 et Cass. crim., 28 juin 1951(Pendant la grève, le contrat n'est que suspendu, et son exécution reprend dès la fin du mouvement); Gilles Auzero et al., op. cit., p. 1768 참조.

10) Cass. soc., 15 févr. 1961.

11) Cass. soc., 27 mars 1952.

12) Cass. soc., 9 juill. 1951.

근로계약의 정지는 파업 근로자에 대하여도 불리하게 작용한다. 파업 동안 종속관계는 더 이상 존속하지 않는다. 여기에서 판례는 두 개의 결론을 이끌어냈다. 첫째, 사용자는 파업기간 동안 민법전 제1242조 소정의 '사용자'[le(la) commetant(e)])의 지위에 있지 않게 된다.14) 따라서 사용자는 파업 근로자가 제3자에게 가한 손해에 대하여 책임을 지지 않는다. 둘째, 파업 근로자가 피해자인 사고도 업무상 재해로 인정되지 않고 사회보장제도에 의하여 보호되지 않는다.15)

1985년 두 번에 걸친 법률 개정 -「1985년 1월 3일의 법률」과 「1985년 7월 25일의 법률」- 으로 '파업권의 행사는 근로자에게 중대한 과오가 없는 한 근로계약을 파기시킬 수 없다'라는 원칙이 강화되었다.16) 첫째, 노동법전 제L.2511-1조 제3항에 "중대한 과오가 없는 경우 모든 해고는 효력이 없다."라는 규정이 추가되었다.17) 둘째, 같은 법 제L.1132-2조는 근로자는 적법한 파업권 행사를 이유로 징계, 해고 또는 차별적 조치의 대상이 될 수 없다는 내용으로 수정되었다.18) 위 규정에 반하는 모든 조치나 행위는 효력이 없게 되었다.19) 파기원은 위와 같은 법률 개정에 영향을 주었는바, 파업 근로자의 해고는 효력이 없고 근로계약의 효력은 계속된다고 판시했다.20)

---

13) Gilles Auzero et al., op. cit., p. 1768 참조.
14) C. civ.(민법전), 제1242조 제5항(사용자는 피용자의 직무집행과 관련하여 발생된 손해에 대하여 책임이 있다).
15) Cass. soc., 20 mars 1953; Cass. soc., 6 juill. 1965; Gilles Auzero et al., op. cit., p. 1771 참조.
16) Gilles Auzero et al., op. cit., p. 1769-1770 참조.
17) "Tout licenciement prononcé en absence de faute lourde est nul de plein droit."
18) L'art. L. 1132-2 : "Aucun salarié ne peut être sanctionné, licencié ou faire l'objet d'une mesure discriminatoire mentionnée à l'article L.1132-1 en raison de l'exercice normal du droit de grève."
19) Gilles Auzero et al., op. cit., p. 1769 참조.
20) Cass. soc., 26 sept. 1990; Cass. soc., 10 oct. 1990; Cass. soc., 21 févr. 1991.

파업권의 행사가 적법하면 사용자는 어떤 징계도 할 수 없고 해고도 할 수 없다. 파기원은 파업 근로자에게 중대한 과오가 있는 경우 외에는 파업을 이유로 해고하거나 징계할 수 없다는 것을 분명히 하였다.[21] 원칙적으로 파업 근로자는 파업 기간에는 사용자로부터 지시를 받고 그것을 수행하여야 하는 위치에 있지 않으므로 사용자로부터 징계를 받는 상황에 있지 않다. 즉, 파업기간에는 원칙적으로 사용자의 징계권은 일시 정지된다.[22] 파기원은 파업 진행 중에는 기업 내규의 효력도 일시 정지된다고 보았다.[23]

파업이 적법할 경우 사용자의 해고 통지는 근로자의 파업권을 침해하게 된다. 이런 경우 해고는 무효로 되어 근로자는 복직이 이루어진다.[24] 해고된 근로자는 손해배상을 받을 권리가 있다.[25] 위 법리는 파업권을 침해하는 모든 해고에 일반적으로 적용된다.[26] 즉, 파업 근로자 해고 무효의 법리는 파업 근로자에게 중대한 과오가 없는 한, 파업 중에 발생된 사실을 이유로 한 모든 해고에 적용된다.[27]

2. 소속기관 또는 사용자에 대한 효과

공무원의 합법적인 파업권 행사에 대하여 이를 금지하거나 함부로 제한하는 행정처분은 위법하게 된다. 꽁세유데따는 한 분야에서 전반에 걸친

---

21) Cass. soc., 16 déc. 1992.
22) Gilles Auzero et al., op. cit., p. 1789 참조.
23) Cass. soc., 16 déc. 1968; Cass. soc., 23 nov. 1977, n° 76-40.888; Cass. soc., 4 juill. 1972.
24) Gilles Auzero et al., op. cit., p. 1770 참조.
25) Cass. soc., 2 févr. 2006; Cass. soc., 25 nov. 2015.
26) 노동법전 제L.1235-1조 참조.
27) Cass. soc., 22 janv. 1992; Cass. soc., 26 janv. 1994; Cass. soc., 29 juin 1994; Cass. soc., 28 avr. 1994; Gilles Auzero et al., op. cit., p. 1770 참조.

절대적인 파업 금지는 위법하다고 본다.28) 그래서 운하협약에 따라 국제
적인 구간의 항해에 필요한 운하시설의 관리를 담당하는 공무원의 파업에
관하여, 협약에 서명한 국가에 대하여 운하시설 관리공무원의 파업을 금
지하도록 의무를 부과한 사실이 없다는 이유로, 위 공무원의 파업을 금지
한 조치는 파업권에 대한 제한의 한계를 벗어났다고 판단했다.29) 또한 파
업권을 합법적으로 행사하는 공무원을 징계하거나30) 그에 대하여 업무에
복귀하라고 명령하는 것은31) 위법하다고 보았다.

　파업권은 헌법에 의하여 인정된 권리이므로, 민간부문에서 적법한 파업
권 행사를 이유로 한 해고는 사용자에게 민사상 손해배상책임을 발생시킨
다. 파업권 침해가 직업의 집단적 이익을 침해하는 경우에는 사용자는 노
동조합에 대하여도 파업권 침해에 대한 손해배상책임을 질 수 있다.32) 공
공부문에서도 적법한 파업권 행사를 이유로 한 파면은 행정당국에 손해배
상책임을 발생시킨다. 그렇지만 파업권 침해만으로는 형사책임을 발생시
키지 않는다.33) 파업권 침해와 더불어 단결권 침해까지 충족할 때에만 범
죄가 성립한다.34)

　단결권 침해는 사용자가 노동조합 활동을 억압하기 위하여 위법한 수단
을 사용하거나35) 파업 후의 제재가 노동조합원만을 목표로 하는 경우에36)

---

28) Olivier Dord, op. cit., p. 287 참조.
29) CE, 4 févr. 1981, Féd. CFTC du personnel de l'environnement(프랑스기독교환경
　　직노동연맹).
30) CE, 20 janv. 1967, Chambre des métiers des Deux-Sèvres.
31) CE, 26 juin 1996, C^{té} du Grand-Bourge de Marie-Galante; Olivier Dord, op. cit.,
　　p. 287 참조.
32) Cass. soc., 27 mars 1968; Gilles Auzero et al., op. cit., p. 1771 참조.
33) Cass. crim., 19 juin 1979; Cass. crim., 31 mars 1981.
34) C. trav., art. L.2141-5, L.2146-2 참조.
35) Cass. crim., 26 mars 2008.
36) Cass. crim., 12 mai 1981; Cass. crim., 5 janv. 1977; Cass. crim., 19 juin 1979;
　　Cass. crim., 22 oct. 1986; Cass. crim., 21 nov. 1989.

인정된다. 그러나 조합원의 파업 참가만으로는 노동조합 활동이라고 보기 어렵다.[37] 사용자가 노동조합원을 해고한 경우라 할지라도 그가 파업 중에 중대한 과오에 해당되는 행위를 한 경우에는 사용자의 단결권 침해를 구성하지 않게 된다.[38]

II. 보수 삭감

1. 개관

파업에 따른 보수 삭감은 공공부문이나 민간부문이나 큰 차이가 없다. 보수는 본질적으로 근로 이행의 대가이기 때문이다. 따라서 민간부문에서도 제1장 제2절에서 본 바와 같이 파업 동안 정지된 근로계약의 양 당사자는 계약상 주된 의무 이행이 면제되기 때문에,[39] 근로의 중단은 사용자 측면에서 이에 관련된 급여 지급의무의 정지를 초래한다.[40] 이 결과는 제재가 아니라 근로계약 정지의 효과이다.[41] 그리고 징계절차에서 금전적 제재는 금지된다.[42]

민간부문에서 다음과 같은 특수한 두 상황에서는 예외적으로 급여의 전부 지급이 유지된다. 첫째 상황은 파업 종료에 관한 단체협약에서 파업 기간에도 급여가 지급되는 것으로 정한 경우이다.[43] 둘째 상황은 사용자가

---

37) Cass. crim., 4 déc. 1979.
38) Cass. crim., 4 avr. 1995; Cass. soc., 29 mai 1995.
39) Gilles Auzero et al., op. cit., p. 1772 참조.
40) Cass. soc., 17 nov. 1977.
41) Cass. soc., 16 janv. 2008; Cass. soc., 9 juill. 2008.
42) Cass. soc., 8 oct. 1987; Cass. soc., 7 janv. 1988; Cass. soc., 17 avr. 1991; Cass. soc., 12 avr. 1995.
43) Gilles Auzero et al., op. cit., p. 1773-1774 참조.

근로자의 급여나 안전에 관한 권리 등 근로자의 기본적인 권리를 직접적으로 침해하는 것과 같이 사용자의 중대하고 고의적인 의무 위반으로 파업이 발생된 경우이다.44) 이 경우 근로의 중단에는 통상의 근로 불이행에 대한 예외가 적용되어 파업 기간의 급여도 지급된다. 파업 근로자의 근로 중단에 따른 보수의 손실이 모금 등 노동조합의 지원에 의해서 보상되는 경우가 가끔 있다. 그러나 다른 나라에서처럼 프랑스에서도 노동조합의 재정이 빈약하여 노동조합이 파업의 경우 주요한 재정적 지원을 하기는 어렵다.45)

한편, 파업참가를 이유로 노동조합으로부터 보조금을 지급받은 경우에는 노동조합의 지침을 따르지 않고 근로를 재개하면 이미 받은 보조금을 반환하여야 한다.46) 한편, 기업운영위원회(le comité d'entreprise)는 파업 활동 자체에 대한 지원은 할 수 없지만, 파업 근로자에 대한 재정적 지원이 필요한 경우에는 도와줄 수 있다.47) 지방자치단체는 노동쟁의의 한 쪽 당사자만을 지원할 수 없으나,48) 노동쟁의로 인하여 어떤 지원이 필요한 상황에 처한 사람을 위해서는 해당 지원 조치를 취할 수 있다.49)50)

민간부문 노동조합에서 '反파업 수당'(la prime anti-grève)이라고 비난을 하는 정근수당(la prime d'assiduité)은 1950년대 초부터 시행되었다. 정근수당은 근로자가 원래의 급여에 더하여 한 달, 한 분기 혹은 반년 동안 결근한 사실이 없는 경우 추가로 받는 수당을 말한다. 위 수당은 사실상 근로자의 파업 참가를 제재하는 수단이 되었다. 즉, 위 수당은 기준이 되는 기간 동안 결근 횟수에 따라 삭감되어 전혀 지급되지 않을 수도 있고, 삭

---

44) Cass. soc., 20 févr. 1991; Cass. soc., 4 déc. 2007; Cass. soc., 26 févr. 1992; Cass. soc., 2 mars 1994; Cass. soc., 21 mai 1997.
45) Gilles Auzero et al., op. cit., p. 1774 참조.
46) Cass. soc., 5 juin 1953; Cass. soc., 22 juin 1956.
47) Cass. soc., 8 juin 1977; Cass. soc., 11 juin 1996.
48) CE, 28 juill. 1993, n° 46886.
49) CE, 2 oct. 1996, n° 165055.
50) Gilles Auzero et al., op. cit., p. 1774 참조.

감 액수가 결근 기간에 비례하지 않아서 수당 금액이 높거나 결근에 대한 삭감 폭이 크게 되어 근로자는 위 수당을 다 받기 위하여 반나절 동안의 파업에도 참여하지 않으려 할 가능성이 많게 된다.[51]

판례는 오랫동안 계약법의 원칙을 적용하여 정근수당 삭감 조항 대부분의 적법성을 인정하였으나[52], 「1978년 7월 17일의 법률」에 따라 변화가 불가피하였다. 위 법률의 규정에 따르면 사용자는 파업권 행사를 이유로 보수와 사회적 급부에 대한 차별적 조치를 할 수 없기 때문이다.[53] 위 법률 규정으로 인하여 모든 결근은 그 원인이나 허가 여부와 상관없이 같은 결과를 야기하여야 하므로, 사용자는 정근을 보상할 용도로 마련된 수당을 지급할 때 파업에 따른 결근인지를 고려해서는 안 된다.[54]

그래서 사용자는 더 이상 이전처럼 파업이나 무단결근에 대하여는 수당을 삭감하고 질병이나 허가 받은 결근에 대하여는 수당을 유지하는 등 위 정근수당 제도를 차별적으로 시행할 수 없다. 결근의 원인에 따른 모든 구별은 파업 근로자에 대한 차별로 간주되었다.[55] 수당 지급이 파업을 저지하려는 용도로 비롯되었다면 이는 위법한 동기에서 출발한 것이고 따라서 무효가 된다.[56]

파업권 행사의 효과는 앞에서 본 바와 같이 일반적으로는 재정상의 효과라고 볼 수 있다. 그런데 위 재정상의 효과를 발생시키는 기준을 수립하는 과정에서, 판결과 이에 대응하는 입법의 공방이 있었고, 입법에 있어서도 의회 내 좌·우 정파 간의 대립과 갈등 속에서 장기간 변화와 회귀가 복

---

51) Ibid., p. 1790 참조.
52) Cass. soc., 25 oct. 1961; Cass. soc., 10 mars 1971; Cass. soc., 4 juill. 1979; Cass. soc., 11 déc. 1980.
53) 노동법전 제L.2511-1조 제2항 참조.
54) Cass. soc., 21 oct. 1982; Cass. soc., 25 mars 1982; Cass. soc., 19 nov. 1987.
55) Gilles Auzero et al., op. cit., p. 1791 참조.
56) Cass. soc., 13 févr. 1996.

잡하게 진행되었다. 이렇게 기관 간의 갈등과 정파 간의 갈등을 겪은 후 현재의 보수 삭감 기준이 마련되었다. 적법한 파업의 경우에도 행정기관은 파업기간에 비례하여 파업 공무원의 보수를 삭감할 수 있다.[57] 소위 '무노동 무임금의 원칙'이 공무원에게도 적용된다. 행정재판소는 지방자치단체가 소속 공무원에게 파업기간의 보수를 지급한 결정에 대하여 납세자인 주민에게 그 취소를 구하는 월권소송을 제기할 수 있는 원고적격을 인정하였다.[58]

파업권 행사에 따른 금전적 효과와 제재적 효과는 구별하여야 한다. 보수 삭감은 제재로 간주되지 않는다. 이에 대하여 헌법재판소는 근무시간의 전부 또는 일부의 불이행에 대한 확인이 징계절차에서 이루어질지라도 직원의 행동에 대한 어떤 평가도 보수 삭감에 결부시켜서는 안 된다고 하면서, 보수 삭감은 제재가 아니라는 것을 분명히 하였다.[59] 보수는 근로의 대가로서 사용자에 의하여 근로자에게 지급되는 금전이기 때문에, 보수 삭감은 근로의 중단인 파업의 당연한 결과이다. 그래서 근로의 중단이 있다면, 보수 지급의 중단이 있다고 말할 수 있다.[60]

2. 파업 참가 조사

행정기관은 공무원이 파업권을 행사한 경우에 참가 공무원에 대하여 보수를 삭감하기 위하여, 파업 참가 공무원의 근무 시간 등을 확인하는 데 필요한 조사를 한다. 이 파업 참가 공무원 조사는 수기 명부, 출근체크기

---

57) Fabrice Melleray, op. cit., p. 397; Yves Gaudemet, op. cit., p. 423; Anne Jourda-Dardaud, op. cit., p. 46 참조.

58) CAA Douai, 21 juin 2007, Cne Dunkerque; Antony Taillefait, op. cit., p. 720 참조.

59) CC, Décision n° 87-230 DC du 28 juillet 1987; Fabrice Melleray, op. cit., p. 397; Olivier Dord, op. cit., p. 287 참조.

60) Anne Jourda-Dardaud, op. cit., p. 46-47 참조.

명세서 등의 확인 등의 방법에 의하여 실행된다. 파업이 금지되지 않은 직원으로서 파업에 참가하지 않는 직원은 관리부서에 신고하라는 기관장의 지시는 소송대상이 되지 않는 내부의 지시 조치에 불과하다.[61] 행정기관이 출근하라고 요구했을 때, 허가 없이 결근한 공무원은 일반적으로 파업자로 간주된다. 파업에 참가한 것으로 잘못 조사되었다고 생각하는 공무원은 모든 방법으로 그가 파업에 참가하지 않았다는 것을 입증할 수 있다.[62]

3. 보수 삭감의 기준

(1) 보수 삭감 비율

제4공화국 헌법 전문에 따라 공무원에게 원칙적으로 파업권을 인정한 1950년의 드앤느(Dehaene) 판결에 대하여, 당시 피에르 망데스 프랑스(Pierre Mendès-France) 정부는 위 판결이 당시까지 유지된 공무원 사회의 관례를 손상시켰다고 보았다. 그래서 당시 정부는 1954년 훈령으로 파업의 경우 보수 삭감에 대하여 「1862년 5월 31일의 데크레」에 규정된 '불가분의 30분의 1 규칙'(la règle du trentième indivisible)을 적용할 것을 권고했다. 이 규칙은 한 달이 30일로 구성되어 있다고 간주하고 공무원 월급은 일당(日當) 금액까지만 산출될 수 있고 일당 금액을 더 세부 단위로 분할하여 산출할 수 없다는 것을 정한 규칙이다.[63]

---

61) CE, 4 févr. 1976, Section syndicale CFDT du centre psychothérapique de Thuir (프랑스민주노동연맹 튀이르정신요법센터노동조합).

62) CE, 15 déc. 1967, 71702, Sieur Danchin(à propos d'un professeur n'ayant aucun cours à dispenser ce jour, 특정일에 강의가 없는 교수에 관한 사건); Olivier Dord, op. cit., p. 287 참조.

63) Le décret du 31 mai 1862; Anne Jourda-Dardaud, op. cit., p. 48 참조.

위 '불가분의 30분의 1 규칙'은 하루보다 적은 시간의 파업에 대한 보수 삭감액 산정 기준이다. 이 규칙은 짧고 반복적인 파업에 대항할 용도로 마련된 것이었다. 다시 말해, 하루 24시간보다 짧은 시간의 파업에 대해서도 하루의 보수를 삭감하는 것이다. 이 조치에 대하여는 적용의 불평등성과 결과의 가혹함을 이유로 많은 비판이 제기되었다.64) 이에 반해 민간부문에서 보수 삭감은 제1장 제2절에서 본 바와 같이 근로중단 시간에 엄격히 비례하여야 한다고 본다.65) 그래서 민간부문에서 보수는 근로중단시간에 비례하여 삭감된다.66) 그리고 파업권의 행사를 저지할 목적으로 금전상의 유리한 조건을 삭제하는 것은 위법하여 효력이 없다.67)

한편, 꽁세유데따는 1960년 4월 부쉐(Boucher) 판결에서 공무원에 의하여 수행된 모든 근로는 보수가 지급되어야 하고 이러한 원칙은 위 '불가분의 30분의 1 규칙'보다 위에 있다고 보았다. 그래서 하루보다 적은 시간의 결근이라도 하루의 보수를 삭감한다는 '불가분의 30분의 1 규칙'의 적용을 권고하는 1954년의 훈령은 위법하다고 판시하였고, 하루보다 짧은 시간 파업한 경우에도 파업시간에 비례하여 보수 삭감이 이루어져야 한다고 보았다.68)

그러자 정부는 이 판례가 적용되는 것을 피하기 위하여 '불가분의 30분의 1의 규칙'을 법률로 승격시켰다. 그래서 「1961년 7월 29일의 제61-825호 법률」 제4조는 "근무 수행 후에 요구할 수 있는 보수는 공무원일반법에 따라서 공공회계에 관한 규정에 의하여 제정된 방식에 따라 결정된다. 하루의 어떤 부분 동안 근무하지 않은 경우에는 전항(前項)의 규정에 따라

---

64) Olivier Dord, op. cit., p. 288 참조.
65) Cass. soc., 4 févr. 1988; Cass. soc., 16 mai 1989.
66) 노동법전 제L.3423-8조 참조.
67) Cass. soc., 13 févr. 1996.
68) CE, 22 avril 1960, ministère des PTT c/ Boucher; Anne Jourda-Dardaud, op. cit., p. 48 참조.

불가분성이 적용된 금액 상당액의 봉급을 삭감한다."고 규정하였다.[69]

위 규정의 적용 방식은 「1962년 7월 6일의 제62-765호 데크레」에 규정
되었다. 이 데크레는 "「1961년 7월 29일의 제61-825호 법률」 제4조의 적
용대상인 국가와 국가공공시설의 직원(이하 '국가공무원'이라 한다)에게
지급되는 봉급과 급료는 매월 부채를 정산하고 지급된다. 각 달을 구성하
는 일수가 어떻든지 각 달은 30일로 간주된다. 따라서 연급어의 12분의 1
은 30분의 1로 분할되고, 각 30분의 1은 불가분이다."라고 규정하였다.[70]

위 규정은 위와 같이 처음에는 국가공무원에게만 적용되었다. 그런데
노동법전 제L.2512-5조(구 노동법전 제L.521-6조, 이하 같다)에 법전화된
「1963년 7월 31일의 제63-777호 법률」 제3조는 데빠르트망, 인구 1만 명
이상의 코뮌, 공역무를 담당하는 기업체, 단체 및 공·사적 시설의 각 직원
에게 '불가분의 30분의 1 규칙'의 적용을 확대하였다.[71] 그래서 인구 1만
명 미만의 코뮌에 대하여만 부쉐(Boucher) 판결이 적용되게 되었다.[72]

원래 보수 삭감의 문제는 파업과 같은 근로 중단의 경우에만 제기된다.
그런데 불완전한 근무가 이루어지는 경우에도 보수를 삭감할 것인지 문제
가 제기되었다. 이 문제는 교육부 공무원과 재무부 공무원에 대하여 나타
났다. 이것은 근로의 중단을 초래하지 않는 항의에 관한 것이었다. 꽁세유
데따는 1977년 5월 선고된 깡또(Quinteau) 판결에서 한 반에 25명을 넘어
서 학생을 수용하기를 거부한 중·고등학교 교사 9명의 보수에 대한 삭감
이 위법하다고 판단했다. 보수 삭감은 근무 시간의 전부 또는 일부를 이행

69) L'article 4 de la loi n° 61-825 du 29 juillet 1961; Anne Jourda-Dardaud, op. cit.,
    p. 48; Antony Taillefait, op. cit., p. 580 참조.
70) Le décret n° 62-765 du 6 juillet 1962; Anne Jourda-Dardaud, op. cit., p. 48-49
    참조.
71) L'article L. 521-6 du code du travail; L'article 3 de la loi n° 63-777 du 31
    juillet 1963 참조.
72) Anne Jourda-Dardaud, op. cit., p. 49 참조.

하지 않은 경우에만 적용될 수 있다는 것이다. 이 사건에서 교사들은 교육의 조건에 대하여 항의하기 위하여 한 학급에서 25명을 넘는 학생을 수용하는 것은 거부하였지만, 수업하는 것을 거부하지는 않았다.[73]

위 깡또(Quinteau) 판결 이후 정부는 근무의 불완전한 이행 또는 비정상적인 이행의 경우에도 파업과 유사한 행동으로 보아 보수를 삭감하고자 법률 개정에 착수하였다. 그래서 정부는 「1961년 7월 29일의 제61-825호 법률」 제4조에 한 항을 추가하기 위하여 「1977년 7월 22일의 제77-826호 법률」[74]을 제정하여 새롭게 '결근'(l'absence de service fait)의 정의를 내렸다. 위 법률은 '결근'을 "직원이 그의 근무 시간의 전부 또는 일부를 수행하지 않을 때" 및 "직원이 그의 근무 시간을 수행했지만, 권한 있는 당국에 의하여 그 직무에 따른 성격과 방법으로 정의되는 근무의 전부 또는 일부를 이행하지 않았을 때"라고 정의하였다.[75] 헌법재판소는 이 법률을 합헌으로 인정하면서도 '근무 의무의 미이행'은 근무에 대한 평가를 할 필요 없이 실제적으로 확인될 수 있도록 명확해야 한다고 판시하였다.[76]

새로운 진보성향의 의회에 의해 제정된 「1982년 10월 19일의 제82-889호 법률」은 종전의 보수 삭감 기준을 크게 변화시켰다. 그 변화에는 지방공무원과의 통합, '불가분의 30분의 1 규칙'의 폐지, 국가직, 지방직 및 의료직의 세 공직에 공통적인 기준으로서 - 엄격한 비례는 아니지만 - 노동중단의 시간에 비례하는 보수 삭감 기준 신설, 파업예고 기간 동안의 교섭 의무의 도입 등이 있다. 그 당시 의회 소수파는 위 법률에 대하여 공무원이 더 적은 비용으로 파업을 할 수 있게 하는 너무 관대한 법률이라고 비판하였다.[77]

---

73) CE, 20 mai 1977, Quinteau et autres; Anne Jourda-Dardaud, op. cit., p. 49 참조.
74) La loi n° 77-826 du 22 juillet 1977 참조.
75) L'article 4 de la loi du 29 juillet 1961 참조.
76) CC, Décision n° 77-83 DC du 20 juillet 1977; Anne Jourda-Dardaud, op. cit., p. 49-50 참조.

결국 1986년 3월의 국회의원 선거 후 의회의 다수파가 된 보수진영은
「1987년 7월 30일의 법률」로 채택된 라마수르(Lamassoure) 수정안(제89
조)에 의하여 1982년 이전의 상황으로 되돌렸다. 위 수정안은 위 「1982년
10월 19일의 제82-889호 법률」을 폐지하고 「1977년 7월 22일의 제77-826
호 법률」에 의하여 보완된 「1961년 7월 29일의 제61-825호 법률」의 조항
을 회복시키는 것이었다.[78] 그 당시 사회당 하원의원들은 위 수정안에 대
하여 헌법재판소에 제소했다.

이에 대하여 헌법재판소는 1987년 7월 다음과 같이 판시하였다. 먼저,
국가공무원에 대하여는 '불가분의 30분의 1 규칙' 적용의 합헌성을 인정
했다. 그러나 위 제도를 다른 공직에도 적용하는 것은 적용 분야의 일반성
으로 인하여 헌법에 의하여 보장된 파업권에 정당화될 수 없는 침해를 가
져올 수 있다고 하면서 위헌이라고 판시하였다. 그러면서 지방공직에서
파업권을 규제하는 것은 입법자의 소관이라고 밝혔다. 한편, 노동법전 제
L.2512-5조에 법전화된 「1982년 10월 19일의 제82-889호 법률」 제3조의
효력은 유지시켰다.[79]

위 헌법재판소 결정에 따라 공직 간에는 보수 삭감 기준에 대하여 뚜렷
한 구별이 생기게 되었다. 국가공무원에 대하여는 1987년에 복원된 「1961
년 7월 29일의 제61-825호 법률」 제4조에 따라 '불가분의 30분의 1 규칙'
을 적용하고, 1961년 수정재정법 제4조를 수정하는 「1977년 7월 22일의
제77-826호 법률」에 따라 잘못 수행된 직무의 경우에도 '결근'으로 보아
위 규칙이 적용된다. 달리 말하면, 국가공무원에 대하여는 하루 중 일부분
만 파업에 참여하더라도 월급의 30분의 1을 삭감한다.[80]

77) La loi n° 82-889 du 19 octobre 1982; Anne Jourda-Dardaud, op. cit., p. 50 참조.
78) Olivier Dord, op. cit., p. 288; Anne Jourda-Dardaud, op. cit., p. 50 참조.
79) CC, 28 juillet 1987, Décis. n° 87-230 DC; Anne Jourda-Dardaud, op. cit.,
    p. 50-51; Olivier Dord, op. cit., p. 288; Bernard Stirn et Yann Aguila, op. cit.,
    p. 381 참조.

이렇게 '불가분의 30분의 1 규칙'은 국가공무원이 파업권 행사에 따른 보수에 미치는 영향을 고려하여 파업권을 남용하는 것뿐만 아니라 파업권을 단지 행사하는 것도 단념하게 하는 것을 목표로 한다. 그렇지만 파업의 주장과 용기는 재정적 희생을 수용한다.81) 그리고 지방공무원(지방공공시설 직원을 포함한다. 이하 같다)과 의료공무원에게는 「1961년 7월 29일의 제 61-825호 법률」 제4조도 적용되지 않고, 노동법전 제L.2512-5조도 적용되지 않게 되었다. 그래서 위 두 공직에는 부쉐(Boucher) 판결과 깡또(Quinteau) 판결이 적용된다. 따라서 위 두 공직에서 결근에 대한 보수 삭감은 결근 시간에 엄격히 비례한다.82)

그리고 잘못 수행된 역무라 할지라도 결근으로 평가되지 않는다. 그 결과, 지방직과 의료직에 대하여는 일반 기업체처럼, 한 시간의 근로 중단에 대하여는 월급의 151.67분의 1을 삭감하고, 반나절의 근로 중단에 대하여는 60분의 1을 삭감하며, 하루의 근로 중단에 대하여는 30분의 1을 삭감한다.83) 마지막으로, 공역무를 담당하는 기업체, 단체 및 사립시설의 직원은 노동법전 제L.2512-5조(「1982년 10월 19일의 제82-889호 법률」 제3조)의 규정에 따라 한 시간을 초과하지 않는 근로 중단에 대하여는 월급의 160 분의 1을 삭감하고, 한 시간을 초과하나 반나절을 초과하지 않는 근로 중단에 대하여는 50분의 1을 삭감하며, 반나절을 초과하나 하루를 초과하지 않는 근로 중단에 대하여는 30분의 1을 삭감한다.84)

---

80) CAA Douai, 30 mai 2001, La Poste c/ M. Wally; Antony Taillefait, op. cit., p. 379; Anne Jourda-Dardaud, op. cit., p. 51; Fabrice Melleray, op. cit., p. 397-398; Béatrice Thomas-Tual, op. cit., p. 148 참조.
81) Emmanuel Aubin, op. cit., p. 462 참조.
82) CE, 27 avr. 1994, 오트-가론느의 소방구조서비스(SDIS de la Haute-Garonne); Anne Jourda-Dardaud, op. cit., p. 51; Fabrice Melleray, op. cit., p. 397-398; Béatrice Thomas-Tual, op. cit., p. 148 참조.
83) CE, Ass., 22 avr. 1960, Min. des PTT c/ Boucher; Olivier Dord, op. cit., p. 288; Fabrice Melleray, op. cit., p. 398 참조.

(2) 삭감 대상 보수의 범위

결근으로 인해 삭감 대상이 되는 보수는 공무원 보수 전체이며, 본봉에 한정되는 것은 아니다.[85] 노동법전 제L.2512-5조는 봉급 또는 급여와 가족수당 외의 수당을 삭감 대상으로 규정한다. 따라서 가족수당과 사회보장수당은 삭감 대상에서 제외된다.[86]

판례는 삭감 대상 보수를 추가하였다. 그래서 반대 규정이 없는 한, 봉급, 거주자수당, 상여금, 여러 가지 수당 등 근무의 대가로 지급되는 보수 전체가 삭감 대상이 된다.[87] 민간부문 파업에서도 보수 삭감은 가족수당이나 이익분배상여금 등 급여에 부수되는 것에 확대 적용된다.[88] 또한 공공회계 담당 외근 직원들에게 그들의 신분과 책임에 따라 1년에 한 번 도급형태로 지급되는 차등수당도 삭감 대상 보수에 포함된다.[89] 만약 파업 참가 공무원이 시간제 공무원이라면 삭감 대상 보수는 모든 급여가 된다.[90]

(3) 보수 삭감 대상 기간

민간부문에서 파업일은 휴가기간이나 휴가보상금 일수 계산에서 제외된다. 그리고 공공부문에서와 마찬가지로 휴가기간은 파업으로 인한 결근기간에 산입되지 않는다.[91] 그리고 파업기간 중에 노동절(5월 1일)과 같은

---

84) L'article L. 2512-5 du Code du travail; Olivier Dord, op. cit., p. 288-289; Fabrice Melleray, op. cit., p. 398 참조.

85) CE, 11 juill. 1973, Alliaume.

86) Olivier Dord, op. cit., p. 289 참조.

87) CE, 11 juillet 1973, Alliaume; Anne Jourda-Dardaud, op. cit., p. 51-52; Olivier Dord, op. cit., p. 289 참조.

88) Cass. soc., 6 nov. 1991.

89) CE, 22 mars 1989, Giraud; Anne Jourda-Dardaud, op. cit., p. 52 참조.

90) CAA Marseille, 22 janv. 1987, Mme Tiriole c/ Min. Eco. et des finances; Emmanuel Aubin, op. cit., p. 462 참조.

유급휴무일이 있을 때, 유급휴무일은 파업으로 인한 무급의 근로계약 정지기간에 산입된다. 즉, 파업근로자는 파업기간 중에 포함된 유급휴무일의 이익을 주장할 수 없다.[92]

또한 근로를 할 수 없는 질병의 발생은 근로계약을 정지시키지만, 단체협약에서는 보통 이 경우에도 급여가 유지되는 것으로 정한다. 파업근로자가 파업 기간 중에 질병이 발생했을 경우에는 질병으로 인한 근로계약 정지는 파업으로 인한 근로계약 정지에 흡수된다. 그래서 파업 기간 중에 질병이 발생한 파업근로자는 단체협약에서 질병으로 인한 근로계약 정지를 유급으로 정한 경우에도 파업 기간 동안에는 위 혜택을 받을 수 없다.[93] 그러나 질병이 파업 참가 전에 발생한 경우에는 질병으로 인한 근로계약 정지가 우선 적용되어 파업에 착수한 후에도 질병으로 인하여 근로를 할 수 없는 기간 동안에는 단체협약에서 정한 바에 따라 유급의 혜택을 받을 수 있다.[94]

공공부문에서도 민간부문에서와 마찬가지로 '파업기간 계속성의 원칙'이 적용된다. 그래서 연속적인 복수의 기간 동안 결근이 있는 경우 보수 삭감은 위 기간 중 근무의무가 없는 날이 있을지라도 결근이 확인된 첫날부터 마지막 날까지 보수 삭감이 이루어진다. 이러한 보수 삭감 방식은 파업자에게 가혹할 수 있지만, 꽁세유데따는 1978년 오몽(Omont) 판결에서 원칙적으로 파업의 첫날과 노동에 복귀하는 첫날 사이의 일수가 보수 삭감의 대상이 된다고 보았다.[95]

---

91) Gilles Auzero et al., op. cit., p. 1771 참조.
92) Cass. soc., 24 juin 1998; Cass. soc., 14 avr. 1999; Cass. soc., 5 févr. 2002.
93) Cass. soc., 7 oct. 1970; Cass. soc., 1er mars 1972; Cass. soc., 20 févr. 1980; Cass. soc., 17 juin 1982; Cass. soc., 16 juill. 1987.
94) Gilles Auzero et al., op. cit., p. 1771-1772 참조.
95) CE, 7 juillet 1978, Sieur Omont; Fabrice Melleray, op. cit., p. 398; Anne Jourda-Dardaud, op. cit., p. 52; Antony Taillefait, op. cit., p. 580 참조.

꽁세유데따는 위 오몽(Omont) 판결로부터 30년이 지난 2008년 공무원
이 휴가를 허가받았을 때 휴가일수는 보수 삭감 일수에 통합할 수 없다고
판시함으로써 기존 판결의 엄격성을 완화하였다. 그렇지만 파업 첫날부터
업무에 복귀하는 날까지의 기간에 포함된 토요일, 일요일 또는 공휴일은
모두 보수 삭감 대상 일수에 포함된다.[96]

꽁세유데따는 위 판결에서 화요일(5월 13일)부터 월요일(5월 19일)까지
파업에 참가한 M부인은 그 기간 전체에 대하여 어떠한 공역무도 실행하
지 않은 것이므로, 설사 수요일(5월 14일)은 시간제 근무에 따라 근무일이
아니었고 토요일(5월 17일)과 일요일(5월 18일)은 휴일이었을지라도, 위 3
일간에 대하여 보수를 삭감한 것은 적법하다고 판단했다. 그러나 사전에
상사로부터 파업기간 중의 기간(5월 15일과 16일)에 허가를 받은 휴가일
수는 보수 삭감 대상 일수에서 제외되어야 한다고 보았다.[97] 한편, 꽁세유
데따는 파업기간에 포함된 보충근무일[98]이나 보충강의일[99]도 보수 삭감
대상 일수에 포함된다고 판시했다.

(4) 구체적인 보수 삭감 방법

보수 삭감은 어떠한 특별한 절차를 거쳐야 하는 대상이 아니다. 또한 보
수 삭감은 재정적 벌이 아니기 때문에 이해관계자에게 사전에 예고할 필요
도 없다.[100] 그런데 결근 기간에 해당하는 보수가 이미 지급된 경우에는

---

96) CE, 27 juin 2008, Ministre de l'Économie, des Finances et de l'Emploi c/ Mme
   M; Emmanuel Aubin, op. cit., p. 462 참조.
97) Béatrice Thomas-Tual, op. cit., p. 148; Fabrice Melleray, op. cit., p. 398; Emmanuel
   Aubin, op. cit., p. 462 참조.
98) CE, 4 décembre 2013, Sambussy; Fabrice Melleray, op. cit., p. 398 참조.
99) CE, 13 juin 1983, Dame Bonjeau; Béatrice Thomas-Tual, op. cit., p. 148 참조.
100) CE, 18 avril 1980, Michea.

삭감은 다음 회의 보수에 대하여 이루어진다. 어떠한 경우에도 징수의 대
상이 되서는 안 된다. 달리 말해서, 공무원은 지급받은 과다금액을 환급할
필요는 없다. 보수 삭감은 환급명령이 아닌 공제의 방법으로 집행되어야
한다.[101)

보수 삭감은 압류할 수 있는 한도를 넘어서 집행될 수 없다. 보수 금액이
삭감되는 시점에 변경되었을지라도 삭감은 파업 시점의 보수를 기준으로
집행된다.[102) 꽁세유데따는 「공무원과 군인의 퇴직연금법」 제61조에 규정
된 연금공제나 「사회보장법」 제712-9조에 규정된 질병, 출산 및 장애 보장
의 납입금은 파업 등에 따라 지급되지 않은 봉급분에 대하여는 지급할 의무
가 없다고 판시하였다.[103) 보수 삭감은 파업 이후 첫 달에 이루어진다.[104)

꽁세유데따는 근무시간이 교대근무의 형태로 운영되는 소방공무원의
보수 삭감에 대하여, 삭감될 보수의 계산을 명확하게 규정한 법률 규정이
없으면 소방공무원이 파업을 하지 않고 근무했을 때의 월 근무일수와 비
교하여 비율을 계산하여야 한다고 판시하였다. 그래서 보수는 매월 지급
되지만, 고정된 휴식시간에 이어서 24시간의 교대근무의 형태로 근무를
하여야 하는 소방공무원의 경우, 파업으로 인하여 교대근무를 이행하지
않았을 때는 그의 월급에 대하여 30분의 1 비율로 삭감을 할 것이 아니라
파업으로 인하여 매달 이행해야 하는 평균 교대근무 횟수에 미달하는 교
대근무 횟수의 비율에 따라 보수 삭감액을 계산하는 것이 타당하다고 보
았다.[105)

101) CE, 23 décembre 1974, n° 90686, Dame Pegazet; Anne Jourda-Dardaud, op.
   cit., p. 52 참조.
102) CE, 13 février 1974, Sieur Perotti.
103) CE, 8 septembre 1995, Noyau; CE, 28 octobre 1998, Grondin; Anne Jourda-
   Dardaud, op. cit., p. 53 참조.
104) Olivier Dord, op. cit., p. 289 참조.
105) CE, Sect., 17 juillet 2009, Bigot et autres; Fabrice Melleray, op. cit., p. 398-
   399; Emmanuel Aubin, op. cit., p. 463 참조.

Ⅲ. 소속기관 또는 사용자의 권리

1. 대체근로

먼저, 민간부문에서는 제1장 제2절에서 본 바와 같이, 공공부문에서와 달리, 노동법전 제L.1242-6조에 의하여, 사용자가 파업 근로자를 대체하기 위하여 혹은 파업 근로자를 대체하는 비파업 근로자를 연쇄적으로 대체하기 위하여 기간제 근로자를 채용하는 것이 금지된다.106) 또한 노동법전 제L.1251-10조는 파업 근로자를 대체하기 위하여 다른 기업체로부터 파견 근로자를 활용하는 것도 금지한다. 대체근로를 통한 조업 계속은 파업의 실효성을 저해하기 때문에 파업권 보호 차원에서 일정한 유형의 대체근로를 법률로 금지하고 있는 것이다.107)

그런데 노동법전 제L.1242-6조와 제L.1251-10조에 따른 대체근로 이용 금지 외에는 대체근로를 이용하는 것이 허용된다.108) 그래서 사용자는 파업 근로자가 통상 이행하던 근로를 다른 기업에 하도급을 줄 수 있다.109) 또한 파업이 발생하기 전부터 사용하고 있던 비정규직 근로자를 파업기간 중에 대체 근로자로 이용하는 것은 일정한 요건 하에 허용된다. 즉, 기간제 근로자의 채용이나 파견 근로자의 사용이 파업 개시 전에 이루어졌고, 파업으로 중단된 업무가 기간제 근로계약 또는 파견계약에서 정한 업무 범주에 해당하는 경우에는 대체근로가 가능하다.110)

---

106) 기간제 근로자의 채용은 노동쟁의의 결과가 아닌 일시적인 결원의 경우에만 가능하다(Gilles Auzero et al., op. cit., p. 1794, 각주 1 참조).

107) 조용만, "프랑스에서 파업권의 보호와 대체근로의 제한", 노동법연구 제45호, 서울대학교 노동법연구회, 2018, 198면 참조(민간부문의 파업의 경우 대체근로 제한에 관한 자세한 사항은 위 논문 참조).

108) Gilles Auzero et al., op. cit., p. 1794 참조.

109) Cass. soc., 15 févr. 1979.

110) Cass. crim., 2 déc. 1980; Cass. soc., 2 mars 2011; 조용만, "프랑스에서 파업권의

그리고 파기원은 기업 활동의 계속성을 위하여 기업을 운영하는 사용자의 권리에는 기업 활동의 계속에 대하여 이해관계가 있는 외부 업체의 무보수 자발적 협조를 받을 수 있는 권리가 포함된다고 보았다.[111] 한편, 파업 근로자를 대체하기 위하여 기간제 근로자를 채용하는 것이 금지될 뿐이고, 무기근로계약을 체결하여 채용한 후 파업 근로자의 근로에 투입하는 것은 이에 대한 금지 규정이 없어 허용된다고 보는 것이 다수설이다.[112]

그런데 공공부문에서 행정당국은 오래 지속되는 파업의 상황에 직면하는 경우 이 상황이 야기하는 어려움을 완화시키기 위하여 제한된 기간 동안 대체근로자를 채용할 수 있다. 위와 같은 대체근로자는 「1984년 1월 11일의 법률」 제6조 또는 「1984년 1월 26일의 법률」 제3조에 의해 채용되는 계약직 공무원을 말한다. 그리고 긴급한 상황 등 예외적인 사정이 공무원 채용을 불가능하게 할 때는 일시적으로 기업체의 파견 근로자를 활용할 수 있다. 즉, 파업 참가자를 일시적으로 대체하기 위하여 행정기관은 긴급한 경우에 일시적인 근로를 기업체에 의뢰할 수 있다.[113]

꽁세유데따는 보조 인력의 개혁에 관한 「1950년 4월 3일의 법률」 제2조에 따라 제한된 기간 동안 보조 인력을 고용할 수 있으나, 위와 같은 예외적인 사정이 없을 때 일시적으로라도 우편물 분류작업에 기업체의 인력

보호와 대체근로의 제한", 노동법연구 제45호, 서울대학교 노동법연구회, 2018, 199-200면 참조.

111) Cass. soc., 11 janv. 2000(우유생산업자들로부터 우유를 수집하여 치즈를 만드는 앙트르몽 회사가 소속 우유수집차량 기사 대다수의 파업으로 우유를 수집할 수 없게 되자 일부 우유생산업자들의 자발적 협조를 받아 이들로 하여금 우유수집차량을 운전하게 하여 우유를 수집한 사례).

112) 조용만, "프랑스에서 파업권의 보호와 대체근로의 제한", 노동법연구 제45호, 서울대학교 노동법연구회, 2018, 202면 참조.

113) Olivier Dord, op. cit., p. 290; Emmnuel Aubin, op. cit., p. 461; Antony Taillefait, op. cit., p. 378; Béatrice Thomas-Tual, op. cit., p. 147-148; Anne Jourda-Dardaud, op. cit., p. 46 참조.

을 이용하는 것은 공역무는 공무원이 행사하여야 한다는 원칙에 위반된다
고 보았다.114) 이 판례와 같은 상황에서 행정기관은 제한된 기간 동안 대
체근로자를 채용할 수 있다.115) 그러나 파기원 민사부는 민법상 근로자와
동등하게 파업권을 인정받는 우체국 직원의 파업권 행사를 방해하기 위하
여 기간제 근로계약으로 직원을 채용하는 것은 앞에서 본 바와 같이 이러
한 유형의 채용이 노동법전에 의하여 금지되는 이상 허락되지 않는다고
판단했다.116)

　한편, 이동성과 경로에 관한 「2009년 8월 3일의 제2009-972호 법률」은
행정기관으로 하여금 기업에 일시적으로 근로의 대행을 의뢰할 수 있도록
규정하고 있으나, 파업의 경우에는 적용되지 않는다. 파업은 위 법률에서
말하는 대행 의뢰를 가능하게 하는 이유에 포함되지 않기 때문이다.117) 반
대로, 공역무의 계속성이 공무원의 직업상 이익보다 더 중요하므로 행정
기관이 긴급한 경우에 일시적인 근로를 기업체에 의뢰하는 것을 허용하는
근거가 위 법률(제21조)에 규정되어 있다고 보는 견해도 있다.118)

　파업 상황에 직면하여 대체인력을 사용한 사례는 다음과 같다. 아미엥
(Amiens)시 시청 공무원의 파업에 직면한 시장은 가정의 오물 수거와 학
교 급식을 위하여 사기업 인력을 이용했다. 또한 우체국 직원 파업 기간에

114) CE, Ass., 18 janv. 1980, Synd. CFDT(프랑스민주노동연맹) des P. et T. du Haut-Rhin.
115) Fabrice Melleray, op. cit., p. 395 참조.
116) Cass. civ. 1^{er}(파기원 제1민사부), 19 mai 1998; 위 본문의 꽁세유데따 판결과 파기원 판결의 불일치에 대하여, 이는 상당히 놀라운 것으로 이러한 불일치는 노동법의 공공부문 적용 가능성에 대한 관점만큼 파업권에 대한 관점에서도 최고재판소 간의 조화가 완벽히 이루어지지 않았다는 것을 보여준다고 한다(Gilles Auzero et al., op. cit., p. 1794 참조).
117) Circ. du 10 août 2010 relative aux modalités du recours à l'intérim dans la fonction publique(공직에서 대체근로의 의뢰 방법에 관한 2010년 8월 10일의 훈령); Olivier Dord, op. cit., p. 290; Emmanuel Aubin, op. cit., p. 461 참조.
118) Béatrice Thomas-Tual, op. cit., p. 148 참조.

상공회의소의 도움으로 상인 등에 대한 긴급 우편물을 배달하는 일시적인
근로를 기업체에 의뢰한 사례도 있다.119)

2. 비파업 근로자 이용 및 파업 근로자의 보충근무

앞에서 본 바와 같이 파업으로 인하여 파업 근로자가 하던 업무가 중단
되면 사용자는 비파업 근로자에게 평상시 소관에 속하지 않던 파업 근로
자의 업무를 추가로 수행할 것을 요구할 수 있다. 이에 대하여 비파업 근
로자는 자신의 업무가 아니라는 이유로 거부하거나 자신들도 파업에 돌입
할 수 있다. 그렇지만 실제에 있어서는 보통의 경우 비파업 근로자는 파업
근로자의 업무를 추가로 수행하는 것을 받아들인다.120) 이 경우 파업 근로
자는 자신의 업무를 비파업 근로자가 수행하는 것을 방해할 수 없다. 만약
파업 근로자가 이를 방해한다면 이는 근로자유침해죄에 해당할 뿐 아니라
중대한 과오에 해당하게 된다.121)

그러나 파업 근로자의 보충근무는 금지된다.122) 따라서 파업의 종료에
관한 단체협약에서 노동조합이 보충근무조항을 받아들였을지라도 사용자는
파업 근로자에게 보충근무를 요구할 수 없다. 그런데 판례는 가산된 비율로
수당이 지급되는 초과근무시간으로 처리하는 것은 가능하다고 본다.123)

3. 직장폐쇄

파업이 개시되더라도 공공부문에서는 공역무 계속성의 원칙에 따라 직

---

119) Anne Jourda-Dardaud, op. cit., p. 45 참조.
120) Gilles Auzero et al., op. cit., p. 1791-1792 참조.
121) Cass. soc., 12 janv. 1983; 이창진, "필수공익사업의 대체근로 허용에 관한 연구",
     법학논총 제18집, 숭실대학교 법학연구소, 2007, 277면 각주 57 참조.
122) Gilles Auzero et al., op. cit., p. 1795 참조.
123) Cass. soc., 25 avr. 1979.

장폐쇄의 가능성은 상정하기 힘들지만, 민간부문에서는 사용자측의 '직장폐쇄'(le lock-out)가 가능한지 문제된다. 제1장 제2절에서 본 바와 같이 '직장폐쇄'는 노동쟁의 시에 기업의 전부 또는 일부를 폐쇄하는 것을 말한다.[124) 직장폐쇄는 사용자 측의 근로계약 불이행이다.[125) 일부 다른 나라 법체계에서는 이를 파업권에 대한 사용자의 공격수단으로 인정한다.[126) 그러나 프랑스의 법체계에서는 직장폐쇄는 원칙적으로 금지된다.[127) 그래서 직장폐쇄를 한 사용자는 근로자의 근로를 박탈한 것에 대한 손해를 배상하여야 하고,[128) 파업활동에 제약을 받은 파업 근로자에게도 손해배상을 하여야 한다.[129) 그런데 파기원은 '불가항력'(la force majeure)의 경우 예외적으로 사용자의 직장폐쇄를 정당화시킬 수 있다고 보았다. 파기원은 해당 파업으로 인하여 사용자가 일자리를 공급하지 않은 것에 대하여 사용자에게 책임을 귀속시킬 수 없는 '불가피한 상황'(la situation contraignante)

---

124) Gilles Auzero et al., op. cit., p. 1795 참조; '직장폐쇄'는 경제적인 이유에 따른 '업무축소'(l'activité réduite)와 구별되고(Cass. soc. 26 févr. 1992; Cass. soc. 16 juill. 1987; Cass. soc. 7 févr. 1990), 사용자가 근로자에게 요구사항을 포기하도록 가하는 압력으로 작용한다(Ibid., p. 1795-1796 참조).

125) Ibid., p. 1796 참조.

126) 우리나라도 이러한 법체계를 가지고 있는 것으로 보인다. 학설은 직장폐쇄는 사용자가 근로자에게 임금상실이라는 압력을 가하여 근로자의 집단적 투쟁행위에 맞대응하기 위한 쟁의행위라고 보고 있다(김형배, 전게서, 1213면); 법률에서도 직장폐쇄는 근로자들의 쟁의행위에 대항하는 행위로서 업무의 정상적 운영을 저해하는 행위라고 정의하고 있다(「노동조합 및 노동쟁의조정법」 제2조 제6항 참조).

127) Cass. soc., 24 janv. 1968; Cass. soc. 8 janv. 1965; Cass. soc. 26 janv. 1972; Cass. soc. 5 nov. 1986; 압력을 가하기 위하여 계약 이행을 중단할 권리는 사용자와의 대립관계에서 힘의 균형을 회복하기 위하여 근로자에게 부여된 것이고, 근로자의 직장과 급여를 쥐고 있는 사용자는 근로자에 비하여 약자의 위치에 있지 않으므로 사용자의 힘을 강화할 필요가 없다는 것이 프랑스에서 원칙적으로 직장폐쇄를 금지하는 이유이다(Gilles Auzero et al., op. cit., p. 1796 참조).

128) Cass. soc., 23 oct. 1997.

129) Cass. soc., 17 déc. 2013.

이 만들어졌을 때 '불가항성'(不可抗性: la irrésistibilité)이 있다고 보고 여기에서 불가항력을 발견한다.130) 이 경우는 사용자가 파업을 피하거나 종료시키기 위하여 그 권한 범위 내에서 할 수 있는 모든 조치를 다 취하였지만 직장폐쇄를 할 수밖에 없었다는 것이 입증된 경우에 성립한다.131)

제2절 위법한 파업권 행사의 효과

이는 파업권의 요건을 갖추지 못했거나 파업권 제한에 위반된 파업권 행사의 효과이다. 위법한 파업에 참가한 공무원은 앞에서 설명한 근무하지 않은 기간 동안의 보수 삭감에 더하여 징계 등의 제재를 받는다.132) 한편, 민간부문에서 파업이 위법한 경우의 보수 삭감액은 발생된 손해액과 같을 수 있어 근로 중단 기간에 상응하는 급여액보다 더 커질 수 있다.133) 그리고 비정상적으로 수행된 근로에 대하여도 공공부문 중 국가직134)과 민간부문135)에서는 보수삭감이 적용된다.

I. 징계

민간부문에서는 제1장 제2절에서 본 바와 같이, 공공부문과 달리 사용

---

130) Cass. soc., 4 juill. 2000; Cass. soc. 22 févr. 2005; Cass. soc. 26 mars 2014.
131) Cass. soc., 26 janv. 1972; Cass. soc. 1er oct. 1975; Cass. soc. 20 mars 1985.
132) Olivier Dord, op. cit., p. 289-290 참조.
133) Gilles Auzero et al., op. cit., p. 1772 참조
134) 「1977년 7월 22일의 제77-826호 법률」 참조.
135) Cass. soc., 16 juill. 1964; Cass. Soc. 7 mai 1987; Cass. Soc. 14 mai 1987.

자는 파업 근로자가 파업 동안 '중대한 과오'(la faute lourde)[136]를 범한 경우에만 징계할 수 있다. 이 중대한 과오란 기업과 사용자에 대하여 해를 끼치려는 파업 근로자의 의도를 드러내는 특별한 중대성을 가진 과오이고[137] 개인적인 과오이다. 따라서 이는 직접적으로 개인적으로 파업 근로자에게 책임을 귀속시킬 수 있어야 한다. 즉, 파업 근로자 집단 전체에 귀속되는 과오와는 다르다.[138]

  사용자는 원칙적으로 징계를 하려고 하는 파업 근로자에게 개인적인 중대한 과오가 있다는 증거를 제시하여야 한다.[139] 파기원은 사람의 신체에 위해를 가하는 행위[140], 안전에 관한 업무를 포기하는 행위[141], 왕래의 자유를 침해하는 행위[142], 근로의 자유를 침해하는 행위[143] 또는 회사의 기자재나 상품을 고의로 파손하는 행위[144]를 중대한 과오로 보았다. 또한 근로자가 위법하거나 남용적인 파업에 참여하거나 파업의 적격을 갖추지 못한 활동에 참여한 경우에도 중대한 과오에 해당될 수 있다.[145] 그리고 근로조건의 변화나 개선을 목표로 하지 않는 파업에 참가한 경우에도 중대한 과오가 인정된다.[146] 그러나 중대한 과오가 있는 파업 근로자를 징계할

---

136) 'la faute lourde'에 해당하는 행위에는 과실행위뿐 아니라 고의행위도 포함되므로 '중대한 과오'로 번역하고자 한다.
137) https://www.service-public.fr/particuliers/vosdroits/F1137, 검색일 및 최종접속일 2021. 4. 19. 참조.
138) Gilles Auzero et al., op. cit., p. 1787 참조.
139) Cass. soc., 18 sept. 2007, n° 06-41.762; Cass. soc., 19 déc. 2007, n° 06-43.739.
140) Cass. soc., 16 juin 1965, n° 469; Cass. soc., 26 mai 1981.
141) Cass. soc., 14 juin 1958, n° 549.
142) Cass. soc., 1er avr. 1997, n° 131; Cass. soc., 1er juill. 2014, n° 13-12.562; Cass. crim., 28 févr. 2018, n° 17-81929.
143) Cass. soc., 12 janv. 1983; Cass. soc., 31 mars 1998, n° 180; Cass. soc., 15 mai 2001, n° 166; Cass. soc., 17 déc. 2002; Cass. soc., 26 mai 2004, n° 02-40.395; Cass. soc., 15 juin 2005, n° 02-42.177.
144) Cass. soc., 27 janv. 1956, n° 103.
145) Gilles Auzero et al., op. cit., p. 1788 참조.

수 있는 사용자의 권리에는 법률147)에 따른 차별 금지 및 권리남용 금지의 한계가 있다.148)

중대한 과오를 범한 파업 근로자는 해고될 수 있다.149) 반대로 파업 근로자에게 중대한 과오가 없다면 그에 대한 해고는 무효가 된다.150) 그렇지만 근로자에게 중대한 과오가 있다고 하여 곧바로 근로계약이 파기되는 것은 아니다.151)

파업 근로자의 중대한 과오는 근로계약 해지의 이유를 구성한다.152) 이를 이유로 중대한 과오가 있는 파업 근로자와 계약관계를 종료하고자 하는 사용자는 해고절차와 「1982년 8월 4일의 법률」에 따른 징계절차를 밟아야 한다. 만일 대상자가 직원 대표이거나 노동조합 대표라면 사용자는 특수한 해고절차를 밟아야 한다. 파업 근로자의 중대한 과오는 그에 대한 해고를 정당화한다. 그렇지만 반대로 그에게 중대한 과오가 없을 때는 사용자는 그에 대한 어떠한 징계권도 행사할 수 없다.153)

즉, 파업 근로자에 대해서는 '중대한 과오'에는 이르지 못한 '중요한 과오'(la faute grave)154)만으로는 징계를 정당화할 수 없고 경고조차도 불가능

---

146) Cass. soc., 1er mars 1961; Cass. soc., 5 oct. 1960; Cass. soc., 25 juin 1987.
147) 노동법전 제L.1132-2조 참조.
148) Cass. soc., 15 mai 1991, n° 841; Cass. soc., 29 janv. 1992, n° 283; Caen(캉지 방재판소), 9 sept. 1991, n° 1087.
149) 노동법전 제L.2511-1조(파업권의 행사는 근로자에게 중대한 과오가 없는 한, 근로계약의 파기를 정당화하지 않는다) 참조.
150) Cass. soc., 9 mai 2012, n° 11-13.687.
151) Gilles Auzero et al., op. cit., p. 1786 참조.
152) Cass. soc., 5 avr. 1957; Cass. crim., 28 juin 1951.
153) Gilles Auzero et al., op. cit., p. 1786 참조.
154) 앞에서 'la faute lourde'를 '중대한 과오'로 번역하였으므로 이와 구별하기 위하여 이보다 과오의 중대성이 낮은 'la faute grave'는 '중요한 과오'로 번역하고자 한다. 이 '중요한 과오'는 사용자가 그 근로자를 기업 내에 일시적으로라도 유지할 수 없을 정도의 과오를 말하는바, 부당한 결근, 직무의 포기, 규율위반, 불복종(계약에서 정한 일의 수행 거부), 사용자나 근로자를 괴롭히거나 폭행이나 상해를

하다.[155] 파업기간 동안 파업 근로자는 사용자에게 종속되지 않는다. 그러므로 파업 근로자는 해당 파업에 대하여 사용자의 징계권 아래 놓이지 않는다. 노동법전 제L.2511-1조는 위 원칙에 대한 예외이므로 엄격한 해석을 요한다.[156]

공공부문의 파업에서는 민간부문의 파업에서와 같은 중대한 과오가 없는 경우에도 파업권의 요건을 갖추지 못했거나 파업권 제한에 위반되게 파업권을 행사하거나 파업을 계기로 자신의 의무를 저버린 파업참가자는 징계대상이 될 수 있다.[157] 한편, 태업은 보수 삭감은 초래할 수 없으나 경우에 따라 징계 사유가 될 수 있다. 파업의 금지, 파업예고 또는 금지된 파업 형태에 관한 규정 등 공무원의 파업권을 제한하거나 금지하는 규정을 지키지 않는 파업참가자는 징계를 받을 수 있다.[158]

다만, 위법한 파업에의 참여는 과오이지 직무의 포기는 아니다.[159] 위법한 파업이라 하더라도 파업참가자에 대한 징계처분은 원칙적으로 관련 규정의 준수와 징계절차의 보장이 있는 경우에만 가능하다.[160] 그런데 일정한 경우에는 징계절차가 완화되거나 적용되지 않을 수 있다. 노동법전 제L.2512-2조와 제L.2512-3조(파업 예고와 일부 파업 형태의 금지) 위반의 경우 징계절차 없이 징계처분이 이루어질 수 있다. 그러나 대상 공무원은 자신에 관한 문서에 접근할 권리와 변명할 기회를 가진다. 그리고 파면과 강등은 보통법상의 징계절차[161]를 거친 경우에만 처분이 가능하다.[162]

가하는 행위, 기업 내 절도, 근무시간의 음주 등이 있을 때 인정된다(https://www.service-public.fr/particuliers/vosdroits/F1137, 검색일 및 최종접속일: 2021. 4. 19. 참조).

155) Cass. soc., 16 déc. 1992; Cass. soc., 7 juin 1995; Cass. soc., 18 janv. 1995; Cass. soc., 9 mai 2012, n° 11-13.687.

156) Gilles Auzero et al., op. cit., p. 1786 참조.

157) Fabrice Melleray, op. cit., p. 399 참조.

158) Anne Jourda-Dardaud, op. cit., p. 46-47 참조.

159) Olivier Dord, op. cit., p. 290 참조.

160) CE, Sect., 8 févr. 1952, Pagneux; Yves Gaudemet, op. cit., p. 423; Olivier Dord, op. cit., p. 290 참조.

161) 여기에서 '보통법상의 징계절차'란 노동법전 제L. 2512-4조에서 규정하고 있는

판례도 파면의 경우 이에 적용되는 징계절차를 거친 경우에만 결정될 수 있음을 분명히 하였다.[163] 그러나 파업권이 절대적으로 금지된 일부 공무원은 절차보장에서 제외되는 경우가 있다.[164] 예를 들면, 경찰공무원은 징계절차에 관한 보장을 받지 못한다.[165]

이상을 종합해 볼 때 파업참가자에 대한 징계절차는 세 가지 경우로 구분할 수 있다. 첫째, 파업권이 박탈된 공무원에 대하여는 징계절차의 보장 없이 징계처분이 이루어질 수 있다. 둘째, 파업권은 있으나 공역무의 파업에 적용되는 노동법전 제L.2512-2조와 제L.2512-3조의 규정을 준수하지 않은 파업 참가자는 징계에 관한 절차 없이 징계를 받을 수 있으나, 변명의 기회를 가질 권리가 있고 관계서류의 통지를 받을 권리가 있다. 그런데 만약 파업참가자에 대하여 파면이나 강등의 중요한 징계를 하려면 보통법상의 징계절차까지 거쳐야 한다. 셋째, 파업권을 가지고 있고 적법한 파업에 참가하였으나 파업 동안 직업상 의무를 준수하지 않은 공무원에 대하

'정식의 징계절차'(la procédure disciplinaire normalement applicable)를 말하는 것으로서 '징계위원회'(le conseil de disciplinaire)의 절차를 말한다(Olivier Dord, op. cit., p. 312 참조).

162) Olivier Dord, op. cit., p. 290; Anne Jourda-Dardaud, op. cit., p. 46-47; L'article L. 2512-4 du code du travail(L'inobserbation des disposions du présent chapitre entraîne l'application des sanctions prévues par les statuts ou par les règles concernant les personnels intéressés. Les sanctions ne peuvent être prononcées qu'après que les intéressés ont été mis à même de présenter des obserbations sur les faits qui leurs sont reprochés et d'avoir accès au dossier les concernant. La révocation et la rétrogradation ne peuvent être prononcées qu'en conformité avec la procédure disciplinaire normalement applicable.) 참조.

163) CE, 7 juill. 1999, Mme Felivia.

164) Béatrice Thomas-Tual, op. cit., p. 149; Olivier Dord, op. cit., p. 290 참조.

165) Loi n° 48-1504 du 28 sept. 1948 relative au statut spécial des personnels de police, art. 2(Toute cessation concertée du service, tout acte collectif d'indiscipline caractérisée pourra être sanctionné en dehors des garanties disciplinaires.); Béatrice Thomas-Tual, op. cit., p. 149; Olivier Dord, op. cit., p. 290 참조.

여는 노동법전 제L.2512-4조의 절차 규정이 모두 준수되어야 한다.[166]

만약 노동조합이 위법한 파업을 유발하거나 행정기관이나 제3자에게 손해를 끼친 경우에는 노동조합의 책임이 발생할 수 있다.[167] 노동조합 주도의 파업 시위 중에 우발적으로 형성된 군중의 경우, 조합이 파업 참가자에 대하여 해산명령을 내리고 해당 파업 참가자가 그에 응하여 해산한 때에 한하여 조합은 면책될 수 있다.[168] 노동조합은 형법 제431-1조에 따른 근로의 자유를 침해하는 행위를 한 경우에[169] 또는 같은 법 제224-1조에 따른 감금행위를 한 경우에[170] 민사적 또는 형사적 제재를 받을 수 있다. 공무원 개인도 예를 들면 업무복귀명령을 거부하는 경우에는 형사적 제재를 받을 수 있다.[171]

II. 민·형사상 책임

제1장 제2절에서 본 바와 같이 파업 중에 발생된 절도, 폭력, 감금 등 위법한 행위는 민간부문이나 공공부문 공히 원칙적으로 그런 행위를 범한 개인 책임의 영역에 속하고, 파업의 성격을 변경하는 효과를 수반하지 않는다.[172] 즉, 민간부문에서나 공공부문에서나 파업 중에 발생된 위법한 행위는 징계 또는 다음에서 보는 바와 같은 민·형사상 책임의 원인은 될 수 있으나, 그 자체만으로 파업권의 남용이 있다고 볼 수 없다.[173] 즉, 파업을

---

166) Fabrice Melleray, op. cit., p. 399 참조.
167) Béatrice Thomas-Tual, op. cit., p. 149 참조.
168) CE, 26 juillet 1985, Gandossi; Anne Jourda-Dardaud, op. cit., p. 47 참조.
169) 노동의 자유의 행사를 협박을 사용하여 합심하여 방해한 경우에는 1년의 징역과 15,000유로의 벌금에 처한다.
170) 사람을 납치하거나, 억류한 경우에는 20년의 징역에 처한다.
171) Béatrice Thomas-Tual, op. cit., p. 149 참조.
172) Cass. soc., 18 janv. 1995; Cass. soc., 4 nov. 1992.

계기로 위법한 행위가 발생하였다고 하여도 그것은 파업 자체의 적법성과
는 무관하다.

한편, 현대 노사분쟁의 특징적인 형태인 직장점거는 직장에의 접근을
봉쇄하는 파업의 전형적인 양태이다. 이러한 직장점거는 시설 폐쇄 등 사
용자가 일자리 제공 의무를 이행하지 않는 것에 대한 반발로 나타날 수
있다. 근로자의 일자리를 요구하는 직장점거는 파업권의 행사와 유사한바,
파업의 경우처럼 직업상 요구를 관철하기 위하여 사용자의 명령을 고의로
위반하는 형태로 나타난다.174)

직장점거가 파업의 한 양태라면, 공공부문에서는 제4장 제3절에서 본 것
처럼 위법하고, 민간부문에서는 현장파업으로서 적법하다.175) 그래서 민간부
문에서 직장점거는 소유권에 대한 제약으로 작용한다.176) 그러나 직장점거
는 파손, 감금, 폭력 또는 근로의 자유 침해 등을 동반해서는 아니 된다.177)

파기원은 대형화물트럭의 운전자가 사용자에게 위 트럭과 그 열쇠의 반
환을 거부하거나178) 위 트럭을 이용하여 직장의 일부 출입구를 봉쇄하더
라도179) 위 운전자에게 중대한 과오가 있다고 보지 않았다. 그렇지만 앞에
서 예시한 직장점거에 수반될 수 있는 과오 중 하나가 실현된다면, 특히
파업에 참가하지 않는 근로자의 근로의 자유를 침해한다면 이는 해고를
정당화시키는 중대한 과오에 해당될 수 있다.180) 위 대형화물트럭과 그 열

---

173) Gilles Auzero et al., op. cit., p. 1780 참조.

174) Ibid., p. 1781 참조.

175) Cass. soc., 9 mars 2011.

176) Cass. soc., 11 févr. 1960; Cass. soc., 9 oct. 1963; Cass. soc., 16 déc. 1968;
  Cass. soc., 16 juin 1988; Cass. soc., 16 mai 1989; Cass. soc., 26 févr. 1992;
  Cass. soc., 1er mars 1994.

177) Gilles Auzero et al., op. cit., p. 1781 참조.

178) Cass. soc., 8 févr. 2012.

179) Cass. soc., 9 mai 2012.

180) Cass. soc., 6 déc. 1956; Cass. soc., 6 mai 1971; Cass. soc., 15 févr. 1979; Cass.

쇠의 점유 사례처럼 근로수단의 점유도 직장점거와 유사하다. 그래서 근로수단 점유의 경우에도 근로의 자유가 침해되지 않았다면 파업근로자에게 중대한 과오가 있다고 할 수 없다.[181] 다음에서 설명하는 민사책임과 형사책임은 민간부문의 파업에는 모두 적용되나 공공부문의 파업의 경우에는 사용자가 행정기관이고 노동조합의 파업예고로 개시되는 점에서 연유하는 적용상의 차이가 발생할 수 있다.

1. 민사책임

헌법상 권리인 파업권의 단순한 행사는 아무리 손해를 입히더라도 민사책임의 근거가 될 수 없다. 그렇지만 파업권 행사를 계기로 위법한 행위가 행하여질 수 있고, 파업권의 행사 자체가 권리남용에 해당될 수 있다. 이러한 경우 발생된 손해에 대하여는 민법전 제1240조[182]에 따른 민사상 손해배상책임이 발생한다. 위 규정은 세 가지 요건을 요구한다. 첫째, 파업권을 행사할 때 위법한 행위나 파업권의 남용 등 귀책사유가 있어야 한다. 둘째, 위와 같은 위법한 파업으로 인하여 발생한 손해가 있어야 한다. 셋째, 위 과오와 손해 사이에 인과관계가 있어야 한다.[183]

(1) 파업 참가자

파업 참가자가 비참가자의 근로의 자유를 침해하는 직장점거를 할 경우

---

soc., 19 févr. 1981; Cass. soc., 30 avr. 1987; Cass. soc., 10 févr. 2009; Cass. soc., 8 oct. 2014; Cass. soc., 31 oct. 1989.

181) Gilles Auzero et al., op. cit., p. 1782 참조.

182) 타인에게 손해를 끼치는 모든 행위는 그 과오를 저지른 사람에게 그 손해를 배상할 의무를 지운다(Tout fait quelconque de l'homme, qui cause à autrui un dommage, oblige celui par la faute duquel il est arrivé à le réparer).

183) Gilles Auzero et al., op. cit., p. 1799 참조.

파업 참가자는 비참가자로부터 근로를 하지 못하여 받지 못한 급여에 대한 손해배상책임을 질 수 있다.[184] 즉, 파업 참가자의 직장점거 자체가 비참가자의 직장 접근을 방해하여 근로의 자유를 침해하고 그것이 사용자가 비참가자에게 급여를 지급하지 않는 직접적인 원인이라면 파업 참가자는 비참가자의 급여 손실에 대한 책임을 질 수 있다는 것이다. 여기서 파업 참가자의 책임은 파업 참가자가 개별적으로 명백히 위법한 행위를 하고 그러한 행위가 비참가자의 손해에 대한 직접적인 사유가 된 경우에만 물을 수 있다.[185]

그러므로 파업과정에서 위법한 행위로 인하여 발생한 손해 전체에 대한 파업 참가자 전체의 연대책임은 성립될 수 없다.[186] 비참가자의 파업 참가자에 대한 급여손해의 배상청구는 노동재판소(le conseil de prud'homme) 관할에 속한다.[187] 위 소송에서 파업 참가자의 개인적인 귀책사유에 대한 입증이 요구된다.[188]

또한 파업 참가자는 사용자가 파업으로 인하여 근로를 할 수 없게 된 비참가자에게 급여를 지급함으로써 입은 손해에 대한 배상책임을 질 수도 있다. 한편, 사용자는 직장점거자의 퇴거를 구하는 가처분을 신청할 수 있다.[189] 그런데, 파업을 중단시킬 긴급한 사유가 없거나, 파업으로 인한 임박한 손해가 없거나, 명백히 위법한 소요가 없다면 파업중단 가처분신청은 받아들여지지 않는다.[190] 그러나, 직장점거에 중대한 과오가 개입된 경우, 특히 근로의 자유가 침해된 경우 퇴거명령이 내려질 수 있다.[191] 그러나 그런 과오가 없다면 직장점거는 위법한 것으로 되지 않는다.[192]

---

184) Cass. soc., 3 mars 1983.
185) Gilles Auzero et al., op. cit., p. 1801 참조.
186) Cass. soc., 30 janv. 1991.
187) 노동법전 제L.1411-3조 참조; Cass. soc., 3 mars 1983; Cass. soc., 8 déc. 1983.
188) Cass. soc., 9 mars 1989; Cass. soc., 18 janv. 1995.
189) Gilles Auzero et al., op. cit., p. 1782 참조.
190) Cass. soc., 22 janv. 1981, 79-16.977.
191) Cass. soc., 21 juin 1984.

그런데 가처분 절차는 절차상의 이유로 무력화될 수 있다. 왜냐하면 가처분 절차는 모든 직장점거자의 개별적 소환을 필요로 하는데, 이는 대체로 실현 불가능하고 많은 비용이 들기 때문이다.[193] 그래서 파기원은 가처분 신청과 더불어 새로운 수단을 제시하였는데, 그것은 서면신청(la requête)[194] 이다.[195] 위 절차에서는 직장점거자에 대하여 대심절차 없이 결정이 내려 질 수 있다.[196]

한편, 가처분 판사는 근로 재개를 명할 수 없다.[197] 즉, 근로자는 파업권 을 가지고 있기 때문에, 재판소는 그 남용의 금지를 명할 수는 있어도 근로 재개를 강제할 수는 없다는 것이다.[198] 그리고 재판소는 민사소송법에 따 라 단체교섭에 대한 조정자나 중재자를 임명할 수 있다.[199]

(2) 노동조합

민간부문에서는 공공부문에서와 달리 사전에 파업예고 의무나 파업예 고 기간 중 단체교섭의무가 없기 때문에, 노동조합은 스스로 서명한, 파업 예고 등 파업 개시의 사전 절차를 정한 단체협약 조항을 지키지 않을 경우

---

192) Cass. soc., 9 mars 2011; Cass. soc., 3 déc. 1986.
193) Gilles Auzero et al., op. cit., p. 1782 참조.
194) 민사소송절차의 하나로서 긴급한 해결이 필요하고 대심형식으로 처리될 필요성이 없는 경우에 상대방을 참여시키지 않고 판사에게 바로 구하는 서면상의 신청을 말 한다(민사소송법전 제494조, 제812조 등). Serge Guinchard, et al., op. cit., p. 936 참조.
195) Gilles Auzero et al., op. cit., p. 1782 참조.
196) Cass. soc., 17 mai 1977; Cass. soc., 21 févr. 1978; Cass. soc., 15 févr. 1979; Cass. soc., 23 juin 2004.
197) Cass. soc., 22 janv. 1981.
198) Gilles Auzero et al., op. cit., p. 1798 참조.
199) Cass. soc., 26 juill. 1984; CA Paris(파리항소재판소), 16 mai 1988; TGI Paris (파리지방재판소), 2 oct. 1989.

에는 이에 대한 책임을 지게 된다.200) 단체협약 조항은 헌법적으로 인정된 근로자의 파업권 행사를 제한하거나 규제하는 결과를 낳을 수 없으므로 이에 반하는 조항은 근로자에게 효력이 없다.201) 근로자에게 효력이 없는 단체협약 조항이라 하더라도 위 단체협약에 서명한 사용자측과 노동조합은 그것에 구속된다.202)

공공부문에서도 원칙적으로 각 파업참가자는 개별적으로 자신의 파업권을 행사하는 것이고 노동조합은 파업참가자의 위임인이 아니다. 따라서 노동조합은 원칙적으로 파업권 행사에 대한 책임을 부담하지 않는다.203) 그렇지만 공공부문에서는 노동조합의 파업예고에 따라 파업이 개시되므로 경우에 따라 노동조합도 파업권 행사에 대한 책임을 질 수 있다. 그렇지만 공공부문에서도 노동조합은 파업 중에 파업참가자가 행한 파손, 폭력 등 위법한 행위에 대한 책임을 지지 않는다.204)

즉, 노동조합이 적극적으로 위법한 행위에 가담하지 않는 한 노동조합의 책임은 발생하지 않는다.205) 이 경우 노동조합에 과오가 존재하는지 여부를 떠나서 인과관계가 성립되지 않기 때문이다. 손해의 원인은 파업 참가 권유가 아니라 파업참가자가 행한 위법행위이다. 따라서 노동조합은 조합원의 위법행위를 막지 못한 것에 대한 비난의 대상이 될 수 없다.206) 이런 점에서 노동조합은 적극적으로 지시를 한 경우에만 문제가 된다.207)

노동조합의 민사책임에 관한 위와 같은 일반론에 대하여는 두 가지 예

---

200) Gilles Auzero et al., op. cit., p. 1800 참조.
201) Cass. soc., 7 juin 1995.
202) Gilles Auzero et al., op. cit., p. 1800 참조.
203) Cass. soc., 9 nov. 1982(2 arrêts, Dubigeon Normandie et Trailor).
204) Gilles Auzero et al., op. cit., p. 1799 참조.
205) Cass. soc., 29 janv. 2003.
206) Gilles Auzero et al., op. cit., p. 1799-1800 참조.
207) Cass. soc., 22 juin 2004; Cass. soc., 14 nov. 2007, Syndicat CGT et Fédération nationale énergie.

외가 있다. 그것은 노동조합208)이 형사법위반에 해당되는 경우와 파업권
이 위법하게 행사되거나 남용된 원인이 노동조합에 있는 경우이다.209) 특
히 노동조합이 일부 조합원의 협력을 받아 비참가자의 근로의 자유를 침
해한 경우에는 손해배상을 하여야 한다.210) 노동조합이 위법한 음모에 가
담하였다면 사용자에 대하여도 책임을 지게 될 수 있다. 다만, 노동조합의
행위와 손해 사이에 인과관계가 성립되어야 한다.211)

2. 형사책임

(1) 파업 중의 범죄

파업 중에 일어나는 직장점거, 감금, 생산 중단, 작업속도 감축 등 중의
다수는 형사상 범죄를 구성한다. 이런 범죄 중에는 감금죄212), 제품·자재·
기구 손괴죄213), 폭행치상죄 등이 있다. 또한 파업 비참가자의 자유를 보
장하기 위하여 특별한 범죄가 신설되었는데, 그것은 근로자유침해죄214)이
다.215) 파업참가자가 비참가자의 근로의 자유를 침해한 경우 형사처벌을
받을 수 있다.216)

근로자유침해죄는 폭행, 폭력행위, 협박, 사기 등 특정 수단의 사용과
일정한 결과 발생을 요건으로 한다. 여기서 일정한 결과란 근로의 자유를

---

208) 오늘날 프랑스에서 노동조합은 형사책임을 질 수 있는 법인격을 가지고 있다고
　　본다(Gilles Auzero et al., op. cit., p. 1800 참조).
209) Ibid., p. 1800 참조.
210) Cass. soc., 30 janv. 1991.
211) Cass. soc., 16 juin 1993; Cass. soc., 17 juill. 1990; Cass. soc., 19 oct. 1994.
212) 형법전 제224-1조 등 참조; Cass. crim., 18 mars 1980.
213) 형법전 제322-1조 참조; Cass. crim., 12 déc. 1951.
214) 구 형법전 제414조 참조.
215) Gilles Auzero et al., op. cit., p. 1802 참조.
216) 형법전 제431조 참조.

침해할 목적으로 공동의 근로 중단을 유도하거나 유지하는 것을 말한다. 신 형법은 위 죄의 구성요건을 변경하여, "공동하여 협박으로 표현, 근로, 결사, 집회 또는 시위의 각 자유를 침해하는 행위"를 처벌대상으로 규정217)하였다. 위 죄에 대한 형벌은 징역 1년과 벌금 15,000유로인데, 위 죄의 구성요건에서 열거한 각 '자유'가 구타, 폭력, 폭력행위, 파괴 또는 손상으로 인하여 침해된 경우218)에는 가중되어 징역 3년과 벌금 45,000유로에 처해진다.219)

(2) 민사상 책임과의 관계

근로의 자유 침해에 대한 기소는 검찰에 의하여, 혹은 형사재판에서 손해배상청구를 할 수 있는 비참가자에 의하여 개시될 수 있다. 그러나 사용자는 근로의 자유 침해의 경우에 형사재판의 손해배상청구인(la partie civile)이 될 수 없다.220) 비참가자만이 근로의 자유 침해에 대한 직접적인 피해자여서 형사재판에서 손해배상청구를 할 수 있다.221)

물론 근로의 자유에 대한 침해는 비참가자에게 대가 없이 급여를 지급한 사용자에게 피해를 야기할 수 있다. 이 경우 사용자는 파업감시인(le membre du piquet de grève)을 상대로 민사소송을 제기함으로써 손해배상을 받을 수 있다. 그렇지만 사용자의 위 손해는 근로의 자유 침해의 직접적인 결과는 아니므로 사용자는 비참가자와 검찰의 공소제기에 참여할 수 없다. 반면에, 사용자는 근로의 자유 침해가 아닌 감금이나 자재 손괴 등 다른 범죄의 피해자로서 형사재판에서 손해배상청구를 할 수 있고 공소제기에도

---

217) 형법전 제431-1조 제1항 참조.
218) 형법전 제431-1조 제2항 참조.
219) Gilles Auzero et al., op. cit., p. 1802 참조.
220) Cass. crim., 23 avr. 2003.
221) Gilles Auzero et al., op. cit., p. 1802 참조.

참여할 수 있다.222)

위에서 살펴본 내용은 원칙적으로 민간부분의 파업에 적용된다. 물론 공공부문에서도 파업에 참가하지 않은 공무원의 근로 자유를 침해할 경우에는 그로 인하여 발생된 손해를 배상할 책임이 발생할 수 있다. 그렇지만 공공부문에서는 현장파업이나 점거파업이 금지되므로 파업에 참가하지 않은 공무원에 대한 관계에 있어서 근로의 자유를 침해할 수 있는 경우를 상정하기 힘들고 공공부문의 특성상 그런 경우가 발생하더라도 급여 등에 대한 손해발생 가능성도 거의 없다고 할 것이다. 다만, 파업을 계기로 발생한 점거, 자재 손괴 등 범죄행위로 인하여 행정기관이 피해를 입은 경우에는 형사재판에서 손해배상청구를 할 수 있을 것이다.

제3절 소결

이상에서 파업권 행사의 효과를 적법한 행사와 위법한 행사로 구분하여 살펴보았다. 적법한 행사의 경우는 파업권이 금지되지 않고 요건을 충족하며 그 행사가 제한 규정에 위반되지 않는다는 것이 전제된다. 이 경우의 파업권 행사 효과는 파업참가자에 대하여는 공역무 활동을 하고 있는 상황과 유사한 법적 지위에 놓이게 하여 징계 제재를 받지 않게 된다. 한편, 파업에 직면한 행정기관은 절대 긴급한 사정이 있는 경우에는 예외적으로 기업체의 임금노동자를 일시적인 노동을 위하여 대체근무자로 이용할 수 있다.

그리고 소속기관과 파업참가자 사이에는 파업기간 동안 공무원 관계에

---

222) Ibid., p. 1802-1803 참조.

따른 권리·의무관계가 일시 정지되어 상호간에 이로 인한 권리·의무로부터 벗어난다. 따라서 공무원은 본연의 공역무를 수행할 의무에서 벗어나지만, 동시에 그것과 대가관계가 있는 보수에 관한 권리도 갖지 못하여 파업에 참가한 시간에 비례하여 보수가 삭감된다. 보수삭감 기준과 관련하여, 공무원의 파업권 행사를 억제하려고 하는 정치세력과 이를 보장하려고 하는 정치세력 간의 갈등 속에 상당한 기간의 혼란을 거쳐 최종적으로 국가직의 경우에는 '불가분의 30분의 1 규칙'에 따라 하루 중 일부 시간만 파업에 참여하더라도 하루분의 보수가 삭감된다.

반면에, 지방직과 의료직의 경우에는 파업에 참가한 시간에 엄격하게 비례하여 보수삭감이 이루어지고, 공역무를 담당하는 사기업 등의 경우에는 파업에 참가한 시간에 거의 비례되게 만든 정형화된 기준이 적용되게 되었다. 이상에서 보는 바와 같이 보수삭감기준에 있어서 국가직과 다른 공직과의 차별이 있는데, 일면에 있어서 공직 간 평등의 원칙에 위반되었다고 볼 수도 있으나, 다른 공직에 비하여 국가직이 더 중요하다고 판단하여 국가직의 파업을 저지하고자 하는 정부의 정책이 반영된 것이라고 볼 수 있고 이러한 제한에 타당성도 있다고 판단된다.

보수삭감 일수와 관련하여서도 파업기간의 중간에 있는 공휴일이나 근무의무가 없는 날도 파업으로 인한 보수삭감 일수에 산입되는데, 여기에서도 공무원의 파업권 행사를 억제하고자 하는 배경이 엿보인다. 그리고 소속기관은 직원의 파업 중에 절대 긴급한 사정이 있는 경우에는 사기업에 일시적인 노동제공을 의뢰하여 대체복무자를 사용할 수 있다.

반대로, 위법한 파업권의 행사의 경우에는 징계의 대상이 되고, 경우에 따라서는 형사처벌 대상이 될 수도 있다. 그러나 위법한 행사라 하더라도 제재에 관하여, 관계 문서에 대한 접근권과 변명제출권이 보장되어야 하고, 파면과 강등 등 중징계의 경우에는 보통법상의 정상적인 징계절차를 거친 경우에만 제재가 가능하다. 다만, 파업권이 절대적으로 금지된 일부 공무원단 중에는 위와 같은 문서 접근권 등이나 징계절차의 보장 없이 징계가 가능한 경우가 있다. 그리고 위법한 행사라 하더라도 그 기간 동안 공역무에 종사하지 않았으므로 보수삭감도 당연히 이루어지게 된다.

한편, 파업을 계기로 위법한 행위가 발생된 경우에는 그 자체로 파업이 위법해지는 것은 아니지만 그로 인하여 파업참가자는 비참가자나 사용자에 대하여 민사책임이나 형사책임을 질 수 있다. 즉, 파업참가자는 직장점거로 인하여 비참가자의 근로의 자유를 침해할 경우에는 급여 등의 손해에 대한 민사소송에 직면할 수 있고, 형사처벌을 받을 수 있다. 경우에 따라서는 사용자에 대하여도 손해배상책임을 질 수 있다.

한편, 사용자는 직장을 점거한 파업참가자에 대하여 퇴거를 구하는 가처분신청이나 서면신청을 할 수 있다. 그러나 파업권을 가지고 있는 파업참가자를 상대로 근로재개를 구할 수는 없다. 그리고 파업참가자가 파업을 계기로 전술한 근로자유침해죄 뿐만 아니라 감금, 폭행, 폭력행위, 협박, 손괴 등의 범죄에 연루된 경우 이로 인한 형사책임을 지는 것은 당연하다. 한편, 근로자유침해죄에 대하여는 형사재판에서 손해배상청구를 할 수 있는 비참가자에 의하여도 기소가 이루어질 수 있다. 파업권이 근로기본권의 일종이지만 다른 사람의 근로의 자유를 침해할 수 없다는 것은 파업권에 내재된 한계라고 할 것이다.

제6장
우리나라에 대한 시사점

우리 헌법 제33조는 근로자에게 단결권, 단체교섭권 및 단체행동권 등이른바 '근로3권'을 인정하고 공무원도 근로자임을 인정하면서도 공무원인 근로자는 '법률이 정하는 자'에 한하여 근로3권을 가진다고 규정하고있다. 그래서 헌법재판소는 관련 법률에서 일부 공무원의 단결권과 부분적인 단체교섭권만 인정하고 이른바 '사실상 노무에 종사하는 공무원'을제외한 대부분의 공무원의 파업권 등 단체행동권을 절대 금지하여도 헌법제37조 제2항의 과잉금지원칙은 적용될 수 없다고 보고 있다. 이 장에서는 공무원의 근로3권에 관한 우리 헌법과 법률의 문제점과 이에 대한 프랑스 법제도가 주는 시사점을 살펴보고자 한다.

제1절 공무원의 근로기본권에 대한 제한

Ⅰ. 공무원의 근로기본권에 대한 헌법적 제한

1. 공무원의 근로기본권 관련 규정 현황

우리 헌법 제33조 제1항은 "근로자는 근로조건의 향상을 위하여 자주적인 단결권·단체교섭권 및 단체행동권을 가진다."라고 규정하고 있고, 제33조 제2항은 "공무원인 근로자는 법률이 정하는 자에 한하여 단결권·단체교섭권 및 단체행동권을 가진다."고 규정하고 있다. 여기서 공무원은 직접또는 간접으로 국민에 의하여 선출 또는 임용되어 국가나 공공단체와 공법상의 근무관계를 맺고 공공적 업무를 담당하고 있는 사람으로서, 노무의 대가로 얻는 수입에 의존하여 생활하는 사람이라는 점에서 통상적인 의미의 근로자 성격을 지니고 있어[1] 헌법 제33조 제2항에서도 공무원의 근로자 성격을 인정하고 있는바, 공무원이 제33조 제1항의 근로자에 해당함은 이론(異論)의 여지가 없다고 본다.[2]

위와 같은 헌법 규정 하에서 근로3권을 가지는 공무원에 대하여 정한 법률을 살펴보면 다음과 같다. 먼저, 「공무원의 노동조합 설립 및 운영 등에 관한 법률」(이하 '공무원노조법'이라 한다) 제6조는 업무의 주된 내용이 다른 공무원에 대하여 지휘·감독권을 행사하거나 다른 공무원의 업무를 총괄하는 업무에 종사하는 공무원이나 인사·보수 또는 노동관계의 조정·감독 등 업무에 종사하는 공무원과 교정·수사 등 업무에 종사하는 공무원에 대하여는 단결권조차 인정하지 않고 있다. 나아가 공무원노조법 제8조는 공무원의 단체교섭권에 대하여도 법령 등에 따라 국가나 지방자치단체가 그 권한으로 행하는 정책결정에 관한 사항과 임용권의 행사 등 그 기관의 관리·운영에 관한 사항으로서 근무조건과 '직접' 관련되지 아니하는 사항은 교섭 대상에서 제외하고 있다.

한편, 단체행동권을 가지는 공무원을 정하는 법률은 없다. 오히려 공무원노조법 제11조는 「국가공무원법」 제66조 제1항 단서 및 「지방공무원법」 제58조 제1항 단서에 따른 사실상 노무에 종사하는 공무원과 「교원의 노동조합 설립 및 운영 등에 관한 법률」(이하 '교원노조법'이라 한다)의 적용을 받는 교원인 공무원을 제외한 공무원의 파업 등의 행위를 금지하고 있을 뿐이다. 위 교원노조법 제8조도 교원의 파업 등의 행위를 금지하고 있다. 나아가 「국가공무원법」 제66조와 「지방공무원법」 제58조는 사실상

---

1) 근로기준법 제14조, 제16조, 노동조합법 제2조 제1호 등 참조; 헌법재판소 2007. 8. 30. 선고 2003헌바51, 2005헌가5 (병합) 전원재판부 결정; 헌법재판소 1992. 4. 28. 선고 90헌바27내지34, 36내지42, 44내지46, 92헌바15(병합) 국가공무원법 제66조에 대한 헌법소원 전원재판부 결정.

2) 헌법재판소 2007. 8. 30. 선고 2003헌바51, 2005헌가5 (병합) 전원재판부 결정.

노무에 종사하는 공무원을 제외한 공무원의 노동운동을 금지하고 있다.

2. 근로기본권의 헌법적 제한 규정 관련 문제점

앞에서 본 바와 같이 우리 헌법 제33조 제2항이 공무원을 근로자로 인정하면서도 제1항에서 인정한 근로자를 위한 근로3권을 공무원인 근로자에 대하여는 원점으로 되돌려 근로3권의 인정 여부 자체를 법률에 위임한 것은 공무원의 근로3권에 대한 이른바 '헌법 직접적 제한'에 해당한다. 이와 관련하여 우리 헌법재판소는 헌법 제33조 제2항이 공무원의 근로3권을 제한하면서 근로3권이 보장되는 주체의 범위를 법률에 의하여 정하도록 위임한 것은 다음과 같은 의미를 갖는다고 보았다.[3]

첫째, 헌법 제33조 제2항은 공무원인 근로자 중 법률이 정하는 자 이외의 공무원에게는 그 권리행사의 제한뿐만 아니라 금지까지도 할 수 있는 법률 제정의 가능성을 헌법에서 직접 규정하고 있다는 점에서 특별한 의미가 있다는 것이다. 따라서 위 헌법 제33조 제2항이 규정되지 아니하였다면 공무원인 근로자도 헌법 제33조 제1항에 따라 근로3권을 가진다 할 것이고, 이 경우에 공무원인 근로자의 단결권·단체교섭권 및 단체행동권을 제한하는 법률에 대해서는 헌법 제37조 제2항에 따른 기본권 제한의 한계를 준수하였는가 하는 점에 대한 심사를 하는 것이 타당할 것이나, 헌법 제33조 제2항이 직접 '법률이 정하는 자'만이 근로3권을 향유할 수 있다고 규정하고 있어서 '법률이 정하는 자' 이외의 공무원은 근로3권의 주체가 되지 못하므로, 근로3권이 인정됨을 전제로 하는 헌법 제37조 제2항의 과잉금지원칙은 적용이 없는 것으로 보아야 한다는 것이다.

---

3) 헌법재판소 2008. 12. 26. 선고 2005헌마971, 2005헌마1193, 2006헌마198 (병합) 공무원의 노동조합 및 운영에 관한 법률 위헌확인 등 결정; 헌법재판소 2007. 8. 30. 선고 2003헌바51, 2005헌가5 (병합) 전원재판부 결정.

둘째, 공무원은 국민 전체에 대한 봉사자이며, 그 담당 직무의 성질상 공공성·공정성·성실성 및 중립성이 보장되어야 하는 특수한 사정이 있다는 점을 고려하여, 전체 국민의 합의를 바탕으로 입법자의 구체적인 입법에 의하여 공적이고 객관적인 질서에 이바지하는 공무원 제도를 보장·보호할 수 있는 입법재량을 부여하였다는 것이다. 그렇다면 국회는 헌법 제33조 제2항에 따라 공무원에게 단결권과 단체교섭권 및 단체행동권을 인정할 것인가의 여부, 어떤 형태의 행위를 어느 범위에서 인정할 것인가 등에 대하여 광범위한 입법형성의 자유를 가진다는 것이다.

그러나 이상과 같은 헌법재판소 2008. 12. 26. 선고 2005헌마971, 2005헌마1193, 2006헌마198 결정과 2007. 8. 30. 선고 2003헌바51, 2005헌가5 결정 다수의견의 요지는 그 전에 선고된 헌법재판소 1993. 3. 11. 선고 88헌마5 결정의 다수의견과 차이가 있는바,[4] 위 2008년과 2007년 결정의 다수의견에 대하여는 다음과 같은 반대 의견이 제기되었다.

먼저, 위 2008년 결정의 다수의견에 대한 반대의견 및 위 2007년 결정의 다수의견에 대한 첫 번째 반대의견을 요약하면 다음과 같다.[5] 헌법 제33조 제1항이 근로자의 근로3권을 보장하는 것은 근로자가 단체를 결성하여 노사관계의 균형을 이루고 근로조건을 공정하게 형성하고 향상시키려는 것이고, 제2항은 "공무원인 근로자"라고 표현함으로써 공무원도 노무

---

4) 헌법재판소 1993. 3. 11. 선고 88헌마5 결정의 다수의견에 따르면, 우리 헌법의 개정경위와 현행 헌법 제33조 제2항의 해석상 구 헌법과는 달리 국가공무원이든 지방공무원이든 막론하고 공무원의 경우에 전면적으로 단체행동권이 제한되거나 부인되는 것이 아니라 일정한 범위 내의 공무원인 근로자의 경우에는 단결권과 단체교섭권을 포함하여 단체행동권을 갖는 것을 전제하였으며, 다만 그 구체적 범위는 법률에서 정하여 부여하도록 위임하고 있는 것이라고 판시하였다.
5) 헌법재판소 2008. 12. 26. 선고 2005헌마971, 2005헌마1193, 2006헌마198 (병합) 공무원의 노동조합 및 운영에 관한 법률 위헌확인 등 결정에 대한 재판관 조대현의 일부 반대 의견; 헌법재판소 2007. 8. 30. 선고 2003헌바51, 2005헌가5 (병합) 전원재판부 결정에 대한 재판관 조대현의 반대 의견 참조.

의 대가로 얻는 수입에 의존하여 생활하는 근로자로서 제1항에 의하여 근로3권을 가진다는 점을 인정하고 있다는 것이다. 다만, 공무원은 국민 전체에 대한 봉사자이고 국민에 대하여 책임을 지며 공무원이 담당하는 직무의 공공성이 크고 공무원 근로조건의 특수성이 있어서 헌법 제33조 제2항은 공무원은 "법률이 정하는 자에 한하여" 근로3권을 가진다고 규정함으로써 근로자의 근로3권을 보장하는 제1항의 취지와 공무원 관계의 특수성을 고려하여 공무원의 근로3권을 법률로 조절할 수 있다는 취지를 규정한 것이라고 한다. 따라서 다수의견처럼 헌법 제33조 제2항이 공무원의 근로3권에 관하여 무제한의 입법형성권과 재량권을 주었다고 보아서는 안 되고, 제1항의 취지와 제7조의 취지를 조화시켜야 하는 임무와 한계를 부여한 것이라고 보아야 한다고 비판한다. 즉, 헌법 제33조 제2항의 취지는 공무원도 제1항에 따라 원칙적으로 근로3권을 가지지만 제7조에서 밝히고 있는 공무원의 특수한 지위와 책임과 조화될 수 있는 한도에서 공무원의 근로3권을 구체적으로 조절할 수 있고 그 구체적인 내용은 법률로 정한다는 취지라고 보아야 한다는 것이다.

다음, 위 2007년 결정의 다수의견에 대한 두 번째 반대의견을 요약하면 다음과 같다.[6) 헌법 제33조 제1항은 모든 근로자에 대해 근로3권을 인정하고 있으므로, 제2항은 공무원인 근로자의 근로3권을 제한하는 헌법적 근거이지만, 동시에 일정 범위의 공무원에 대해서는 근로3권을 보장하는 조항으로서의 성격도 갖는다고 한다. 즉, 헌법 제33조 제2항은 일정 범위의 공무원에 대해서는 일반 근로자와 같이 근로3권을 전면 보장해야 하고, 다만, 근로3권이 인정되는 공무원의 구체적 범위에 대해서는 입법자가 법률로 정할 것을 명하는 규정으로 보아야 한다는 것이다. 따라서 헌법 제33조 제2항에 따라 입법자에게는 공무원 중 일정한 범위에 속하는 자에 대

---

6) 헌법재판소 2007. 8. 30. 선고 2003헌바51, 2005헌가5 (병합) 전원재판부 결정에 대한 재판관 김종대의 반대 의견 참조.

해서는 반드시 근로3권을 보장하는 내용의 입법을 하여야 할 의무가 있다고 한다.

마지막으로 위 2007년 결정의 다수의견에 대한 세 번째 반대의견을 요약하면 다음과 같다.[7] 헌법 제33조 제2항은 모든 근로자가 근로3권을 향유한다는 원칙을 선언한 제1항을 이어받아, 공무원도 근로자이므로 근로3권을 향유하지만, 공무원이 갖는 특성에 비추어 근로3권의 일부가 제한될 수 있으며, 해당 직무의 성질, 직급 등에 따라서 근로3권 보장의 범위 및 정도가 달라질 수 있음을 선언하고 이와 같이 공무원에 대하여 근로3권이 보장되는 범위와 정도를 입법자로 하여금 합리적으로 정하도록 위임한 것으로 해석하여야 한다고 한다. 그리고 이와 같은 위임에 의한 입법형성권은 무제한의 재량이 아니라 헌법 제37조 제2항에서 정하는 기본권 최소제한 및 본질적 내용 침해금지 원칙에 따라야 하는 한계가 있어 법률이 근로3권 중의 일부라도 일반적·전면적으로 박탈하거나 배제한다면 기본권의 본질적 내용을 침해하는 것으로 보아야 한다는 것이다.

한편, 헌법 제33조 제2항의 취지와 관련된 헌법재판소의 입법재량론에 대하여는 학설에서도 비판적 견해가 제기된다. 먼저, 헌법재판소 1992. 4. 28. 선고 90헌바27 등 결정에서 헌법재판소가 논거로 제시한 국회의 광범위한 입법재량론은 근로3권 보장 취지를 형해화할 우려가 있으므로 공무원의 근로3권을 제한하는 법률도 기본권 최소제한 및 본질적 내용 침해금지 원칙에 따르는 것이 타당하다고 하면서, 입법재량론의 광범한 적용은 근로3권을 비롯한 기본권 보장의 취지를 유명무실하게 하기 때문에 입법재량도 궁극적으로 기본권 보장의 실현에 봉사하도록 행사되어야 하는 내재적 한계를 지니므로 헌법재판소는 입법재량론 적용의 명목으로 법률의 위헌성 판단을 자제 내지 회피하는 자세를 지양해야 한다고 한다. 이 견해

---

7) 헌법재판소 2007. 8. 30. 선고 2003헌바51, 2005헌가5 (병합) 전원재판부 결정에 대한 재판관 송두환의 반대 의견 참조.

는 헌법재판소가 취한 광범한 입법재량론은 입법자에게 근로3권의 적극적 실현을 위한 형성적 재량을 허용하는 것이 아니라 근로3권을 제한하는 입법자의 광범한 입법형성의 자유를 합리화하는 역기능으로 작용한다고 비판한다.[8]

또한 위 헌법재판소 2008년 결정에 대하여 헌법 제33조 제2항이 공무원의 근로3권에 관하여 입법자에게 무제한의 입법형성권과 재량권을 주었다고 하는 해석론을 지양하여야 한다고 하면서 결국 헌법 제33조 제2항에 의한 법률은 헌법 제7조의 요청을 준수하기 위하여 필요한 한도에서만 공무원의 근로3권을 제한할 수 있을 뿐이라는 견해도 있다.[9] 공무원의 근로3권 제한의 위헌 여부를 판단하면서 헌법 제33조 제2항을 해석할 때 헌법 제33조 제1항, 제10조, 제11조 제1항, 제37조 제2항의 각 규정에 따라 기본권 최소제한 및 본질적 내용 침해금지 원칙의 한계를 가진 것으로 보아 국회의 입법형성권을 축소시키는 것이 타당하다는 견해도 같은 취지이다.[10]

다음, 헌법재판소가 헌법 제33조 제2항이 직접 '법률이 정하는 자'만이 근로기본권을 향유할 수 있다고 규정하고 있어서 '법률이 정하는 자' 이외의 공무원은 근로기본권의 주체가 되지 못하므로 근로기본권이 인정됨을 전제로 하는 헌법 제37조 제2항의 과잉금지원칙은 적용이 없는 것으로 보아야 한다는 다수의견을 비판하는 견해가 있다. 이 견해는 과잉금지원칙은 헌법 제37조 제2항에 따라 기본권을 제한하는 법률뿐 아니라 헌법 제33조

---

8) 이흥재, "근로3권에 대한 헌법재판소 판례의 검토", 서울대학교 법학 제43권 제2호, 서울대학교 법학연구회, 2002, 239-240면, 254-257면 참조.
9) 정영훈, "공무원 근로3권의 보장과 사실상 노무에 종사하는 공무원의 개념에 관한 고찰", 한양법학 제41집, 한양법학회, 2013, 199-200면 참조.
10) 정관영, "공무원의 노동3권 제한의 한계에 대한 위헌심사 ─ 헌법재판소 2008. 12. 26. 선고 2005헌마971 등 결정 평석 ─", 일감법학 제30호, 건국대학교 법학연구소, 2015, 398-399면 참조.

제2항에 의하여 '법률이 정하는 자'만이 근로기본권을 향유한다고 해도 적용되어야 한다고 본다.[11] 공무원인 근로자의 근로3권에 대한 제한이 헌법 제33조 제2항에 근거하고 있더라도 헌법 제37조 제2항의 과잉금지원칙상 사실상 노무에 종사하는 자 이외의 공무원 일반에 대하여 일률적으로 근로기본권을 배제하는 것은 타당하지 않다는 견해도 같은 취지이다.[12]

생각건대, 헌법 제33조 제1항은 모든 근로자에 대하여 근로3권을 인정하고 있고 이어서 제2항은 공무원도 근로자로 인정하고 있으므로, 헌법 제33조 제2항에서 공무원인 근로자는 법률이 정하는 자에 한하여 근로3권을 가진다고 한 취지는 공무원도 근로자로서 근로3권을 가지지만 공무원이 갖는 특성에 비추어 공무원의 근로3권에 대하여는 보장되는 범위와 정도를 입법자로 하여금 합리적으로 정하도록 위임한 것으로 해석하여야 하고, 따라서 이러한 위임에 의한 입법형성권은 헌법 제37조 제2항에서 정하는 기본권 최소제한 및 본질적 내용 침해금지 원칙에 따른 한계가 있어 법률이 공무원 근로3권 중의 일부라도 일반적·전면적으로 박탈하거나 배제한다면 기본권의 본질적 내용을 침해하는 것으로 보아야 할 것이다.

한편, 현행 헌법 제33조 제2항 자체가 헌법의 기본이념에 해당하는 조항에 반하여 개정이 불가피하다는 헌법재판소 재판관의 반대 의견과 별개 의견도 제기되었다. 위 의견을 요약하면 다음과 같다.[13] 헌법 제33조 제1항이 규정한 근로3권의 향유주체로서의 근로자란 직업의 종류를 불문하고

---

11) 조성혜, "공무원의 노동기본권 제한의 연혁과 헌법재판소의 태도", 노동법학 제43호, 한국노동법학회, 2012, 273면 참조.
12) 정종섭, 헌법학원론, 제7판, 박영사, 2012, 711면; 정관영, 전게논문, 398면 각주 46 참조.
13) 헌법재판소 1993. 3. 11. 선고 88헌마5 노동쟁의조정법에 관한 헌법소원 전원재판부 결정 중 재판관 변정수의 반대의견; 헌법재판소 1992. 4. 28. 선고 90헌바27내지34, 36내지42, 44내지46, 92헌바15(병합) 국가공무원법 제66조에 대한 헌법소원 전원재판부 결정 중 재판관 변정수의 별개의견 참조.

임금 등의 수입에 의하여 생활하는 자를 말하므로, 이에 해당하는 근로자는 직업의 종류를 묻지 않고 육체적이든 정신적이든 누구나 근로3권을 향유할 수 있어야 한다는 것이다. 따라서 국가 등에 채용되어 정신적 또는 육체적 노무를 제공하고 그 대가인 급여를 받아 생활하는 공무원도 근로자로서 근로3권을 행사할 수 있는 것이 원칙이라고 본다.

그런데 헌법 제33조 제2항은 공무원에 대하여는 원칙적으로 근로3권을 부인하고 예외적으로만 인정하도록 하였는데, 근로자로서 근로3권을 향유하여야 할 공무원에 대하여 직무의 성격을 구별함이 없이 오직 신분이 공무원이라는 이유만으로 근로3권을 박탈하는 것은 다른 근로자와 차별하는 것이고, 근로자의 근로3권은 생존권과 행복추구권의 보장을 위해서는 필수불가결한 조건이므로 공무원이 국민전체의 봉사자라는 이유로 공무원의 근로3권을 박탈하는 것은 타당하지 않다는 것이다. 그리고 근로3권의 제한 내지 박탈은 그 해당 근로자의 신분을 기준으로 할 것이 아니라 그가 종사하는 직무의 성격에 따라 최소한도로 이루어져야 하는 것이므로 공무원 신분이라는 이유만으로 원칙적으로 근로3권을 박탈하고 예외적으로 법률로써 인정할 수 있도록 규정한 헌법 제33조 제2항은 그보다 상위규정이며 민주주의 헌법의 기본이념이고 헌법의 중심적 규정인 헌법 제11조 제1항의 평등원칙에 위배되는 조항일뿐더러 인간의 존엄과 가치 및 행복추구권을 규정한 헌법 제10조에도 위배되는 조항으로서, 앞으로 헌법 개정 등을 통해 재검토되어야 할 부당한 헌법규정이라고 본다.

위 헌법재판소 재판관의 반대의견 및 별개의견과 같이 헌법 제33조 제2항 자체의 문제점을 지적하는 학설도 제기되었다. 이에 따르면, 헌법 제33조 제2항의 특별유보조항은 근로자로서 근로3권을 향유하여야 할 공무원에 대하여 오직 그들의 신분이 공무원이라는 이유만으로 근로3권을 박탈하는 규정이라고 본다. 그러면서 세계 어느 나라 헌법에도 위와 같은 근로3권에 관한 특별유보조항을 둔 예는 없다는 점에서, 더구나 그보다 상위규정이며 민주주의 헌법의 기본이념이고 헌법핵이라고 할 수 있는 헌법 제 11조 제1항의 평등원칙이나 인간의 존엄과 가치 및 행복추구권을 규정한 헌법 제10조와 헌법체계상 조화되기 어렵다는 점에서 기형적이라고 한다.14) 또한 공무원의 근로기본권에 대하여도 '보장'을 원칙으로 하고 '제한'을 예외로 하여야 하는데, 공무원 신분이라는 이유만으로 원칙적으로 근로3권을 박탈하고 예외적으로 이를 인정하는 입법은 민주주의 헌법의 기본이념이라고 할 수 있는 헌법 제11조 제1항에 위배될 뿐만 아니라 제 10조에도 부합한다고 할 수 없다는 견해도 같은 취지라 할 것이다.15)

생각건대, 공무원인 근로자의 근로3권 제한이 공익상 필요하다면 기본권의 일반유보조항인 헌법 제37조 제2항에 의하여 권리의 본질적 내용을 침해하지 아니하는 한도에서 법률로써 제한할 수 있다. 그럼에도 불구하고 헌법이 제33조 제2항과 같은 특별유보조항을 둔 것은 헌법에 근거규정만 두면 어떤 법률을 제정해도 위헌이 될 수 없다는 잘못된 인식 아래 공무원의 근로3권을 무한정 제한할 수 있도록 하면서 그에 대한 위헌시비를 못하게 하기 위한 발상에서 나온 것이라고 하지 않을 수 없다. 만일 헌법규정에 대하여는 어떠한 경우라도 위헌문제를 제기할 수 없다고 한다면 이는 헌법의 기본원칙과 기본권보장에 역행하는 어떠한 내용의 헌법규정을 두어도 문제가 없다는 것이 되어 헌법의 본질과 기본권보장은 형해화 될 것이다. 결론적으로 헌법 제33조 제2항에 따른 입법형성권은 헌법 제37조 제2항에서 정하는 기본권 최소제한 및 본질적 내용 침해금지 원칙에 따른 한계가 있어 법률이 공무원 근로3권 중의 일부라도 일반적·전면적으로 박탈하거나 배제한다면 기본권의 본질적 내용을 침해하는

---

14) 민경식, "공무원의 노동기본권", 법학논문집 제24집 제1호, 중앙대학교 법학연구소, 1999, 39면 참조.

15) 김재기, "공무원 노동조합법제의 입법방향에 관한 연구 – 비교법과 국민의식 조사를 중심으로 –", 서울대학교 박사학위논문, 2009, 69-70면 참조.

것으로 보아야 하나, 근본적으로 헌법 제33조 제2항은 헌법의 기본 이념
에 반하고 기본권 제한 원칙에 반하는 조항이므로 시급히 개정되어야 한
다고 생각한다.

Ⅱ. 공무원의 근로기본권 제한 이론과 그 문제점

공무원도 근로자이기 때문에 헌법이 근로자 일반에게 보장하고 있는 근
로기본권의 향유주체가 될 수 있다. 그렇지만 공무원의 근로자성을 인정
한다는 의미가 공무원관계에 인정되는 특수성을 부인하여 일반 근로자의
그것과 동일하게 취급해야 한다는 것은 아니다. 여기에서 근로자인 공무
원의 근로기본권 제한을 정당화하는 공무원관계의 특수성에 대한 이론적
근거에 대하여 살펴본 후 그 타당성을 검토해 보기로 한다.16)

1. 특별권력관계설

(1) 전통적 특별권력관계론

종래의 통설은 행정법관계를 권력관계와 관리관계로 구분하고 권력관계
는 다시 일반권력관계와 특별권력관계로 구분하였다. 여기서 일반권력관계
는 국가 또는 공공단체의 통치권에 복종하는 관계로, 국민 또는 주민의 신
분을 가지는 모든 자에게 당연히 성립하는 관계인 데 반해, 특별권력관계
는 특별한 공법상 원인에 기하여 성립되고 공법상 행정목적에 필요한 한도
내에서 그 특별권력주체에게는 포괄적 지배권이 인정되고 그 상대방인 공

---

16) 강희원, 노동헌법론, 법영사, 2012, 564면; 김지훈, "공무원의 노동기본권, 그 보장
   과 한계", 법과 사회 제2호, 법과사회이론학회, 1990, 201-209면 참조.

무원, 군인 등 특별한 신분에 있는 자가 이에 복종하는 관계를 말한다.[17]

　위 학설에서는 국가와 공무원의 관계를 전형적인 특별권력관계로 본다. 특별권력관계에서의 특별권력주체에게는 포괄적 지배권이 부여되어 그에 복종하는 자에 대하여는 특별권력을 발동하는 경우에도 개별적·구체적인 법률의 근거를 요하지 않는다고 본다. 즉, 특별권력관계 내부에 있어서는 그 설정 목적에 비추어 필요하다고 인정되는 합리적 범위·한계 내에서 그에 복종하는 자의 기본권을 법률의 근거가 없더라도 제한할 수 있는 것으로 보았다.[18] 공무원은 그의 자유의사에 의하여 국가와의 특별권력관계에서 포괄적 지배를 받는 지위에 있으므로, 국가와 일반국민 간의 일반권력관계에서 보장되는 기본권은 그 범위 내에서 제한될 수 있다는 것이다. 이 학설에서는 법률에 의한 기본권 제한의 일반원칙을 무시하고 기본권을 제한할 수 있는 이론적 근거는 특별권력관계 성립에 대한 당사자의 동의와 그 동의에 내포되어 있다고 믿는 기본권의 포기라고 한다.[19] 또한 사법권의 기능이 일반 시민의 법질서를 유지하는 데 있는 것으로 보아, 특별권력관계에서의 권력주체의 행위에 대하여는 원칙적으로 사법심사가 미치지 않는다고 본다.[20]

(2) 특별권력관계론의 재검토

　그러나 특별권력관계론은 19세기 후반 독일의 외견적 입헌군주제 하에서 군주와 시민세력과의 대립관계에서의 타협적 산물로서, 행정에 대한 군주의 특권적 지위를 보장하기 위한 이론으로 정립된 것이었고, 국가와

---

17) 김동희·최계영, 행정법 I, 제26판, 박영사, 2021, 114면 참조.
18) 상게서, 114-115면 참조.
19) 김재기, 공무원과 노동인권, 한국학술정보(주), 2006, 60-61면; 강희원, 전게서, 564면 참조.
20) 김동희·최계영, 전게서, 115면 참조.

사회의 동질성이 인정되고 법치주의·민주주의 원칙에 입각한 현대 헌법
하에서 전통적인 특별권력관계론은 이미 그 성립기반을 상실하였으므로
오늘날에는 특별권력관계도 법관계라는 점은 누구도 부인할 수 없고, 그
러한 점에서 그것은 일반권력관계와 본질적인 차이는 없다고 한다.[21] 그
래서 오늘날에 와서 특별권력관계론은 외견적 입헌주의 시대에 관료국가
의 유지를 합리화하기 위한 절대주의적 법이론의 잔재일 뿐이고 오히려
그 정반대의 주장이 지배적인 위치를 차지하게 되었고 전통적인 특별권력
관계론을 취하는 학자는 없다고 한다.[22] 그런데 오늘날 공무원에게 특별
권력관계에 따른 포괄적인 명령·복종관계는 더 이상 존재하지 않고 공무
원도 국민의 한 사람으로서 기본권의 주체라는 점은 널리 인정되지만, 동
시에 공직의 담당자로서 공직의 객관적이고 공정한 수행과 관련하여 기본
권의 특별한 제한은 여전히 필요하고 가능한 것으로 인정되고 있다.[23] 그
래서 종래의 특별권력관계론에 대하여는 오늘날 재검토가 이루어진바, 크
게 부정설과 수정설로 나누어 볼 수 있다.

① 부정설

부정설도 다시 '전면적·형식적 부정설', '개별적·실질적 부정설', '기능
적 재구성설' 등으로 구분된다. 먼저, '전면적·형식적 부정설'은 민주주의·
법치주의·의회주의가 지배하고, 기본권 보장을 그 기본이념으로 하는 오
늘날의 헌법 하에서는 공권력의 발동은 반드시 법률의 근거를 요하는 것
이므로 헌법이나 법률에 근거가 없는 특별권력관계라는 관념은 인정될 수
없다고 보는 견해이다. 그리고 '개별적·실질적 부정설'은 종래 특별권력관
계를 모두 공법상의 권력관계로 파악하고 있는 점에 문제가 있다고 보아

---

21) 상게서, 119면 참조.
22) 강희원, 전게서, 564면; 민경식, 전게논문, 34면 참조.
23) 장영수, 전게논문, 3면 참조.

이들 관계를 구체적으로 분석하여 그 법적 성격을 개별적으로 판단하여야 한다고 본다. 마지막으로 '기능적 재구성설'은 특별권력관계론 그 자체는 부인하면서도 종래의 이들 관계를 포함하여 일반 시민과의 관계와는 다른 부분사회의 내부관계를 특수내부규율적 법률관계, 특수자율적 내부관계 또는 특수기능적 내부관계로 파악하고 그에 따른 고유한 법이론을 구성하려는 입장이다.24)

② 수정설

이에 해당하는 학설은 기본적으로 전통적인 특별권력관례론은 부인하지만, 국가와 공무원의 관계에 대하여 일반권력관계에 비하여 일정한 특수성을 인정할 수 있다는 이론이다. 이에는 '기본관계·경영관계 구분설', '제한적 특별권력관계설' 및 '특수법관계설'이 있다. 먼저, '기본관계·경영관계 구분설'은 울레(Ule)의 견해로서, 국가와 공무원의 관계에서의 행위를 공무원 임명·퇴직 등 기본관계와 공무원에 대한 직무명령 등 경영관계로 구분하여, 기본관계에만 사법심사가 미친다고 보는 견해이다. 그리고 '제한적 특별권력관계설'은 에릭센(Erichsen)의 견해로서, 국가와 공무원의 관계는 일반권력관계에 비하여 보다 강화된 의무를 가지는 법관계라고 보는 견해이다. 마지막으로 '특수법관계설'은 국가와 공무원의 관계 등 전통적인 특별권력관계를 포괄적 지배권이 인정되는 특수법관계라고 보는 견해이다.25)

---

24) 김동희·최계영, 전게서, 117-118면; 홍정선, 행정법원론(상), 제25판, 박영사, 2017, 139면; 김남철, 행정법강론, 제4판, 박영사, 2018, 72면; 정하중, 행정법개론, 제11판, 법문사, 2017, 83면; 류지태·박종수, 행정법신론, 제16판, 박영사, 2016, 71면; 김성수, 일반행정법, 제8판, 홍문사, 2018, 67-68면; 김남진·김연태, 행정법Ⅰ, 제21판, 법문사, 2017, 120면; 김유환, 현대행정법, 전정판, 박영사, 2021, 68면; 김민호, 행정법, 박영사, 2018, 67-68면; 하명호, 행정법, 제3판, 박영사, 2021, 66면; 김중권, 김중권의 행정법, 제4판, 법문사, 2021, 137면 참조.

(3) 학설에 대한 검토

외견적 입헌군주제하에서 통용되던 특별권력관계론은 오늘날의 민주주의와 법치주의 하에서는 더 이상 통용될 수 없다고 본다. 그래서 과거의 특별권력관계론에서 특별권력관계라고 본 국가와 공무원의 관계 등은 모두 일반권력관계 내지는 행정법관계라고 본다. 다만, 실정법상으로 특수한 규율을 하는 경우도 있는바, 특별한 법해석을 하여야 하는 경우가 있을 수 있다고 본다.26) 따라서 국가와 공무원의 관계는 특별권력관계이기 때문에 공무원의 근로기본권은 법률의 근거가 없다고 하더라도 제한될 수 있다는 견해는 타당하지 않고, 기본권 제한의 일반원칙에 따라 공무원의 근로기본권도 합헌적인 법률에 의하지 않고는 제한될 수 없다고 본다.

2. 국민전체봉사자설

이 학설은 공무원 근로기본권 제한의 근거를 공무원이 국민 전체의 봉

---

25) 김동희·최계영, 전게서, 118-119면; 홍정선, 전게서, 139-141면; 김남철, 전게서, 72-73면; 류지태·박종수, 전게서, 71면; 김성수, 전게서, 66-67면; 김남진·김연태, 전게서, 119-120면; 김민호, 전게서, 68면; 하명호, 전게서, 66면; 김중권, 전게서, 137면; 정형근, 행정법, 제9판, 피앤씨미디어, 2021, 88면 참조.

26) 김동희·최계영, 전게서, 119면; 홍정선, 전게서, 141-142면; 홍정선, 행정법원론(하), 제25판, 박영사, 2017, 300면; 박균성, 행정법론(상), 제16판, 박영사, 2017, 173면; 박균성, 행정법론(하), 제15판, 박영사, 2017, 244면; 김남철, 전게서, 73면; 정하중, 전게서, 83-84면; 김남진·김연태, 전게서, 120면; 하명호, 전게서, 67면 참조; 다만, 제한적 긍정설을 취하는 견해(류지태·박종수, 전게서, 71-72면; 정형근, 전게서, 88면 참조)도 있고, 특수성조차 전혀 인정하지 않는 견해(김철용, 행정법, 제7판, 고시계사, 2018, 26면; 김성수, 전게서, 69-70면)도 있으며, 모든 경우가 사법심사의 대상이 되고 모든 기본권 제한에 법률유보의 원칙이 적용된다고 한다면 특수성은 정도의 문제이므로 굳이 언급할 필요가 없다는 견해(김유환, 전게서, 70-71면; 김중권, 전게서, 138-139면 참조)도 있다.

사자라는 지위에 있는 것에서 구한다. 그러면서 이 학설은 공무원 근로기본권 제한의 근거를 헌법 제7조 제1항과 제2항의 "공무원은 국민 전체에 대한 봉사자이며 국민에 대하여 책임을 진다."고 하는 규정과 "공무원의 신분보장 및 정치적 중립성의 보장"의 규정에서 찾을 수 있다고 한다. 이 견해는 공무원은 국민 전체의 봉사자이므로 공무원의 근로관계는 사적 근로관계와는 달리 공무원의 근로기본권을 제한할 수 있다고 보는 것이다.27) 공무원의 근로관계는 국가나 공공단체의 임명행위에 의해서 성립되는 충성의 근로관계이어서 공무원은 법령을 준수하고 국가 및 헌법에 충실할 의무가 있어 일반 근로자와 달리 근로3권 보장에 있어서 국민에 대한 봉사자로서의 역할로부터 일정부분 근로기본권 제한에 대한 감수를 요구하고 있다는 견해도 같은 취지의 견해이다.28) 이와 관련하여 공무원의 헌법상 지위는 이중적이라고 하면서 공무원은 국민의 한 사람으로서 기본권의 주체임과 동시에 국민에 대한 봉사자로서 일정한 기본권 제한을 감수해야 하는 복합적 위치에 있다고 하는 견해도 있다.29)

그러나 공무원이 국민 전체의 봉사자라는 의미는 국민의 신탁에 의해 공역무를 담당하기 때문에 국민 전체의 이익을 위해 직무를 행하여야 하고 일부의 국민과 특정의 계층 내지 당파의 이익을 위해 행동하여서는 안 된다는 것을 의미한다. 이러한 국민 전체의 봉사자라는 개념은 공무원의 직무수행 상의 기본적 태도, 즉 공무원이 국민을 접촉하는 경우에 취하여야 할 자세를 나타낸 것이고, 공무원의 근로관계 즉 노무제공을 주축으로 하는 내부적인 고용의 경우에 문제로 되는 근로3권과는 직접적인 관계가 없는 개념이다.30) 그리고 공무원의 국민 전체에 대한 봉사자의 지위와 공

---

27) 김재기, 전게서, 61면 참조.
28) 유각근, "공무원의 노동3권 제한과 정치활동 중립", 강원법학 제41권, 강원대학교 비교법학연구소, 2014, 726면 참조.
29) 장영수, 전게논문, 4면 참조.
30) 이철수·강성태, 전게서, 13면; 신인령, 노동기본권 연구, 미래사, 1985, 165면 참조.

무원의 근로기본권 보장은 결코 대립되는 성질의 것이 아니고, 위 학설은 결국 공무원이 국민 전체의 봉사자라는 지위에 있기 때문에 국민 전체에 대하여 절대적인 충성의무가 있다는 입장인데, 이런 이유 때문에 근로자로서 공무원의 근로기본권에 대하여 국가권력의 의사결정이 무조건 우선한다는 것도 수긍하기 어렵다.[31)]

또한 사용자라고 하는 것은 근로자를 지휘하기도 하고 근로조건의 결정 기타의 근로관계의 제 문제에 관하여 권한을 갖는 자를 가리키는 것이고, 공무원의 경우에는 정부와 소속기관의 장 등이 이에 해당한다. 그런데 공무원에 대한 '궁극의 사용자'가 누구인가를 묻는 것은 노동법상으로는 무의미하다. 그 이유는 국민은 납세자로서, 공무원의 급여를 부담하고 정부와 의회를 구성하기 위해 선거권을 행사할 권한은 있어도, 공무원을 지휘하거나 공무원의 근로조건을 결정할 권한은 갖고 있지 않기 때문이다.[32)]

3. 공공복리설

이 견해는 공무원 직무의 공공성 때문에 공공복리의 이념 하에 근로자인 공무원의 근로기본권을 제한할 수 있다는 입장이다. 즉, 국민의 모든 자유와 권리는 공공복리에 반하지 않는 한 법률에 의하여도 침해할 수 없지만, 정부의 기능을 저해하고 국민생활의 행복과 질서를 해치는 경우 공공부문 근로자의 근로기본권은 일반근로자의 그것과 달리 특별한 취급을 받는 것이 당연하므로, 공무원의 근로3권을 제한하기 위한 법률을 제정하는 것은 공공복리를 위하여 필요하다는 것이다.[33)] 공무원에 대한 근로3권

---

31) 강희원, 전게서, 565면 참조.
32) 이철수·강성태, 전게서, 13면; 신인령, 전게서, 165면 참조.
33) 강희원, 전게서, 565면; 김재기, 전게서, 62면 참조.

제한은 공무원 제도와 관련한 주권자 등 이해관계인의 권익을 공공복리의 목적 아래 통합 조정하려는 의도와 어긋나는 것이라고 볼 수 없다는 견해도 여기에 속한다.[34]

그러나 공공복리의 법리는 역사적으로 근로자의 생존권 보장을 위하여 재산권의 자유를 중심으로 한 시민적 자유권의 제한원리로 전개되었고, 이에 반해 근로3권의 향유주체는 모든 국민이 아니라 자본에 종속된 근로자이므로 오히려 법률의 형성으로 근로3권을 제한할 것이 아니라 이를 적극적으로 보장하는 것이 공공복리의 법리실현에 적합할 것이라고 한다.[35] 그리고 공공복리의 개념은 원래 자본소유권을 중심으로 한 시민적 자유를 제한하기 위한 개념으로, 근로기본권의 보장 자체가 공공복리에 부합하는 것이기 때문에 인정한 것이므로, 공공복리의 개념을 근로기본권의 제한원리로 삼는 것은 모순이라고 한다. 공공복리는 사회권적 기본권에서는 그 실천 목표가 된다고 할 수 있으므로 공무원의 근로기본권을 제한하는 근거로는 원용될 수 없다고 한다.[36] 또한 공공복리설은 종래 일본의 통설로서, 공공복리의 이념이 현실적으로 기본권의 제한을 위한 안이하고 편의적인 도구가 될 위험성이 큰데, 공공복리라는 말 자체가 개괄적이고 소위 백지규정이라고 할 수 있을 만큼 추상적인 개념이어서 그 해석 여하에 따라 다양한 내용을 포함할 수 있는 개괄조항의 성질을 가지고 있어 논자의 세계관, 국가관, 법률관에 따라 상당히 자의적으로 해석되기 쉽다는 비판도 제기된다.[37]

---

34) 헌법재판소 1992. 4. 28. 90헌바27내지34, 36내지42, 44내지46, 92헌바15 병합, 국가공무원법 제66조에 대한 헌법소원 참조.
35) 이홍재, 전게논문, 256면 참조.
36) 신인령, 전게서, 167면 참조.
37) 강희원, 전게서, 565면 참조.

4. 대상조치(代償措置)설

이 견해는 공무원의 근로기본권 보장에 대치할 만한 제도적 조치를 강구함으로써 이에 상응하는 근로기본권의 제한이 가능하다는 견해이다. 즉, 근로기본권은 그 자체가 목적이 아니라 근로조건의 유지·개선 기타 경제적·사회적 지위를 향상하기 위한 것이므로, 다른 제도에 의하여 근로조건이 보장되는 대상조치가 이루어지는 경우에는 근로기본권의 제한이 가능하다는 입장이다. 예컨대, 공무원법상 각종 특별 보호, 직업공무원 제도, 신분보장, 행정구제 제도 등 배려, 근무조건에 관한 행정위원회의 행정조치 또는 공무원 노동관계의 중재 제도 등에 의하여 대상조치가 이루어진다면 공무원의 근로기본권을 제한할 수 있다는 것이다.[38]

헌법재판소 다수의견도 위 학설을 공무원 근로3권 제한의 합헌성 논거로 삼았다. 그래서 국가가 특수한 일에 종사하는 근로자에 대하여 헌법이 허용하는 범위 안에서 입법에 의하여 특별한 제도적 장치를 강구하여 근로조건을 유지 개선하도록 함으로써 근로자의 생활을 직접 보장하고 있다면, 이로써 실질적으로 근로기본권의 보장에 의하여 이룩하고자 하는 목적이 달성될 수 있다고 보았다. 그 결과 이러한 특정 근로자는 비록 일반 근로자에 부여된 근로기본권의 일부가 제한된다고 하더라도 실질적으로 아무런 불이익을 입지 아니하는 결과에 이를 수도 있다고 판시하였다.[39]

그러나 이에 대해 비판적인 견해에 의하면, 근로기본권은 단순히 수단적 권리가 아니고, 설령 수단적 권리이어서 대상조치가 가능하다고 하더라도, 그러한 대상조치가 근로기본권에 대한 충분한 대상기능을 할 수 있

---

38) 김재기, 전게서, 63면; 직업공무원제도를 변경하지 않는 한 단체행동권을 허용하기는 어려울 것이라는 견해도 이 입장에 해당한다(김상겸·최경애, "공무원노동조합에 관한 비교법적 연구—노동3권의 인정범위를 중심으로", 법학논총 제32권 제2호, 국민대학교 법학연구소, 2019, 269-270면 참조).
39) 헌법재판소 1991. 7. 22. 선고 89헌가106 사립학교법 제55조 등에 관한 위헌심판.

는지, 또 그러한 대상 기능이 제대로 작동하지 않는다면 그 때에는 어떠한 권리나 절차에 의해서 구제받을 수 있는가라는 문제가 제기된다고 한다. 그래서 공무원이 근로기본권을 통하지 않고 다른 제도를 통해 공무원의 근로조건이 충분히 보장된다고 하더라도 그것으로써 공무원의 근로기본권을 법적으로 제한할 수 없다고 한다. 그러므로 근로조건의 유지·향상 등의 목적이 충족될 가능성이 있고 또 현실적으로 그것이 충족되어 공무원은 근로기본권을 실제로 필요로 하지 않을 경우에도 이는 권리행사의 사실상 유보이지 권리 자체의 법률상의 부인이나 제한을 할 수 있는 근거는 될 수 없다고 한다.40)

그리고 위 학설은 기본권을 목적이 아닌 수단으로 본다는 점에서 문제가 있고, 대상조치는 근로기본권이 근로자의 경제적·사회적 지위의 향상에 미치는 본래의 기능을 대행할 수 없다는 점을 고려한다면 타당치 못하며, 대상조치의 '충분성' 등 여부의 판단도 문제가 된다고 한다. 예컨대, 공무원도 관련 법률의 개정, 정원 변경 또는 예산 감축 등에 의해 강등 또는 면직될 수 있고 의무위반 행위로 인하여 강등, 해임 또는 파면될 수 있는 점에서 일반 근로자와 다를 바 없으므로, 신분보장이나 위법한 처분에 대한 행정구제 등도 공무원의 근로기본권 제한에 대한 충분한 대상조치라고 할 수 없다고 한다.41)

또한 대상조치설의 무제한적 적용은 근로기본권 보장의 특수성을 외면한 것이라고 한다. 그래서 결국 근로기본권 보장을 장식규정으로 형해화시키는 결과를 초래하게 된다고 한다. 즉, 근로3권은 상호 유기적인 일체의 권리로 보장되어야만 그 기능을 원활하게 수행하게 되는 것이므로, 대상조치에 의해 근로3권 중 어느 하나라도 부인되면 그것은 근로3권의 본질적 내용을 침해하는 것이라고 한다.42)

---

40) 강희원, 전게서, 565-566면 참조.
41) 신인령, 전게서, 169면 참조.

5. 필수사업유지설

이 학설은 주로 미국에서 공공부문에서의 파업 금지의 논거로 주장된 견해이다. 이 견해는 공공부문의 근로자에게는 공역무 자체가 국민의 건강, 안전, 복지 등 필수 역무를 제공하기 때문에 이런 필수 역무가 중단되지 않도록 하기 위해서 파업이 금지된다는 입장이다. 이 학설은 공공부문의 역무를 경찰관이나 소방관과 같은 필수 역무와 그 외의 비필수 역무로 구별하여 필수 역무를 제공하는 공무원의 파업만은 법률로 제한해야 한다는 주장이다.[43]

그러나 필수 역무라 하더라도 모든 필수 역무가 동등하게 필수적인 것은 아니라고 한다. 또한 장기적인 관점에서는 어떤 역무도 필수 역무에 해당되지 않는다고 한다. 따라서 공공부문의 근로자도 민간부문의 근로자와 마찬가지로 일체의 근로기본권을 향유할 수 있다고 보는 것이 타당하다고 한다.[44]

6. 근로조건법정설

이 학설은 공무원의 보수는 예산에 의해 정해지는 등 공무원의 근로조건은 원칙적으로 국회가 제정한 법률과 예산에 의해 정해지기 때문에 공무원의 쟁의행위는 국회의 의결권을 침해할 우려가 있으므로 공무원은 일반 근로자와 달리 취급할 수밖에 없다는 이론이다.[45] 즉, 공무원의 근로조

---

42) 이홍재, 전게논문, 255면 참조.
43) 김재기, 전게서, 64면; 강희원, 전게서, 566면 참조.
44) 신인령, 전게서, 171-173면; 강희원, 전게서, 566면 참조.
45) 中山和久 外 5人 공저, 入門勞動法, 제3판, 有斐閣, p. 311-313(김재기, 전게서, 65면에서 재인용) 참조; 헌법재판소 다수의견도 공무원의 경우 민간부문과 달리 근무조건의 대부분은 헌법상 국민 전체의 의사를 대표하는 국회에서 법률, 예산의

건은 법정화 되어 있어서 정부교섭대표가 최종적인 근무조건에 대한 결정권을 가질 수 없다는 것이다.[46] 구체적으로, 공무원의 보수는 행정안전부 장관이 민간의 임금, 표준생계비 및 물가의 변동을 조사한 것을 토대로 보수가 법정된다고 하면서, 이런 점에서 공무원인 근로자에 대해서는 집단적인 자치의 주체로 인정하여야 할 가능성을 실질적으로 기대하기 어려운 측면이 있어 헌법 제33조 제2항은 법률이 정하는 자에 한하여 근로3권 주체성을 인정한다는 개별유보조항을 두고 있는 것이라고 하는 견해도 위 학설에 속한다. 이 견해는 그렇기 때문에 공무원의 경우 시장질서 작동을 전제로 하는 근로3권의 적용영역에서 벗어나 있는 것으로 봄이 상당하다고 한다. 그러면서 공무원 중 일부에 대해서 근무조건 중 세부적인 사항을 자율적인 교섭으로 결정할 수 있는 여지를 만들어 주는 것 등은 입법형성의 자유를 갖는 재량의 영역에 속한다고 한다.[47]

그러나 예산이란 정부 안에서의 준칙에 불과하여 행정관청 상호간에만 구속력이 있을 뿐 대외적으로 공무원이나 국민의 권리·의무를 제약하지 않는다. 그래서 공무원이나 국민은 예산에 관계없이 국가에 대해 보수청구권 기타 정당한 권리행사를 할 수 있다.[48] 그리고 정부는 예산안과 법률안 제출권을 가지고 있고, 특히 예산은 정부가 주도권을 가지고 있다.

그리고 구체적인 보수의 범위나 금액, 복지나 복무조건 등 구체적인 근로조건은 대부분 행정입법 사항으로 정해져 있는바, 이런 경우 이에 대한

형태로 결정되는 것으로서 그 범위 내에 속하는 한 정부와 공무원 노동단체 간의 자유로운 단체교섭에 의하여 결정될 사항이라 할 수 없다고 하였다(헌법재판소 2008. 12. 26. 선고 2005헌마971, 2005헌마1193, 2006헌마198 병합, 공무원의 노동조합 및 운영 등에 관한 법률 위반); 신인령, "한국공무원의 노동기본권", 한일법학 제9호, 한일법학회, 1990, 19면 참조.

46) 유각근, 전게논문, 726-727면 참조.

47) 박종희, "공무원의 노동관계법상 지위에 관한 연구", 노동법포럼 제4호, 노동법이론실무학회, 2010, 120면, 135-136면 참조.

48) 신인령, 전게논문, 19면 참조.

제·개정은 사용자 측인 정부에 권한이 있다. 민간부문에서 근로자의 근로
조건이 정관이나 사규에 정해져 있지만 단체교섭권이나 단체행동권의 대
상이 될 수 있는바, 공공부문에서 공무원의 근로조건이 법령에 정하여져
있다는 사유만으로 공무원의 근로기본권이 제한될 수밖에 없다는 견해는
타당하지 않다고 본다.49) 특히 정부교섭대표는 단체협약으로서의 효력을
가지지 않는 내용에 대해서도 단체교섭에서 합의된 사항이 최대한 예산,
법령, 조례 등에 반영될 수 있도록 관계기관과 충분한 사전협의를 거쳐 예
산안, 법률안 등을 국회에 제출하거나 조례안을 지방의회에 제출하는 등
의 노력을 적극적으로 이행할 성실이행 의무가 있기 때문이다.50)

7. 재정민주주의설

이 견해는 공무원의 근로조건은 국가 자산의 운용·처분과 밀접하게 관
계되어 있기 때문에 의회의 의사와 무관하게 노사 간의 단체교섭에 의해
공동으로 결정하는 것은 헌법상 허락되지 않는다는 이론이다. 그러나 재
정민주주의 원칙은 행정 권력에 의한 재정처리가 자의적·비민주적으로 되
는 것을 방지하기 위해 국민의 의사와 이익에 합치하도록 운영되는 것을
목적으로 하여 의회의 의결이라고 하는 요건을 부과한 것이다. 따라서 재
정민주주의 원칙을 적용 받는 자는 본래 정부이고, 따라서 이를 근거로 공
무원의 근로기본권을 부인하는 것은 타당하지 않다고 한다. 그리고 오늘
날 재정민주주의 원칙은 재정의 대강이 의회의 의결에 의해 정해지는 것
을 요구할 뿐이고, 공무원의 근로조건 중 재정 관련사항의 세부에 이르기

---

49) 헌법재판소 2008. 12. 26. 선고 2006헌마462 전원재판부 결정 중 재판관 조대현
    및 송두환의 위헌의견.
50) 김용진, "공공부문의 단체교섭 대상에 관한 고찰", 노동법포럼 제4호, 노동법이론
    실무학회, 2010, 28면 참조.

까지 법률에 의해 결정되어야 할 것을 요구하지는 않는다.[51]

8. 근로기본권 제한 이론에 대한 검토

위에서 공무원 근로기본권 제한의 근거를 제시하는 학설을 살펴보았다. 각 학설의 표현 근거는 상이하지만 공무원 신분의 특수성을 중시하고 있는 점은 동일하다. 그러나 각 학설에 대한 반대 견해에서 보는 바와 같이, 각 학설이 공무원의 근로기본권 제한의 근거로서 제시한 것은 충분한 법리성과 타당성을 가지고 있다고 볼 수 없다.[52]

우리 헌법의 원칙 내지 기본정신에 의하면, 국가는 개인이 가지는 불가침의 기본적 권리를 확인하고 이를 보장할 책임을 지며, 합리적인 근거 아래에서 기본권을 제한하는 경우에도 그 필요성에 대응하는 최소한의 제한에 그쳐야 하고, 그 본질적 내용을 침해하여 기본권을 형해화하는 정도에 이르러서는 아니 된다. 따라서 공무원도 근로자로서, 근로3권의 향유주체인 만큼, 기본권 최대보장과 최소제한의 원칙에 따라 그들에게도 근로3권을 최대한 보장하는 것이 헌법의 원칙 내지 기본정신에 합치하는 것이다.[53]

그런데 근로자인 공무원의 근로기본권을 공무원의 신분을 가지고 있다는 이유만으로 일률적으로 금지하거나 제한하는 것은 공무원인 근로자의 근로기본권을 본질적으로 침해하는 것이 될 수 있다. 따라서 근로자인 공무원의 근로기본권을 공무원 신분의 일반적이고 추상적인 특성을 이유로 일률적으로 제한하는 것은 타당하지 않으므로, 원칙적인 인정을 전제로 하면서 그 제한이 필요한 경우에는 구체적으로 각 공무원이 가지고 있는 직무의 성격 나아가 근무의 태양과 내용을 고려하여 필요한 최소한에 그

---

[51] 김지훈, 전게논문, 207면 참조.
[52] 김재기, 전게서, 66면; 강희원, 전게서, 566면 참조.
[53] 김인재, "공무원의 노동기본권 보장방안", 한림법학 FORUM 제12권, 한림대학교 법학연구소, 2003, 135면 참조.

치는 예외적인 제한만이 정당화될 수 있다고 생각한다.[54]

Ⅲ. 프랑스 헌법 규정의 시사점

현행 프랑스 제5공화국 헌법 전문은 1946. 10. 27. 공포된 제4공화국 헌법 전문에서 확인된 인권을 선언하고 있다. 그래서 제4공화국 헌법 전문은 현행 제5공화국 헌법 전문에 통합되어 있다. 그런데 제4공화국 헌법 전문은 공무원과 일반 근로자를 구분하지 않고 근로3권을 인정하고 있다.

먼저 단결권에 대하여, 제6항에서 모든 사람은 조합 활동을 통해서 그의 권리와 이익을 방어하고 그의 선택으로 조합에 가입할 수 있다고 규정하고 있다. 그리고 단체행동권인 파업권에 대하여, 제7항에서 "파업권은 이를 규율하는 법률의 범위 내에서 행사된다."고 규정하여 그 제한을 법률에 유보하고 있다. 마지막으로 단체교섭권에 대하여 제8항에서 모든 근로자는 대표자를 통해서 근로조건의 집단적 결정과 경영에 참가한다고 규정하고 있다.

프랑스 행정판례와 헌법재판소 결정은 위 헌법 전문 제7항의 규정으로부터 프랑스 공무원의 파업권이 인정된다고 판시하고 있다.[55] 다만, 위 제7항은 파업권이 무제한적으로 인정되지는 않고 법률에 의하여 규제될 수 있음을 예정하고 있다. 그리고 법률에 의한 파업권 제한의 범위는 해당 공역무의 성격에 따라 절대적인 금지에까지 이를 수 있다고 프랑스 헌법재판소는 판시한 바 있다.[56]

---

54) 강희원, 전게서, 566-567면; 김재기, 전게서, 66면; 민경식, 전게논문, 34면 참조.
55) CE, 7 juillet 1950, Dehaene; CC, décision du 25 juillet 1979 relative au droit de grève à la radio et à la télévision.
56) CC, décision du 25 juillet 1979 relative au droit de grève à la radio et à la télévision.

위 프랑스 헌법의 파업권 조항이 우리에게 주는 시사점은 공무원도 근로자로 인정된다면 헌법에서 공무원에게도 원칙적으로 단체행동권 등 근로기본권을 인정하면서 그 제한을 법률로 규정하도록 하여야 한다는 것이다. 그런데 우리 헌법은 공무원을 근로자로 인정하면서도 근로3권 인정 여부는 법률에 포괄 위임하고 있어 이에 대한 헌법규정의 흠결 상태에 있다.[57] 참고로, 제헌헌법 제18조 본문은 "근로자의 단결·단체교섭과 단체행동의 자유는 법률의 범위 내에서 보장된다."고 규정하면서 공무원에 대한 특례를 규정하지 않았다. 그런데 제3공화국 헌법 제29조 제2항이 "공무원인 근로자는 법률로 인정된 자를 제외하고는 단결권·단체교섭권 및 단체행동권을 가질 수 없다"고 규정하기 시작하여 현행 헌법으로 개정되기 전까지 유지되었다.

우리 헌법에서 공무원을 근로자라고 인정한다면 그에 맞게 공무원에 대하여도 근로3권을 인정해야 할 것이다. 다만, 헌법 제7조의 취지와 조화시키기 위하여 법률로 제한할 수 있음은 별론으로 한다. 그런데 현행 헌법과 같이 공무원도 근로자라고 지칭하여 공무원에게도 근로3권을 인정하는 듯한 모양새를 갖추면서 실질에 있어서는 헌법(제33조 제2항)에서는 아무런 언급도 없이 모든 것을 법률에 방임한 것은 국민 전체의 봉사자이면서 국가와 정부를 위하여 일하는 공무원을 '근로자'로 여기지 않는 태도를 드러낸 것이라고 생각한다.

따라서 공무원의 근로기본권에 대한 제한의 헌법적 근거는 일반유보조항인 헌법 제37조 제2항만으로 족하고, 특별유보조항인 헌법 제33조 제2항은 기본권 최소침해의 원칙에 위반될 수 있어 필수불가결한 조항이라고 생각되지 않는다.[58] 그래서 현재의 헌법 제33조 제2항은 삭제할 필요가

---

57) 헌법재판소 2008. 12. 26. 선고 2005헌마971, 2005헌마1193, 2006헌마198 (병합) 공무원의 노동조합 및 운영에 관한 법률 위헌확인 등 결정의 다수의견은 공무원의 근로3권은 헌법에서 인정되지 않는다고 본다.

있고, 대신에 공무원 직무의 성격과 내용에 따른 근로기본권 제한의 가능성을 헌법에 두고자 한다면, 공무원의 단결권, 단체교섭권 및 단체행동권은 직무의 성격과 내용에 따라 필수적인 경우에 한하여 최소한으로 법률로써 제한하거나 인정하지 않을 수 있는 것으로 정하는 것을 고려해 볼 수 있다고 생각한다.[59]

제2절 공무원의 파업권에 대한 제한

우리 공무원노조법은 공무원의 파업 등 쟁의행위를 금지하고 있고, 이에 대하여 헌법재판소는 국민 전체에 대한 봉사자로서의 지위와 이에 따른 공무원의 성실의무 등을 이유로 위 규정이 합헌이라고 결정하였는바, 관련 규정, 학설 및 헌법재판소 결정 등에 대하여 살펴보고, 이에 대한 프랑스의 관련 규정과 판례의 시사점을 검토하고자 한다.

---

58) 조성혜, 전게논문, 292면 참조.
59) 이와 관련하여 2018. 3. 26. 국회에 제출된 대통령의 헌법개정안은 제34조 제1항과 제2항에 "노동자는 자주적인 단결권과 단체교섭권을 가진다. 노동자는 노동조건의 개선과 그 권익의 보호를 위하여 단체행동권을 가진다."고 규정하면서 제3항에서 "현역 군인 등 법률로 정하는 공무원의 단결권, 단체교섭권과 단체행동권은 법률로 정하는 바에 따라 제한하거나 인정하지 않을 수 있다."고 규정하였는데, 이에 대하여 "공무원의 노동삼권은 담당하는 직무의 성질에 따라 법률로써 제한하거나 인정하지 않을 수 있다. 다만, 그 제한은 필요한 최소한에 그쳐야 한다."라고 규정하는 편이 더 좋았을 것으로 보인다는 견해가 있다(장영수, 전게논문, 13면 각주 29 참조).

I. 파업 금지 규정의 문제점

1. 파업 금지 규정의 내용

우리나라는 공무원의 노동운동에 대하여 과거부터 공무원법에서 이를 금지하여 왔다. 그 후 공무원노조법과 「교원의 노동조합 설립 및 운영 등에 관한 법률」(이하 '교원노조법'이라 한다)을 제정하면서 구체적으로 일반 공무원과 교원의 파업 등 쟁의행위를 금지하였다. 먼저 일반 공무원에 대하여, 공무원노조법 제11조는 국가공무원법 제66조 제1항 단서 및 지방공무원법 제58조 제1항 단서 소정의 사실상 노무에 종사하는 공무원을 제외한 공무원노동조합과 조합원의 파업 등을 전면 금지하면서, 이를 위반한 경우 같은 법 제18조에 따라 5년 이하의 징역 또는 5천만 원 이하의 벌금에 처하도록 하고 있다. 그리고 교원에 대하여는 교원노조법 제8조에서 교원의 파업 등을 전면 금지하면서 이를 위반한 경우 위 공무원노조법의 벌칙과 같은 벌칙을 규정하였다.

2. 헌법재판소 결정에 대한 비판

공무원노조법 제11조의 공무원 파업 금지 규정에 대하여 현재 우리 헌법재판소의 다수의견은 합헌이라는 입장을 견지하고 있다. 다음에서 헌법재판소 다수의견의 합헌 논리를 살펴보고자 한다.[60] 첫째, 공무원이 쟁의행위를 통하여 공무원 집단의 이익을 대변하는 것은 헌법 제7조에 따른 국민 전체에 대한 봉사자로서 공무원 지위의 특성에 반하고 국민 전체의

---

60) 헌법재판소 2008. 12. 26. 선고 2005헌마971, 2005헌마1193, 2006헌마198 (병합) 공무원의 노동조합 및 운영에 관한 법률 위헌확인 등 결정.

이익 추구에 장애가 될 소지가 있다고 한다.

그러나 공무원이 국민 전체에 대한 봉사자로서 국민전체의 이익을 추구한다는 의미는 공무원이 직무를 행사함에 있어 특정 집단이나 계층을 위해서가 아니라 국민 전체를 위해서 한다는 것이고, 이 과정에서 국민 전체의 이익 즉, 공익을 추구한다는 의미이지, 공무원이 근로자로서 근로의 권리를 행사함에 있어 직업이익을 추구하는 것을 금지한다는 의미는 아니다. 즉, 국민 전체의 봉사자란 개념은 공무원 직무수행상의 태도, 즉 공무원이 대외적으로 국민과 접촉하는 경우에 취해야 할 자세를 나타낸 것이고 공무원의 근로관계, 즉 노무제공을 주축으로 하는 내부적인 고용의 경우에 문제가 되는 근로3권과는 관계를 갖지 않는 개념이다.[61]

위 첫째 논리에 대하여는 다음과 같은 반론도 있다. 기본권이 가지는 본질적 성격과 보장 필요성 등을 감안할 때 이에 대한 제한은 무제한적으로 가능한 것이 아니고 헌법에서 정하는 일정한 기준을 충족하는 경우 예외적으로 가능하다. 헌법 제37조 제2항은 "국가안전보장·질서유지 또는 공공복리를 위하여"라는 목적 아래 기본권 제한의 원칙으로 법률유보의 원칙, 본질적 내용 침해 금지의 원칙을 제시하고 있다. 따라서 단순히 국민 전체에 대한 봉사자적 지위와 특성만으로 쟁의행위 제한의 정당한 근거가 된다고 보기 어렵다. 과거 헌법재판소에서도 헌법의 개정 경위와 헌법 제33조 제2항의 해석상 공무원의 경우에 전면적으로 단체행동권이 제한되거나 부인되는 것이 아니라 일정한 범위 내의 공무원인 근로자의 경우에는 단결권·단체교섭권을 포함하여 단체행동권을 갖는 것을 전제로 하고 있는 것이라고 해석하였고,[62] 실제 사실상 노무에 종사하는 공무원의 경우 공무원의 신분에도 불구하고 쟁의행위가 허용되고 있는 점을 감안하면, 그 범위는 공무원노조법상 근로3권을 향유하는 공무원에게도 쟁의행위 보장

---

61) 김지훈, 전게논문, 202면 참조.
62) 헌법재판소 1993. 3. 11. 선고 88헌마5 결정.

과 그로 인해 저촉될 수 있는 사회질서 및 안전보장과의 관계를 면밀히 검토하여 판단할 필요가 있다.[63]

둘째, 공무원은 국민 전체에 대한 봉사자로서의 지위에 따른 성실의무가 있기 때문에 공무원의 파업 금지는 헌법에 위배되지 아니한다고 한다.[64] 먼저 국민 전체에 대한 봉사자로서의 지위에 따른 성실의무에 대하여 살펴본다. '봉사'(奉仕)의 의미는 '국가나 사회 또는 남을 위하여 자신을 돌보지 아니하고 힘을 바쳐 애씀'[65]이므로 '국민 전체에 대한 봉사자'는 '국민 전체를 위하여 자신을 돌보지 아니하고 힘을 바쳐 애쓰는 사람'이라는 의미가 된다. 따라서 '봉사'는 적극행정을 내포하고 있다.[66] 그리고 국가공무원법 제56조는 '성실 의무'라는 표제 하에 "모든 공무원은 법령을 준수하며 성실히 직무를 수행하여야 한다."라고 규정하고 있는바, 공무원의 성실의무는 공무원에게 부과된 가장 기본적인 중요한 의무로서, 최대한으로 공공의 이익을 도모하고 그 불이익을 방지하기 위하여 전인격과 양심을 바쳐서 성실히 직무를 수행하여야 하는 것을 그 내용으로 한다.[67] 한편, 행정기본법 제4조 제1항은 '적극행정의 추진'이라는 표제 하에 "공무원은 국민 전체에 대한 봉사자로서 공공의 이익을 위하여 적극적으로 직무를 수행하여야 한다."고 규정하고 있고, 「적극행정 운영규정」(대

---

63) 오세웅, "공무원의 단체행동", 아주법학 제9권 제3호, 2015, 579면 참조.
64) 견해에 따라서는 독일기본법과 독일공무원법의 규정과 비교하면서 우리 헌법 제7조 제1항에 따라 우리 공무원에게도 "충실의무"가 있다고 하면서 단체행동권이 배제된다고 설명하나(정영훈, 전게논문, 202-203면 및 각주 25 참조), 그 실질적인 의미가 '충성의무'라면 이에 대하여는 특별권력관계설에 대한 비판이 적용될 수 있다고 본다.
65) 국립국어원, 표준국어대사전, https://stdict.korean.go.kr/search/searchResult.do, 검색일 및 최종접속일 2021. 4. 1., 참조.
66) 박정훈(朴正勳), "한국의 '적극행정'과 「행정기본법」 제정의 의의", 적극행정의 이론과 실제 : 국제비교와 한국에의 함의, 한국행정연구원, 2020, 7면 참조.
67) 대법원 1989. 5. 23. 선고 88누3161 판결.

통령령)에 따르면 '적극행정'이란 "공무원이 불합리한 규제를 개선하는 등 공공의 이익을 위해 창의성과 전문성을 바탕으로 적극적으로 업무를 처리하는 행위"를 말한다.

여기서 공무원의 성실의무는 적극행정의 이념적, 규범적 및 실정법적 기초로 파악될 수 있다. 그래서 성실의무의 내용은 적극행정 의무가 된다. 즉, 행정은 행정법의 유일한 집행기관인 동시에 첫 번째 적용기관으로서 '제1법관'이고, 법률안 제출권과 함께 행정입법권을 가지고 있는 '제1입법자'이며, 그 개념 자체로 공익실현과 법치준수의 책임을 지고 능동적으로 활동하는 '적극행정'일 수밖에 없어, 공무원에게는 '행정적극주의'가 요청된다.[68]

그런데 공무원의 성실의무는 직무를 수행할 때나 휴직, 공휴일, 휴가 등으로 그렇지 않을 때나 항상 지켜야 할 의무인지 문제된다. 이에 대하여 법문에 따라 문리해석을 한다면, 국가공무원법 제56조의 "성실히"와 행정기본법 제4조 제1항의 "적극적으로"는 각각 "직무를 수행하여야 한다."를 수식하고 있는바, 그렇다면 공무원의 성실의무나 적극행정 의무는 공무원이 '직무를 수행할 때'의 의무라고 해석된다. 한편, 공무원도 휴일, 휴가, 휴직, 교육훈련 등의 기간에는 직무를 수행할 의무가 없어 직무를 수행하지 않는바, 위와 같이 공무원이라 할지라도 직무를 수행할 의무가 없어 직무를 수행하지 않을 때는 성실의무나 적극행정 의무는 적용되지 않는다고 보아야 한다. 왜냐하면 위와 같은 의무는 직무를 수행할 때의 의무라고 해석되기 때문이다. 따라서 공무원이라 할지라도 항상 성실의무나 적극행정 의무가 있는 것이 아니라 경우에 따라 직무를 수행할 의무가 없어 직무를 수행하지 않을 때에는 성실의무나 적극행정 의무가 있다고 할 수 없다.

그런데 공무원의 파업권은 공무원이 직업상의 요구를 관철하기 위하여

---

68) 박정훈(朴正勳), "한국의 '적극행정'과 「행정기본법」 제정의 의의", 적극행정의 이론과 실제 : 국제비교와 한국에의 함의, 한국행정연구원, 2020, 7-13면 참조.

공동의 의사에 따라 집단적으로 직무를 중단할 수 있는 권리이다. 따라서 만약 공무원에게 이 권리가 주어진다면 공무원은 파업기간 동안 직무를 수행할 의무가 없는 바, 그렇다면 위 기간 동안에는 성실의무나 적극행정 의무는 없다고 보아야 한다. 그래서 공무원의 성실의무나 적극행정의무는 공무원에게 근로자로서 직업상의 요구사항을 관철하기 위하여 직무를 중단할 수 있는 권리를 인정할 것인지 여부와는 관련이 없다.

따라서 공무원에게는 성실의무나 적극행정 의무가 있기 때문에 파업권을 인정할 수 없다는 논리는 성립하기 어렵다. 프랑스에서도 제1장 제1절에서 전술한 바와 같이 공무원에게 직무전념의 의무가 있지만 파업권을 인정하고 있다. 공무원도 근로자인 한, 헌법 제33조 제1항에 따라 원칙적으로 파업을 할 수 있는 권리 등 단체행동권을 향유할 수 있고 단지 담당 직무의 성격에 따라 같은 조 제2항 또는 제37조 제2항에 따라 예외적으로 법률로써 제한이 가능할 뿐이라고 해석해야 한다.

셋째, 공무원의 보수 등 근무조건은 국회에서 결정되고 그 비용은 최종적으로 국민이 부담하는바, 공무원이 자기 요구를 관철하고자 국민을 상대로 파업하는 것은 허용되기 어려운 측면이 있다고 한다. 그러나 공무원의 보수 등 근무조건은 국회에서 결정된다는 주장에 대하여는 앞에서 살펴본 바와 같이 형식적인 주장이고, 공무원의 보수 등 근무조건에 관한 사항은 정부가 주도하는 예산안과 법률안에 의하여 정해지는 경우가 대부분이며, 특히 예산은 정부가 주도권을 가지고 있다. 그리고 구체적인 보수의 범위나 금액, 복지나 복무조건 등 구체적인 근로조건은 대부분 행정입법 사항으로 정해져 있다. 그리고 보수의 재원은 국민의 세금만으로 이루어지는 것은 아니고, 국민의 세금도 일단 국고로 들어가면 국가의 예산이 되어 정부가 처분권을 가지고 있는 국가의 재산이 되는 것이지 더 이상 국민의 세금이라고 볼 수 없다. 따라서 국민을 상대로 파업을 하는 것이 아니라, 국고에 대한 처분권을 가지고 있는 정부를 상대로 파업을 하는 것이다.

또한 공무원의 근로관계에서 '궁극의 사용자는 국민이다'라고 하는 것이 과연 공무원의 근로관계를 특수한 관계로 볼 수 있는 근거가 될 수 있는가에 대하여 이의를 제기하는 견해도 있다. 이 견해는 근로관계에서 사용자라는 것은 근로계약의 당사자이고 근로자를 고용하는 지위에 있는 자를 가리킨다고 한다. 즉, 사용자는 근로관계에서 사실상 근로를 지배하는 권한을 지니는 지위에 있는 자를 가리키는 것이고, 공무원의 경우에 이것은 정부, 소속 기관의 장, 나아가 관리직 등 고급공무원이 이에 해당한다는 것이다. 이러한 자를 넘어 궁극의 사용자는 누구인가를 묻는 것은 적어도 노동법상으로는 무의미하다고 한다. 그것은 예컨대 민간부문에서 회사경영에 의해 궁극적으로 이익을 얻는 자를 구한 끝에 '궁극의 사용자는 주주이다'라는 논의가 무익한 것과 다름이 없다고 한다.[69]

넷째, 공무원의 파업으로 행정서비스가 중단되면 국가기능이 마비될 우려가 크고 그 손해는 고스란히 국민이 부담하게 된다고 한다. 그러나 모든 공역무의 파업이 국가기능의 마비를 가져오는 것은 아니고, 국가기능의 마비를 가져오는 공역무의 파업만 제한 대상으로 정하면 된다. 또는 프랑스 최소한의 역무 원칙에서 본 바와 같이 필수적인 최소 인력으로 하여금 해당 업무를 계속하도록 하면서 나머지 인력에 대하여는 쟁의행위를 허용할 수 있고, 한편 손해의 국민 부담은 공익사업의 파업에서도 발생하는 것으로, 이를 공무원에 국한된 문제로 제시하는 것은 적절치 않다고 한다.[70]

다섯째, 공공업무의 속성상 공무원의 파업에 대한 정부의 대응수단을 찾기 어려워 노사 간 힘의 균형을 확보하기 어렵다고 한다. 그러나 공무원의 파업에 대한 정부의 대응수단으로는 우선적으로 이른바 '무노동 무임금 원칙'에 따른 파업기간의 급여 중단이 있다. 그리고 파업에 대비한 필

---

69) 민경식, 전게논문, 42면 참조.
70) 오세웅, 전게논문, 580면 참조.

수분야의 대체인력 투입 계획은 당연히 정부에서 사전에 마련하여야 할 사항이다. 정부의 일이 늘어남을 이유로 공무원의 근로기본권을 전반적, 절대적으로 금지하는 것은 타당한 이유가 될 수 없다. 또한 공무원 쟁의행위의 경우 그 과정이나 영향이 국민에게 노출되므로, 오히려 시장경제 질서 하에서의 사업장 못지않은 국민여론에 따른 억제력이 발휘될 수 있다. 즉, 공무원의 지나친 요구에 따른 쟁의행위는 오히려 국민에 의해 비난받게 되고 이는 공무원노조가 지속적으로 쟁의행위를 이어가는 데 장애가 될 수밖에 없으므로 쟁의행위의 감행은 쉽지 않다는 반론도 가능하다.71)

한편, 공무원노조법 제18조는 이른바 '사실상 노무에 종사하는 공무원'을 제외한 나머지 모든 공무원이 같은 법 제11조를 위반하여 파업 등 쟁의행위를 통하여 근로기본권인 근로3권 중 핵심인 단체행동권을 행사하는 경우에 대한 형사처벌 규정을 두고 있다. 이에 대하여 헌법재판소는 공무원이 쟁의행위를 할 경우 이는 단순히 행정질서에 장해를 줄 위험성이 있는 정도의 의무위반이 아니고 국민생활의 전반에 영향을 미쳐서 일반의 공익을 침해할 고도의 개연성을 띤 행위가 된다고 한다. 그러므로 공무원노조법 제18조가 이에 대하여 행정형벌을 가하도록 한 것이 입법재량의 한계를 일탈하여 헌법에 위반된다고 볼 수 없다는 것이다.72)

그러나 '사실상 노무에 종사하는 공무원'을 제외한 나머지 모든 공무원의 파업 등 쟁의행위가 국민생활의 전반에 영향을 미쳐서 일반의 공익을 침해할 고도의 개연성을 띤 행위가 되는 것은 아니고, 해당 공무원의 직무에 따라 단순히 행정질서에 장해를 줄 위험성이 있는 정도에 그칠 경우도 있다. 한편, 「공공기관의 운영에 관한 법률」에 따른 공공기관의 직원은 국가공무원법에서 말하는 공무원에 해당하지 않는바, 경우에 따라서는 공공

---

71) 상게논문, 581면 참조.
72) 헌법재판소 2008. 12. 26. 선고 2005헌마971, 2005헌마1193, 2006헌마198 (병합) 공무원의 노동조합 및 운영에 관한 법률 위헌확인 등 결정.

기관 직원의 파업 등 쟁의행위가 오히려 국민생활의 상당한 부분에 영향을 미칠 수 있는바, 그런데도 오히려 공무원만 쟁의행위를 금지할 경우 헌법상 평등의 원칙에 위반될 소지가 있다. 따라서 공무원노조법 제18조가 '사실상 노무에 종사하는 공무원'을 제외한 나머지 모든 공무원에 대하여 파업 등 쟁의행위를 하였다는 이유로 일률적으로 5년 이하의 징역 등의 형벌을 가하도록 하는 것은 입법재량의 한계를 일탈하였다고 볼 수 있다.

3. 파업권 등 단체행동권의 중요성

일반적으로 근로기본권은 단결권, 단체교섭권 및 단체행동권의 3부분으로 구성되어 있고, 이들은 각각 개별적인 존재의의를 가지면서 유기적으로 연결되어 있다.[73] 우리 헌법도 근로3권을 동일 조항에서 규정하고 있는바, 이를 전체적·통일적 시각에서 접근할 필요가 있다. 헌법재판소는 구 노동쟁의조정법 제12조 제2항에 대한 헌법불합치 결정에서 헌법 제33조 제2항에 의하여 단결권이 인정되는 공무원에 대하여는 근로3권이 모두 보장되어야 한다고 판시한 바 있다.[74] 이 경우 근로3권 중 어느 권리를 중심으로 접근하여야 하는가가 문제된다. 이에 대하여는 단체교섭권 중심설, 단결권 중심설 및 단체행동권 중심설이 있다.

이 중 다수설은 단체교섭권 중심설이고 대법원의 다수의견도 단체교섭권 중심설[75]을 취한다. 그러나 헌법재판소의 다수의견[76]과 대법원의 소수의견[77]은 단체행동권 중심설을 취한다.[78] 단체교섭권과 단체행동권간의

---

73) 김인재, 전게논문, 148면 참조.
74) 헌법재판소 1993. 3. 11. 선고 88헌마5 결정.
75) 대법원 1990. 5. 15. 선고 90도357 판결.
76) 헌법재판소 1996. 12. 26. 선고 90헌바19 등, 노동쟁의조정법 제4조, 제30조 제3호, 제31조, 제47조에 대한 헌법소원.
77) 대법원 1995. 12. 21. 선고 94다26721 판결.

관계 설정에 있어 단체행동권이 단체교섭권보다 상대적으로 중요하지 않다는 결론을 내릴 수도 있으나, 양자는 상호 보완적인 것으로서, 쟁의행위 등의 단체행동권이 보장되지 않고는 단체교섭과정에 있어 노동조합 교섭력의 약화로 인하여 노사 대등한 단체교섭권의 행사가 사실상 불가능하다고 보아야 할 것이다. 예컨대, 단체교섭이 결렬되는 경우 노동조합에게 파업권 등이 보장되고 있지 않다면 사용자는 단체교섭에 성실하게 임하지 아니할 것이고 소극적 방관의 자세로 일관하게 되어 단체협약의 체결을 통한 단체교섭의 종결은 기대할 수 없게 될 것이므로 이는 사실상 단체교섭권의 유명무실화를 초래하게 될 것이다.79)

위와 같이 근로자 단결체가 단체교섭에 의하여 소기의 목적을 평화적으로 달성할 수 없는 경우에는 단체행동권의 행사에 의지할 수밖에 없다.80) 근로자의 단체행동권이 전제되지 않은 단결권이나 단체교섭권은 무력한 것이어서 단결권이나 단체교섭권만으로는 노사관계의 실질적 대등성은 확보될 수 없으므로, 단체행동권이야말로 노사관계의 실질적 대등성을 확보하는 필수적인 전제이고, 단체행동권이 없는 단체교섭권은 사실상 무의미한 것이다. 그래서 단체행동권은 단결권과 단체교섭권의 실효성을 담보하는 권리로서, 이를 부인하는 것은 근로기본권 자체를 형해화시키는 결과를 낳는다.81)

그러므로 근로3권 가운데 가장 중핵적인 권리는 단체행동권이라고 보아야 한다.82) 그런데 공무원노조법 제11조는 근로3권 중 가장 중핵적인 권

78) 성낙인, 헌법학, 제20판, 법문사, 2020, 1507-1508면 참조.
79) 이상윤, "파업권의 제한과 대상조치에 대한 검토", 법학연구 제26권 제4호, 연세대학교 법학연구원, 2016, 396면 참조.
80) 김재기, 전게논문, 27면 참조.
81) 김인재, 전게논문, 148면; 김형배, 전게서, 162면; 김재기, 전게논문, 27면 참조.
82) 헌법재판소 1996. 12. 26. 선고 90헌바19 등, 노동쟁의조정법 제4조, 제30조 제3호, 제31조, 제47조에 대한 헌법소원.

리인 단체행동권을 전면 금지하고 있다. 따라서 공무원 근로3권의 본질적인 내용이 침해되었다고 볼 수 있다.

한편, 공무원이 담당하는 공역무의 특성에 따라 어떤 공역무를 담당하는 공무원의 파업권을 포함한 단체행동권에 대하여는 그 공역무가 국가와 국민에 미치는 영향에 따른 제한의 불가피한 점이 있다고 볼 수 있지만, 그와 같은 제한의 필요성이 곧바로 입법자가 공무원의 단체행동권을 선험적으로 일괄 배제할 수 있음을 뜻하지는 않는다. 공무원의 파업권 등 단체행동권도 공무원 근로기본권의 하나인 이상, 국가에 의한 기본권 제한은 최소한에 그쳐야 한다고 본다.[83] 그리고 공무원도 필수공익사업에서처럼 국가 질서 또는 공공복리에 막대한 영향을 미치지 않은 범위 내로 최소한의 업무를 유지하면서 쟁의행위를 하는 것이 가능하다. 특히 공무원노조법에서와 같이 지휘·감독업무, 총괄업무, 인사·보수 또는 노동관계의 조정·감독업무 등에 종사하는 공무원의 노동조합 가입이 제한되고 있는 상황에서, 쟁의행위가 국가 질서나 공공복리 등에 미치는 영향에 있어서 노동조합에 가입할 수 있는 공무원의 업무가 노조법상 필수공익사업에서 정하고 있는 업무보다 더 크다고 할 수 없다. 설사 쟁의행위가 불가한 영역이 있다면 그 영역에 한정하여 쟁의행위를 제한하면 되지 그것을 이유로 일률적으로 공무원 전체의 쟁의행위를 금지하는 것은 과잉금지원칙에 위배된다고 본다.[84]

또한 공무원의 쟁의행위권을 무제한적으로 인정할 경우 대국민 행정서비스, 국가안전, 공공질서 유지 등에 장해가 발생할 우려가 있다는 사실을 부정할 수 없지만, 기본적 인권에 해당하는 쟁의행위권은 원칙적으로 인정하고 국가의 존속이나 국민생활에 필수적인 업무에 대한 쟁의행위만을

---

83) 김상호, "공무원노조의 노동 3권 보장에 관한 고찰", 노동법학 제12호, 한국노동법학회, 2001, 65면 참조.
84) 오세웅, 전게논문, 580면 참조.

제한하는 등 합리적인 규율방식을 찾아야 한다. 그래서 직무 자체가 고도의 공공성을 지니는 현역 군인, 경찰공무원, 교정공무원 등의 경우에는 쟁의행위권을 인정하지 않을 수도 있을 것이나, 일반공무원의 경우에 모든 쟁의행위를 일률적으로 금지하는 것은 기본권 제한에 관한 비례의 원칙에 위배된다고 생각한다.[85]

II. 노동운동 금지 규정의 문제점

1. 노동운동 금지 규정의 내용

국가공무원법 제66조 제1항은 본문에서 "공무원은 노동운동이나 그 밖에 공무 외의 일을 위한 집단 행위를 하여서는 아니 된다."고 규정하면서, 단서에서 "다만, 사실상 노무에 종사하는 공무원은 예외로 한다."고 규정하고 있다. 그리고 같은 조 제2항은 "제1항 단서의 사실상 노무에 종사하는 공무원의 범위는 대통령령 등으로 정한다."고 규정하고 있다. 이와 같은 공무원의 노동운동 금지 규정은 동일한 문언으로 지방공무원법 제58조에도 규정되어 있다. 다만, 지방공무원의 경우에는 사실상 노무에 종사하는 공무원의 범위를 조례로 정하도록 하고 있다.

2. 헌법재판소 결정에 대한 비판

국가공무원법 제66조 제1항의 국가공무원 노동운동 금지 조항에 대하여 우리 헌법재판소는 위 조항 중 '노동운동'이란 '근로자의 근로조건의

---

85) 이광택, "공무원노조법의 내용과 과제", 사회법연구 제8, 9호, 한국사회법학회, 2007, 169면 참조.

향상을 위한 단결권·단체교섭권·단체행동권 등 근로3권을 기초로 하여 이에 직접 관련된 행위'[86]를 의미한다고 하면서 이 조항의 위헌성 여부에 대하여 합헌이라고 결정하였다. 그 판시 내용을 요약하면 다음과 같다.[87]

첫째, 국가공무원법 제66조 제1항은 근로3권이 보장되는 공무원의 범위를 '사실상 노무에 종사하는 공무원'에 한정하고 있으나, 이는 헌법 제33조 제2항에 근거한 것이고, 전체 국민의 공공복리와 사실상 노무에 종사하는 공무원의 직무의 내용, 근로조건 등을 고려해 보았을 때 입법자에게 허용된 입법재량권의 범위를 벗어난 것이라 할 수 없다. 둘째, 사실상 노무에 종사하는 공무원에 대하여서만 근로3권을 보장하고 그 이외의 공무원에 대하여는 근로3권의 행사를 제한함으로써 양자를 달리 취급하는 것은 헌법 제33조 제2항에 그 근거를 두고 있을 뿐 아니라 합리적인 이유가 있다 할 것이므로 헌법상 평등의 원칙에 위반되는 것이 아니다. 셋째, 헌법 제64조, 제75조는 사실상 노무에 종사하는 공무원의 범위를 대통령령 등에 위임하는 근거가 된다. 또한 법령이 위임받은 사항에 관하여 대강을 정하고 그 중의 특정사항을 범위를 정하여 다시 하위법령에 위임하는 것은 헌법에 위반되지 않는다. 한편, '사실상 노무에 종사하는 공무원'은 그 의미가 명확하여 달리 해석될 여지가 없어 하위법령에서 원래의 취지와 다른 규정을 둘 수는 없음이 명백하다. 넷째, 공무원이 국가공무원법 제66조에 반하는 행위를 할 경우 국민생활의 전반에 영향을 미쳐서 일반의 공익을 침해할 개연성이 크므로 이에 대하여 형벌을 과하도록 한 같은 법 제84조가 입법재량의 한계를 일탈하여 헌법에 위반한다고 볼 수 없다. 한편,

---

86) 헌법재판소 2007. 8. 30. 선고 2003헌바51, 2005헌가5(병합) 국가공무원법 제66조 제1항 등 위헌소원 등 결정; 대법원도 국가공무원법 제66조의 '노동운동'에 대하여 위 헌법재판소 결정과 유사하게 '근로3권'이라고 해석하였다(대법원 1992. 2. 14. 선고 90도2310 판결, 대법원 2004. 10. 15. 선고 2004도5035 판결 등).

87) 헌법재판소 2007. 8. 30. 선고 2003헌바51, 2005헌가5(병합) 국가공무원법 제66조 제1항 등 위헌소원 등 결정.

같은 법 제84조의 법정형인 1년 이하의 징역 또는 300만 원 이하의 벌금 역시 입법재량의 한계를 벗어난 과중한 처벌이라고도 할 만한 특별한 사정이 없다.

그러나 이에 대하여는 다음과 같은 비판이 가능하다. 첫째, 헌법 제33조 제2항의 취지는 공무원도 헌법 제33조 제1항에 따라 원칙적으로 근로3권을 가지지만, 헌법 제7조에서 밝히고 있는 공무원의 특수한 지위와 책임과 조화될 수 있는 한도에서 공무원의 근로3권을 구체적으로 조절할 수 있고, 그 구체적인 내용은 법률로 정한다는 취지라고 보아야 한다. 그런데 국가공무원법 제66조 제1항은 공무원의 종류나 각각의 직무 내용 등에 대한 고려 없이 오로지 사실상 노무에 종사하는 공무원인지 여부만을 기준으로 하여 노동운동을 위한 집단적 행위의 허용 여부를 결정하고 있다. 이는 헌법 제33조 제2항의 취지를 벗어나 노동운동을 위한 집단적 행위를 과도하게 제한하는 것이다.[88]

둘째, 헌법 제33조 제2항에 따라 입법자에게는 공무원 중 일정한 범위에 속하는 자에 대해서는 반드시 근로3권을 보장하는 내용의 입법을 하여야 할 의무가 있고, 이 때 입법의 형식은 "법률"이어야 한다. 그런데 근로3권이 인정되는 공무원의 범위를 "사실상 노무에 종사하는 자"로 규정하면서 그 구체적인 내용에 대해서는 하위법령에 위임하고 있는 국가공무원법 제66조 제1항은 헌법 제33조 제2항에 위반될 수 있다. 한편, 국가공무원법 제66조 제1항은 범죄의 핵심적인 구성요건을 추상적으로 규정한 채 그 구체적인 내용을 전부 하위법령에 위임하였으므로 죄형법정주의의 명확성원칙에 위반되고, 위임입법의 한계를 벗어난 점에 있어서도 헌법에 위반되었다고 볼 수 있다.[89]

---

88) 헌법재판소 2007. 8. 30. 선고 2003헌바51, 2005헌가5(병합) 국가공무원법 제66조 제1항 등 위헌소원 등 결정 중 재판관 조대현의 반대의견.
89) 헌법재판소 2007. 8. 30. 선고 2003헌바51, 2005헌가5(병합) 국가공무원법 제66조

셋째, 노동운동 금지조항인 국가공무원법 제66조 위반에 대한 벌칙 규정인 같은 법 제84조의2 역시 죄형법정주의의 원칙에 비추어 위헌 소지가 있다.[90] 죄형법정주의의 원칙에 따르면, 처벌법규에 있어 법률이 하위법령에 구체적인 입법을 위임하는 경우에는 그 위임의 요건과 범위가 엄격하게 제한되어야 하고, 특히 범죄의 구성요건을 정함에 있어서는 처벌의 대상이 되는 행위가 어떠한 것인지 그 핵심적 내용이 법률에 구체적으로 규정되어야 한다. 그런데 '사실상 노무에 종사하는 공무원'은 위 처벌조항에 있어 핵심적인 구성요건을 이루는 것이라 할 수 있다.

그러나 '사실상 노무에 종사하는 공무원'은 근로3권을 보장하여야 할 공무원의 범위를 정하는 입법을 함에 있어 입법방향에 불과하여 그 의미가 추상적이어서, 사실상 노무에 종사하는 공무원의 범위를 보다 구체적으로 규정하고 있는 하위법령을 살펴보지 않는 한 과연 어떠한 직무에 종사하는 공무원이 사실상 노무에 종사하는 공무원에 해당한다고 볼 것인지를 판단하기가 어렵다. 또한 국가공무원법 제66조 제2항은 하위법령을 "대통령령 등"이라고 하여 하위법령조차 정확히 명시하지 않고 있다. 따라서 위 처벌조항인 같은 법 제84조의2만으로는 어떠한 직무를 수행하는 공무원의 집단행위가 처벌되는지에 대해 예측하기가 매우 어렵다. 결국 위 처벌조항은 범죄의 핵심적인 구성요건을 추상적으로 규정한 채 그 구체적인 내용을 전부 불특정의 하위법령에 위임함으로써 죄형법정주의의 명확성 원칙에 위반되고 위임입법의 한계를 벗어난 것으로서 헌법에 위반된다고 할 것이다.

제1항 등 위헌소원 등 결정 중 재판관 김종대의 반대의견; 이재용, "공무원인 근로자의 근로삼권과 국가공무원법 제66조의 집단행위의 금지 – 집단행위의 개념과 국가공무원법 제66조의 개선방향을 중심으로", 법학연구 제49권, 한국법학회, 2013, 134면 참조.
90) 헌법재판소 2007. 8. 30. 선고 2003헌바51, 2005헌가5(병합) 국가공무원법 제66조 제1항 등 위헌소원 등 결정 중 재판관 김종대의 반대의견.

넷째, 국가공무원법 제66조에 따라 '사실상 노무에 종사하는 공무원'으로 실제 인정되고 있는 공무원의 범위는 극히 제한적이어서 헌법 제33조 제1항에서 정한 근로자의 근로3권 인정 취지 및 제2항에서 정한 공무원의 근로자성 인정 취지에 어긋난다. 현재 사실상 노무에 종사하는 국가공무원은 「국가공무원 복무규정」 제28조에 따라 과학기술정보통신부 소속 현업기관의 작업 현장에서 노무에 종사하는 우정직공무원[91]으로서 위 조항 각 호의 서무업무 등[92]에 종사하지 아니하는 공무원과 각급 법원 소속 고용직 공무원으로서 법원공무원규칙 제91조 각 호[93]의 서무업무 등에 종사하지 아니하는 공무원뿐이다. 이와 같이 극히 예외적인 범위의 현업 공무원을 제외한 대부분의 공무원에 대하여 근로3권을 부인, 박탈하고 있는 국가공무원법 제66조 제1항은 일정 범위의 공무에 대하여는 근로3권을 인정하도록 하고 있는 헌법 제33조 제2항에 위반된다고 생각한다.

다섯째, 공무원에 대한 근로기본권의 제한은 국가안전보장, 질서유지 또는 공공복리를 위하여 필요한 경우에 한하여 공무원의 근로기본권 필요성과 비교 형량하여 양자가 적정한 균형을 이루는 선에서 이루어져야 할 것인데, 위 법률조항은 단지 사실상 노무에 종사하는 공무원인지 여부 외의 다른 요소는 전혀 고려하지 아니한 채 근로기본권을 제한, 박탈하고 있는

---

91) 우정직공무원의 정원을 대체하여 임용된 일반임기제공무원 및 시간선택제 일반임기제공무원을 포함한다.
92) 1. 서무·인사 및 기밀 업무에 종사하는 공무원
    2. 경리 및 물품출납 사무에 종사하는 공무원
    3. 노무자 감독 사무에 종사하는 공무원
    4. 보안업무규정에 따른 국가보안시설의 경비 업무에 종사하는 공무원
    5. 승용자동차 및 구급차의 운전에 종사하는 공무원
93) 1. 서무·인사 및 기밀업무에 종사하는 자
    2. 경리 및 물품 출납사무에 종사하는 자
    3. 노무자의 감독사무에 종사하는 자
    4. 보안업무규정에 의한 보안목표시설의 경비업무에 종사하는 자
    5. 승용자동차의 운전에 종사하는 자

점에서 법익형량의 원칙에 위배된다. 여섯째, 공무원 직무의 공공성은 공
무원의 직무 내용과 성질 등에 따라 매우 다양하여 그 직무의 정지에 따른
영향도 일률적으로 논할 수 없다. 따라서 공무원 근로기본권의 입법적 제
한을 함에 있어서는 이러한 다양성을 고려하여 단계화할 필요가 있다 할
것인데, 위 법률조항은 위와 같은 직무의 다양성을 일체 고려하지 아니한
채 대다수 공무원의 근로기본권 자체를 일률적으로 부인하고 있으므로,
이는 기본권 최소침해의 원칙에 어긋날 뿐만 아니라, 근로3권의 본질적 내
용을 침해하고 있다. 또한 위와 같이 공무원 직무의 공공성이 공무원의 직
무 내용과 성질 등에 따라 매우 다양한 점을 일체 무시한 채 오직 공무원
이라는 이유만으로 근로기본권 자체를 인정하지 아니하여, 결국 '같은 것
을 다르게' 또는 '다른 것을 같게' 취급하고 있고, 그렇게 취급하는 것에
합리적인 이유가 있다고도 볼 수 없으므로 헌법 제11조 제1항의 평등원칙
에도 위배된다.[94)]

III. 프랑스의 공무원 파업권 제한의 시사점

1. 파업권 금지와 제한의 원칙 마련

프랑스에서는 1946년의 프랑스 헌법이 파업권은 법률이 그것을 규제하
는 범위 안에서 행사된다고 규정한 이후, 1950년의 드앤느 판결은 위 파업
권의 규정은 공무원에도 적용되나 권리남용이나 공공질서의 필요에 반하
는 행사는 제한되며 일반이익과 조정될 필요가 있다고 판시하였고, 1979

---

94) 헌법재판소 2007. 8. 30. 선고 2003헌바51, 2005헌가5(병합) 국가공무원법 제66조
　　제1항 등 위헌소원 등 결정 중 재판관 송두환의 반대의견; 민경식, 전게논문, 49면
　　참조.

년의 헌법재판소 판결은 일반이익과의 조정과 함께 공역무 계속성의 원칙과의 조정도 필요하다고 보면서 국가의 필수적 수요에 해당하는 공역무에 대하여는 금지까지 가능하다고 판시하였다. 그래서 프랑스에서 절대적으로 파업이 금지되는 공역무는 헌법재판소 판시와 같이 국가의 필수적 수요에 해당하는 사법관95), 군인, 경찰96), 교도행정, 내무부 통신담당, 도지사, 군수, 대외안보총국 등의 분야에 한정되어 있다.

이에 비해 우리나라에서는 앞에서 본 바와 같이 소위 사실상 노무에 종사하는 공무원을 제외하고는 대부분의 공무원에 대하여 일률적으로 근로3권 중 핵심인 단체행동권에 포함되는 노동운동이나 파업을 절대적으로 금지하여 공무원의 근로기본권이 유명무실화 되어 있다. 따라서 파업 등 단체행동권을 절대적으로 금지하는 공역무는 프랑스 법제와 같이 국가의 필수적 수요에 해당하는 공역무에 한정할 필요가 있다. 그래서 국가의 필수적 수요에 해당하는 공역무를 담당하는 공무원에 대하여만 각각의 개별법에서 파업권을 금지할 필요가 있다.

먼저 파업권이 금지될 수 있는 국가의 필수적 수요에 해당하는 공역무에 대한 기준을 마련하여야 한다.97) 다음에 이 기준에 따라 국가의 필수적 수요에 해당하는 공역무를 구체적으로 선정하여야 할 것이다. 이와 관련하여 프랑스의 예에 비추어 보면, 판사, 검사, 경찰, 군인, 교도관, 도지사, 시장, 국가정보기관 직원, 소방관 등을 국가의 필수적 수요에 해당하는 공

---

95) 여기에는 판사와 검사가 포함된다.
96) 여기에는 일반 경찰뿐 아니라 공안기동대도 포함된다.
97) 장영수, 전게논문, 20-24면(위 견해는 이러한 기준으로 국민의 생명과 신체를 보호하는 일을 담당하는 공무원, 긴급한 조치를 담당해야 할 공무원, 국가비상사태 또는 중대한 재난 등 특별한 경우 등을 든다. 한편, 위 견해는 우리나라는 공무원의 단체행동권 인정에 대하여 아직까지 충분한 공감대가 형성되어 있지 않다고 하면서 국민이 공무원의 노동삼권 강화를 위해 어느 정도의 불편을 감수할 수 있다는 공감대 형성이 전제되어야 한다고 주장한다) 참조.

역무 담당자라고 볼 수 있을 것이다.

그래서 먼저 헌법에는 공무원의 다른 근로기본권과 함께 파업권도 원칙적으로 인정하는 규정을 두고 다만 법률에 의하여 제한할 수 있도록 한 후, 공역무 전체를 포괄하는 국가공무원법 등 공무원 일반법에서 국가의 필수적 수요에 해당하는 공역무에 대한 일반적인 기준을 정하고 국가의 필수적 수요에 해당하는 공역무를 담당하는 조직의 개별 조직법이나 직원법 또는 복무 관련 법률에서 파업을 금지하는 규정을 두는 방안을 고려할 필요가 있다.

그리고 위와 같이 국가의 필수적 수요에까지 이르지 않는 공역무에 대해서는 법률에 파업권을 제한할 수 있는 근거 규정을 마련할 필요가 있다. 이런 근거 규정을 마련하기 위해서는 먼저 그 기준이 되는 제한의 원칙을 정립하여야 한다. 이러한 파업권 제한의 원칙으로서는 공역무 계속성의 원칙, 공역무가 추구하는 공익과 파업권이 추구하는 직업이익의 비교 형량, 파업권 남용의 제한, 공공질서 유지의 필요성 등을 들 수 있다. 다만, 위 원칙에 따른 공무원 파업권 제한 법률의 근거 하에서 구체적인 파업권 행사의 방법과 내용 등은 행정입법으로 규정하여야 할 것이고, 이러한 내용은 헌법재판소 등의 판례에 의하여 법제도적인 발전이 이루어져야 한다고 본다. 위 파업권 제한 원칙 중에서 공역무 계속성의 원칙에 대하여는 행정법상의 일반 원칙으로 도입할 필요가 있는바, 다음에서 상세히 살펴보고자 한다.

2. 공역무 계속성의 원칙 도입

앞의 제4장에서 본 바와 같이 공역무 계속성의 원칙은 프랑스에서 일찍이 공역무가 가지는 가장 기본적인 성질과 관련된 행정법상 일반원칙으로 인정되었고[98] 나중에는 헌법상의 원칙으로까지 인정되었다.[99] 그래서 공역무에 있어서 계속성이 없다면 공역무 자체가 없는 것이고 관련 제도도 없는 것이며 극단적으로 국가도 존재할 수 없다고 설명된다.[100]

위 원칙은 1977년 최초로 우리나라에 소개되어[101] 그 후 프랑스 행정법을 연구하는 학자들 중심으로 많은 논의가 이루어졌다.[102] 이 원칙은 제4장에서 본 바와 같이 공역무는 공익의 실현 작용이므로 부단히 계속되어

---

98) 전훈·Jean-Marie Pontier, 전게서, 90면 참조.

99) CC, décision du 25 juillet 1979 relative au droit de grève à la radio et à la télévision.

100) 전훈·Jean-Marie Pontier, 전게서, 91면 참조.

101) 김동희, "공역무론", 서울대학교 법학 제18권 제1호, 서울대학교 법학연구소, 1977, 125면 이하 참조.

102) 김동희, "프랑스행정법에 있어서의 행정제도의 적용기준－공역무설을 중심으로 한 연혁적 고찰－", 서울대학교 법학 제24권 제2·3호, 서울대학교 법학연구소, 1983, 146면; 김동희, "공역무제도에 관한 연구", 서울대학교 법학 제35권 제2호, 서울대학교 법학연구소, 1994, 139면; 이광윤, "공공서비스 개념의 범세계화에 관한 연구", 토지공법연구 제21집, 한국토지공법학회, 2004, 371-374면; 전훈, "공공서비스(le service public)의 법적접근에 관한 고찰", 공법학연구 제6권 제1호, 한국비교공법학회, 2005, 475-478면; 이광윤, "공무원의 집단행위 금지의 합헌성 여부", 토지공법연구 제29집, 한국토지공법학회, 2005, 341면; 강지은, "프랑스 행정법상 공역무 개념의 변천에 관한 연구", 서울대학교 석사학위논문, 2008, 22-90면; 김봉채, "공역무 위임에 관한 고찰", 토지공법연구 제41집, 한국토지공법학회, 2008, 316-333면; 강지은, "프랑스 행정법상 공역무 개념의 의의와 기능", 행정법연구 제23호, 행정법이론실무학회, 2009, 219-228면; 박은진, "프랑스 행정계약법상 불예견(l'imprévision)이론에 관한 연구", 서울대학교 석사학위논문, 2011, 16-121면; 박은진, "프랑스 행정계약법상 불예견(l'imprévision)이론에 관한 연구", 행정법연구 제35호, 행정법이론실무학회, 2013, 153-160면; 강현호, "인터넷망에 대한 공법적 고찰－망 중립성과 관련하여－", 토지공법연구 제71집, 한국토지공법학회, 2015, 283-292면; 전훈, "프랑스에서의 부패방지 법제", 강원법학 제47권, 2016, 67면 각주 4; 오승종, "프랑스 행정법상 공공서비스 법제 수용에 관한 연구－보육서비스를 중심으로", 법학연구 제20집 제4호, 인하대학교 법학연구소, 2017, 199면; 박우경, 전게논문, 28-30면; 전주열, "프랑스 공공서비스법의 공법적 함의", 토지공법연구 제87집, 2019, 979면 각주 59; 장윤영, 전게논문, 186면 참조.

야 한다는 것으로 예컨대 행정계약에 있어 불예견이론(la théorie de l'imprévision)103)과 계약의무 이행기간상의 엄격한 제한, 국유재산의 양도 불가론(la théorie de l'inaliénabilité du domaine public), 공무원 의원면직의 경우 사직서 수리 전에는 직무를 이탈할 수 없다는 원칙 등은 이러한 공역무의 계속성을 보장하기 위한 것이라고 한다.104) 또한 공익을 확보하기 위해서 공역무는 중단되어서는 안 되고, 국가는 공역무의 조직체이며, 계속성은 공역무의 근본적 가치를 지니고 있다고 평가된다.105) 그러면서 보육 서비스나 인터넷 망의 설치·관리도 공역무로 볼 수 있으므로 계속성의 원칙이 적용되어야 한다고 설명한다.106) 이와 같이 공역무 계속성의 원칙은 파업권 제한 원칙이기 이전에 공역무상의 기본원칙으로서 이를 행정작용법상의 일반원칙으로 도입할 필요가 있다. '행정 작용' 자체가 '공역무'이므로 공역무상의 기본원칙인 공역무 계속성의 원칙은 행정작용법상의 일반원칙이 될 수 있는 적격요건도 갖추고 있다고 본다.

---

103) 박은진, "프랑스 행정계약법상 불예견(l'imprévision)이론에 관한 연구", 서울대학교 석사학위논문, 2011, 35-36면; 박은진, "프랑스 행정계약법상 불예견(l'imprévision)이론에 관한 연구", 행정법연구 제35호, 행정법이론실무학회, 2013, 153면(그런데 저자는 이 논문에서 한편으로, 공역무 계속성의 원칙이 불예견이론의 본질적인 근거라고 볼 수 없다는 견해가 설득력을 얻고 있다고 하면서, 공공조달계약을 체결한 사인이 공역무의 임무를 직접 수행하는 것으로 보기는 어렵고, 계약에 따른 의무가 모두 이행되고 나면 공역무의 계속성이 위협받을 여지가 없는데도 보상을 인정하는 것이 설명되지 않는다는 이유를 제시한다.) 참조.

104) 김동희, "공역무론", 서울대학교 법학 제18권 제1호, 서울대학교 법학연구소, 1977, 127면; 김동희, "프랑스행정법에 있어서의 행정제도의 적용기준 – 공역무설을 중심으로 한 연혁적 고찰 –", 서울대학교 법학 제24권 제2·3호, 서울대학교 법학연구소, 1983, 146면; 김동희, "공역무제도에 관한 연구", 서울대학교 법학 제35권 제2호, 서울대학교 법학연구소, 1994, 139면; 下井康史, 公務員制度の法理論 – 日仏比較公務員法研究, 弘文堂, 2017, p. 242-243 참조.

105) 이광윤, "공공서비스 개념의 범세계화에 관한 연구", 토지공법연구 제21집, 한국토지공법학회, 2004, 371면; 오승종, 전게논문, 199면 참조.

106) 오승종, 전게논문, 199면; 강현호, 전게논문, 283면 참조.

한편, 공역무 계속성의 원칙은 우리나라 행정법 교과서에서 파업권을 제한하는 행정법상 일반원칙으로 설명되고 있고,[107] 우리나라의 여러 논문에서 파업권 제한의 원칙으로 소개되어 왔는바,[108] 이 원칙은 제4장에서 본 바와 같이 그 내용상 공무원의 파업권과 대척점에 위치하고 있어 공무원의 파업권에 대한 직접적인 제한 원칙으로 적용될 수 있으므로 우리나라에서도 당연히 공무원의 파업권 등 단체행동권 제한의 원칙으로 기능할 수 있다. 다만, 파업권은 헌법상 근로기본권으로서 본질적 내용은 침해될 수 없고 기본권 최소제한의 원칙에 의한 제한이 따르므로 반대로 파업권에 의하여 공역무 계속성의 원칙이 제한될 수도 있다. 따라서 프랑스 헌법재판소 결정[109]에서 판시한 바와 같이 위 두 원칙은 개별 사건에서 비교형량을 거쳐 상호 조정될 필요가 있다.

그런데 제4장에서 살펴본 바와 같이 각각의 공역무에서 계속성이 요구되는 정도는 공역무별로 다르기 때문에 공역무 계속성의 원칙을 파업권 제한의 원칙으로 적용하기 위해서는 먼저 공역무별로 계속성이 요구되는 정도를 평가하여야 한다. 그래서 당해 공역무의 성격상 국가의 필수적 수요에 해당하면서 계속성이 가장 높은 수준으로 요구되는 직무는 파업권 자체의 금지까지도 가능할 것이다. 그렇지만 이런 정도까지 이르지 않은

---

107) 박균성, 행정법론(상), 박영사, 제16판, 2017, 70면 참조.
108) 김동희, "공역무제도에 관한 연구", 서울대학교 법학 제35권 제2호, 서울대학교 법학연구소, 1994, 139면; 이광윤, "공무원의 집단행위 금지의 합헌성 여부", 토지공법연구 제29집, 한국토지공법학회, 2005, 341면; 이광윤, "공공서비스 개념의 범세계화에 관한 연구", 토지공법연구 제21집, 한국토지공법학회, 2004, 371-374면; 전훈, "공공서비스(le service public)의 법적접근에 관한 고찰", 공법학연구 제6권 제1호, 한국비교공법학회, 2005, 478면; 강지은, "프랑스 행정법상 공역무 개념의 의의와 기능", 행정법연구 제23호, 행정법이론실무학회, 2009, 220-221면; 오승종, 전게논문, 199면; 박우경, 전게논문, 29면 참조.
109) CC, décision du 25 juillet 1979 relative au droit de grève à la radio et à la télévision.

직무에 대한 파업권 제한은 기본권 최소침해의 원칙에 따라 필요최소한의 제한에 그쳐야 한다. 그리고 이러한 제한은 기본권 제한의 법률유보원칙에 따라 반드시 법률에 근거하여야 할 것이다.

3. 파업권 제한의 내용 설정

앞에서 본 바와 같이 공무원 파업권에 대한 제한의 원칙을 정립한 후에는 기본권 제한의 법률유보 원칙에 따라 위 원칙 하에서 파업권 제한의 입법이 이루어져야 한다. 이러한 입법적 제한은 세 가지 방향에서 이루어질 수 있다. 먼저, 근로 중단의 범위에 대한 제한으로, 국민생활에 필수적인 공역무에 대하여는 '최소한의 역무' 원칙을 수립하여 파업이 개시되더라도 최소한의 공역무는 제공될 수 있도록 그에 필수적인 업무와 인원에 대하여 업무복귀명령을 발령함으로써 파업을 제한하는 방법을 채택할 수 있다.

다음, 절차적 제한으로, 행정기관에서 파업에 대한 사전 대비를 할 수 있도록 파업예고 절차를 도입할 필요가 있다. 이 파업예고 기간에는 양측에 단체교섭에 응할 의무를 부과하고 이 단체교섭 과정에서 단체협약에 도달하여 실제 파업에 착수되지 않을 수 있도록 제도를 마련하여야 한다. 그래서 프랑스의 경우와 같이 단체교섭이 파업에 착수하기 위한 형식적인 통과의례의 절차로 운영되지 않도록, 대표자에게 실질적인 권한을 부여하는 등 다양한 수단을 마련함으로써 실질적으로 효과가 있는 절차로 만들어야 할 것이다.

이렇게 파업예고 기간 동안의 단체교섭이 실질적인 효과가 있는 절차가 되려면 일정한 기간이 필요하다. 그런 점에서 프랑스에서의 파업예고 기간 5일은 효과적인 단체교섭이 이루어지기에는 너무 짧을 수 있다.[110] 실

---

110) 프랑스 철도여객운송사업의 최소역무 유지에 관한 '만델케른 보고서'도 5일은 너무 짧다고 보고 있다. 박제성, "프랑스 철도여객운송사업의 공공서비스 유지에 관한

제 프랑스에서 단체교섭이 형식적으로 운영되는 데는 이러한 사정도 있다
고 본다.

그러나 너무 긴 기간의 파업예고 기간 설정은 반대로 파업권의 약화를
초래할 수 있다. 따라서 파업권의 보장과 실질적인 단체교섭을 위하여 합리
적인 예고기간의 설정이 필요하다. 생각건대, 실질적인 파업예고 기간은 7
일 정도는 되어야 하고, 최장 10일은 넘지 않아야 한다고 본다. 마지막으로
방법적 제한으로, 단체교섭 결과가 실패로 끝나 결국 파업이 개시될 경우를
대비하여 공역무의 특성에 따른 파업 방법의 제한을 설정할 필요가 있다.

4. 합리적인 보수 삭감의 원칙 수립

파업 참가로 인하여 결근이 발생하면 이른바 '무노동 무임금 원칙'에 따
라 결근기간 만큼 보수 삭감이 이루어지는 것은 당연하다. 그런데 현행 우
리나라 보수규정에 따르면 결근에 따른 봉급감액[111]은 해당 공무원의 연
가일수를 초과한 결근일수에 한하여 이루어지도록 되어 있다. 즉, 실제 연
가허가를 받지 않았더라도 해당 공무원의 근속기간에 따라 정해지는 연가
일수만큼은 결근이 있어도 봉급감액이 이루어지지 않는다는 것이다.

이러한 제도는 공무원의 결근에 대하여 너무 관대한 측면이 있다. 해당
공무원의 근속기간에 따라 정해지는 연가일수는 추상적인 연가일수의 한도
일 뿐이고 실제 연가일수가 남았다 하더라도 허가를 받지 못하면 연가를 낼
수 없기 때문이다. 프랑스의 경우에는 허가를 받은 연가일수가 파업기간에
포함된 경우에만 파업에 따른 결근일수에 포함되지 않는다고 보고 있다.[112]

만델케른 보고서", 국제노동브리프 제2권 제4호, 한국노동연구원, 2004, 41면 참조.
111) 우리나라의 보수규정은 결근기간의 보수감액에 대하여 수당을 제외한 봉급만을
     감액하도록 되어 있다(공무원보수규정 제27조 제1항 참조). 참고로, 보수는 봉급
     과 그 밖의 각종 수당을 합산한 금액이다(공무원보수규정 제4조 제1호 참조).
112) CE, 27 juin 2008, Ministre de l'Économie, des Finances et de l'Emploi

다만, 프랑스에서는 '파업기간 계속성의 원칙'에 따라 파업기간 중간에 토요일이나 공휴일 또는 근무가 없는 날이 있는 경우에도 파업에 따른 결근일수에 포함하여 보수를 삭감하는 것이 꽁세유데따 판례로 확립되어 있는데,[113] 이는 공휴일 등이 파업기간의 앞·뒤에 있는지 또는 중간에 있는지에 여부에 따라 보수 삭감 일수에 차이가 발생하여 불합리한 측면이 있다. 우리나라에서는 결근일과 결근일 사이에 있는 토요일과 공휴일은 결근일수로 보지 않는바,[114] 파업에 따른 결근의 경우에도 마찬가지 방식으로 결근일수를 산정하는 것이 합리적이라고 생각한다.

5. 파업 금지 규정 위반의 경우 형사처벌 최소화

프랑스의 경우 1864년 파업에 대한 형사처벌 규정이 폐지된 이후에는 파업금지규정을 위반한 경우에도 징계로 전환하였는바, 우리나라 헌법이 근로조건의 기준은 인간의 존엄성을 보장하도록 법률로 정하도록 하고, 근로자는 근로조건의 향상을 위하여 자주적인 단체행동권 등을 가지며, 모든 국민은 인간다운 생활을 할 권리를 가진다고 선언한 점에 비추어, 일률적으로 공무원의 단체행동권을 금지하면서 이를 위반한 경우 형사처벌까지 하는 것은 과잉금지원칙에 위반될 소지가 있다. 따라서 파업 금지 규정 위반의 경우 형사처벌 대상은 군인, 경찰, 국가정보원 직원 등 엄격한 규율이 필요한 경우에 한정하고, 그렇지 않은 경우에는 해당 과오의 내용이나 성격에 따라 중징계나 경징계의 징계절차에 회부하는 것이 헌법 정신에 부합한다고 본다.

---

c/ Mme M.

113) CE, 7 juillet 1978, Sieur Omont.

114) 「공무원 보수 등의 업무지침」 제1장, VI. 기타사항, 4. 봉급의 감액, 나. 결근기간의 봉급감액 참조.

제3절 소결

우리나라 헌법은 공무원을 근로자로 인정하면서도 근로3권의 적용대상에서 제외하면서, 공무원인 근로자의 단체행동권 등은 법률이 정하는 자에 한하여 가진다고 규정함으로써, 공무원의 파업권 등 단체행동권의 인정 여부에 대하여 아무런 언급도 하지 않은 채 모든 것을 법률에 포괄적으로 위임하는 방식으로 공무원의 근로기본권을 헌법에서 직접적으로 제한하였다. 그런데 법률은 근로3권 중 핵심이라고 할 수 있는 파업권 등 단체행동권을 가지는 공무원을 정하지 않았다. 그리고 법률이 아닌 행정입법 등의 형식으로 극소수의 공무원만을 이른바 '사실상 노무에 종사하는 공무원'으로 정하여 이들에게만 파업권 등 단체행동권을 부여하였다.

한편, 대부분의 공무원의 노동운동과 파업을 일률적으로 금지하면서 이를 위반한 경우 형사처벌을 하는 법률만 있는 상황이다. 이런 상황과 관련하여 그동안 공무원 신분의 특수성을 이유로 공무원의 근로3권은 제한되는 것이 정당하다는 취지의 많은 학설이 제기되었다. 이에는 특별권력관계설, 국민전체봉사자설, 공공복리설, 대상조치설, 필수사업유지설, 근로조건법정설, 재정민주주의설 등이 있으나, 각 학설이 제시하는 근거는 앞에서 살펴본 바와 같이 충분한 법리성과 타당성을 가지고 있지 못하다.

따라서 우선적으로 우리 헌법 제33조 제2항의 개정이 선결 과제라고 할 것이다. 그럴 경우 프랑스 제4공화국 헌법 전문의 규정이 헌법 개정에 대한 시사점을 제공할 수 있을 것이다. 그래서 헌법에서는 원칙적으로 단체행동권을 포함한 공무원의 근로3권을 인정하고 예외적으로 당해 공무원의 지위나 담당 직무의 성격과 내용 등에 따라 법률에 의하여 제한될 수 있도록 헌법을 개정하여야 한다.

한편으로, 우리 헌법 제33조 제2항이 공무원인 근로자는 법률이 정하는 자에 한하여 근로3권을 가진다고 한 취지는 공무원도 근로자로서 근로3권을 가지지만 헌법 제7조에 따라 공무원이 갖는 특성에 비추어 공무원의 근로3권에 대하여는 보장되는 범위와 정도를 입법자로 하여금 합리적으로 정하도록 위임한 것으로 해석하여야 하고, 따라서 이러한 위임에 의한 입법형성권은 헌법 제37조 제2항에서 정하는 기본권 최소제한의 원칙과 본질적 내용의 침해금지 원칙에 따른 한계가 있다고 보아야 한다. 따라서 헌법 제33조 제2항이 개정되기 전이라 하더라도 극소수의 사실상 노무에 종사하는 공무원을 제외한 대부분의 공무원으로부터 일률적으로 단체행동권을 박탈하는 국가공무원법과 지방공무원법의 노동운동 금지조항과 공무원노조법의 파업 금지조항은 시급한 개정이 필요하다고 본다.

그래서 국가의 필수적 수요에 해당하는 공역무와 그렇지 않은 공역무를 구분하여, 전자에 해당하는 공역무에 대해서만 파업을 금지하고, 나머지 공역무의 파업에 대하여는 필요최소한의 제한에 그쳐야 한다. 국가의 필수적인 수요에 해당하지 않는 일반적인 공역무에 대한 제한의 근거와 관련하여서는, 먼저 공역무 계속성의 원칙을 행정작용의 기본원칙으로 도입하여, 공역무별로 준수되어야 할 계속성의 정도에 대한 기준을 마련한 후 법률에 파업권과 조정될 수 있는 근거를 규정하여야 한다. 그리고 이 과정에서 공역무가 추구하는 공익과 파업권이 추구하는 직업이익 사이의 조정 근거도 마련할 필요가 있다. 아울러 다른 모든 권리와 마찬가지로 파업권의 행사도 남용될 수 있고 공공질서를 훼손할 수 있으므로, 이러한 원칙도 적절한 입법을 통하여 공역무상의 파업권을 제한할 수 있는 근거로 삼을 수 있을 것이다.

다만, 법률에 정한 기준은 행정입법 등으로 보완될 필요가 있고, 구체적인 유형별 기준은 판례로 형성될 수밖에 없다고 본다. 아울러 대부분의 공무원을 일률적으로 파업 금지 대상으로 규정한 후 그 위반에 대하여도 일률적으로 형사처벌하는 현행 법률의 태도는 파업권이 단체행동권으로서 헌법에 규정된 근로자의 기본권에 포함되고 헌법이 공무원도 근로자로 인정한 점에 비추어 과잉금지원칙 등에 위반될 소지가 있으므로, 파업 금지에 대한 형사처벌도 최소화하여 엄격한 규율이 필요한 군인, 경찰 등의 경우에 한정할 필요가 있다. 위와 같이 헌법을 개정하고 법률을 마련하는 과정에서 프랑스의 관련 법제가 많은 시사점을 제공할 수 있을 것이고, 나아가 꽁세유데따 등의 판례와 프랑스 헌법재판소의 결정도 다양한 관점을 제공할 수 있을 것으로 생각된다.

제7장

요약 및 결어

제1절 요약

Ⅰ. 예비적 고찰

프랑스 공무원 제도의 뿌리는 앙시앙레짐(Ancien Régime)에서 찾을 수 있으나, 이를 무너뜨린 대혁명의 결과로 나타난 「인간과 시민의 권리선언」에서 본격적으로 공직접근의 평등원칙, 일반이익, 행정에 대한 공무원 책임 등이 나타났고, 공무원 탄생과 함께 일반재판소의 재판관할에서 행정사건이 배제되었다. 그 후 나폴레옹 시대를 거치면서 계급제, 공무원단제도 등 근대적 공무원제도가 도입되고, 꽁세유데따가 창설되었다. 제3공화국 시대에 이르러 '공무원'(le fonctionnaire) 개념이 생겼고, 공직 문민화가 추진되었으며, 공역무와 공직 개념이 등장했다. 이후 제4공화국 시대에 최초의 공화주의 공직 일반법이 제정되었으며, 마침내 제5공화국 하에서 국가직, 지방직 및 의료직에 관한 개별법이 각각 채택되어 공직 전체 일반법이 완성되었다.

프랑스는 공무원단 제도를 두고 있는데, 그 중에서도 고위공무원단은 프랑스 정부조직 내부뿐 아니라 사회전반에 걸쳐서 가장 막강한 권력을 행사하는 집단이다. 공무원의 채용에 있어서는 평등 원칙이 강조된다. 선발 조건으로서, 시민권과 신체적 능력을 갖추고 있어야 한다. 선발 방법은 선발시험이 원칙이나 외부임용 등 네 가지 예외 경로가 있다. 경력의 변동과 관련해서는 직급과 직위의 구별 원칙이 존재하고, 승진은 근속연수와 공적에 대한 평가에 따라 이루어지는데, 호봉승진과 직급승진이 있다. 배치는 현직, 위탁, 파견, 외직, 휴직의 네 가지 방법으로 이루어진다. 그리고 공무원관계가 종료되는 퇴직 원인에는 정년, 사직, 면직 또는 파면이 있다.

그리고 공무원은 보수, 퇴직연금, 보호 및 참여에 대한 권리가 있고, 의사의 자유를 가지고 있으나, 표현의 자유는 직업상의 비밀준수 의무에 의해 제한되고, 단결권, 단체교섭권 및 파업권이 점진적으로 인정되었다. 한편, 공무원의 의무는 법률과 판례에 의하여 성립되었는데, 중립, 직무전념, 복종 및 직업상 비밀 준수 의무가 있는바, 이런 의무를 지키지 않을 경우에는 금전, 징계 및 형사상 책임을 지게 된다.

일반 근로자의 파업도 처음에는 공모죄로 형사처벌 대상이었으나 1864년 폐지되면서 민사적인 문제만 남았다. 그래서 파업은 근로계약 파기사유로 존속하였으나 1946년 헌법에서 파업권의 행사가 헌법적으로 인정됨에 따라 파업을 하더라도 중대한 과오가 없는 한 근로계약이 유지되었다. 파업이란 근로자가 직업상 요구의 관철을 목적으로 공동의 의사에 따라 집단적으로 근로를 중단하는 것을 말하고, 파업권이란 이를 근로자에게 권리로서 인정한다는 것이다. 일반 근로자의 파업권은 공무원의 파업권과는 달리 순전히 개인적인 권리이어서 노동조합 차원의 파업예고나 사전에 단체교섭을 할 의무도 없다.

파업의 방식에 있어서도 공무원의 파업과는 달리 순환파업이나 점거파업도 허용되고, 짧고 반복적인 파업, 소수파업 및 부분파업도 허용된다. 그리고 연대파업도 공역무 분야보다 훨씬 넓게 인정된다. 그러나 근로의 중단이 있어야 하므로, 공무원 파업과 마찬가지로, 태업이나 근로의 불완전한 이행이나 일부 거부 또는 다른 조건에서의 이행 등은 파업에 해당하지 않아 파업권의 보호를 받지 못한다.

파업권 행사가 적법한 경우에는 근로계약은 파업기간 동안 일시적으로 정지될 뿐이어서, 파업 근로자의 직위는 보장되고 징계책임을 지지 않으며 따라서 해고를 하더라도 효력이 없고 오히려 사용자의 불법행위를 구성한다. 근로계약이 정지됨에 따라 근로자는 파업기간에 대한 급여에 대한 권리를 주장하지 못한다. 이 때 급여 삭감은 국가공무원의 파업과 달리 파업기간에 엄격히 비례한다. 반면에 기업의 존립을 위태롭게 하거나 순수한 정치파업은 파업권의 남용에 해당된다. 직장점거는 파업 방식으로 이루어진 경우에는 원칙적으로 적법하나 비파업 근로자의 근로의 자유를 침해할 경우에는 위법하게 되어 형사책임과 민사책임을 질 수 있다.

근로자의 파업권 행사에 대하여 사용자는 징계권이나 경영권 등을 행사할 수 있다. 근로자의 중대한 과오에 대하여는 절차를 거쳐 해고할 수 있다. 파업 근로자에게 중대한 과오가 없는 경우에는 어떠한 징계도 받지 않는다. 한편, 공공부문과는 달리 민간부문에서는 징발권을 발동할 수 없다.

사용자가 대체근무자를 고용하는 것은 파업권 보장 차원에서 금지되나 하청을 주는 것은 가능하다. 한편, 사용자는 원칙적으로 직장폐쇄를 할 수 없다. 그리고 파업권은 헌법상 보장된 권리이므로 파업으로 인한 단순한 손해는 파업 근로자에게 민사책임을 부담시키지 않는다. 파업 근로자의 책임은 그가 개인적으로 명백히 위법한 행위를 하고 그러한 행위가 비파업 근로자의 손해에 대한 직접적인 사유가 되는 경우에 한한다. 파업 근로자가 비파업 근로자의 근로의 자유를 침해할 경우에는 근로자유침해죄의 죄책을 질 수 있다.

Ⅱ. 프랑스 공무원 파업권의 연혁

프랑스 공무원의 파업권도 꽁세유데따의 판결에서 한 때는 부정되었다가 인정되는 등 꽁세유데따의 판결의 변화에 따라 희비가 엇갈렸다. 꽁세유데따의 판결이 이렇게 갈리게 된 중심에는 제4공화국 헌법 전문이 있다. 제4공화국 헌법 이전에 파업은 공모죄로 형사처벌 대상이었다가 1864년 공모죄는 폐지되었다. 그러나 공모죄가 폐지된 후에도 파업권은 여전히 인정되지 않았고 파업에 참가한 공무원은 파면 등 징계의 대상이 되었다.

이를 분명히 한 것이 1909년 꽁세유데따의 빈켈(Winkell) 판결이다. 이 판결에서 꽁세유데따는 파업은 불법행위이고, 공무원은 채용 승낙에 의하여 공역무의 필요성에서 유래하는 모든 의무를 준수하여야 하고 국가의 유지에 필수적인 계속성과 양립할 수 없는 모든 권리를 포기하였으므로, 공무원의 파업은 과오에 해당할 뿐 아니라 공법계약의 결과로 생기는 권리의 행사를 보장하는 목적에서 제정된 법률이나 행정입법의 적용 대상에서 공무원을 제외시킨다고 판단했다. 그래서 파업에 참가한 공무원에 대하여는 징계처분 전에 관계문서를 통지하는 절차 등의 규율에 관한 보장 대상에서 제외된다고 판결했다.

마침내 1946년 제4공화국 헌법 전문 제7항에 "파업권은 그것을 규제하는 법률의 범위 내에서 행사된다."라는 규정이 신설되었다. 위 헌법 전문에 따라 비록 법률로 규제될 수는 있을지언정 공무원도 파업권을 가지게 되었다. 위 제4공화국의 헌법 전문은 1958년 현행 제5공화국 헌법의 전문에도 포섭되었다.

1946년 제4공화국 헌법 전문이 파업권을 기본권으로 규정한 후 1950년 꽁세유데따는 드앤느(Dehaene) 판결에서, 위 헌법 전문에 따라 공무원의 파업도 더 이상 파면 등 징계대상이 되지 않으나 헌법은 입법자에게 파업이 그 수단을 이루는 '직업이익의 방어'와 파업이 침해할 수 있는 '일반이익의 보호' 사이에 필요한 조정의 일환으로서 파업권을 규제할 수 있도록 하였다고 보았다. 그런데 입법자가 이러한 법률을 제정하지 않을 때는 공역무의 정상적인 운영을 책임지는 정부가 파업권의 남용 또는 공공질서의 필요성에 반하는 사용을 피하기 위해서 재판소의 통제 하에 파업권에 대한 제한의 성격과 범위를 정할 수 있다고 판시하였다.

1979년 헌법재판소는 파업권은 헌법적 가치의 원칙으로서 본질적 내용은 침해될 수 없으나 그에 이르지 않는 내용은 법률로 제한될 수 있는데, 헌법 전문은 입법자에게 직업이익의 방어와 일반이익의 보호 사이의 조정을 위하여 파업권을 제한할 수 있는 권한을 부여하였으며, 역시 헌법적 가치의 원칙인 공역무 계속성의 원칙을 보장하기 위하여 파업권은 제한될 수 있고, 국가의 필수불가결한 공역무의 작동을 보장하기 위해서는 파업권의 금지까지 가능하다고 판시하였다. 한편, 1983년 공무원의 권리와 의무에 관한 일반법은 파업권에 관한 헌법 전문의 조항을 승계하여 공무원은 파업권을 규제하는 법률의 범위 내에서 파업권을 행사한다고 규정하여 공무원의 파업권을 법률로 명시적으로 인정하였다.

Ⅲ. 프랑스 공무원 파업권의 의의와 요건

공무원의 파업권이란 공무원이 직업상 요구의 만족을 얻기 위하여 공동의 의사로 공역무를 집단적으로 중단할 수 있는 권리를 말한다. 파업권의 주체가 되는 공무원은 정규직 공무원뿐만 아니라 계약직 등 비정규직 공무원도 대상이 된다. 다만, 국가의 유지에 필수적인 몇몇 공무원단은 파업권의 행사가 절대적으로 금지되는바, 사법관(판사, 검사), 경찰관(공안기동대, 일반경찰), 군인, 교정행정공무원, 내무부 통신공무원, 도지사 및 군수가 여기에 해당한다.

파업권의 행사는 공동의 의사에 따른 집단적인 행사이어야 하므로, 원칙적으로 한 사람의 행위는 파업을 구성할 수 없으나, 예외적으로 혼자 근무하는 경우에는 한 사람의 행위도 적법한 파업권의 행사에 해당할 수 있다. 그런데 파업권은 개인적 권리이지 노동조합의 권리는 아니므로, 대표적인 노동조합으로부터 파업예고만 있으면 파업 참가 여부는 개인적으로 결정할 수 있다. 파업은 본질적으로 직업상의 요구의 만족을 얻기 위하여 하여야 하므로 소위 정치파업은 원칙적으로 위법하다.

파업은 공역무의 진정한 중단이 있어야 한다. 따라서 교사가 한 학급에 일정 수 이상의 학생을 거부한 것만으로는 공역무의 중단이 있다고 볼 수 없다. 그래서 태업도 파업에 해당하지 않는다. 한편, 파업권은 작업중지권과도 구별된다.

Ⅳ. 프랑스의 공무원 파업권 제한

공역무에서 파업권 제한의 이론적 근거로는 공역무 계속성의 원칙, 일반이익, 권리남용, 공공질서 등을 들 수 있다. 공역무 계속성의 원칙은 원래 공역무에 내재하는 원칙으로 인정되어 왔다. 꽁세유데따는 1909년 빈켈 판결에서 공무원의 파업권을 부인할 때 공역무 계속성의 원칙을 근거로 들었다. 그러나 1946년 헌법에서 파업권을 명시적으로 인정한 이후 1950년 드앤느 판결에서는 공무원 파업권은 일반이익의 보호와의 사이에 조정이 이루어져야 하고, 권리남용이 되거나 공공질서의 필요성에 반하지 않기 위하여 제한될 수 있다고 보았다. 한편, 1979년 헌법재판소는 파업권은 헌법적 가치를 지닌 원칙으로서 제한에는 한계가 있으나, 같은 헌법적 가치를 지닌 원칙인 공역무 계속성의 원칙을 보장하기 위하여 제한될 수 있고, 일반이익의 보호와의 사이에 조정되어야 하며, 국가의 필수적인 공역무의 경우에는 금지될 수 있다고 결정하였다.

공역무에서의 파업권 제한의 내용은 민간부문에는 적용되지 않는 사항이다. 먼저 절차적으로 파업개시 5일 전에 대표적 조합에 의한 파업예고가 있어야 한다. 따라서 당연히 기습파업은 금지된다. 위 예고기간 동안에는 노사 간에 교섭의무가 있다. 이 파업예고 의무는 지방자치단체에도 당연히 적용되나, 1만 명 미만의 인구가 거주하는 지방자치단체에는 적용되지 않는다.

파업의 방법적 측면에서, 파업의 형태 중에 같은 기관이나 시설에서 일정한 간격을 두고 부서별로 교대로 파업을 벌임으로써 적은 '비용'[1]으로 큰 '효과'[2]를 노리는 이른바 '순환파업'은 금지된다. 위 순환파업 금지도 1만 명 이상의 인구가 거주하는 지방자치단체의 공무원에게만 적용된다. 한편, 판례에 의하여 현장을 점거하여 파업을 벌이는 '점거파업'도 금지된다.

마지막으로, 역무적인 측면에서의 파업권에 대한 제한으로서 최소한의 역무(le service minimum) 유지가 요구된다. 이는 파업권과 공역무 계속성의 원칙의 조정 차원에서 국민 생활에 필수적인 공역무는 파업권을 행사하더라도 최소한의 역무는 유지되어야 한다는 것이다. 일반적으로 법률로 최소한의 역무를 규정하고 있다고 여겨지는 분야는 네 분야인데, 항공, 공영 라디오·텔레비전 방송, 육상정기여객운송, 유치원·초등학교이다. 이 분야 외에 판례는 공공병원도 최소한의 역무 유지가 요구된다고 보았다. 위와 같은 최소한의 역무를 유지하기 위한 방법으로는 업무복귀명령, 지정, 지명 등이 있다.

V. 프랑스 공무원 파업권 행사의 효과

공무원이 적법한 파업권을 행사하는 행위는 공무원의 정상적인 활동으로 간주된다. 따라서 근무를 하지 않고 파업에 참가하더라도 징계나 형사처벌의 대상이 되지 않는다. 그래서 파업에 참가한 기간 동안 공무원의 신분은 유지되지만 다른 권리·의무관계는 정지된다.

따라서 파업기간 동안 근무를 하지 않고 파업에 참가할지라도 징계처분을 받지 않는다. 파업에 참가하였다는 이유로 승진이나 보직 또는 수당이나 복지혜택 등에서 어떠한 차별도 받지 않는다. 다만, 파업에 참가한 기

---

1) 여기서 '비용'은 보수 삭감을 말한다.
2) 여기서 '효과'란 파업을 말한다.

간 동안 보수는 삭감된다. 그러나 보수삭감은 제재로 간주되지 않는다.

보수삭감 기준은 공직의 종류에 따라 달리 정해져 있다. 국가공무원에게는 짧고 반복적인 파업을 억제할 목적으로 월급에 대하여 '불가분의 30분의 1 원칙'(le trentième indivisible)을 적용한다. 다만, 교대근무 공무원은 월평균 교대근무 일수와 비교하여 달리 비율을 정한다. 그런데 지방공무원과 의료공무원에게는 민간 근로자와 같이 파업에 참가한 시간에 정확히 비례하여 보수가 삭감된다. 한편, 공역무를 담당하는 기업, 단체 및 사적 시설의 직원에 대하여는 파업 참가 시간에 거의 비례하여 삭감되도록 정해진 보수삭감 기준에 따라 삭감된다.

또한 파업기간 중에 근무가 없는 날이나 휴일이 있어도 모두 보수삭감 대상 일수에 포함된다. 다만, 휴가일수는 제외된다. 삭감대상 보수에는 본봉뿐 아니라 상여금도 포함되나, 가족수당이나 사회복지수당 등은 제외된다. 그리고 삭감대상 보수는 파업참가일 당시의 보수를 기준으로 하고 압류금지지분을 넘어서 삭감할 수 없다. 삭감되는 보수에 대하여는 연금공제 등이 면제된다.

파업권의 행사가 위법할 경우에는 징계처분의 대상이 된다. 징계처분은 원칙적으로 징계절차를 거쳐야 한다. 그러나 처음부터 파업권이 없는 몇몇 공무원의 경우에는 법률에 정한 바에 따라 징계절차 없이 징계가 이루어질 수 있다. 그리고 파업예고나 금지된 파업형태에 관한 규정을 지키지 않은 경우에는 간략한 징계절차만을 거친다. 그렇지만 이 경우에도 해당 공무원은 자신에 관한 문서에 접근할 권리와 변명할 권리를 가진다. 한편, 강등이나 파면 등 중징계가 내려질 경우에는 보통법상의 징계절차를 거쳐야 한다.

그리고 위법한 파업권 행사이더라도 파업권 행사 자체만으로는 형사처벌을 받지 않는다. 다만, 업무복귀명령을 거부한 경우에는 형사처벌의 대상이 된다. 위법한 파업권 행사의 경우에도 공역무의 이행이 없었으므로 당연히 보수삭감이 이루어진다.

한편, 민간부문에서 파업 참가자는 중대한 과오가 있는 경우에 한하여 해고 등 징계대상이 될 수 있다. 중대한 과오에 이르지 않는 과오에 대하여는 파업 참가자는 어떤 징계대상도 될 수 없다. 중대한 과오가 없는 경우에 해고를 당한 파업 참가자는 사용자에게 손해배상을 청구할 수 있다.

그리고 파업과정에서 발생된 위법한 행위는 파업 자체의 적법성과는 무관하나 그 행위에 관여된 파업 참가자는 형사책임과 민사책임을 질 수 있다. 특히 직장점거에 관여한 파업 참가자는 비참가자의 근로의 자유 침해로 인한 형사책임과 비참가자의 급여 손실에 대한 민사책임을 부담할 수 있고, 사용자에 의한 가처분신청이나 서면신청에 따라 퇴거명령을 받을 수 있으며, 이로 인하여 사용자가 입은 손해에 대한 민사책임을 부담할 수 있다.

Ⅵ. 우리나라에 대한 시사점

우리나라 헌법 제33조는 근로자는 단체행동권 등 근로3권을 가진다고 규정하면서도 공무원인 근로자는 법률이 정하는 자에 한하여 가진다고 규정함으로써, 헌법 자체에서 근로자인 공무원이 단체행동권 등 근로3권을 가지는지 여부를 전적으로 법률에 위임하였다. 그런데 법률은 이른바 사실상 노무에 종사하는 극소수의 공무원을 제외하고 대부분 공무원의 단체행동권을 일률적으로 금지하고 있다.

이에 대하여 헌법재판소는 헌법에서 공무원의 단체행동권 등 인정 여부에 대하여 포괄적으로 법률에 위임한 점, 헌법상 공무원의 국민 전체에 대한 봉사자의 지위, 공무원의 성실의무 등을 이유로 대부분 공무원의 단체행동권을 일률적으로 인정하지 않은 것을 합헌이라고 보고 있다. 그러나 헌법에서 이미 근로자의 단체행동권 등을 인정하면서 공무원도 근로자로 인정한 점, 단체행동권이 근로기본권에 실효성을 부여하는 중핵적인 권리인 점 등에 비추어, 대부분 공무원의 단체행동권을 일률적으로 금지하면서 형사처벌 대상으로 한 것은 공무원의 근로기본권을 본질적으로 침해하였다고 볼 수 있어 위헌소지가 있다.

그런데 프랑스 헌법은 파업권을 인간의 기본권으로 규정하여 공공부문과 민간부문을 구별하지 않고 모든 근로자의 파업권을 인정하였고 다만, 법률로써 제한할 수 있도록 하였다. 이와 관련하여 프랑스의 꽁세유데따와 헌법재판소는 직업이익과 일반이익 사이의 조정이나 파업권과 공역무 계속성의 원칙 사이의 조정을 통해서, 그리고 권리남용이나 공공질서의 훼손을 가져오지 않도록, 파업권에 대한 제한이 이루어져야 한다고 판시했다. 이에 따라 프랑스 법률은 국가의 존속에 필수적인 공무원의 파업권만 금지하고, 나머지 대부분의 공무원에 대하여는 파업예고 의무와 예고기간의 단체교섭 의무만 지우면서 일부 파업방법을 제한하고 있으며, 국민생활에 필수적인 일부 공역무 영역에서만 최소한의 역무를 유지하도록 하고 있을 뿐이다. 따라서 공무원의 파업권 등 단체행동권에 관한 우리 헌법이나 법률의 개정 또는 적용 등에 있어서 위와 같은 프랑스 헌법, 공무원법, 꽁세유데따 판례, 헌법재판소 결정례 등은 많은 시사점을 줄 수 있을 것이라고 생각한다.

제2절 결어

공무원도 국민이다. 그리고 공무원은 공역무를 대가로 보수를 받는 근로자이다. 따라서 공무원은 공역무를 담당하는 공무원으로서의 권리와 의무가 있으나, 동시에 국민과 근로자로서의 자유와 권리도 가지고 있어야 한다.

오늘날 공무원 직업에 대한 인식, 대우 및 지위 등은 과거와는 많이 달라졌다. 특히 일부 고급공무원을 제외한 대부분 공무원의 경우에는 더욱 그렇다. 공무원은 과거의 특별권력관계로부터 벗어나 여러 직업 중 비교적 안정된 직업의 하나일 뿐이다. 과거에 사실상 특혜가 되었던 것은 대부분 없어지거나 민간부문과 같아졌고 공무원연금도 이제는 국민연금과 큰 차이가 없어져 간다. 그래서 한 번 공무원이 되면 정년 때까지 근무한다는 관념도 사라져 가고 있다. 공무원보다 더 많은 보수를 지급하는 직장이 있으면 미련 없이 떠난다. 현실도 공무원은 공무원이라는 직업을 가지고 있는 근로자라는 것이다.

앞에서 본 바와 같이 근로3권 중 가장 핵심이 되는 권리는 단체행동권이다. 단체행동권이 없으면 단결권이나 단체교섭권이 있어도 힘이 실리지 않는다. 즉, 단체행동권이 없는 근로기본권은 형식적인 권리가 될 가능성이 많다.

우리 헌법은 근로자의 근로3권을 단서 없이 인정하고 있고 공무원도 근로자로 인정하고 있다. 그런데 근로자 중 공무원의 근로3권의 인정 여부에 대하여는 아무런 언급 없이 모든 것을 법률에 위임하였다. 이는 헌법의 포괄적 위임으로서 해당 법률의 위헌 판단을 어렵게 만든다. 이 부분 시급한 헌법 개정이 필요하다.

그러나 헌법 개정이 이루어지기 전이라 하더라도 우리 헌법 제33조는 모든 근로자의 근로기본권을 인정하고 공무원의 근로자성을 인정함으로써 공무원의 근로3권을 정하는 입법재량에 한계를 부여하였으므로 이러한 취지에 따라 직무의 내용과 성격에 따라 일정 범위의 공무원에게는 근로기본권 중 중핵적인 권리인 단체행동권을 포함하여 근로3권을 인정하는 법률이 마련되어야 한다. 이에 관하여 입법자는 공무원의 근로기본권, 특히 단체행동권에 대한 법리가 가장 발달한 프랑스의 입법 사례와 판례를 참고하여 우리나라의 실정에 맞게 공역무별로 특성에 따라 근로자로서의 지위와 공익의 담당자로서의 지위를 조정하여 단체행동권 등 공무원의 근로기본권에 대한 구체적인 입법을 할 필요가 있다. 공무원을 근로자로 인정하였다면 그에 합당한 법제도를 갖추어 운영하는 것이 민주법치국가가 할 일이다.

참고문헌

1. 국내문헌

(1) 단행본

강희원, 노동헌법론, 법영사, 2012.

김기우·권　혁, 필수유지업무 범위에 관한 연구, 한국노총 중앙연구원, 2007.

김남진·김연태, 행정법Ⅰ, 제21판, 법문사, 2017.

김남철, 행정법강론, 제4판, 박영사, 2016.

김동희·최계영, 행정법Ⅰ, 제26판, 박영사, 2021.

김동희, 행정법Ⅱ, 제23판, 박영사, 2017.

김민호, 행정법, 박영사, 2018.

김성수, 일반행정법, 제8판, 홍문사, 2018.

김영종, 파업이론과 역사, 조명문화사, 2008.

김유환, 현대행정법, 전정판, 박영사, 2021.

김재기, 공무원과 노동인권, 한국학술정보(주), 2006.

김중권, 김중권의 행정법, 제4판, 법문사, 2021.

김철용, 행정법, 제7판, 고시계사, 2018.

김형배, 노동법, 제26판, 박영사, 2018.

노동법실무연구회, 노동조합 및 노동관계조정법 주해 Ⅲ, 박영사, 2015.

류지태·박종수, 행정법신론, 제16판, 박영사, 2016.

박균성, 행정법론(상), 제16판, 박영사, 2017.

박균성, 행정법론(하), 제16판, 박영사, 2017.

박정훈, 행정법의 체계와 방법론, 박영사, 2005.

박제성 외, 프랑스 노동법 개정 과정에 대한 분석과 시사점, 한국노동연구원, 2016.

박천오 외, 비교행정, 법문사, 2018.

백승주, 지방자치법과 지방공무원법론, 동방문화사, 2010.

백윤철, 프랑스지방자치법, 한국학술정보(주), 2010.

서울대학교 불어문화권연구소, 프랑스 하나 그리고 여럿, 개정판, 지성공간, 2020.

성낙인, 헌법학, 제20판, 법문사, 2020.

성낙인, 프랑스헌법학, 법문사, 1995.

신인령, 노동기본권 연구, 미래사, 1985.

외교부, 유럽노동법 해설, (주)휴먼컬처아리랑, 2014.

이상윤, 노동법, 법문사, 2017.

이승욱·조용만·강현주, 쟁의행위 정당성의 국제비교, 한국노동연구원, 2000.

이용우, 20세기 프랑스 대파업 연구－1947년 11～12월 파업을 중심으로, 한국학
술정보(주), 2005.

이철수·강성태, 공공부문의 노사관계법, 한국노동연구원, 1997.

임도빈, 프랑스의 정치행정체제, 법문사, 2002.

임종률, 노동법, 제18판, 박영사, 2020.

전주열 외, 해외 주요국의 국가공무원에 관한 법제분석, 한국법제연구원, 2015.

전 훈·Jean-Marie Pontier, 공공서비스법－프랑스 행정법 연구, 한국학술정보(주),
2008.

정재황, 헌법학, 박영사, 2021.

정종섭, 헌법학원론, 제7판, 박영사, 2012.

정하중, 행정법개론, 제11판, 법문사, 2017.

정형근, 행정법, 제9판, 피앤씨미디어, 2021.

하갑래, 집단적 노동관계법, (주)중앙경제, 2016.

하명호, 행정법, 제3판, 박영사, 2021.

한국노무법인 서울지사, 공무원·교원·일반노조법 비교실무해설, 도서출판 서락,
2010.

한국법제연구원 법령용어정비사업팀, 2006 프랑스 법령용어 해설집, 한국법제연구
원, 2006.

허 영, 헌법이론과 헌법, 신9판, 박영사, 2021.

홍정선, 행정법원론(상), 제25판, 박영사, 2017.

홍정선, 행정법원론(하), 제25판, 박영사, 2017.

(2) 번역본

데이브 셰리(Dave Sherry)(이재권 역), 점거파업 역사와 교훈, 책갈피, 2016.

알랭 쉬피오(Alain Supiot)(박제성 역), 프랑스 노동법, 도서출판 오래, 2011.

오노레 드 발자크(Honoré de Balzac)(류재화 역), 공무원 생리학, 페이퍼로드, 2020.

샤를르 드바쉬(Charles Debbasch)(박연호·박균성 역), 프랑스행정의 이해, 박영사,
1997.

샤를르 드바쉬(Charles Debbasch)·장마리 퐁티에(Jean-Marie Pontier)(김지은 외

역), 프랑스 사회와 문화 Ⅰ·Ⅱ, 서울대학교 출판부, 2004.

프로스페 웨일(Prosper Weil)(김동희 역), 프랑스행정법, 박영사, 1980.

(3) 논문

강지은, "프랑스 행정법상 공역무 개념의 변천에 관한 연구", 서울대학교 석사학위
　　　논문, 2008.

강지은, "프랑스 행정법상 공역무 개념의 의의와 기능", 행정법연구 제23호, 행정
　　　법이론실무학회, 2009.

강현호, "인터넷 망에 대한 공법적 고찰 – 망 중립성과 관련하여 – ", 토지공법연구
　　　제71집, 한국토지공법학회, 2015.

강홍진, "프랑스 공무원의 준수 의무와 제재 규정", 최신외국법제정보, 한국법제연
　　　구원, 2009.

권채리, "프랑스 행정절차법의 제정과 그 특징 – 행정과정의 민주화와 투명성의 지
　　　향", 행정법학 제18호, 2020.

김동희, "공역무론", 서울대학교 법학 제18권 제1호, 서울대학교 법학연구소, 1977.

김동희, "공역무제도에 관한 연구", 서울대학교 법학 제35권 제2호, 서울대학교 법
　　　학연구소, 1994.

김동희, "프랑스행정법에 있어서의 행정제도의 적용기준 – 공역무설을 중심으로
　　　한 연혁적 고찰", 서울대학교 법학 제24권 제2·3호, 서울대학교 법학연구
　　　소, 1983.

김봉채, "공역무 위임에 관한 고찰", 토지공법연구 제41집, 한국토지공법학회, 2008.

김상겸·최경애, "공무원노동조합에 관한 비교법적 연구 – 노동3권의 인정범위를
　　　중심으로", 법학논총 제32권 제2호, 국민대학교 법학연구소, 2019.

김상호, "공무원노조의 노동 3권 보장에 관한 고찰", 노동법학 제12호, 한국노동법
　　　학회, 2001.

김영규, "프랑스 행정법상의 공역무이론에 관한 연구", 고려대학교 석사학위논문,
　　　2007.

김영우, "프랑스 공무원제도의 경직성과 유연성", 한국행정학보 제36권 제1호,
　　　2002.

김용진, "공공부문의 단체교섭 대상에 관한 고찰", 노동법포럼 제4호, 노동법이론
　　　실무학회, 2010.

김인재, "공무원의 노동기본권 보장방안", 한림법학 FORUM 제12권, 한림대학교

법학연구소, 2003.

김재기, "공무원 노동조합법제의 입법방향에 관한 연구-비교법과 국민의식 조사를 중심으로-", 서울대학교 박사학위논문, 2009.

김종보, "행정법학의 개념과 그 외연-제도중심의 공법학방법론을 위한 시론", 행정법연구 제21호, 행정법이론실무학회, 2008.

김지훈, "공무원의 노동기본권, 그 보장과 한계", 법과 사회 제2권, 1990.

김택수, "프랑스의 사인소추제도", 경찰법연구, 제2호, 2004.

김해인, "프랑스 파업 투쟁의 시사점", 정세와 노동 (124), 노동사회과학연구소, 2016.

김현민, "공무원노동조합에 관하여", 노동법률 제138호, 중앙경제, 2002.

김홍영, "공무원 노동관계에서 노동쟁의에 대한 조정", 노동법학, 제26호, 한국노동법학회, 2008.

김홍영, "쟁의행위", 노동판례리뷰, 2008.

문무기, "파업시 유지되는 필수업무의 범위", 노동리뷰, 한국노동연구원, 2007.

문무기, "파업시 최소서비스 유지의무 : 파업권과 공익의 조화", 국제노동브리프 제3권 제9호, 한국노동연구원, 2005.

민경식, "공무원의 노동기본권", 법학논문집 제24집 제1호, 중앙대학교 법학연구소, 1999.

박균성, "프랑스 행정법상 공익개념", 서울대학교 법학 제47권 제3호, 서울대학교 법학연구소, 2006.

박우경, "프랑스 행정법상 공역무 수행방식에 관한 연구 - 우리나라 행정사무 수행방식과의 비교를 중심으로", 이화여자대학교 박사 학위논문, 2017.

박은진, "프랑스 행정계약법상 '不豫見'(l'imprévision)이론에 관한 연구 - 공법상 독자적 사정변경이론의 정립을 위하여-", 서울대학교 석사학위논문, 2011.

박은진, "프랑스 행정계약법상 '不豫見'(l'imprévision)이론에 관한 연구-공법상 독자적 사정변경이론의 정립을 위하여", 행정법연구, 제35호, 행정법이론실무학회, 2013.

박정훈(朴正勳), "2016 국가발전 정책토론회 종합보고서", 행복세상 2016 정책토론회, 재단법인 행복세상, 2016.

박정훈(朴正勳), "국가배상법의 개혁-사법적 대위책임에서 공법적 자기책임으로", 행정법연구 제62호, 행정법이론실무학회, 2020.

박정훈(朴正勳), "한국의 '적극행정'과 「행정기본법」 제정의 의의", 적극행정의

이론과 실제 : 국제비교와 한국에의 함의, 한국행정연구원, 2020.

박제성, "공익서비스 파업에서 최소 업무의 유지 : 프랑스", 국제노동브리프 제3권 제9호, 한국노동연구원, 2005.

박제성, "공공서비스 파업과 최소업무의 유지에 관한 프랑스 법제", 노동법연구 제16호, 서울대학교 노동법연구회, 2004.

박제성, "프랑스 철도여객운송사업의 공공서비스 유지에 관한 만델케른 보고서", 국제노동브리프 제2권 제4호, 한국노동연구원, 2004.

박종희, "공무원의 노동관계법상 지위에 관한 연구", 노동법포럼 (4), 노동법이론실무학회, 2010.

박현정, "프랑스 행정법상 '역무과실'(la faute de service)에 관한 연구 – 역무과실과 위법성의 관계를 중심으로", 서울대학교 박사학위논문, 2014.

신인령, "한국공무원의 노동기본권", 한일법학 제9호, 한일법학회, 1990.

오세웅, "공무원의 단체행동", 아주법학 제9권 제3호, 2015.

오승종, "프랑스 행정법상 공공서비스 법제 수용에 관한 연구 – 보육서비스를 중심으로", 인하대학교 법학연구 제20집 제4호, 인하대학교 법학연구소, 2017.

유각근, "공무원노조법의 주요 쟁점에 관한 검토", 노동법학, 제26호, 한국노동법학회, 2008.

유각근, "비교법적 관점에서 본 공무원노조의 정치활동", 노동법논총 20, 한국비교노동법학회, 2010.

이광윤, "공공서비스 개념의 범세계화에 관한 연구", 토지공법연구, 제21집, 한국토지공법학회, 2004.

이광윤, "공무원의 집단행위 금지의 합헌성 여부", 토지공법연구 제29집, 한국토지공법학회, 2005.

이광택, "공무원노조법의 내용과 과제", 사회법연구 제8, 9호, 한국사회법학회, 2007.

이상윤, "공무원노조 입법화에 대한 소고", 노동법학 제19호, 한국노동법학회, 2004.

이상윤, "파업권의 제한과 대상조치에 대한 검토", 법학연구 제26권 제4호, 연세대학교 법학연구원, 2016.

이순우, "프랑스의 공공서비스에 대한 연구", 토지공법연구, 제43집 제3호, 2009.

이원우, "경제규제와 공익", 서울대학교 법학, 제47권 제3호, 서울대학교 법학연구소, 2006.

이재용, "공무원인 근로자의 근로삼권과 국가공무원법 제66조의 집단행위의 금지", 법학연구 제49권, 한국법학회, 2013.

이창진, "필수공익사업의 대체근로 허용에 관한 연구", 법학논총 제18집, 숭실대학교 법학연구소, 2007.

이현수, "국가의 법적 개념, 프랑스 공법이론상 국가법인설의 수용과 전개", 행정법연구 제36호, 행정법이론실무학회, 2013.

이흥재, "근로3권에 대한 헌법재판소 판례의 검토", 서울대학교 법학 제43권 제2호, 서울대학교 법학연구소, 2002.

임두택 외, "주요 외국의 공무원 인사제도 비교연구", 한국인사행정연구회, 2001.

장-마리 퐁티에(Jean-Marie Pontier), "La conception française du service public" (공역무의 프랑스적 개념), 공법학연구 제8권 제1호, 한국비교공법학회, 2007.

장영수, "공무원의 노동삼권에 관한 개헌방향의 검토", 고려법학 제91호, 고려대학교 법학연구원, 2018.

장윤영, "레옹 뒤기의 공법 이론에 관한 연구, 서울대학교 박사학위논문, 2020.

전주열, "프랑스 공공서비스법의 공법적 함의", 토지공법연구 제87집, 한국토지공법학회, 2019.

전 훈, "프랑스행정법상 공역무이론", 경북대학교 석사학위논문, 1995.

전 훈, "공공서비스(le service public)의 법적접근에 관한 고찰", 공법학연구 제6권 제1호, 한국비교공법학회, 2005.

전 훈, "프랑스에서의 부패방지 법제", 강원법학 제47권, 강원대학교 비교법학연구소, 2016.

정관영, "공무원의 노동3권 제한의 한계에 대한 위헌심사", 일감법학 제30호, 건국대학교 법학연구소, 2015.

정영훈, "공무원 근로3권의 보장과 사실상 노무에 종사하는 공무원의 개념에 관한 고찰", 한양법학 제41권, 한양법학회, 2013.

정재동·정주용, "프랑스 공무원 노조와 분쟁조정기제", 한국인사행정학회보 제2권 제2호, 2003.

정재명 외, "주요국의 공무원 인사제도에 관한 연구", 한국행정연구원, 2006.

조성혜, "공무원의 노동기본권에 관한 비교법적 고찰", 공법학연구 제19권 제4호, 한국비교공법학회, 2018.

조성혜, "공무원의 노동기본권 제한의 연혁과 헌법재판소의 태도", 노동법학 제43호, 한국노동법학회, 2012.

조용만, "프랑스에서 파업권과 대체근로의 제한", 노동법연구 제45호, 서울대학교
　　　노동법연구회, 2018.
조용만, "프랑스 공무원 노사갈등과 한국적 함의", 서울행정학회 학술대회 발표논
　　　문집, 서울행정학회, 2006.
조용만, "프랑스 공무원 노사관계의 초기 갈등유형과 법제도의 함의", 일감법학,
　　　제10권, 건국대학교 법학연구소, 2005.
조용만, "프랑스 공무원의 노동기본권", 한국노동법학회, 노동법 제13호, 2001.
조임영, "프랑스에서의 파업권의 보장과 그 한계", 국제노동브리프, 한국노동연구
　　　원, 2014.
최송화, "공익의 법문제화", 서울대학교 법학 제47권 제3호, 서울대학교 법학연구
　　　소, 2006.
한건우, "프랑스 공무원의 정치적 표현의 자유와 노동기본권", 공법연구 제40집
　　　제3호, 한국공법학회, 2012.

2. 외국문헌

(1) 단행본

Aubin, Emmanuel, La fonction publique, 6ᵉ édition, Gualiano, 2015.

Auby, Jean-Marie et Jean-Bernard Auby, Droit de la fonction publique − État,
　　　Collectivités locales, Hôpitaux, 3ᵉ édition, Dalloz, 1997.

Auzero, Gilles, Dirk Baugard et Emmanuel Dockès, Droit du travail, 32ᵉ édition,
　　　Dalloz, 2019.

Belorgey, Gérard, Le droit de la grève et les services publics, Berger-Levrault,
　　　1964.

Bourdon, Pierre, Les enjeux du droit des fonctions publiques, LexisNexis, 2018.

Brameret, Sébastien et Nicolas Kada, Grève et droit public 70 ans de
　　　reconnaissance, Presses de l'Université Toulouse 1 Capitole, 2016.

Chopin, Frédérique, Le droit de grève, L'harmattan, 2003.

Clamour, Guylain et Philippe Terney, Financement & Contrats Publics, Éditions
　　　du Cream, 2014.

Courrèges, Marie, Le principe de contiuité du service public confronté au droit
　　　de grève, Anne Rideau Éditions, 2015.

Crom, Jean-Pierre Le, Syndicats nous voilà, Les éditions de l'atelier/éditions ouvrieres, 1995.

Crouzatier-Durand, Florence et Nicolas Kada, Grève et Droit Public − 70 ans de Reconnaissance, IFR, 2017.

Debbasch, Charles et Jean-Marie Pontier, La société française, Armand Colin, 2000.

Devaux, Eric, La grève dans les services publics, Tome Ⅱ, Presses universitaires de france, 1993.

Devaux, Eric, La grève dans les services publics, Volume 1, Presses universitaires de france, 1995.

Dord, Olivier, Droit de la fonction publique, 3ᵉ édition, PUF, 2017.

Esplugas-Labatut, Pierre, Le droit public du travail, Editions l'epitog e·Lextenso, 2015.

Favoreu, Louis et al., Droit constitutionnel, 21ᵉ édition, Dalloz, 2019.

Freedeman, Charles E., The conseil d'État in modern france, Ams Press New York, 1968.

Gabourdès, Alfred, La grève dans les services publics, Forgotten books, 1913.

Gaïa, Patrick et., Les grandes décisions du Conseil constitutionnel, 19ᵉ édition, Dalloz, 2018.

Gaudemet, Yves, Droit administration, 21ᵉ édition, LGDJ, 2015.

Gournay, Bernard, L'administration, Presses universitaires de france, 1962.

Guinchard, Serge·Thierry Debard, Lexique des termes juridiques 2018-2019, 26ᵉ édition, Dalloz, 2018.

Hauriou, Maurice, Précis de droit administratif et de droit public, 12ᵉ édition, Dalloz, 2002.

Jourda-Dardaud, Anne, Le droit syndical et le droit de grève dans la fonction publique territoriale, Editions du Papyrus, 2004.

Lachaume, Jean-François et Aurélie Virot-Landais, La fonction publique, 4ᵉ édition, Dalloz, 2017.

Lachaume, Jean-François, Hélène Pauliat et Clotilde Deffigier, Droit des services publics, 3ᵉ édition, LexisNexis, 2018.

Latour, Bruno, La fabrique du droit − Une ethnographie du conseil d'État, Éditions la découverte, 2004.

Long, Marceau, Prosper Weil, Gut Braibant, Pierre Delvolvé et Bruno Genevois, Les grands arrêts de la jurisprudence administrative, 21ᵉ édition, Dalloz, 2017.

Melleray, Fabrice, Droit de la fonction publique, 4ᵉ édition, Economica, 2017.

Peskine, Elsa et Cyril Wolmark, Droit du travail 2021, 14ᵉ édition, Dalloz, 2020.

Radé, Christophe, Caroline Dechristé et Magali Gadrat, Code du travail, 83ᵉ édition, Dalloz, 2020.

Salon, Serge et Jean-Charles Savignac, Code de la fonction publique, 17ᵉ édition, Dalloz, 2017.

Stirn, Bernard et Yann Aguila, Droit public français et européen, Presses de Sciences Po et Dalloz, 2018.

Supiot, Alain, Critique du droit du travail, PUF, 2018.

Supiot, Alain, Le droit du travail, 7ᵉ édition, Presses Universitaires de France/ Humensis, 2019.

Taillefait, Antony, Droit de la fonction publique — État, Collectivités locales, Hôpitaux, Statuts autonomes, 8ᵉ édition, Dalloz, 2019.

Thomas-Tual, Béatrice, Droit de la fonction publique, 1ʳᵉ édition, Larcier, 2015.

Vanlang, Agathe, Geneviève Gondouin et Véronique Inserguet-Brisset, Dictionnaire de droit administratif, 7ᵉ édition, Sirey, 2015.

下井康史, 公務員制度の法理論－日仏比較公務員法研究, 弘文堂, 2017.

(2) 논문

Candellier, Olivier, "La responsabilité des acteurs du service public à l'occation de la grève", Lille 2 — université du droit et de la santé, 2006.

Edel, Frédéric, "Deux siècles de principe d'égale admissibilité aux emplois publics", Revue française d'administration publique, n° 142, Institut national du service public, 2012.

Fontaine, Laurence, "Le service minimum — Les services essentiels : approches française et québécoise", Université des Sciences Sociales — Toulouse I, 2004, Français, https://tel.archives-ouvertes.fr/tel-00068888, 검색일 및 최종접속일 2022. 5. 1.

Hauriou, Maurice, Notes d'arrêts sur décisions du Conseil d'État et du Treibunal des conflits, 3. Tome, 1929.

Kondylis, Vassilios, "La conception de la fonction publique dans l'oeuvre de Gaston Jèze", Revue d'histoire des facultés de droit et de la science juridique, https://univ-droit.fr>docs>recherche>rhfd>pdf, 1991.

Maïa, Jean, "Le contrôle des cavaliers législatifs, entre continuité et innovations", Titre VII [en ligne], n° 4, Le principe d'égalité, avril 2020, URL complète : https://www.conseil-constitutionnel.fr/publications/titre-vii/le-controle-des-cavaliers-legislatifs-entre-continuite-et-innovations, 검색일 및 최종접속일 2021. 5. 28.

Merley, Nathalie, "Le point de vue de l'administrativiste : la jurisprudence administrative facteur de fragilisation du droit de grève dans les services publics", Grève et droit public ‒ 70 ans de reconnaissance, IFR Actes de colloques n° 27, LGDJ, 2017.

Montay, Benoit, "Le pouvoir de nomination de l'Executif sous la Ve République ‒ De la compétence liée au pouvoir de patronage", Jus Politicum, n° 11, http://juspoliticum.com/uploads/pdf/Memoire_BM_-_copie_V3_PDF.pdf, 검색일 및 최종접속일 2022. 4. 19.

Sakr, Haïtham, "Les droits et libertés du fonctionnaire dans les jurisprudences du Conseil d'État libanais et du Conseil d'État français", Thèse pour le doctorat en droit, Faculté de droit et des sciences socialds, Université de Poitiers, 2008.

Vervoort, Maxence, L'exercice du droit de grève dans le secteur privé, Thèse pour l'obtention du grade de Docteur en Droit, Université Nice Sophia Antipolis, 2015.

판례색인

1. 국내 판례

(1) 대법원 판례

(2) 헌법재판소 판례

2. 프랑스 판례

(1) 행정재판소 판례

CE, 9 juin 1889, Bergeon   25

CE, 11 décembre 1903, Villenave   25

CE, 13 mars 1908, Héligon   43

CE, 7 août 1909, Winkell n° 37317, Rosier n° 373255   24~25, 89, 92, 93, 128,
　　161

CE, 10 mai 1912, Abbé Bouteyre, n° 46027   48, 60

CE, 20 juin 1913, Téry   67

CE, 18 juillet 1913, Syndicat National des chemins de fer de France et des
　　colonies   161

CE, 30 mars 1916, Cie générale d'éclarage de Bordeaux   160

CE, 28 juin 1918, Heyriès   159, 161

CE, 26 juillet 1918, Epoux Lemonnier, n°s 49595, 55240   65

CE, Ass., 7 avril 1933, Deberles   57

CE, 11 janv. 1935, Bouzanquet   60

CE, Sect., 7 feb. 1936, Jamart   117

CE, 3 juillet 1936, Demoiselle Bobard   49

CE, Sect., 22 octobre 1937, Delle Minaire   24, 89, 102

CE, 3 juin 1938, $S^{té}$ des usines Renault   171

CE, 10 novembre 1944, Sieur Langneur   63

CE, Ass., 7 juill. 1950, Dehaene   6, 107, 108, 109, 129, 130, 168, 172, 174,
　　283

CE, 2 fév. 1951, Synd. CGT-FO   40

CE, 28 juillet 1951, Chary   40

CE, 28 juillet 1951, Laruelle, n° 01074   64

CE, 28 juillet 1951, Delville, n° 04032   65

CE, Sect., 8 févr. 1952   243

CE, 4 avril 1952, Syndicat régional des quotidiens d'Algérie   160

CE, Sect., 6 mars 1953, Faucheux   64

CE, 15 avril 1953, Pouillaude   40

CE, Ass., 29 janvier 1954, Notre-Dame du Kreisker   42

CE, Ass., 28 mai 1954, M. X., A., Z., Y., B., n° 28238, 28493, 28524, 30237,
　　30256   48, 60

CE, 18 février 1955, Bernot   177

CE, 1er décembre 1972, Dlle Obrego 61

CE, 8 juin 1973, Mme Peynet 30

CE, 11 juill. 1973, Alliaume 231

CE, 13 février 1974, Sieur Perotti 234

CE, 23 décembre 1974, n° 90686, Dame Pegazet 234

CE, 20 janvier 1975, Syndicat national de radiodiffusion et de télévision et
     autres 187

CE, Ass., 11 juillet 1975, De Gabrielli et autres 40

CE, 7 janvier 1976, Centre hospitalier d'Orléans 117, 161, 183, 197

CE, 4 février 1976, Section syndicale CFDT du centre psychothérapique de
     Thuir, n° 97685 117, 225

CE, 13 fév. 1976, Dubrulles et Casanova, n° 04907 41

CE, 12 novembre 1976, Syndicat unifié de radio et télévision CFDT 187

CE, 20 avril 1977, n° 03012 117

CE, 22 avril 1977, Pierron 54

CE, Ass., 20 mai 1977, Min. de l'Éducation c/ Quinteau 149, 228

CE, 24 juin 1977, Dame Deleuze 58

CE, 14 oct. 1977, Synd. général CGT des personnels des affaires sociales 161

CE, 16 décembre 1977, Vincent 58

CE, Sect., 21 décembre 1977, n° 03997 174

CE, 7 juillet 1978, Sieur Omont 232, 309

CE, Sect., 30 mars 1979, Secrétaire d'État aux Universités de Bordeaux Ⅱ 160

CE, Ass., 18 janvier 1980, Syndicat CFDT des P et T du Haut-Rhin 185, 193,
     237

CE, 18 avril 1980, Michea 233

CE, 13 juillet 1980, Bonjean 160

CE, 4 févr. 1981, Féd. CFTC du personnel de l'environnement 220

CE, 23 avril 1982, Ville de Toulouse 30

CE, 13 juin 1983, Dame Bonjeau 233

CE, 26 juillet 1985, Gandossi 245

CE, 6 novembre 1985, Sté Condor-Flugdienst 196

CE, 2/6 SSR, 31 octobre 1986, n° 53872, Fédération nationale des syndicats
     libres PTT 202

(2) 헌법재판소 판례

(3) 파기원 판례

Cass. soc., 23 nov. 1977, n° 76-40.888 219
Cass. soc., 30 nov. 1977, n° 76-14.566 142, 145, 208
Cass. soc., 21 févr. 1978, n° 76-14.909 249
Cass. soc., 15 juin 1978, n° 77-40.837 141
Cass. soc., 23 nov. 1978, n° 77-40.946 141
Cass. soc., 5 janv. 1979, n° 77-13.577 150
Cass. soc., 11 janv. 1979, n° 78-60.672 208
Cass. soc., 15 févr. 1979, n° 76-14.527 78, 81, 235, 246
Cass. soc., 14 mars 1979, n° 78-40.282 72, 142
Cass. soc., 25 avr. 1979, n° 77-14.415 80, 238
Cass. soc., 29 mai 1979, n° 78-40.553 72, 77, 138, 142, 147
Cass. crim., 19 juin 1979, n° 79-90.526 220
Cass. soc., 4 juill. 1979, n° 78-10.631 223
Cass. crim., 4 déc. 1979, n° 79-90.119 221
Cass. soc., 20 févr. 1980, n° 78-41.116 232
Cass. crim., 18 mars 1980, n° 79-93.257 83, 251
Cass. soc., 26 mars 1980, n° 78-41.369 208
Cass. crim., 2 déc. 1980, n° 80-90.149 235
Cass. soc., 11 déc. 1980, n° 79-16.138 223
Cass. soc., 22 janv. 1981, n° 79-40.050 72, 205, 248, 249
Cass. soc., 19 févr. 1981, n° 79-41.281 78, 139, 200, 208, 247
Cass. soc., 26 févr. 1981, n° 79-41.359 79-41.376 71, 199
Cass. crim., 31 mars 1981, n° 81-90.340 220
Cass. crim., 12 mai 1981, n° 80-91.021 220
Cass. soc., 26 mai 1981, n° 79-41.623 79, 241
Cass. soc., 11 juin 1981, n° 79-41.901 139
Cass. soc., 18 mars 1982, n° 80-40.576 73, 145
Cass. soc., 25 mars 1982, n° 81-11.175 223
Cass. soc., 17 juin 1982, n° 80-40.973 232
Cass. soc., 21 oct. 1982, n° 80-41.317 223
Cass. soc., 9 nov. 1982, deux arrêts (Dubigeon Normandie et Trailor) 143, 250
Cass. soc., 12 janv. 1983, n° 80-41.535 80-41.551 79, 80, 238, 241
Cass. soc., 3 mars 1983, n° 81-15.453 248

Cass. soc., 11 juill. 1989, n° 85-46.008   71, 143

Cass. soc., 31 oct. 1989, n° 87-40.196   78, 247

Cass. crim., 21 nov. 1989, n° 89-81.775   220

Cass. soc., 13 déc. 1989, n° 87-42.850   71, 143

Cass. soc., 7 févr. 1990, n° 87-43.566 87-44.473 87-44.488   81, 239

Cass. soc., 17 juill. 1990, n° 89-60.729   251

Cass. soc., 26 sept. 1990, n° 88-41.375   218

Cass. soc., 10 oct. 1990, n° 87-45.366   218

Cass. soc., 30 janv. 1991, n° 89-17.333   248, 251

Cass. soc., 20 févr. 1991, n° 89-41.148   222

Cass. soc., 21 févr. 1991, n° 89-40.148   218

Cass. soc., 17 avr. 1991, n° 90-42.636   221

Cass. soc., 15 mai 1991, n° 841   242

Cass. soc., 25 juin 1991, n° 89-40.029   141

Cass. soc., 10 juill. 1991, n° 89-43.147   71, 77, 175, 176

Cass. soc., 6 nov. 1991, n° 90-60.458   231

Cass. soc., 22 janv. 1992, n° 90-42.517   219

Cass. soc., 29 janv. 1992, n° 283   242

Cass. soc., 26 févr. 1992, n° 90-40.760   81, 222, 239, 246

Cass. soc., 20 mai 1992, n° 90-45.271 90-45.278   71, 143

Cass. soc., 2 juin 1992, n° 90-41.368   74, 144

Cass. soc., 4 nov. 1992, n° 90-41.899   77, 175, 245

Cass. soc., 16 déc. 1992, n° 90-14.337   80, 219, 243

Cass. soc., 7 avr. 1993, n° 91-16.834   72, 205

Cass. soc., 16 juin 1993, n° 91-45.462   251

Cass. soc., 13 nov. 1993, n° 93-42.247   141

Cass. soc., 16 nov. 1993, n° 91-45.904   73, 145, 196

Cass. soc., 26 janv. 1994, n° 92-43.573   219

Cass. soc., 1ᵉʳ mars 1994, n° 92-42.124   246

Cass. soc., 2 mars 1994, n° 92-41.134   222

Cass. soc., 28 avr. 1994, n° 91-42.180   219

Cass. soc., 29 juin 1994, n° 91-18.640   219

Cass. soc., 19 oct. 1994, n° 91-41.097   251

Cass. soc., 17 déc. 2002, n° 00-45.621   79, 241

Cass. soc., 29 janv. 2003, n° 00-44.882   83, 250

Cass. soc., 25 févr. 2003, n° 00-42.031   196

Cass. crim., 23 avr. 2003, n° 02-82.971   84, 252

Cass. soc., 17 déc. 2003, n° 01-44.851   145

Cass. soc., 4 février 2004, n° 01-43.651   201

Cass. soc., 26 mai 2004, n° 02-60.935   79, 241

Cass. soc., 22 juin 2004, n° 02-42.446   250

Cass. soc., 23 juin 2004, n° 02-41.011   249

Cass. soc., 22 févr. 2005, n° 03-41.474   82, 240

Cass. soc., 15 juin 2005, n° 03-44.936   79, 241

Cass. soc., 2 févr. 2006, n° 04-12.336   76, 219

Cass. soc., 15 févr. 2006, n° 04-45.738   142

Cass. soc., 7 juin 2006 n° 04-17.116   202

Cass. soc., 11 janv. 2007, n° 04-45.250   201

Cass. soc., 28 févr. 2007, n° 06-40.944   71, 143

Cass. soc., 18 sept. 2007, n° 06-41.762   241

Cass. soc., 23 oct. 2007, Mmes X. et Y., Salariées du syndicat l'Union des opticiens, n° 06-40.950   70, 73, 142

Cass. soc., 14 nov. 2007, Syndicat CGT et Fédération nationale énergie   250

Cass. soc., 4 déc. 2007, n° 06-44.041   222

Cass. soc., 19 déc. 2007, n° 06-43.739   241

Cass. soc., 16 janv. 2008, n° 06-42.983   76, 221

Cass. soc., 30 janv. 2008, n° 06-41.709   201

Cass. crim., 26 mars 2008, n° 07-83.814   220

Cass. soc., 9 juill. 2008, n° 06-45.800   76, 221

Cass. soc., 10 févr. 2009, n° 07-43.939   78, 247

Cass. soc., 5 janv. 2011, n° 10-10.685 10-10.688 10-10.689 10-10.690 10-10.691 10-10.692   145

Cass. soc., 25 janv. 2011, n° 09-42.766   71, 77, 176, 202

Cass. soc., 2 mars 2011, n° 08-44.977   235

Cass. soc., 9 mars 2011, n° 10-11.581   78, 246, 249

Cass. soc., 25 janv. 2012, n° 10-11.590   201

찾아보기

ㅇ

[Résumé]

Le droit de grève pour les agents publics dans français

Lee, Chuljin

Ce livre traite le droit de grève dans le service public, y compris les fonctionnaires en République française. Le droit de grève des fonctionnaires français n'a pas été reconnu dans l'arrêt Winkell du Conseil d'État même après que le droit de grève des travailleurs ordinaires a été reconnu en 1864 au motif qu'il s'agit d'un acte illégal incompatible avec la continuité du service public essentiel au maintien de l'État. Cependant, après avoir explicitement reconnu le droit de grève dans le préambule de la Constitution de la IVe République française en 1946, le droit de grève a également été accordé en principe aux fonctionnaires sur la base du préambule de la Constitution en 1950 suite à l'arrêt Dehaene du Conseil d'État. Cependant, le Conseil d'État a rendu un arrêt différent de des décisions de la Cour constitutionnelle française en accordant à l'exécutif le pouvoir de restreindre le droit, contrairement au préambule de la Constitution qui entendait restreindre le droit par la loi tout en reconnaissant le droit grève des fonctionnaires.

Le droit de grève des fonctionnaires fait référence au droit de suspendre collectivement la fonction publique avec une volonté commune afin de répondre à leurs exigences professionnelles. Cependant, comme le reconnaît l'arrêt de la Cour constitutionnelle, certains des fonctionnaires indispensables au maintien de l'État se voient interdire l'exercice du droit de grève conformément à la loi, y compris ceux des autorités judiciaires (juges et procureurs), police, armée, service correctionnel et service des communications. En outre, les grèves politiques, comme on dit, qui ne visent pas à répondre à des exigences professionnelles sont considérées comme illégales, les grèves exercées individuellement sans volonté commune parmi les fonctionnaires ne peuvent pas être considérées comme des grèves légales en principe, et le sabotage ou la lutte pour la conformité en l'absence d'interruption la fonction publique ne peut être considérée comme une grève.

En revanche, le droit de grève des fonctionnaires peut être limité par la loi comme le prescrit la Constitution. Par conséquent, contrairement à l'exercice du droit de grève des travailleurs ordinaires, les lois pertinentes prévoient le préavis de grève de cinq jours et la négociation collective pendant la période de préavis et interdisent les grèves circulaires dans le type de grève autorisé. En revanche, le Conseil d'État a donné à l'exécutif le pouvoir de restreindre le droit de grève dans la fonction publique et a estimé qu'il est possible de restreindre le droit en fonction de la nécessité de l'ordre public et de la théorie de l'abus de droit.

Aussi, comme le montre l'arrêt de la Cour constitutionnelle française, le principe de continuité du service public et de l'intérêt général servi par le service public peut servir de principe pour restreindre le droit de grève dans la fonction publique dans le processus de conciliation du droit de grève ou les intérêts professionnels que le droit protège. Pour l'ajustement ci-dessus, le concept de «service minimal» a été dérivé et est appliqué dans les domaines des hôpitaux, du transport aérien, de la radiodiffusion et de la télévision, du transport terrestre de passagers, des jardins d'enfants et des écoles primaires.

Si l'exercice du droit de grève dans la fonction publique est légitime, la relation existe en tant que fonctionnaire, mais les droits et obligations qui en découlent sont temporairement suspendus. Par conséquent, les fonctionnaires sont exonérés non seulement de la responsabilité disciplinaire, mais également du droit à une rémunération. En revanche, si l'exercice du droit de grève est illégitime, les fonctionnaires deviennent inéligibles à exercer le droit à rémunération, mais encourent la responsabilité disciplinaire pour avoir enfreint le devoir de dévouement total.

D'un autre côté, la Constitution coréenne délègue à la loi la question de savoir s'il faut reconnaître le droit de grève des fonctionnaires et les lois pertinentes interdisent uniformément le droit de grève des fonctionnaires. Par conséquent, il peut y avoir de nombreuses implications qui peuvent être tirées des lois et des réglementations française, des précédents judiciaires et des théories.

Mots—clés : droit de grève, fonction publique, fonctionnaires, continuité, ordre public, abus de droit, intérêt général, service public

이철진

학력 고려대학교 법과대학 법학과 졸업
미국 University of Minnesota Law School LL.M. 과정 졸업 (LL.M., 법학석사)
서울대학교 대학원 법학과 박사과정 (행정법 전공) 졸업 (법학박사)

경력 제33회 사법시험 합격 (1991년)
제23기 사법연수원 수료 (1994년)
미국 New York 주 변호사시험 합격 (1999년)
감사원 공공감사운영단장 (2013~2015년)
감사원 심의실장 (2015~2017년)
한국의료분쟁조정중재원 청렴옴부즈만 (2017~2021년)
서울중앙지방법원 조정위원 (2014년~현재)
김·장 법률사무소 변호사 (2017년~현재)
대한무역투자진흥공사 감사자문위원 (2018년~현재)
대한변호사협회 교육위원회 위원 (2021년~현재)
감사원 행정심판위원회 위원 (2022년~현재)
대한변호사협회 통일문제연구위원회 위원 (2022년~현재)
한국행정법학회 부회장 (2023년~현재)
행정법이론실무학회, 한국공법학회, 한국행정판례연구회,
한국환경법학회 각 회원 (현재)

논문 프랑스의 공무원 파업권에 대한 공법적 연구, 서울대학교 법학박사학위논문 (2021년)

프랑스의 공무원 파업권

초판 인쇄   2023년 01월 19일
초판 발행   2023년 01월 26일

저 자   이철진
펴낸이   한정희
펴낸곳   경인문화사
등 록   제406-1973-000003호
주 소   경기도 파주시 회동길 445-1 경인빌딩 B동 4층
전 화   (031) 955-9300   팩 스   (031) 955-9310
홈페이지   www.kyunginp.co.kr
이메일   kyungin@kyunginp.com

ISBN   978-89-499-6683-0 93360
값 30,000원

ⓒ 2023, 이철진
* 잘못 만들어진 책은 구입하신 서점에서 교환해 드립니다.

서울대학교 법학연구소 법학 연구총서